U0569350

中国戏剧家协会 编

梅韵流芳

—— 梅兰芳诞辰130周年纪念文集

中国文联出版社

图书在版编目（CIP）数据

梅韵流芳：梅兰芳诞辰130周年纪念文集 / 中国戏剧家协会编. -- 北京：中国文联出版社，2025.1.

ISBN 978-7-5190-5697-1

Ⅰ. K825.78-53

中国国家版本馆 CIP 数据核字第 2024LV3114 号

CHINA LITERATURE AND ART FOUNDATION
中国文学艺术基金会
中国文学艺术发展专项基金　　资助项目

编　　者	中国戏剧家协会
责任编辑	刘丰
责任校对	秀点校对
封面设计	吉辰

出版发行	中国文联出版社有限公司
地　　址	北京市朝阳区农展馆南里 10 号　　邮编　100125
电　　话	010-85923025（发行部）　　85923091（总编室）
经　　销	全国新华书店等
印　　刷	廊坊佰利得印刷有限公司

开　　本	787 毫米×1092 毫米　　1/16
印　　张	36.5
字　　数	426 千字
版　　次	2025 年 1 月第 1 版第 1 次印刷
定　　价	128.00 元

版权所有·侵权必究

如有印装质量问题，请与本社发行部联系调换

梅兰芳

1958年夏，看完话剧《关汉卿》后，中国戏剧家协会主席田汉邀请苏联专家彼得罗夫和众多戏剧家到梅兰芳家做客。（照片中前排左起：赵韫如、安娥、梅兰芳、彼得罗夫、舒绣文、欧阳予倩；中排左起：李超、马少波、张庚、孙维世、刘芝明、阳翰笙、田汉；后排左起：张守慎、于是之、郑亦秋、刁光覃、焦菊隐、欧阳山尊）

紀念 1956.4.19.

1956年中国戏剧家协会常务理事会第四次（扩大）会议摄影纪念

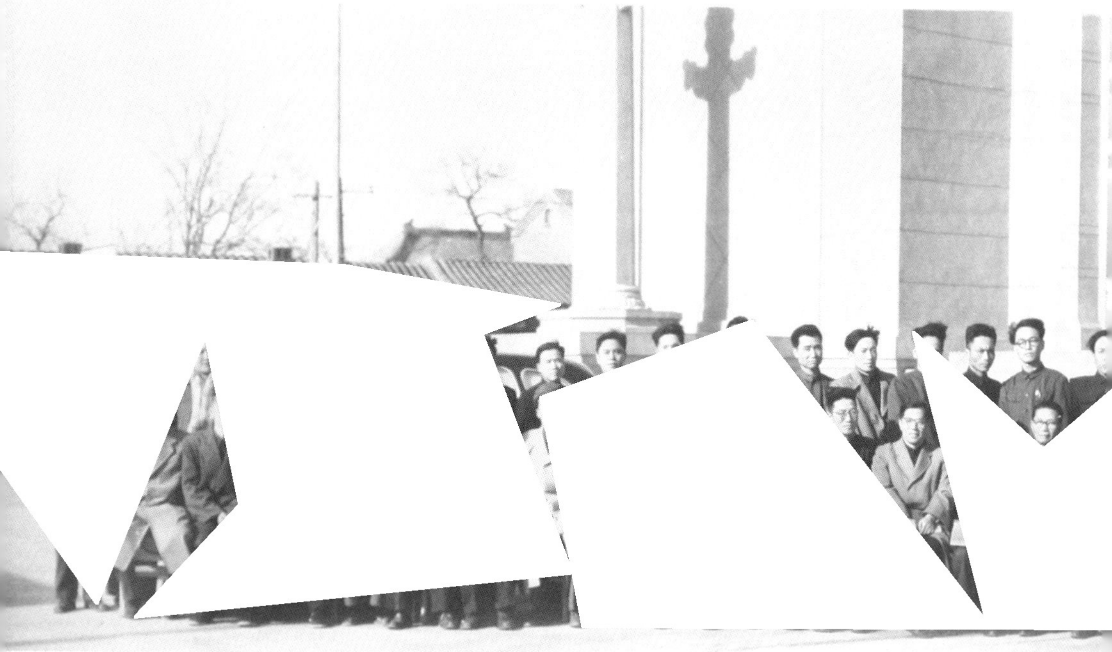

编辑说明

2024年是著名京剧大师梅兰芳诞辰130周年。梅兰芳先生是享誉世界的中国艺术家的杰出代表，是中国京剧艺术功垂后世、影响深远的一代宗师，他创造了彪炳史册的"梅派"艺术，形成了具有世界性影响的"梅兰芳表演艺术体系"。

梅兰芳先生曾担任中国戏剧家协会第一届、第二届副主席，曾参与协会创建及相关重要工作。中国剧协为纪念梅兰芳诞辰130周年，特别将主办的《中国戏剧》《剧本》《中国戏剧年鉴》杂志数十年来刊发的梅兰芳史料、研究文章汇总结集，以资纪念。《中国戏剧》《剧本》《中国戏剧年鉴》杂志分别创刊于1950年、1952年、1981年，在戏剧界有重大影响，其刊载的有关梅兰芳的文章有许多系名家手笔及第一手资料，具有重要的史料价值，也有利于普通读者更直观、更深入地了解梅兰芳艺术。我们邀请从事梅兰芳研究、戏剧研究的业内专家对文章进行遴选、把关，选取了部分梅兰芳亲自撰写的文章，还有与他同时代的艺术家、亲属、徒弟对他的回忆文章，以及专家学者对梅兰芳艺术的研究文章，分为"梅文选编""梅边琐忆""梅学研究"三类，分别按发表时间顺序进行排列。

为突出文集的史料价值，还原历史原貌，我们对20世纪50年代至80年代的老文章及名家文章选取较多，对近年的学术研究文章选取较少，对所选文章的一些带有时代特点的表述也未作删改。

谨以此文集缅怀与追忆梅兰芳先生一生的艺术成就、人格魅力以及他对戏剧界的重大贡献，让广大读者能够进一步领略梅兰芳的艺术风采，勉励当代青年戏剧工作者传承、弘扬梅兰芳的艺术财富与精神价值。

主　　编：傅亦轩

编委会：刘祯　谷曙光　刘侗　胡一峰
　　　　罗松　毛忠　彭维

编辑统筹：邵玉烨

编辑小组：郑少华　闫泓琪　刘芳琳　吴乃顾
　　　　王新荣　任如玉

中国戏剧家协会

2024年10月

序

怀念梅兰芳先生

中国戏剧家协会名誉主席
京剧表演艺术家　尚长荣

  2024年是中国艺术巨擘、京剧表演艺术大师、梅派艺术创始人梅兰芳先生诞辰130周年。梅先生是中国戏曲艺术的杰出代表，他把个人置于家国之中，以高尚的人格滋养着皮黄之声，以毕生之力为中国戏曲表演体系作出了重要的实践和探索。

  很早就听说一则梅先生和老舍先生的小故事，不知真实与否，后来在老舍先生的文字中终于得到了印证。那是在抗美援朝期间，梅先生和老舍先生等一众文艺界人士亲赴前线慰问。某日早晨，两位先生小憩散步，听见一间小屋里有琴声与笑语，他们便走了进去，一位志愿军炊事员正拉着胡琴，几位战士在低声唱和。梅先生问：昨晚的慰问演出你们看了吗？几位小战士遗憾道：我们正在工作，哪有时间看呀。梅先生便主动跟炊事员同志说，烦您操琴，我给大家唱一段吧！唱罢，老舍先生向大家介绍，眼前这位正是梅兰芳先生！屋中忽然静寂下来，待了好一会儿，那位炊事员上前紧紧拉住梅先生的双手，久久不放，始终不敢确认眼前这位刚与自己合作的老者竟是家喻户晓的梅兰芳！炊事员喃喃自语：梅兰芳同志！梅兰芳同志！这是梅兰芳同志！这位小炊事员甚至想不起别的话来了！

对于舞台上光辉璀璨的梅先生而言，这是件微不足道的小事，早已被时光逐渐蒙上了微尘。但也正因这些小事，才成就了台上台下、戏里戏外一个立体的、大写的、真实可感的人！他是蜚声海内外的大师，也是平和谦逊、绽放着温暖光辉的艺术家，更是20世纪中国戏曲史上矗立的一座丰碑！

值此梅先生诞辰130周年之际，汇聚了《中国戏剧》《剧本》《中国戏剧年鉴》三刊数十年专题文章的文集即将出版，这是多年来关于梅先生的史料及研究成果展示，丰富而翔实，它包含着我们所有人对梅先生为人、为艺的怀念。

作为晚辈、后学，我们不仅要学习他的流派艺术、表演风格、技术技巧，更要继承他对艺术、对舞台的敬畏之心和为国家、为人民的奉献精神，让梅韵世世传唱，让梅先生的风骨代代承传！

2024年10月于上海

目录

○ 梅文选编 ○

3　**为兵服务**
　　　——从朝鲜到广州
　　梅兰芳/原载《戏剧报》1954年9期

13　**对京剧表演艺术的一点体会**
　　梅兰芳/原载《戏剧报》1954年12期

18　**我看日本歌舞伎的演出**
　　梅兰芳/原载《戏剧报》1955年11期

25　**怎样保护嗓子**
　　梅兰芳/原载《戏剧报》1958年8期

34　**培养接班人，发扬各种流派**
　　梅兰芳/原载《戏剧报》1959年11期

38　**戏曲大发展的十年**
　　梅兰芳/原载《戏剧报》1959年18期

47　**悼念汪派传人王凤卿**
　　梅兰芳/原载《戏剧报》1959年22期

57 　青年演员要红透专深
　　　梅兰芳/原载《戏剧报》1959 年 24 期

62 　戏曲艺术大发展的新时代
　　　梅兰芳/原载《戏剧报》1960 年 16 期

94 　新年书红
　　　梅兰芳/原载《戏剧报》1961 年 1—2 期合刊

100 　《游园惊梦》从舞台到银幕
　　　梅兰芳/原载《戏剧报》1961 年 4、5、6、7—8 期合刊

133 　漫谈运用戏曲资料与培养下一代
　　　梅兰芳/原载《戏剧报》1961 年 19—20 期、21—22 期合刊

158 　梅兰芳先生对编剧的一些看法
　　　许姬传/原载《剧本》1962 年 1、2、3 期

梅边琐忆

197 　梅兰芳同志精神不死
　　　田　汉/原载《戏剧报》1961 年 15—16 期合刊

204 　悼念梅兰芳同志
　　　周信芳/原载《戏剧报》1961 年 15—16 期合刊

209 　要用学习他来纪念他
　　　荀慧生/原载《戏剧报》1961 年 15—16 期合刊

215 **追怀往事**
　　　　——悼兰芳弟
姜妙香/原载《戏剧报》1961年15—16期合刊

225 **忆梅师**
言慧珠/原载《戏剧报》1961年15—16期合刊

230 **抗战八年中的梅兰芳**
许源来/原载《戏剧报》1961年17—18期合刊

251 **永远记着您的勉励**
尚小云/原载《戏剧报》1961年17—18期合刊

257 **兰芳同志**
　　　　——我们学习的典范
俞振飞/原载《戏剧报》1961年17—18期合刊

262 **忆父亲梅兰芳扮演的虞姬**
梅绍武/原载《人民戏剧》1979年1期

270 **梅兰芳先生教我演虞姬**
杜近芳/原载《戏剧报》1984年10期

276 **四十年前的一桩戏剧公案**
　　　　——梅兰芳发表"移步不换形"主张之始末
张颂甲/原载《戏剧报》1988年5期

284 **梅兰芳·斯坦尼斯拉夫斯基·托尔斯泰**
梅绍武/原载《中国戏剧》1989年10期

293 我父亲梅兰芳与工农兵观众
梅葆琛/原载《中国戏剧》1989 年 10 期

297 梅兰芳的胆识
许姬传/原载《中国戏剧》1989 年 10 期

302 父亲永远是我学习的榜样
梅葆玖/原载《中国戏剧》1989 年 10 期

305 我跟梅先生学戏
李玉芙/原载《中国戏剧》1989 年 10 期

311 盖叫天与梅兰芳的友谊
沈祖安/原载《中国戏剧》1994 年 3 期

梅学研究

325 真正的演员、美的创造者
——梅兰芳
欧阳予倩/原载《戏剧报》1955 年 4 期

334 在梅兰芳周信芳舞台生活五十年纪念会上的讲话
夏　衍/原载《戏剧报》1955 年 5 期

339 梅兰芳先生在《宇宙锋》中的新创造
黄　鸿/原载《戏剧报》1955 年 5 期

349 颂美的创造者
伊　兵/原载《戏剧报》1961 年 15—16 期合刊

361 一代宗匠
　　——重读梅兰芳同志遗著的感想
　　张　庚/原载《戏剧报》1962年8期

386 驾驭传统，创造新的艺术境界
　　——追忆梅兰芳在《穆桂英挂帅》中的艺术创造
　　郑亦秋/原载《戏剧报》1963年5期

398 梅兰芳是京剧艺术的革新家
　　刘厚生/原载《戏剧报》1984年10期

405 梅兰芳性格
　　——在纪念梅兰芳九十诞辰艺术研究讨论会上的开场白
　　赵　寻/原载《戏剧报》1984年12期

412 梅兰芳同知识分子的结合
　　刘厚生/原载《中国戏剧》1989年10期

423 国际文艺界论京剧和梅兰芳
　　梅绍武/原载《中国戏剧》1992年3期

441 以梅兰芳的精神学习梅兰芳的艺术
　　孙毓敏/原载《中国戏剧》1995年2期

451 梅兰芳与昆曲
　　朱家溍/原载《中国戏剧》1996年4期

458 斯坦尼斯拉夫斯基·布莱希特·梅兰芳
　　沈　林/原载《中国戏剧》1998年7期

465 解读梅兰芳大师"移步不换形"之慨
　　——梅兰芳诞辰一百二十周年祭
　　齐致翔/原载《中国戏剧年鉴》2015卷

489 古典与现代碰撞中的中国戏曲
　　——梅兰芳与李渔、布莱希特
　　季国平/原载《中国戏剧》2018年3期

500 "梅兰芳表演艺术体系"说的是与非
　　郑传寅/原载《中国戏剧》2020年9、10、11期

557 "三大体系"与梅兰芳表演艺术体系的地位意义
　　刘　祯/原载《中国戏剧》2024年第6期

565 后　记

梅文选编

为兵服务——从朝鲜到广州

◎ 梅兰芳

原载《戏剧报》1954年9期

去年秋天，我光荣地参加了赴朝慰问的工作，和志愿军同志们生活在一起。有一次，在朝鲜中部香枫山进行慰问，演出的场所是一个在半山中开辟出来的广场，舞台的前面摆着几排木凳子，坐的是首长、战斗英雄和女同志，后面的战士就拿石块当座席，最后排的观众因为距离太远，只能站在石头上看，两边还停着许多辆卡车，车上也站满了人。台的左面是一排高高的山峰，山腰里横着一个巨大的木架，上面缀满了松枝，白色的木板上画着和平鸽，而保卫和平的战士，有的站着，有的坐着，有的倚在树边，形成了一座天然的大包厢。

在舞台的左后方用芦席隔成了一间露天化装室，我就在这里扮戏。周信芳先生演完《徐策跑城》，下场就对我说："今天台上的风太大，抖袖、甩髯、跑圆场的种种身段都受了限制。"我听他说完，自己就盘算着，今天台下上万的观众，都是我们最可爱的人，可是风刮得那么大，太阳照在脸上也影响了眼神和面部肌肉的运用，我该如何把这出戏演好，让大家听着和看着都满意呢？这恐怕是很难做好的吧？果然，我演《醉酒》，一出场就感到身段表演的确受了限制。在"海岛冰轮……"的大段唱念当中，我才逐渐找到了在大风中表演的规律：做身段要看风向，水袖的翻动，身子的回转，必须分外留心，顺着风势来做，不然，就要刮乱衣裙，破坏了舞台上形象的美。因此，醉后的闻花、衔杯以及与高、裴二力士所做的几个身段，就需多加几分力量，才能在表演中控制风中的动作。唱的时候也是如此，迎着风唱，会把嗓子吹哑了。可是，还要想尽方法靠近扩音器，使歌声能送到最远的一排和高高的山上去。当我听到台下的掌声，看到他们的笑脸时，就什么困难都忘记了，只感觉到这些最可爱的观众全神贯注地望着我，给了我无限的温暖，使我不自觉地深入戏里去。

演完戏，我正在卸装，十几位战斗英雄和志愿军文工团的女同志到化装室里来，有的还拿出纪念册要我签名，当我走出了后台，大家一起拥上来跟我握手。等我上了吉普车，他们又抢着把手伸进车里来，车已经缓缓开动，我来不及跟他们一一握别了，只能用双手左右抚摸着这些亲切的手，他们眼圈红红地望着我，露出了依依不舍的神情，我也感动得流下泪来。就这样，在一阵热烈的掌声中我和大家告别了。

我们在朝鲜的时候,除了在舞台上做慰问演出以外,还用各种不同的方式,在可能的条件下,向我们最可爱的人进行慰问。

志愿军负责招待工作的同志对我们生活上的照顾是无微不至的,饮食寒暖刻刻留心,整天不离开我们的宿舍。因此,我们表演的时候,他们往往没有时间去看戏,使我们感到不安。

有一天晚饭后,老舍和周信芳两位先生在散步的时候,听到一间屋里有胡琴的声音,就来告诉我说:"我们今晚组织一个清唱晚会来慰问他们一下吧!"我说:"您这个主意很对,最好再找几个人来参加,显得热闹些。"就约了马连良先生一同走到那间屋子里去,山东快书说唱家高元钧先生也披着衣服赶了来。志愿军同志看见了我们,都站起来招呼,老舍先生说:"这几天大家都辛苦了,整天忙我们的事,也没有机会痛痛快快听一回戏,今天我们特地来跟大家凑一个临时清唱晚会。"接着就向他们介绍我们的名字,大家鼓掌欢迎。有人提议找我们的琴师,我说:"不必找他们,刚才听见胡琴响,就请那两位拉胡琴的同志给拉一下,更有意思。"一位同志介绍说:"这两位是我们的炊事员牟绍东、王占元同志,他们都会拉。"牟、王两位同志谦逊地说:"怕我们托不好你们的腔。"我说:"不要紧,我们会凑合你的。"我们的清唱晚会开始了,马连良首先唱了《马鞍山》和《三娘教子》,周信芳唱了《四进士》,老舍说:"我来给你们换换胃口,来一段《钓金龟》吧!"这之后,我接着唱了《玉堂春》,最后,高元钧从长衫口袋里掏出两块铜片,说了几段轻松有趣的小段子,大家都笑得前仰后合,我们就烦他再来一个《武松打虎》,高同志就在两张床当中很窄的地方,眉飞色舞、拳打脚踢地演唱了武二哥在景阳冈打虎的那段拿手杰作。我们的清唱晚会刚一开始，消息就很快地传了开去，大家都来听，门外空地上黑压压站满了志愿军同志，他们聚精会神地细细欣赏着来自祖国的歌声，有的人用手拍着板，有的还轻轻地跟着我们的调子哼腔，同志们说："像这样的清唱晚会，比看舞台上的表演还要难得啊！"这一次临时集合起来的晚会，给我们留下了深刻的印象，我们和志愿军战士们挤在一间小屋子里靠得这么近，使我们触摸到他们火热的心。第二天，老炊事员牟绍东同志拿着一本纪念册对我说："昨天晚上的事，我永远忘不了，请你给我写几句话在上面，做纪念吧。"我是这样写的："《玉堂春》我有十几年没在舞台上表演了，你这次替我拉这个戏，真是值得我纪念的一件事。"

1953年，梅兰芳参加中国人民赴朝慰问团

在赴朝慰问演出的工作当中，京剧团的每一个工作者都尽了最大的努力来完成许多突击性的任务，我们剧团的机构是以华东京剧团的团员为基干，加上周信芳、程砚秋、马连良三位先生和我自己等少数人员组合而成的。有一个时期，我们因为要分别进行慰问，就把剧团的工作人员分为两队，我们是第二队，这一个特殊的小小的演出单位，一共只有十八个演员和几位音乐伴奏，以及服装、道具、化装的一部分技术工作人员。

有一次，在开城的满月台广场的慰问大会当中，我们十八个演员的剧团居然演出了五个戏：一、《狮子楼》；二、《三击掌》；三、《追韩信》；四、《借东风》；五、《醉酒》。因为演员人数不够，有些一向不登台的后台工作者，也都扮上了龙套、院子。有一位演员在五个戏里，扮着各种角色出现在台上。和程砚秋先生合演《三击掌》时饰王允的沈金波同志，一下场就改扮旦角来演《醉酒》里面掌扇的宫女。另外，还有中央歌舞团跳荷花灯舞的几位女同志，临时学了一些必要的身段，也立刻化装为宫女，很高兴地上了台。这几个戏从前台来看，虽然还算整齐，可是，我们这一小队的全体工作人员，在后台却是十分紧张，许多已经穿好行头的演员，也忙着兼搞一些配合演出的舞台工作，有的拉幕、有的捡场、有的在幕后对着扩音器报幕。衣箱前面不住有人脱下这件，换上那件。场面上的工作同志只见放下鼓箭子就打小锣，挂起胡琴就拍铙钹。专司化装、衣箱……的"技工队"各位同志的工作，更加繁重，他们几乎连吃饭的时间都没有。总之，为朝鲜人民、人民军和中国人民志愿军演出，不管在雨里走，风里演，登高山，涉河水，从露天剧场到坑道剧场，大家都是甘心愿意，并引为无上光荣的。

今年春天我又接受慰问中国人民解放军的任务,来到广州,向我们身经百战、劳苦功高、捍卫祖国南大门的勇士们进行了慰问。全国人民把这个光荣任务交给我们,这是多么令人感到兴奋的事情呵!

在越秀山体育场的慰问大会上,我和中南军区第四野战军驻广州部队的全体指战员见了面,在广场中看到了装备整齐、甲胄鲜明,包括陆、海、空及特种兵的正规化部队的盛大军容。依山筑成圆形的大看台上面插满了红旗,一层层、一格格的座席上都是我们最可爱的解放军同志。我们去慰问的演员李再雯、王玉蓉、小王玉蓉、梅葆玥等,举着从祖国带来的锦旗礼品献给首长、英雄和功臣们;我亲手给学习模范李树森挂上纪念章。这时候,志愿军文工团的代表们也上台来献花。军乐队奏出雄壮的调子;热烈的掌声有节奏地连绵不停。负责摄影和拍新闻纪录片的同志们举着照相机、手摇机穿梭般走来走去,选择镜头。全场几万只眼睛都全神贯注地望着主席台,从眼神里充分流露出欢迎全国人民慰问中国人民解放军代表团的热情和感谢毛主席的深意。

庄严隆重的慰问仪式结束以后,在慰问演出之前,司仪就宣布休息二十分钟,顷刻间,全场几万个观众都散了开来,我站在幕边往外看,想到这么多的人集合起来是需要相当时间的。但在最后的五分钟全体观众又都很整齐地归了原位,场里的席次还有了变动,看到了这种敏捷的动作和整齐的精神,我体会到一支坚强的新中国正规化的国防军已经成长起来,矗立在人民的面前了。

表演节目开始了,首先,志愿军文工团表演了几个歌唱、舞蹈的节目。接着,评剧团李再雯同志主演了《秦香莲》的"闯宫"一折。最后，是我演《醉酒》。出台以后，幕天席地，放眼四望，面对着这样多的永远忠于祖国的最可爱的观众，在红旗为界的看台外面还有着枝叶茂密的绿树，和有名的古建筑"镇海楼"的红墙，这些雄伟、绮丽的景物构成了一幅天然的图画。那时，我愉快的心情真找不着适当的语言来描写。

在这样广大的会场中表演，演员的唱、做要满足观众听和看的要求，是相当困难的。会场内虽然安置了扩音器，可以使唱念的声音传达到较远的地方，但最远的后排观众与舞台的距离几乎有一里之遥，要使后面的观众看清台上的表演是很难的。但我还是把表演动作加以夸张放大，尽量使观众得到一些印象。

在这个台上表演，与一般舞台上的部位、身段都有些出入，需要灵活运用，勇于创造。贵妃的出场，照平常的惯例是胡琴的过门拉到一半时才出来的，但这个露天平台比起室内的舞台要大几倍，就不能仍按惯例出场，因此，我听见胡琴一响，跟着就走了出来，站在适当的地位，开始做那两个左右抖袖的身段。中国古典戏剧传统的表演方式，在舞台上要找中心，舞姿要左右对称。《醉酒》里面的闻花、衔杯的身段都是要左右对照着做的，如果演员在比普通舞台大的舞台上不能环绕着舞台中心表演，那就会破坏舞台画面的完整，观众看了是会感到不舒服的。又如看飞雁的身段，是从左面转到右面的台口，用扇子指着远处，一边唱一边退到左面的上角。这种身段也要事先看好地位，配合音乐节奏，多一步或少半步都会感到不协调。过玉石桥的步伐，跟舞台的大小也有关系，像在越秀山体育场的台上，这座石桥就放长了，必须多走几步，否则观众老远望过来就会感觉到桥的长度与舞台的面积不相称，也失去了戏剧给人的真实感。

我们在广州的慰问演出，大部分是在规模宏大的中山纪念堂进行的。这座建筑物的内外景都富有东方民族的色彩。场内楼上下有五千多个座位，最大的特点是找不着一根挡住观众视线的柱子，到处绘饰着古香古色的图案。汉白玉为栏的音乐池，宽敞、考究的后台化装室和休息室都使人感到舒适和谐。场内秩序非常整肃，在节目进行当中没有一个人在场里走动，强烈的灯光集中地照着舞台，使后排的观众也能够看得很清楚。扩音器安置得恰当，使全场观众都能满意地听到歌声。我们在那里慰问了将近十万名解放军同志。

在黄埔基地进行慰问的时候，是在一座可容一千六百人的礼堂内演出的。在那里，与我们的海上英雄见了面，他们的健硕的体格，黑黑的皮肤，热烈的情绪，给了我们深刻的印象。演完以后，海军首长向我说："海军战士能够看到你们的戏，是一桩不容易的事。"第二次我再去慰问的时候，看见礼堂门口广告牌上，贴满了我们上次在这里演出的剧照和便装照片，主持俱乐部的同志告诉我说："为的是让没有看到戏的战士们可以看看照片。"

有些部队的战士终年不能离开岗位，我们就到阵地上去为他们演出。他们以最大的热情来欢迎我们，亲自做了北方口味的饭菜招待我们。一位战士亲自告诉我，这些菜蔬是他们亲手种植出来的。他们还说，自从来到南方后已经有几年没有看到京戏了。今天的演出会使他们兴奋得两三天睡不着觉。

有一次我们到陆军医院内向休养员进行慰问，先是在广场内搭台清唱，招待一般轻病休养员，接着，就到重病休养员的病房内进行慰问，我走上楼梯看见墙上挂着一块白底黑字涂漆的牌子写着：

"请勿高声，脚步要轻。"我心里盘算着回头向他们慰问的时候，必定要给他们唱一段，唱什么呢？调子太高亢了，恐怕会刺激病人，最后，我才决定了唱《醉酒》的四平调，这调子比较柔和缓慢。我和志愿军代表严庆堤同志走到每个病人的床前，俯近到他们的耳朵边，表示我们这次对他们的敬意，并预祝他们早日恢复健康，一位同志回答我说："请你回去告诉毛主席，我们感谢他。"另一位同志看见了我们就突然坐了起来，同我紧紧地握手，医生抚慰地将他轻轻按下去说："你的病要躺着才好得快！"

在一间外科病房里看见一位休养员，躺在床上四肢不能动弹，当我唱的时候，他只能用眼睛来表示他的情意。医务同志告诉我说："这位阮先明同志是广东人，他是打老虎受了重伤的，二百多斤的一只老虎被他打死了，可是他浑身都被老虎咬伤，需要长期治疗。"同去慰问的赵树理同志对我说："这是现代的武二哥。"

最后到女病房内慰问，我们进了门就听到了一阵热烈的掌声，有几位女同志兴奋得坐了起来，我一一同她们握手致慰问之意，赠送慰问品。我唱完一段《醉酒》之后，有一位女同志说："想不到今天能够看到梅兰芳，并且他还站在我的床前唱给我听，我太高兴了。"像这样许许多多动人的情景给了我以不可磨灭的印象。

解放以后我的舞台生活起了显著的变化，几年来，我遵循着毛主席所指示的文艺为工农兵的道路，在艺术实践上做了一些努力，这不仅使我的观众比从前广阔得多，观众的成分起了巨大的变化，而且使我的艺术获得了新的生命。这次我从冰天雪地的北朝鲜到风和日暖的广州，从精巧细致的舞台到宏伟硕大的广场，从高高的山岗到深深的坑道，进行了不少次光荣的演出，面对着的又都是保卫祖国的英雄儿女,而且还同他们亲切地生活在一起。这使我在思想上受到了深刻的感染和教育,使我深深感到生活在毛泽东时代是无比光荣和骄傲的。

1954 年 7 月

对京剧表演艺术的一点体会

◎ 梅兰芳

原载《戏剧报》1954年12期

京剧的表演艺术，如唱腔、音乐、身段、动作，与宽大的行头、脸谱、长胡子、水袖、厚底靴、马鞭、船桨等等是有密切关系的，而且是自成体系的，我们谈到艺术改革，必须在原有的基础上仔细研究，慎重处理。

解放以后，我们废除了跷工，隐蔽了检场，这在澄清舞台形象上是有成就的，但对于脸谱，就不能这样做。有些定型的脸谱如三国戏里面的曹操、关羽、张飞等，已为人民大众所熟悉，那目前就没有改的必要，这些人一出场，不用自己报名，观众就知道他是什么人，歌剧表演的习惯，需要开门见山，集中地来表现，这是和话剧基本上不同的。可是有些碎脸、破脸形象恐怖丑恶的部分，是应该加以修改的。我收藏了从明朝到近代的脸谱图画，看出来是由简单而趋复杂，其中说明了发展过程，但是如果把这许多脸谱拿起来比较一下，有的发展得很好，也有新的不如旧的，这就需要摆在面前仔细地评判鉴定，加以提高。我这些年来，每逢和外国戏剧家谈到中国戏剧的时候，他们总是提到脸谱，我送给他们的脸谱模型和图片，他们都很感兴趣，认为这是戏剧上东方民族形式的特征。我们今天所要研究的问题，应该不是取消而是如何去芜存菁地加以整理。此外，如宽大的行头、水袖、长胡子、厚底靴等等，和京剧中的表演、歌唱、说白，都是属于夸张性的，我们如果没有整个计划，只是枝节地把胡子改短了，靴底改薄了，并不能够解决问题。

　　关于旧剧布景问题，现在有了许多不同的意见，拿我个人的经验说，大部分旧剧目是不适用布景的。因为京剧的表演方法是写意的，当演员没有出台的时候，舞台上是空洞无物的，演员一上场，就表现了时间与空间的作用和变化，活的布景就全在演员的身上。马鞭一打，说明了走马；船桨一摇，说明了行船；转一个圆场，就过了好几条街，或者是千山万水；更鼓一响，就说明了黑夜或天明。由于时间和环境的变动太快，布景就追不上，所以在旧剧目里使用布景，局限性很大。据我的经验，只有在排演新戏的时候，可以使用布景。我的古装戏如《天女散花》《嫦娥奔月》《西施》《太真外传》《洛神》《俊袭人》等等都用了布景，虽然有些不免幼稚，但当时我愿意在这方面进行一些尝试。例如《洛神》，在"洛川之会"一场，舞台上另外搭一个台，布出岛屿的景，我在上面连唱带舞活动了半小时；《太真外传》的"舞盘"，杨贵妃在圆形的桌子上歌舞，也增强了歌舞的气氛；《俊袭人》是独幕剧，台上布着书房卧室两间立体的全景，所用的陈设道具，都是打我家里搬去的。偏重于写实的方法，演员在这种环境当中表演，唱词就只能减少，对白势必加多。由此可见，布景是与表演有密切关系的，写剧本的时候，就要把布景都设计在里面，这样使用起来，就比较调和一些。

关于现实主义的表演体系，我认为在京剧改革上是非常重要的，上面说过：活的布景就在演员身上，因此演员的艺术创造就成为头等重要的任务。许多老前辈们，虽然不知道现实主义的名词，但是他们的表演，恰符合这个道理，他们对钻研戏情戏理，体会人物性格是下了极深的功夫的。我记得有一年夏天在中和园看谭鑫培先生演《碰碑》，第二场出场时他使了一个身段，把两手藏在白胡子的下面，表示寒冷的意思，我就觉得气候变了，有寒冷的感觉，几乎忘了那时是六月的盛暑。我是一个演员，尚且被他深深地带进戏里面去了，其他观众更无怪乎都看出了神。他把杨老令公兵败荒郊、内无粮、外无草、救兵不到、望子不归的气氛全部表达出来了，因此才会有那么深刻的反应。我同杨小楼先生合演《长坂坡》时，他见了糜夫人那种恭敬、忠诚、惊慌、着急的样子，还有《别姬》里面霸王被困垓下悲歌慷慨的神情和音节，都如同身临其境一样，我现在闭上眼就能很清楚地想起这些情景。老先生们常常对我讲：假戏真唱，要设身处地地琢磨每一个剧中人的身份、性格。就拿京剧演员表演时装戏这个问题来说吧，在《一缕麻》这个戏里，贾洪林、程继仙、路三宝几位先生分扮各角，就都演得自然逼真。贾先生接了这个剧本之后，他在家里费了好几天的心思，根据剧情的需要创造了人物性格，丰富了台词，在林如海劝他的女儿上轿一场的大段道白当中造成了高潮，观众都感动得流下泪来。程先生的傻公子，路先生的二娘，也都演得入情入理。因此我感觉到：每一个演员只要掌握了现实主义的表演方法，是无往而不利的，也是艺术表现上最高的法则。今天在戏改工作当中，我认为重视演员的艺术修养，发扬现实主义的传统精神，是应该作为一个重点来进行的。

上面我虽然介绍了几位老先生表演时装戏的成就，但京剧是否适宜于表演现代生活的问题，却还是值得更慎重地加以研究的。我曾经演过五六个时装戏，最末一个是《童女斩蛇》，以后就只向历史歌舞剧发展，不再排演时装戏了，这是由于我感觉到：京剧表演现代生活，究竟有很大的限制，即如斩蛇一场，是全剧的高潮，可是穿了时装，就不能手持宝剑，只是用一把匕首（小刀），在舞蹈方面无法有很好的表演。还有，时装戏，大半唱词少对白多，慢板几乎使用不上，主要的曲调是摇板和快板。虽然我在《一缕麻》等戏里面也使用了慢板反二黄，当时的观众也接受了，但是，我唱了一个时期，就愈来愈感觉到不调和，因为唱起来生硬。穿了时装，手势、台步、表情、念白完全不是京剧舞台上固有的一套，而是按照现实生活表演，除了唱时有音乐伴奏，不唱时音乐就使用不上了。总的说，是完全脱离了原有的体系，因为京剧的表演方法是夸张放大的，它主要的特点是歌舞并重的，如果表演现代的日常生活，不能不考虑采用新的表现形式，在风格上是与原有的京剧艺术形式不一致的，经过了这一番尝试，我就不再排演时装戏了。根据我的经验，京剧虽也可以，而且确也表演过时装戏，但并不是最适当的，京剧的主要任务，在目前还该是表演历史题材的歌舞剧。以上是我的一些不成熟的意见，希望同志们作深入的探讨。

我看日本歌舞伎的演出

◎ 梅兰芳

原载《戏剧报》1955年11期

日本歌舞伎这次来中国访问，当第一天演出的时候团长松尾国三先生和我讲：日本歌舞伎在中国表演的三个节目——《劝进帐》《倾城返魂香》《双蝶道成寺》，可能是《双蝶道成寺》最受中国观众的欢迎，因为这个节目有各样舞蹈，场面比较热闹好看。我当时明白松尾国三先生的意思是恐怕中国观众不容易理解这一种没见过面的戏剧，日本人民所欢迎的节目不见得合中国人民的胃口。但是，演出的当场就可以看出：中国观众所最欢迎的也正是日本人民多少年来最欢迎的《劝进帐》。当市川猿之助先生扮演的弁庆由花道下场时，引起台下观众经久不息的如雷掌声，台上和台下的情绪已经密切地交流，这一事实使我们知道中日两国人民对于戏剧艺术的爱好和欣赏程度是一致的。何以会这样呢？最根本的原因还是一千多年来两国文化的交流，文学艺术以至风俗习惯都有着血缘的关系，戏剧艺术不是孤立的而是在中日两国共同的文化领域内生长起来的，所以中国人民也热爱日本人民所爱好的节目。在我刚看过日本歌舞伎的时候，我曾经觉得日本歌舞伎的表演形式方面和中国古典戏剧有些近似，以及部分的外部技术和京剧有若干共同点，也许这就是中国观众所以欢迎的原因。后来我深入研究觉得这只是一部分理由而不是唯一的原因，因为这些方面还是戏剧工作者和京剧演员们的体会，大多数的观众不一定都这样，甚而至于可能也有人觉得并无共同之处，但是不论任何看法，总而言之热烈欢迎这出《劝进帐》都是一致的，这种一致的热爱，除了上面所说的原因之外，我觉得最主要的是由于这个剧本内容具有高度的人民性，和编剧手法以及演员表演的现实主义精神，具备了这个重要因素，不论什么剧种，无疑会受到广大人民的热烈欢迎。

《劝进帐》的故事和中国封建时期遗留下来为人民所最喜爱的一些故事很相似，都是为了帮助一个被迫害的人去反抗统治者。凡是站在人民立场的善良人是人民所要保护的。退一步说，即便这个人对于人民并没有什么切身的好处，只是由于统治阶级内部

日本著名歌舞伎演员市川猿之助在寓所招待梅兰芳等并当场表演助兴

矛盾而要杀害这个人，但是人民因为痛恨统治者，对于他所要迫害的人，就偏要设法使他害不成，这是人民的力量和理想。这一类的故事都表现了人民的机智、勇敢和正义。这个剧本戏剧性的深刻就在富樫并不是真被瞒过，而是因受正义的感动，才装糊涂放义经出关。弁庆虽然英勇，但他知道不能用武力，而是时时刻刻在警惕镇定中想办法斗争，以达到安全的出关。全剧最高目的也就在这里。这出戏的全部演员、歌手、音乐演奏者和检场，每个人的活动都能合在一起，保持着一条贯穿线，奔向最高目的。市川猿之助先生的弁庆和市川段四郎先生的富樫是这一条贯穿线的主流，他们生动的表演把观众完全吸摄到戏剧中来。市川猿之助先生卸装后，我们又见面，我看他那一副刚毅内蕴的目光，虽然是便装，却俨然是一个弁庆的形象。我感觉到这就说明他进入角色之深，在他本身内就已经具有类似角色的素质，所以在舞台上才能使所有传统的精确的外部技术充满了生命。市川荒次郎、市川八百藏、岩井半四郎、市川猿三郎四个人扮演的四个家臣，每个人各有一副不同的气度。他们在剧中表面活动是很少的，但所有的动作都很适当，在准备交战时一起随着弁庆和富樫的几个共同的亮相，脚步尺寸彼此配合得非常严整准确，身段表现出共同的节奏。站斜一字的时候，每人挨着次序有一段话白，脸上都有适当的表情。当他们无所表演的时候，绝没有情感外露或做出触眼动作来的现象。但无所表演不等于松懈随便，而是情感内敛，表现严肃的态度。关于这一点我体会到当舞台上是一个角色的特写时候，观众的视线就在他一人身上，这个角色的表演又牵涉到同台另一个角色，这时候观众的视线就有他们两个人，表演范围到了全台角色的时候，当然整个舞台上角色就都包括在观众视线以内了。凡是在重点视线以外的角色，有自由活动的话，不管他的意图是想多做点戏，还是松懈一下，都必定会破坏一出戏的贯穿线的。当然一个剧本的编写和导演者对于表演的设计是起着决定性作用的，但演员要有这个修养，也是很重要的。这出《劝进帐》，从剧本的结构到演员的表演，自始至终没有一点分散的力量来扰乱观众的视线，每个演员都能做到"适度"的表演，在同一的内在节奏中贯穿着进行到底。

表演艺术能使观众有"适度感"，这不是一件容易的事。由于这一点我想再谈谈《倾城返魂香》的表演，《倾城返魂香》之所以得到中国观众的热爱仅次于《劝进帐》，其原因也同样是剧本具有人民性和演员的现实主义的表演。这个剧本，以一个有才能的人因为口吃、生理有缺陷而被埋没为主题，是很容易得到中国观众理解的，中国的黄巢和钟馗两个不同性格的人物而都为人民所爱传诵就是这个原因。《北梦琐言》里面有一段记载着晚唐大诗人皮日休，应试落第后的事："礼部侍郎郑愚以其貌不扬，戏之曰，子之才学甚富，其如一目何。"以大诗人皮日休的声望，尚且因貌不扬而有这样的遭遇，可见在封建时代，这类事情的发生不是偶然的而是很普遍的，所以最为人民所痛恨，那被埋没的人也最能受到人民的同情。这个剧本就集中表现这两种情感。岩井半四郎扮演的修理之介，能够轻描淡写地只在眉宇之间的神情中刻画出一个借机会打击别人抬高自己的狡猾形象，这是为观众所厌恶的剧中人，他能做到为观众所厌恶就是他的成功。扮演老画师的市川中车，扮演女仆阿有的市川猿三郎，也都非常适合角色的身份。市川猿之助扮演的浮世又平，突出地表现一个有才能而受尽了打击的人。片冈我童扮演的又平之妻则表现出患难夫妻把委屈往肚里咽，用尽方法来帮助丈夫的一个善良妇人。我感觉到这出戏非常难演。譬如《劝进帐》如果演不好的话，可能发生形式主义的倾向，而这出《倾城返魂香》，则极容易发展为自然主义的表演。现在举一个例子来谈，譬如弁庆哭的动作，是把手臂高抬起，距离眼睛有相当远的部位来表演擦眼泪的动作，这是一种夸张的手法。这种身段假使没有内心表演，就会流为形式主义，但是市川猿之助的动作是充满了思想感情的，没有丝毫形式主义的倾向。这出戏里面浮世又平的哭的表演是痛哭流涕，要哭出很大的声音，并且把面部完全露给观众，是一件非常不容易的事。这种表演，有的人误以为只要演员敢大胆把自然生活当中的大哭大叫直接搬上舞台就够了，这种看法是错误的。这种表演当然是从生活中来的，但不是直接搬上来的，而是经过一番选择，用夸张和减弱、互相配合的手法，由表演艺术的加工提炼而成的。浮世又平的哭，之所以使观众有逼真动人的感觉，而又丝毫不使人觉得乱哭乱叫的讨厌，就因为这个表演仍然是具备着内在的节奏，他的擦眼泪和身体颤动虽然表面上看不出有舞蹈的成分，实际也具备着极精确的格局，他的哭声是经过适当控制的一种发音，因为这样，所以才使观众有一种"适度感"。上次我简单地谈过市川猿之助演这个角色，很像我们过去名演员程继先先生的《得意缘》，当然"得意缘"的故事和卢昆杰的性格都和《倾城返魂香》不同，我所指的是表现在演技方面，尤其是"说破"一场痛哭流涕的逼真表演，丝毫不带自然主义成分，程先生是做到家了，而市川猿之助先生和程先生的表演可以说差不多是在一个水平上的卓越艺术。

  由片冈我童的生动表演，使我想起日本歌舞伎最有名的旦角演员中村雀右卫门，从前我到日本演出的时候还见过他演戏。当时我长得很瘦，他告诉我用两块小的棉花塞在两边牙齿的外边，我照样做了之后果然弥补了我的缺点。（我的经验，使用这个方法，须经过一个练习阶段，否则恐影响歌唱。）中村雀右卫门本人的面孔身材都不算是很好的，全靠着勤学苦练和不断钻研，而后成为优秀的演员。市川猿之助先生说，中村雀右卫门先生为了一个角色的睡觉姿态，曾经牺牲了很多时间的睡眠去留心观察他夫人的各样睡态，由这一点可以想见日本歌舞伎中无数名演员辛苦创造的积累，片冈我童继承了很多旦角名演员传统的优秀演技，又加自己深入角色的修养，所以能够很真实地表演一个日本典型的善良妇人性格。

市川松莺扮演《双蝶道成寺》的清姬，扮相虽然艳如桃李，脸上却是冷若冰霜，所做各样的舞蹈，始终具有一种追求一个人的精诚专一的情绪在贯穿着他的全身，如我国古代民间传说有"女子望夫成石"的精神，是清姬角色的特点，市川松莺确是表现了这个特点。

歌舞伎的歌手们，在这三个节目中的歌唱，各种音调上的变化，都是通过思想感情的。歌手们在演出任务上只担任歌唱，并不担任表演，但他们不知不觉地都带出面部表情，尤其以竹本义太夫和三弦野泽吉作、鹤泽和光最为明显。这说明他们的唱歌之所以能够和表情身段那样密切地结合，主要因为歌手们是用整个人来唱的，而不是机械地用发声器官喊出不同的音符来就算完事。例如《劝进帐》中富樫给弁庆饯行时那一段长呗[1]，真把双方曲折的心情都给唱出来。《倾城返魂香》的竹本也能够把浮世又平的一腔积愤发泄无余。音乐在歌舞伎中占着很重要的成分，除了伴奏之外，在表达情绪方面有时还起着主导作用。例如《劝进帐》中富樫发现挑行李的人是义经以后，是全剧最紧张的阶段，富樫突然放他们过关，这时候场上音乐由迅雷烈风一变而为雨过天晴的境界，闭上眼也能知道剧中

---

[1] 长呗：江户时代流行的歌曲，也是一种三弦曲。

情节是如何的转变了。弁庆过关后愉快地追赶义经，场上的锣鼓表现出弁庆的欢快心情，充分地发挥了打击乐的效能。

歌舞伎的服装扮相和表演的风格是统一的带有夸张性的。其夸张程度，适合着剧中人物和舞台画面构图的需要而有所不同。如《劝进帐》中弁庆扮相的夸张，表现在他的膀大腰圆，富樫则穿着极宽极长的日本古代贵人的衣服，这两个主角的扮相既符合身份，又在舞台画面的构图上显示出他们两人的形体特别大，自唐宋以来名画家所画人物故事，很多采用这种方法来显示画中的特殊人物。义经在剧中的身份性格不能采用大形体的方法来夸张他，但又不能减弱了这个人物的重要性，所以很适当地穿一件紫色褶子，用这一强烈的颜色来点醒他的特殊，一方面又可以调和弁庆等一行五个家臣的头陀服装。据说日本的服装不论民间的或贵族的，每一时代都有系统的详尽的记载，所以日本戏剧对于每一出戏的服装在设计制作上都非常认真，但我没有研究过，我只是发表在看戏时一些直觉的看法。

以上关于歌舞伎表情、身段、歌唱、音乐、服装，是我补充前一次所没谈到的一些感想，也可以说是一些肤浅的认识。最近戏剧工作者们普遍地爱好日本歌舞伎，在报纸杂志上所刊载的文字和座谈会上的发言，都表现着这种情形。这两天北京电影制片厂正为我拍摄《洛神》的纪录片，扮演仙女的都是些十几岁的小演员，在休息时她们主动地和我谈了很多她们看歌舞伎时所领会的表演艺术，我觉得在中日文化交流新的开端之下，这是一种很好的现象。我也和大家一样，希望将来再有观摩的机会，还要进一步地研究日本歌舞伎。

怎样保护嗓子

◎ 梅兰芳

原载《戏剧报》1958年8期

编辑同志：

　　我是一个青年戏曲演员。俗语说：嗓子是演员的本钱。可是我的嗓子不怎样好。我很羡慕梅兰芳先生，他的嗓子那样地动人；已经是六十多岁了，但他唱起来还是那么甜丝丝的，引人入胜。我想，梅先生对保护他的嗓音，一定有什么诀窍吧？因此，我有下面几个问题，烦你们转给梅先生：1. 您从前学戏时，是怎样练嗓子的？2. 在变嗓时期应该注意些什么？3. 发生了病变怎么办？4. 日常生活中，应该注意些什么？5. 解放后，您的嗓音怎样反会高了一个调门？这些问题，恳切希望梅先生能予答复，以便我们学习！

敬礼！

俞玉英　4月1日

俞玉英同志：

由《戏剧报》转到您的来信，已经看过。您希望我介绍一些保护嗓子的经验，其实，我并没有什么特别法门，有些是我们同行都知道的，说出来也是老生常谈，现在姑且就我个人的体会来回答几个问题，以供您参考。

嗓音的基本训练有哪些主要部分？

我在幼年时代，身体就很结实，因此，嗓音也比较宽亮，本钱是相当充足的。我当年锻炼嗓子的方法和大家并没有两样，喊嗓、遛弯、吊嗓，都是非做不可的基本功夫。

喊嗓：每天清晨跟着师父到树木茂盛、空气新鲜的地方去喊嗓，用"咿""啊"两个字练习闭口音、张嘴音，由低到高，大约二十遍，然后再提起嗓子念一段道白，自己觉得哪种音不够圆满就加工练习。春秋佳日适宜练工，严冬炎夏更为重要。内行常说"夏练三伏、冬练三九"，就是要养成耐寒抗暑的习惯，因为我们职业演员，一年四季都要登台演唱，不经过严格锻炼，是难以战胜自然环境的。在朔风怒号的日子，当然不需要迎风喊嗓，而酷暑盛夏也可以乘早凉练习。总之，这种功夫要经常不断地坚持下去，使基础巩固深厚，才能耐久经用。

梅兰芳在清唱表演

遛弯：遛弯的时候，要沉住气，缓步徐行，内行称走路为"百炼之祖"。这意思是说：什么功夫都打走路开始的。而且不必选择时间、地点，想到就能办，对于丹田、气海的培养，都有很大的帮助。古人常说："读书养气。"演员的遛弯，也是属于艺术进修中一种养气的功夫，我们内行是非常重视的。

吊嗓：我的习惯，中年以前，假使当晚有戏，下午必定吊几段，目的是试试嗓音，做一种练习，但不使过于吃力。近年则遇到演出的日子，只在起床后、漱洗毕，喊几声高音低音，再念几句道白就够了，上了岁数的人，要珍惜自己的精力，到了台上才能尽量发挥，不致感到竭蹶。我认为就是壮年人，在休息的日子，当然要坚持吊嗓，多吊几段也不妨，而当晚有戏，事先也不宜多唱。有些演员的习惯，在登台之前，整出地苦吊不已，如果不吊就不放心，这种办法是不甚妥当的，因为我们的工作要养精蓄锐到台上去表演给观众看，舞台是我们的战场，临阵磨枪会减弱我们的锐气，我们要有决心慢慢地改变这种习惯。

"倒仓"时期应该注意什么？

每个人在生理上都有一个变嗓时期，戏曲界通称为"倒仓"。对戏曲演员是一个重要关头，这个时期各人的情况不同，有长有短，我在倒仓的时候就很短，并且也不甚显著就倒过来了。在倒仓时期，当然仍须练习吊嗓，登台表演，但不宜过于疲劳，使声带受伤。唱老生的在倒仓时，如果往高音勉强挣扎，还会变成左嗓，这些都是必须注意的。

我在二十岁以后，嗓音已经发育到成熟阶段，那时几乎天天登台，有时赶堂会，还有唱两工三工的时候，不能都是唱工戏，也搭着《虹霓关》《樊江关》这类做工戏唱，所以并不感觉太累。当年舞台上一般的调门，都在六字调到正工调，我大约居中，唱六半调。少年时期对于嗓子的锻炼是极其重要的，如果贪图省力，就会养成一种惰性，上了岁数，嗓音当然更低下来，就够不上调门，只能退出舞台了。

发生了病变怎么办？

我常说演员在演出期间，不能生病，就拿最轻微的伤风感冒来讲，一般人得了，不算一回事，吃点发散药，出身汗就好了，到我们演员身上，就有矛盾。发散药虽然能治病，但我感觉到，旦角演员是用假嗓唱女高音，吃了某几种发散药，往往会使声带松弛，提不起高音，因此，就医时，首先要把自己的习惯告诉医生，以便根据具体情况处方下药。我有过几次经验教训，现在非常当心自己的寒暖，唱完戏，用毛巾把身上的汗擦干，如果室内温度不够，就干脆不擦，等它自己落汗。离开化装室的时候，总是戴上口罩，脖子上裹着围巾，尽量不让喉管和肺部着凉进风，这种地方，不但我们上了年纪的要随时警惕，就是少年人也应当注意。四十年前，我在杭州演出，那时我们剧团的人都正在壮年，有一天，大家冒雪游山，事先我有顾虑没有参加，结果，姜妙香先生受了风寒，嗓子哑了。这件事，我在《舞台生活四十年》第一集里曾具体作了介绍。四十年后，1957年的1月我到武汉。那时长江大桥尚未完工，旅客须乘轮渡过江，车里温度很高，下车过江时，因为有许多朋友、同行欢迎我，我非常兴奋，就把口罩除掉了，这样，嗓子就"拍"了风。第二天起床后，试试嗓音，哑到一字不出。以前，我在南京、武汉，也发生过嗓哑的现象，但还有半条嗓子，可以对付着唱，没有像这么严重，当时从医学院请来了一位耳鼻喉科专家袁大夫，他用镜子给我仔细检查说："您的声带充血、肿了。"就把带来的一本书给我看，指出有关声带组织，以及发生病变时的现象，按图讲解给我听，他说："人的声带，不发音时，像树枝的丫杈形状，张开的，到发音时候就并拢了，发高音并得更紧密，现在声带肿了，并不拢，所以发不出高音。你们歌唱演员，还有一种病是声带上长一个小疙瘩，医学上称为'歌者结'，这种病非常麻烦，必要时，可以用手术割掉，但是割了还会再长。你的病是热嗓子吹了冷风，来势虽猛，不要紧，现在先用青霉素的水喷射到喉咙里消炎，但药物治疗，只能起辅助作用，主要依靠休养，目前不能试嗓子，连说话都要减少。"当天晚上，武汉京剧团的同志们来探病，谈起不久以前高维廉的嗓子哑了，就找隔壁诊疗所一位邓大夫诊治，吃了几剂中药，居然好了。我就把这位邓大夫请了来，他诊完脉就问我："身上是否感到有些怕冷？"我说："有一点怕冷。"他说："嗓哑恐怕是由轻度外感引起的，如果发高烧，嗓子倒未必会哑，现在必须从根本治疗，先清外感，然后再用润嗓开音的药调理。"我吃了他的中药，果然见效。袁大夫每天还来检查，有一天，我问他："现在可以试试嗓音吗？"他说："声带充血现象逐渐消除了，可以试试看，但必须从低音开始，逐渐提高，因为经过病变后，声带正在恢复期，不能使它受到突然的剧烈震动。"我照他的话来练习试音，很顺利，两星期后，恢复原状就登台演唱了。从这一次教训中，我感觉到嗓子如果发生严重病变，必须耐心遵守医生的指示，坚持休息，直到他认为可以工作时再演出。我们同行中，不少有条件的好嗓子一蹶不振，有些是生活不检点，自暴自弃，毁掉了美好前程。今天由于社会制度不同了，这种现象已经大大减少。也有些是由于演出负担过重，疲劳太甚，或是病后没有注意到休息，以致造成终身之恨，失去了为人民服务的重要条件，提起来都是令人痛心的。从前，戏馆老板对待演员，是当作商品使用的，只顾他的营业，不管你的死活。现在我们自己当家做主了，有什么问题，尽管向组织上提出来，我想一定会根据实际情况来办事的。

日常生活中应该注意些什么？

唱热了的嗓子不能马上吃生冷，那一下子就会哑的。食物当中，谷类、肉类、蔬果类都是需要的，但过于油腻及有刺激性的东西，要适当节制，烟、酒都不是有益的东西，能够不动最好，如果已成习惯，必须竭力控制，不使过量。我就有抽烟卷的习惯，虽然抽得不多，但总是不好，大家切不可向我看齐。我觉得含有维生素丙的果品如橘子……对于嗓子很有益处，维生素丙的片子也可以常吃，也有益无损，所费不多。

登台之前，不能吃得过饱，这是大家知道的了，但也要灵活运用，譬如我今天唱《醉酒》有许多下腰的身段，那就要少吃，假如是一出唱工戏，没有什么剧烈动作，吃个七分饱也没有什么关系。

我们住的房间，不宜太暖，如果火炉、水汀温度过高，也会把嗓子烤干的。在寒冷季节，从外面走进温暖的化装室，衣服不要脱得太快，这样，很容易闪着的，离开化装室时，要护住喉部、肺部，前面已经讲过不再细说。

一个演员如果没有足够的睡眠，到了台上就不可能唱到酣畅淋漓、神完气足的程度，可是睡得过多，或者睡到距离出台的时间太近，也会造成嗓音发闷的现象。这些都需要每个人根据自己的习惯来安排、掌握（幼年、壮年、老年三个时期对于睡眠需要的程度也是不同的）。像我是六十多岁的人了，必须有足够的睡眠，午睡的营养，更为重要。我在年轻时，就和现在的习惯不同。

演员的修养，和保护嗓音也有关系。遇到不如意事，大发脾气，嗓子就会上火，气都浮在上面，虽有本领也唱不好了。我们必须养成一种全神贯注、心无二用的习惯。走进后台，把天大烦恼都丢在脑后，等唱完戏再说别的。这样，不但能够保持嗓音的正常状态，而且也不会出错。

为什么解放后我的嗓音高了一个调门？

演员离开舞台，长期停止演唱，嗓子就"回"了，这个"回"字的意思就是逐渐倒退。我在抗日战争时期，停了八年，胜利后，重上舞台，调门比以前落低了，嗓音使转也不如从前灵活，唱起来感到费劲。这在我一生舞台生活中是一个绝大的打击。可是经过七八年的锻炼，到了1954年，我的嗓子居然又长了一个调门，使我增加了信心。大家都认为这是一个奇迹，而我也觉得稀罕。究竟有什么力量能够恢复我的青春呢？这是由于解放后，我接近了工农兵，他们的诚恳、朴素的高尚品质，爱工作、爱人民、爱国家的热情在鼓舞着我，许多新人新事随时随地在影响着我，我和新的观众在台上台下打成一片。他们对我的歌唱是那样的热爱，我也为他们建设祖国的巨大贡献所感动而愈唱愈有劲。而且我生活在新社会里，再也不像旧社会那样动荡不安、百事忧虑了。这些都是能够使我的嗓音提高一个调门的主要力量。至于保养嗓子的方法不再重复，拿下面几句来概括一下。

精神畅快，心气和平。
饮食有节，起居以时。
寒暖当心，劳逸均匀。

梅兰芳

1958 年 4 月 16 日于郑州

发扬各种流派,培养接班人

◎ 梅兰芳

原载《戏剧报》1959 年 11 期

关于培养下一代,我们也做了不少工作,党和政府有关部门都予以极大的重视和支持。京剧和许多地方剧种,都创办了学校。有些剧团招收学员,边教边演。研究机关举办训练班和学院,使已有基础的演员,求得深造。这些成绩都是应该肯定的。但由于客观形势一日千里地发展,劳动人民对文化生活的要求迅速增长,相形之下,就觉得我们的工作还远远落在后面。如果我们培养下一代的工作不能加紧地有效地进行,就不能符合广大劳动人民对我们的期望。

我觉得训练艺术人才的方法，与训练其他人才不同，它是必须要用"手工业"的方式来培养的。戏曲演员要学习唱、做、念、打，深耕细作地打下四功五法的基础，学习七八年后，离开学校、走上工作岗位，也只是具备了当演员的初步条件。我们招收学生时，要严格挑选，学生入学后，要因材施教，要有重点培养，关于科目的规定，也要灵活。萧长华老先生很有经验，从前学生中，有的初学旦角不适宜，改了小生就很有成就；有的当演员没有前途，改学场面就非常出色；有的唱《捉放曹》的陈宫不能胜任，演吕伯奢就很适当。领导同志必须掌握这种精神，把"一台无二戏"的道理和学生们解释清楚。在演出中，角色的分配是否恰当，往往可以考验主持业务的人对观众是否认真负责。

梅兰芳与天津戏校的小演员们合影

继承传统是一个细致复杂的问题，中国戏曲的表演艺术，有如海洋那么深广，学到老都学不完的，我已经学了五十多年，但是觉得前面还有深广无比的天地。过去老先生们身怀绝技，在旧的社会制度下，没有能够好好地继承下来，有些精湛的表演艺术，就这样失传了，这是非常痛心的事。现在我们已经做了一些工作，有很好成绩，今后更应当抓紧时间、采取措施来彻底解决这个问题。

大家经过学习，认识到艺术为人民服务的道理，因此，老师无保留地肯教，学生认真地肯学，已经是蔚成风气，有些成就很大的老先生，培养下一代的情绪也很高。对这些老先生，应当根据他们的身体健康情况来适当安排他们的教学工作，假如身体衰弱多病，不适宜于担任繁重的教课，可以采用带徒弟的方法，尊重老先生的意见，由他自己选择最有条件的学生，朝夕相处、精雕细琢、连说带做、口传心授地把一生的经验传给继承者，使各种优良的流派能够延续下去，向前发展。学生必须有一定的艺术条件和接受能力，老师教得才有兴趣，也不致过于疲劳，影响健康，而能够收到事半功倍的效果。

保存和发展流派，是不容忽视的问题，最近举行的程砚秋同志逝世一周年纪念演出，博得广大观众的好评。我在看戏时，听到观众说，这种纪念方式很好，能够引起我们对程派艺术的深刻回忆。这就可以证明程砚秋同志的艺术，在群众中是生了根的，同时也可以看出程砚秋同志生前对培养下一代是付出了辛勤劳动的，中国戏剧家协会和中国戏曲研究院联合举办这个纪念演出，是符合广大观众的愿望的。我们还可以用这种方法来纪念各剧种、各行当里卓然成派、影响很大的老先生。

我们要保存和发展艺术流派，也要保存和发展剧种的特点，不能因为学习别人，而丢掉了自己的东西。艺术上不同的形式和不同的风格，最好是自由竞赛，舞台艺术只要符合剧情要求，往往这样处理很好，那样处理也很好，应当提倡各种不同的艺术处理，不可偏执一见。这样才符合"百花齐放，百家争鸣"的精神，使戏曲艺术事业达到更繁荣昌盛的地步。

我们处在空前伟大的社会主义时代，在不久的将来，我们还将进入人类历史上最幸福最美好的共产主义时代。在我国的戏曲舞台上，应该不是只有少数的优秀的戏曲人才，而是应该有更多的优秀的演员、剧作家、导演、舞台美术家、戏曲音乐家不断地涌现出来。

为了迎接更美好的未来，为了回答广大劳动人民的殷切期望，我们必须在党的英明领导下，踏踏实实地、百倍努力地做好继承发展传统、提高艺术质量和培养下一代的工作。

本文是在第二届全国人民代表大会第一次会议上的发言

十年戏曲大发展的

◎ 梅兰芳

原载《戏剧报》1959年18期

中华人民共和国成立已经十年了，这十年真是我们戏曲工作者最幸福的十年。我在舞台上生活已经过半个世纪了，这十年，真正领略到党的领导的好处，我们的党对我们的艺术事业是既有亲切的指导，又有积极的鼓励，使我们的丰富多彩的戏曲艺术得到了蓬勃的发展。这是党的戏曲工作方针的伟大胜利，是我们全体戏剧工作者在党的领导下共同努力取得的成果。

解放之初，我们的党和政府为了戏曲事业的发展，就成立了戏曲改进局，领导着全国的戏曲改革工作。又在1950年冬召开了全国戏曲工作会议，200多个戏曲工作者的代表聚集在一起来商讨怎样把戏曲改革工作推进一步。自我演戏以来，这是第一次看到戏曲工作受到如此的重视，第一次看到我们戏曲工作者受到如此的重视，这不止我一人，在座的都十分感动。

1951年春天，中国戏曲研究院成立的时候，毛主席亲笔写了"百花齐放，推陈出新"八个字送给我们。我拿到毛主席的墨迹一看，真是龙跳虎卧，笔精墨妙，这八个字就是我们的党对戏曲工作的指示。我们遵循着这个指示向前迈进，使我们的戏曲艺术大放异彩，各个剧种一天天充实起来，有些原已濒于失传的古典戏曲，老树开花，新枝添叶，恢复了生命，有些新从说唱等形式发展起来的新剧种，现出它的青春活力，很多兄弟民族都有了他们自己民族的戏剧形式，这许许多多艺术品种，争奇斗艳，为中国戏曲史写出了新的一页。1952年秋天，在北京举行了全国戏曲会演，当时有二十三个剧种的演出；近几年来，各地剧团到北京巡回演出，这些演出，使我们大大地开拓了眼界，看到了"百花齐放，推陈出新"的实践，认识到挖掘继承遗产、发扬传统的重要性。

我还在童年的时候，曾经听到前辈们谈起，一百多年前，南昆、北弋、东柳、西梆四种曲调风行全国；当我成年，只有秦腔等梆子系统的各剧种，还活跃在舞台上，其他几种已几乎看不到了，有的也只是局限在一地，不能与后来兴起的皮黄系统的各剧种抗衡争席了。

昆曲原已逐渐消沉下去，京剧里只有少数几出昆曲剧目。我是一个昆曲爱好者，十一岁初次登台扮演《天河配》的织女，唱的就是《长生殿》里的《鹊桥密誓》的一支昆曲，以后也演出了不少昆曲。可是昆曲在当时已趋衰亡，我也有过复兴昆曲的意愿，在那时候就未能如愿。1953年，前华东文化部在上海办了一个昆曲训练班，培养了六十个昆曲学徒，1955年改为上海市戏曲学校，聘请俞振飞同志担任校长，昆曲开始有了接班人。1956年，浙江省昆苏剧团成功地演出了《十五贯》，这个戏是用集体力量对原来的剧本进行改编而成的，改得是那样胆大心细，保存了原来《十五贯》传统的演法和技术，又新琢磨出了过于执这个人物的精彩表演，可以说是发扬了原有的精华，注入了新的血液，成为"推陈出新"的典范作品。周传瑛、王传淞、朱国梁等同志的表演更给人留下了深刻的印象。当时有人赞美这是"一出戏救活了一个剧种"，这话很对。这之后，北方又有了韩世昌同志领导的北方昆曲剧院，培养了青年演员，经常演出，受到了观众的喜爱。

我在江西旅行演出的时候，看到高腔系统中最古老的弋阳腔《卖金貂》（《尉迟恭》），老艺人李福东的表演细致而深刻，台词优美，这是很多同志花了无数辛勤劳动挖掘出来的，今天重上了舞台。柳子戏在山东被挖掘出来了。梆子系统的最古老的同州梆子和久已绝迹的山西北路梆子等都又逐渐恢复起来。

就这几个剧种的发展来看，如果没有党的"百花齐放，推陈出新"的政策，它们又怎能活在今天的舞台上呢？

古老的剧种放出了新的光辉，秦腔、莆仙戏、梨园戏、闽剧、京剧、汉剧、川剧、湘剧、豫剧、滇剧、淮剧、绍剧、桂剧、山西梆子、河北梆子，等等都有了长足的发展。年轻的剧种更是蓬蓬勃勃，越剧、评剧等都已经成了全国性的剧种，到处都有剧团了。粤剧艺术几十年来被半封建半殖民地的毒菌侵害，解放后不久，它们在党的正确领导下，排除了毒素，使它返璞归真，走上了新的健康发展的道路。花鼓、灯戏、采茶戏、秧歌、眉户和滩簧系统的小戏，取其精华，剔除糟粕，都发展成更为完整的剧种了。这都是提起来就令人高兴的事。全国三百多个剧种并肩前进，挖掘、整理了多少传统的剧目，创作、改编了多少新的剧目，同时，也演出了多少反映现代人民生活的新剧目，在我们的舞台上，万紫千红，一派花团锦簇的景象。这正是由于贯彻了党的"百花齐放，推陈出新"的政策，才出现了崭新的面貌。

四大名旦合影

我演的是京剧，这个剧种在过去已经流行到了全国各地，但是何尝有过像今天这样健壮的发展？过去也曾出现过它的昌盛时代，可是到了解放前，一般说来，好的、正直的、严肃的演出受到了很大压力的排挤，而丑的、低级的、胡闹的东西都抬起头来，有人在破坏着优秀的传统，也有人用资本主义商业化的方法来改造我们的艺术。我在抗日战争胜利以后，恢复了演戏生活，看到这些情况，实在很痛心。解放以后，京剧和所有的兄弟剧种一样，在党的哺育下开始了新生。来自老解放区的延安平剧院和我们在北京会了师，把他们的经验带给了我们，把他们的剧本《三打祝家庄》《逼上梁山》等也带来了。同时，抗日战争时期在大后方产生的新剧本《江汉渔歌》《白蛇传》等也在北京上演了，我们把过去常演的戏加工整理，使之更美丽、更有意义，我们也有了许多新的改编、创作的剧本《将相和》《野猪林》《黑旋风李逵》《猎虎记》等等，我们从外国的名著改编了《三座山》，我们演出了表现兄弟民族生活的《阿诗玛》等，我们改编了古典名著《窦娥冤》《西厢记》等，我们改编了兄弟剧种的剧目《三关排宴》《生死牌》《赵氏孤儿》《穆桂英挂帅》等，我们也演出了表现近代和现代人民生活的《白毛女》《红色风暴》《火烧望海楼》《智擒惯匪座山雕》等，过去的一些坏戏看不见了，所有这些新的剧目，和我们整理的传统剧目（这些剧目已经编成了《京剧丛刊》）成为我们舞台上经常上演的戏，出现了空前的繁荣景象。

我们清除了舞台上以前传留下来的一些丑恶的、黄色的表演，取消了饮场、飞垫子、龙套看戏等等不合戏情的东西，澄清了舞台形象；把几百年劳动人民传下来的健康优美的表演艺术，大大地加以发扬和重视，并且建立了正规的导演制度，加强了技术锻炼，使表演艺术更完整、更提高了。在音乐、唱腔、舞台美术、服装等方面也有了很大进步。

我们老一辈艺人，受到了政府的尊重和照顾。我的老友王凤卿，病废多年，十年来都是政府负责他的生活。如今已经去世了的王瑶卿、尚和玉、马德成、金仲仁等老艺人生前也都在戏曲学校任教；萧长华、刘喜奎、郝寿臣、小翠花、侯喜瑞、张德俊、李桂春、徐兰沅、孙毓堃等老艺人现在都受到政府的优越待遇，兴致勃勃地把他们的艺术传授给下一代。"老有所养"正是使我们的艺术得到继承、发展的原因之一。

建国十年来，我在党的培养教育下，从我的切身经验中体会到党的光荣、正确和伟大，体会到没有共产党就没有新中国，没有共产党就不会有中国人民真正的翻身，更不会有共产主义社会的伟大前途。如今，在我们这么大年纪的时候，党接受了我们的申请，我和周信芳等都被吸收入了党，成了光荣的共产党员。我的战友程砚秋在生前也已经入了党。

我们的观众也变了，今天工农群众普遍都能看到戏，上山、下乡、下部队为工农兵演出，是我们联系群众、改造思想的重要做法，同时，也满足了广大群众文化娱乐生活的要求。我从前只在几个大城市演过戏，解放后，我到过十七省，到处都能看到我们的演出了。我虽然上了岁数，这方面我也不落于青年人之后。我认为，给工人、农民和解放军演出是很大的幸福，他们聚精会神地看戏，台上一举一动，他们都有反应，我觉得他们是真正理解戏曲艺术的。像这样上山、下乡，不只使我们真正做到了为工农兵服务，而且在思想上、艺术上也可以得到很大提高，甚至对于演员的身体锻炼，都有很大的好处。

梅兰芳在汉口武钢慰问工人演出后谢幕

  京剧和许多兄弟剧种一样，在国外的舞台上也获得了极高的评价。我们几次出国，到苏联和各兄弟国家，到日本、法国、英国、新西兰等国，受到各国人民的欢迎。《三岔口》《秋江》《拾玉镯》《闹天宫》等折子戏都演遍了世界各地，周信芳同志和李玉茹、张美娟、王金璐、刘斌昆等同志把《四进士》《十五贯》等戏带到了苏联，我和李少春、袁世海、李和曾、江新蓉等同志一起到日本去演出。我过去也到过日本，可是那是凭个人的力量出去的，从没有过今天政府组织的剧团的阵容，因此演出的整齐是过去没有过的，而且由于澄清了舞台形象，整理了剧目，加强了表演艺术……我们演出的艺术水平比起以前来有了很大的提高，因此演出的反映极好。

我们的戏曲艺术得到了这样大的发展，更得到了广大群众的欢迎和热爱，但是也不是没有人反对我们，右派分子们就说老艺人是："穷愁潦倒，老泪纵横。"又说："今不如昔，后继无人。"他们这种向我们的党进攻的谰言，在事实面前已被撞得粉碎。我们老一辈艺人都得到了安心地创造、研究、传授自己的艺术的条件，心情舒畅地从事着自己的工作。我们艺人在党的教育下，思想觉悟上得到了提高，这是发展艺术事业的根本保证，过去任何一个时代，都没有，也不可能有这种情况。因此，我们的艺术水平也就高于过去任何一个时代了。

我们今天是"老有所养，幼有所教"，年青的一代在剧团里、在戏曲学校里都有了最好的学习条件。我每年旅行演出到各地去，都看见有新办的戏曲学校，大力培养了各个剧种的许许多多的青年学员。

与京剧有着血缘关系的徽剧的复兴，也不过是一两年间的事，我却看到青年学员演出的《秦琼三挡》（昆腔）、《审乌盆》（高腔）、《巧姻缘》、《淤泥河》、《水淹七军》（吹腔、拨子）、《磨坊相会》、《看女》（青阳腔）等戏，已经绝响于舞台的徽剧，又放出了新的光彩，这些青年学员们虽是初学乍练，但手眼身法步都规规矩矩，有尺寸，是地方，一丝不苟，看得出老师教得认真、严格，学生也勤学苦练，肯于严肃地继承传统，从他们身上，可以看到徽剧这个老剧种的灿烂前途。

在石家庄我看到河北梆子剧团附设学校的儿童演出，说来令人难信，十一岁的小姑娘扮演了《大登殿》的王宝钏，演得迷住了全场的观众。

无论京剧、评剧、昆曲、越剧、汉剧、川剧、赣剧、秦腔等各个剧种都有正规学校来培养青年演员。新培养出的青年演员，在政治上、文化上、艺术上都打定了很好的基础。这些学生毕业之后，分配到各个剧团，大大充实了各剧团的阵容。

继承并发展我们戏曲的传统，是我们戏剧工作者光荣的任务。我们遵循着毛主席的"百花齐放，推陈出新"的方针来发展我们的戏剧事业。在庆祝建国十周年的前夕，我和中国京剧院的李少春、李和曾、袁世海、李金泉等同志合作新排了《穆桂英挂帅》，这个戏由郑亦秋同志导演，我们把豫剧的这个本子改编成京剧，尝试着完全用京剧的风格，京剧的程式，京剧的表演艺术来表现这一个动人的故事，其中也添了一些新的东西，我对于穆桂英这一个角色，也有一些新的体会和表现。这是我二十年来第一次排的新戏。我已经是六十多岁的人，排演新戏不无困难，但是我还是坚决把这个戏排出来，作为向国庆献礼的节目。在这极令人兴奋的日子里，没法止住我激动的心情，我也像戏里的穆桂英那样，抖抖老精神，重新挂帅上阵。周信芳同志继《义责王魁》之后，也新排了《海瑞》；荀慧生同志继《金玉奴》之后，又重新整理了《荀灌娘》；尚小云同志改编演出了《双阳公主》，他们也和我的心情一样，这正是全国戏曲艺人的共同心情。

有伟大的、英明的共产党和毛主席的领导，我们的事业就是所向无敌的，谁也没有办法拦住我们前进！我们将继续提高我们的思想觉悟，继续提高我们的艺术质量，继续跃进，以我们最新最美的戏曲来为建设社会主义祖国的人民服务。

悼念汪派传人王凤卿

◎ 梅兰芳

原载《戏剧报》1959 年 22 期

王凤卿先生自从得了"中风症",行动不便,语言艰难,几年来,始终是带病延年。去年他的儿子少卿逝世后,我更担心他的病体。10 月 26 日清晨,忽闻凤卿先生逝世的噩耗,多年来的老伙伴一旦永别了,我的眼泪不禁夺眶而出,悲痛万分。

四十六年前,我和凤卿一同到上海演出,他在艺术上对我的鼓励、扶植,向文艺界对我的揄扬、介绍,都是十分诚恳的。最使我难忘的是,有一天他拉住我的手说:"兰弟,从现在起,我们永远在一起,谁也不许离开谁。"他已成名,我才初出茅庐,听了这话,怎么能不感动呢!此后长期的合作中,我们亲如骨肉,从无隔膜,数十年如一日。九一八后,我从北京搬到上海,那时凤卿的身体不如先前,耳朵也更觉重听,因此不能同去,可是他的两个儿子都在我身边,少卿为我伴奏,幼卿给我儿子葆玖说戏。

解放后,我在北京见到凤卿,他发胖了。他对我说:"我如今戒除嗜好,身体很好,就是耳朵越来越听不真,只能离开舞台。幸而人民政府照顾我,聘我为戏曲学校教授,待遇很优,学校照顾我的身体,无须经常授课,我无功受禄,心里不安。共产党尊重老艺人,令人感激,要拿旧社会来说,我们这

梅兰芳与王凤卿演出《汾河湾》

一行不养老、不养小,像我这样,生活就成问题了。"

1950年冬季,我开始写述《舞台生活四十年》,有些旧事记不清楚,常常到凤卿家里围炉夜谈,他帮我追忆,互相对证。

清末京剧老生有三大流派:汪桂芬、谭鑫培、孙菊仙。他们在艺术上都受到程长庚老先生的影响和培育,又都是根据本身的条件来钻研艺术,所以同源异流,各有千秋。所谓继承流派,并不是亦步亦趋,翻版套印,而是应该掌握表演艺术的特点和精神面貌,达到形神俱似的境地。我听过汪桂芬,却没有赶上程老先生。据老辈说,汪的嗓音很像长庚,他又曾为长庚操琴,因此对于程的唱念、做派都揣摩到家,终于独立门户、自成一派,但能戏不多,武工非

其所长。我早年有一次在凤卿家里见到程派名票周子衡先生，谈起程、汪的艺术，他说："汪向长庚学到的东西实在不少，但大半是程晚年的唱法。程的唱法刚中带柔，沉着而又清灵，汪的唱法刚多柔少，清灵方面似乎略逊一筹，这如同两个围棋高手对局，所差只是咫尺之间。"周子衡学长庚可以乱真。陈德霖先生曾对我说，他幼年学艺于三庆科班，是长庚的儿子程章圃的徒弟。长庚督导后辈向来严厉，大家都怕他。有一天，某处唱堂会，周子衡正在登台客串，他误以为长庚在唱，就和同辈追逐玩耍，忽然有人在他后脑打了一下，回头一看，原来就是师爷爷程大老板。[1] 某天周子衡清唱《天水关》，长庚在窗外窃听，频频点头。据老辈说，周子衡的嗓音就像长庚，又花了几十年功夫，钻研程的唱法，所以汪、谭、孙都请教过他。他和凤卿素有来往，凤卿从他那里也得到不少的益处。

---

[1] 当年一般戏曲演员通称为老板，徐小香是小生权威，称为徐大老板，而程长庚则同行尊他为"大老板"，不提姓就知是他。因为程不但艺术好，而且人品好，重义气，办事大公无私，力矫不良习惯，在戏曲界树立了好的榜样，大家敬畏而又爱戴他。过去堂会戏可以单约某名角演一出，名为"外串"。程领导的三庆班的规则，无论何人不得单独应"外串"。相传某次都察院堂会，用的是四喜的班底，某御史做戏提调，他与程相熟，外串长庚的《战长沙》。长庚托病不到，某御史就派人把他拘来，当众锁在柱子上，他宁受侮辱，坚决不唱。他说："我若唱这一次，以后无论何处外串，都不能推辞，坏了班规，我一人饱了，对不住三庆众弟兄。"陈德霖、钱金福、李寿山……都是程长庚培养出来的。他们常对我说，大老板教学学生严肃、认真教，一个字、一个身段不肯轻易放过。这几位老先生都给我说过戏，那种一丝不苟的精神，的确是继承了程老先生的教学传统。他们还说，程的艺术之所以如此精博，是得力于昆曲，所以三庆科班的学生，都从昆曲入手。我从陈德霖先生学过《游园惊梦》的身段，而《春香闹学》的身段是李七（寿山）先生给我排的，李在科班里是学贴旦的，后来因为个子长得高大，就改架子花脸了。

凤卿是在武生的基础上学老生，又进一步学汪派的，他和汪桂芬所走的艺术道路并不完全相同，因此他在继承中又有了发展。他不是从小科班出身，而是在家里延师教授，跟崇富贵练毯子功，请陈春元教短打戏——《蜈蚣岭》《探庄》《史文恭》……向名师贾丽川学老生，因为嗓子高亢、沉郁近于汪桂芬，又钻研汪派。进入清宫演出后，又从李顺亭学靠把老生戏，还和当时的一些名演员不断切磋研究，获益甚多，称得起"文武昆乱不挡"。他对艺术上的见解，也有独到之处。他曾对我说："有了结实的功底，还要懂得戏理、戏情，老师口传心授之外，还要自己琢摸，从书本上也可以得到益处。遇到名师益友，千万不可放过，必须想尽方法把他们的好东西学到手。"他举《雄州关》为例说："我学过《雄州关》，听王楞仙说谭鑫培的《雄州关》有准谱，正好有一个机会，我就举荐谭、王合演一场。谭扮韩世忠，王扮韩彦直，旗鼓相当，精彩之至，我看了大有所得。这出戏在当时，谭久不演了，这个机会是不可多得的。"他又接着说："我正打算与王楞仙合演一次《雄州关》，不料他就在那次演韩彦直，因手拿双锤翻一个'拨浪鼓'（手中银锤和白的靴底一同准确地翻过去，身上圆而好看）闪了腰，从此得病，不久去世了。"后来程继仙参加我的承华社，我特烦继仙和凤卿合演《雄州关》，程是学王楞仙的，他们二人演得严丝合缝，无懈可击。

我和凤卿合作的时期，演出的剧目很多，讲究一两个月不唱回头戏，青衣老生的对儿戏里、新排的戏里、昆曲里都有他。现在只能举几个例子谈一谈：《汾河湾》《宝莲灯》两出戏，我们演得非常合手。他扮《汾河湾》的薛仁贵，神态凝重，能表达平辽王的身份，《闹窑》一场的身段、对白都准确、严密，能够灵活地用程式来表现生活。《宝莲灯》里，他最能刻画刘彦昌对两个异母的儿子的复杂矛盾的心理。这出戏的身段、对白处处讲究对称，王桂英与刘彦昌做一样的身段，说一样的话，可是两样的心理，必须针锋相对，势均力敌。凤卿的长处，不仅自己演得好，还能衬托同场的对手，内行所谓"给劲"，这样就更能把观众带入戏里了。

他扮《西施》里的范蠡，初见西施，就表达出范蠡设计救国的忠诚和巨眼识人的智慧。后来范蠡升帐历数吴王夫差六行大罪时的神情，严肃而又洒脱，以范蠡的机智与夫差的愚昧作强烈的对比。末场《五湖》，范蠡、西施都做渔家打扮，从歌唱和身段中显出他们始而同心救国，终乃功成身退、一起笑傲江湖的快乐心情，使人感到这一桩英雄美人的故事是富有诗意的。

《太真外传》里凤卿扮唐明皇，他擅长"皇帽"戏，在外形上就适合这位风流天子的身份。唐明皇虽晚年失政，以致有安禄山之变，但他究竟有开元、天宝之治，并且精通音律，亲自教授梨园子弟，如果单单描写他纵情声色，就不够全面。凤卿塑造这个人物，是考虑得很周到的，所以演来恰如其分。

他的昆戏也很有功夫，是和曹心泉研究的，在我的剧团里演过《长生殿》的《弹词》。我还欣赏他扮演《狮吼记·跪池三怕》里的苏东坡，他有文学修养，所以儒雅风流，举止咸宜。凤卿好结交文人和金石书画家，对古典文学和史书有兴趣，爱看《资治通鉴》，平日留心时务，如戊戌维新、义和团运动、辛亥革命……他都能谈，也爱看小说以及有关戏曲掌故的笔记散文，还喜收藏碑帖，家里是四壁图书，十分清雅。瑶卿先生曾对我说："要谈舞台经验，我知道得不少，可是书本功夫，老二比我深。"

大家总以为王凤卿是汪桂芬的徒弟。我有一次问到凤卿，他说："我和汪大头（汪的身材矮，头特别大，内外行都管他叫大头）的关系提起来倒很有意思。我当年在福寿班效力（效力是借台练戏，不开戏份的），我大哥瑶卿和汪桂芬同在清宫演戏，有一天，汪跑到福寿班听戏，正好我在唱。以后，他在宫里看见我大哥就说：'昨天在福寿班看到一个孩子，嗓子、扮相都很好。'我大哥说：'那是我的弟弟。'汪接口说：'材料不错，有工夫我来教教他。'以后果然常到我家，教了我不少戏，《文昭关》《取成都》《朱砂痣》《取帅印》《战长沙》，还有老旦戏《钓金龟》……都给我说过。《朱砂痣》是从头到尾教的，有的戏，我先看他演，随后请他指点我。我们的关系好像是师生，可是始终弟兄相称。因为这个人的脾气非常古怪，如果郑重其事拜他为师，他就许一去不回头了。"说到汪大头的怪脾气，凤卿说："他有一次应某王府堂会，戏码是《文昭关》，因为他常常临阵脱逃，戏提调就派两个人守着他，等他勒上网子，穿好靴子，看着他的人才去休息。哪晓得《昭关》刚该上演，他不见啦，王府管事派人四处去逮他，居然在一家酒铺里找着了，他一个人在自斟自饮，自拉自唱，酒铺门口围着许多人在听。王爷听说汪桂芬捉到了，就说，先叫他唱戏，唱完了再办他。可是等一出《昭关》唱完，王爷的气也消了，他安然离开了王府。他在宫内演戏，也不好好儿干，太监们为他常常受申斥，怕麻烦，就挑上我顶汪派戏。"

凤卿又曾对我说："汪的好处，吐字收音讲究，行腔浑厚大方，纯用丹田气和脑后音来唱，他的嗓子，高的地方如九霄鹤唳，宽的地方如万顷汪洋，低的地方如古寺晚钟，真是了不起，古人所说余音绕梁，回肠荡气，如饮醇醪等话，对他都用得上。他常唱的戏并不多，通共不过二十来出，其中还有两出老旦戏——《钓金龟》《游六殿》。汪的老旦戏唱得好，有一次宫里唱《双六殿》，上下场门分摆两个城楼，汪桂芬、龚云甫都扮刘青提，同台双唱。汪唱老旦时，用嗓子的方法与老生不一样，发音收敛用高音多、用宽音少、合乎老旦的分寸。"我说："老辈善用所长，不唱没把握的戏，汪的戏是以少许胜人多许。我听说当他露头角时，谭、孙二位俱已成名，他还能一鸣惊人，可见他的玩意儿精能到家，无论哪出戏都能抓得住观众。他所以能够成为一家，不是偶然的。"

我与凤卿同台甚久，因此对他的唱、做有很深的印象。他的嗓音高亢而略窄，闭口音胜于张嘴音，所以唱词喜用"人辰、衣齐"辙。这些辙韵的唱法，口形偏于收敛，能够发挥脑后音的作用。他的"噫"字音，得到汪的诀窍，"啊"字音却不如汪，这也是和他天赋条件有关的。凤卿的咬字，坚实沉着，四声准确，唱腔干板垛字，不取花巧，这就掌握了汪派唱法的特点。下面我拿《文昭关》里一节表演谈一谈。

伍子胥在幕内先念"马来"，凤卿念得有韵味、有气魄，还给人从远道走来的感觉。出场后的［散板］"伍员马上怒气冲"，紧而不散。"逃出龙潭虎穴中"的"虎"字拉长，"穴"字使腔，"中"字音短而有力，唱得简捷了当，符合伍子胥悲愤焦急的情绪。

"一言难尽"的叫板念白，"一言"二字较慢，同时望东皋公一眼，以拳捶桌，再用较快的尺寸念"难尽"二字，这样就把下面一段［元板］的尺寸向打鼓的交代清楚了。"恨平王……"一段［西皮元板］，是《昭关》中脍炙人口的名唱，他唱得遒劲简练、气力充沛。"血染红"的"染"字"红"字，均用单音，韵味高古，使听众如读法书古碑,淋漓痛快。

唱〔慢板〕时,斜坐,面对上场门台角,唱"一轮明月照窗前,愁人心中似箭穿"的唱腔和感情,都是收敛的,主要表现"愁"字。动作很少,在过门中,有时轻轻揉腿,眼睛时开时闭,微皱眉,眼、手同时微微转动,演出了伍员当时的郁闷、沉重、焦灼的心情。

"俺伍员好一似丧家犬",提起劲来唱,利用"家"字阴平高唱的特点,使唱腔随着感情初步往外放一下。"满腹含冤向谁言",劲头又弛缓下来。四个"我好比",前三个的腔,变动很小,并且都走低音,但听上去不觉重复,因为他是从抑扬顿挫、轻重疾徐的方法上来表达伍子胥困在关内的压抑情绪的。第四个"我好比"的"比"字拉长一些,为的是和下面"波浪中失舵舟船"七个字一气呵成,这样,可以总结前面三个"我好比"的感情,显得行腔有起伏。接着"思来想去肝肠断",这句的感情逐渐往外放,表现国恨家仇痛彻心肝,但每两个字都还是收敛着唱的,所以"断"字收腔仅用两板。"今夜未过又盼明天"一句起了承上启下、由〔慢板〕过渡到〔原板〕的作用,但还是慢板格式,这里的筋节,在于行腔与尺寸的掌握。

在这一段里,胡琴的衬托是非常重要的。王少卿托得巧妙灵活,所以几十年来凤卿就离不开少卿的胡琴。例如前面三个"我好比"的小过门和"思来"后面的小垫头,少卿都能随着唱腔,掌握尺寸和表达情绪。这里也别忘了鼓板的重要性,而板眼尺寸又决定于演员在唱、做方面的交代清楚。总之,唱、做、打、拉必须成为一个整体,才能收到应有的舞台效果。

下面唱工步步上升，紧而不促，险而不危，重而不滞，腔简韵厚。改西皮后变为轻快流利，以表现伍子胥有脱险过关的希望，也都深入角色，符合剧情。

一般提到凤卿的《昭关》，往往忽略身段神情，其实他的做工并不逊于唱工。比如前面所说唱"一轮明月……"〔慢板〕时，椅子虽然正摆在大边，身子却斜坐着面对台角，可以避免呆板，又为了表演方便，像望窗看月的动作，就把观众带入诗情画意里去了。

又如宝剑的处理问题，第一场，见东皋公时说道"愚下正是伍员"，脸上露出警惕的样子，轻轻按剑，一种以防不测的心情，在这一小动作中能够自然地表达出来。起更后的"搜店"（搜店是舞台术语，指戏中某些住店的客人，怕有暗算，所以四面察看一回，这里是借用这个名词），他轻轻拔出剑来，为的是怕有声音惊动主人，而姿势的熟练又露出武将本色。察看室内外情形时，宝剑横端灯后，以免晃眼，转身时，就用剑尖遮住蜡灯，为的是挡风。这些身段，凡是唱《昭关》的演员都会做，可是凤卿做得细致、明显而又合乎伍子胥的气派。唱到"我本当拔宝剑自寻短见"时，不唱哭头，也不频频下锣，只在过门中加大小锣各一击。唱"拔宝剑"时就准备拔宝剑，唱到"见"字，剑已半出鞘，开始做出要自刎的样子，甩开了胡子，头颈斜着微微往剑锋一凑，正赶头一下大锣，接着神情突然一变，认为自杀是懦弱的，马上振作起来，把宝剑入鞘，恰好赶上第二下小锣，并不来回甩胡子，因为思想转变快，唱腔尺寸快，多加动作和锣鼓，反而会冲淡紧张情绪。从这个例子就能看出，一个演员，不仅要能唱会做，同时必须熟悉文武场。凤卿对这方面十分讲究。少卿常对我说："给老爷子做活，直提溜着心，拉错一弓子都不行。"萧长华先生常说"一台无二戏",这句话是包括演员、场面和所有舞台工作人员一齐在内的。

在京剧里演关羽戏的都宗徽派,前有米喜子、程长庚,后有王鸿寿——三麻子(按周信芳同志的关戏很出色,剧目也多,是宗王的)。凤卿的关戏《战长沙》《华容道》宗程,唱念方面比汪桂芬略逊,但功架比汪好看,因为凤卿有武工基础。凤卿曾与谭鑫培演《战长沙》,凤卿扮关羽,谭扮黄忠。谭的《战长沙》也宗程,骨重神寒,与其他谭剧的风格不同。

凤卿先生的逝世,是戏曲界很大的损失。全国解放后,假使他身体健康,可以有很大的贡献,以他的造诣,不但能够多演戏,还能把艺术传给下一代。因为连年卧病,终于无法实现,这是他本人一直感到遗憾的,而我们也替他深为惋惜。虽然他生前没有收过徒弟,但是他的亲友当中同他研究过汪派,并曾向他请教过的人现在还有。他的儿子王幼卿在耳濡目染之下,也很懂得汪派的表演。这一流派在戏曲艺术上的价值是很高的,在百花齐放的今天,我们不能任其失传,还应该使它得到继承和发展。那么,用相当的力量,搜集有关汪派唱做艺术的资料,加以分析和研究,让他再出现在舞台上,以满足广大观众的要求,同时也完成凤卿先生未竟之志,就是我们今后应该做的事了。

青年演员要红透专深

◎ 梅兰芳

原载《戏剧报》1959年24期

今年秋间,北京市文化局将北京市戏曲学校本届毕业生全数分配到梅、尚、荀三个剧团。梅剧团分到十七人,其中如老生李崇善,青衣李玉芙,花旦李宇秀,花脸孟俊泉、贾世明,小生林懋荣等,基本功都不错,会的戏也不少,李崇善就已经学会了八十多出戏。他们之中有一部分是共青团员,还有一个共产党员。他们与梅剧团原有的成员梅葆玥、梅葆玖等组成了一支青年演出队。新的血液输入以后,剧团里增强了政治气氛,业务学习也活跃起来,演出剧目比以前丰富了。

我们对青年演员的培养是采取边演、边学、边看的方法，剧团里有经验的老艺人和中年演员，对新来的青年演员是知无不言，尽心指点的。在庆祝建国十周年的演出里，像李崇善的《定军山》《阳平关》、李玉芙的《宇宙锋》《别姬》、贾世明的《艳阳楼》，都进行了重点加工，演出时博得了好评。

这批新上阵的青年演员，是在党和政府大力培养下，在毛主席的文艺方针指导下成长起来的。八年的学校生活里，师长们循循诱导，事事关心，使他们懂得生活在这个伟大的时代里文艺工作者应当做些什么事，以及如何鼓足干劲、力争上游、多快好省地建设社会主义的道理。有句老话："种瓜得瓜"，八年前下的种子，今天获得丰收，证明社会主义教育制度下培植出来的品种，是优良而健硕的，这就用事实击破了"今不如昔""后继无人"的谬论。

梅兰芳指导陕西西安戏曲演员表演

我常对青年同志们说：你们生长在这个新时代，受到国家的培养，一切条件都比过去的旧科班好得不可比拟。首先你们学了政治，提高了觉悟；其次你们有了文化，这对于政治和业务的学习都有很大好处。讲到练功学戏，老师们的觉悟提高了，看待学生如同亲生儿女一般，再不会有"留一手"的思想。凡是从旧科班出来的老演员们，想想过去，看看今天，都会羡慕你们的幸福。但是，你们要知道，作为一个新社会的戏曲演员，你们的责任也就不能够和以前的演员比了。为了更好地为社会主义建设服务，你们每一个人都应当立下又红又专、红透专深的志愿，必须政治挂帅，锻炼思想更为日常最重要的功课。我们所扮演的角色是古代、近代、现代的人物，必须认真学习历史唯物主义和辩证唯物主义，树立无产阶级的世界观才能正确地表现人物。今天观众看戏的水平，已经大大地提高了，他们要求看到符合历史现实的鲜明形象。我在解放以后十年中，亲身体会到广大的工农兵观众对我的艺术的喜爱，和对艺术的严格要求，使我受到感动，他们给了我艺术创造的力量。有一位老观众对我说："四十年前，你初演《醉酒》我就看过，而今天再看，看得出你理解的杨玉环与当年相比就有了很大的不同。"他又说："《宇宙锋》是一出有反封建意义的戏，从前虽然也演得好，但现在你演的赵女，从唱念、动作、表情来看，更能集中地表达出赵女的思想感情，因此深度不同了。"我也感到十年来，在思想上起了根本性的变化，对人物有了进一步的理解，这是通过学习而收到的效果。

当李玉芙演过《宇宙锋》后，虚心地向我请益的时候，我说："你演得不错，从这个基础上逐渐提高，是可以与年俱进的。你自己感到不足，这是对的。艺术进修，要不断实践、不断改进，虚心接受意见，善于辨别精粗美恶，根据本身的条件，向前发展，在长期积累经验中，才能找到窍门。过几天，我就要演《宇宙锋》，你可以去看看，然后再多多揣摩。老先生常说：'千学不如一看'。中国戏曲的表演最讲究一根线贯穿到底，那只有在舞台上才能看清楚来龙去脉。"

有些青年人和我谈到继承流派问题，我是这样理解的：继承流派，不是再版翻印，要能够掌握所宗一派的表演特点和精神，达到形神俱似的地步，最后蜕化出来，自成一派。我当年学习过好多位老先生的表演，吴菱仙、陈德霖、王瑶卿、路三宝、钱金福、茹莱卿、乔蕙兰、丁兰荪，都给我说过戏，我虚心地向他们学习，但经过消化就变成自己的东西了。就拿《醉酒》来说，从我向路三宝先生初学的时候到今天，这四十多年内就有不少变动，每演一次有一次新的体会，可是那些基本步法和身段的劲头是不变的。继承传统必须有所取舍，不可迷信，路老先生假使活到今天，他也要变的。如果"抱住灵牌不撒手"，岂不可笑。

记得五年前，有一位青年演员向我请教，要我传授他一些速成的秘诀，我告诉他四个字："勤学苦练。"他再问，我说："干我们这一行，并没有终南捷径。付出多少劳动，有多少收获。我走的艺术道路，是先求稳当，次求变化。我在早年，和大家一样，先生怎么教，我怎么演，当每个戏演到若干次以后，本身就起了变化，经过不断的精心磨炼，才能够逐渐达到'周旋中规、折旋中矩'。要熟能生巧，这和主观的求巧不一样。"他听我这样讲，会心地默然而退。

在这三年中，我看到不少青年演员的演出，初露头角，已经光彩照人。我们下一代的青年成长得如此快，戏曲的繁荣发展如此惊人，教戏的老师却显出不够分配，这种供求不相应的现状，应该及时加以注意。尤其京剧流行的面比较宽，师资更为紧张，每年各地的文化单位到北京来聘请，听说有不少息影家园的老艺人又已参加了教学工作。我认为目前在培养下一代的同时，还要积极培养师资，这个工作如何进行，那就需要有教学经验的老师们来开动脑筋了。

新时代戏曲艺术大发展的

◎ 梅兰芳

原载《戏剧报》1960年16期

同志们：

我怀着十分兴奋的心情，参加了第三次文代大会和中国戏剧家协会第二次会员代表大会，听了陆定一同志代表中共中央和国务院对文代大会的祝词、周扬同志的报告《我国社会主义文学艺术的道路》，我完全拥护中共中央和国务院的祝词和周扬同志的报告。祝词和报告给我们指出了社会主义文学艺术今后发展的方向，使我们鼓起了百倍的信心。我们一定要坚决遵循着党所指示的道路，鼓足干劲，使工作一个胜利接着一个胜利地飞跃前进。

我也同意田汉同志在中国戏剧家协会第二次会员代表大会上所作的《建国十一年来戏剧战线的斗争和今后的新任务》的报告。这个报告，对今后的戏剧工作提出了六条任务，我们全体戏曲工作者，应该为完成这些任务而努力奋斗。

这十一年来的戏曲工作，是壮大发展的十一年，又是在新的思想基础上批判、继承、革新和创造的十一年，是继往开来的十一年。

建国十一年来，在我们祖国发生了深刻的、历史性的大变化。我国劳动人民在党中央和毛主席的英明领导下，胜利地完成了新民主主义革命时期遗留下来的任务，消灭了地主阶级，又进行了社会主义革命，改造了农业、手工业和资本主义工商业，同时开始了大规模的社会主义建设，根本改变了我国经济和政治的面貌。一九五八年，我国人民在党的鼓足干劲、力争上游、多快好省地建设社会主义的总路线的照耀下，掀起了社会主义建设的全民"大跃进"和人民公社运动，使我国国民经济，每天在飞跃地发展，人民群众干劲冲天，为了迅速地建设社会主义并准备迈向共产主义而努力奋斗。戏曲艺术是属于上层建筑的一种意识形态。作为我们社会的上层建筑，也正在我国经济基础的伟大变革中，产生相应的变化。建国以来的十一年，可以说是戏曲艺术经过不断改造，更好地为新的经济基础服务，为社会主义革命和建设服务，为工农兵服务的十一年。在党的领导下，全体戏曲工作者自觉地积极劳动，戏曲工作在这十一年中成绩是巨大的。戏曲的队伍，大大壮大了，广大戏曲工作者的政治觉悟，日益提高，戏曲事业大大发展，戏曲的剧目丰富了，戏曲的舞台艺术繁荣了。各个剧种、各个艺术流派，都在革新发展，解放前垂危的剧种救活了，解放前没有的剧种新生了，许多已经失传的剧目发掘出来了，在新文艺工作者的帮助下，各个剧种差不多都发展了现代题材的剧目，在戏曲舞台上直接表现了工农兵的生活，表现了社会主义的伟大现实，使戏曲进一步与新的群众时代相结合，扩大了戏曲艺术的表现能力，开展了新的艺术创造的广阔前途，使它的艺术生命力更加旺盛了。

为了更好地了解十一年来戏曲的伟大成就，不妨回顾一下解放以前戏曲的情况。

戏曲的历史，即使仅仅从关汉卿的时代算起，到现在也已经有七百多年了。由于戏曲在发展过程中与广大人民有着密切联系，为广大群众所喜闻乐见，因而在不少剧目之中反映着人民的思想和要求，具有民主性。但是，戏曲事业在旧社会始终是受到统治阶级的歧视和摧残，戏曲艺人也一直受压迫和侮辱，并且历代统治阶级，总是极力散布他们的反动的思想影响，使得不少剧目同时也包含严重的封建思想毒素。辛亥革命以后一个很长的时期，资产阶级的政治思想和艺术趣味，也在一定程度上影响戏曲，不必说还在年青的时代就进入城市的某些剧种，甚至连已经十分成熟的剧种，都多多少少受到他们的影响，沾染了低级趣味。因此在解放初期，广大地区的戏曲情况是相当紊乱的。剧目方面，大量流行着未经批判整理的、思想上良莠杂陈的剧目，甚至还有极端野蛮、恐怖、猥亵、侮辱劳动人民、宣传迷信的戏，如《杀子报》《大劈棺》《纺棉花》《老妈开唪》《黄氏女游阴》等等。这些剧目充斥舞台，反而排挤好的、健康的剧目，有些竟至失传。在演出上，也追求丑恶的黄色的表演，艺术态度极不严肃，迎合小市民的庸俗情调，头面上安电灯，衣服上缝满亮片，在台上洒狗血，卖噱头，散播着封建的和资产阶级的低级趣味，使得劳动人民十分不满。当时的戏曲工作者们，在反动统治下，受尽了迫害和剥削，生活困苦。有长久历史的富连成科班，以及荣春社，中华戏曲实验学校，先后解散。有五百年历史的昆曲剧种，不论南昆北昆，班社凋零，艺人星散，濒于灭绝。绝大多数戏班子，处在封建把头制度的统治下，艺人都受到残酷的剥削压迫。当时广大艺人，被旧社会夺去了学文化的权利，大多数目不识丁，这当然妨碍他们体会剧情，理解人物，使他们的艺术水平不能提高。又由于资产阶级长期的思想侵蚀，使广大的戏曲劳动者，觉悟程度一般也相当低，特别是资产阶级个人主义的思想，妨碍他们的进步，妨碍他们同劳动人民的结合。这些都是旧社会遗留给戏曲艺术和戏曲队伍的陋习和创伤，而必须由无产阶级来清除和医治的。

当时在解放区，却是完全不同的世界，在那里，在党的领导下，已经开始戏曲的改革工作，使戏曲与革命结合起来，与工农兵结合起来。在国民党统治区也有一些同志从事戏曲改革，创作了一些具有民主性的剧目。但只是到了全国解放以后，戏曲改革工作才进入了一个全面发展的阶段。

解放以后，党立即着手整顿戏曲事业，进行了改人、改制、改戏的工作，把戏曲艺人组织起来，进行学习。大家学习了社会发展史、毛主席《在延安文艺座谈会上的讲话》和党的戏曲政策，批判了对文艺的各种错误观点，初步树立了文艺为工农兵服务的观点。

在组织学习的基础上，进行了剧团的民主改革，粉碎了一贯控制艺人的封建把头制度，广大受压迫的艺人在政治上翻了身。根据自觉自愿的原则，组织"共和班"，整顿了劳动组织，初步建立了导演制度和学习制度，启发了他们的劳动热情和对戏曲艺术进一步钻研和革新的积极性，并采用底薪分红的办法，使广大艺人的生活得到保障，解放了他们的艺术生产力。各地并建立了国营剧团，作为戏曲改革工作的示范。

对于旧社会遗留下来有毒的剧目，由戏曲界组织的戏曲改进委员会讨论，呈请主管部门通令禁演，这一措施有力地打击了封建文艺的阵地，群众称快。有些右派分子在一九五七年整风时说什么"禁戏根本禁错了"，他们其实是企图使资产阶级和封建阶级的反动文艺复辟，反对无产阶级的文艺道路。事实上，当时这样的做法是符合革命和群众的要求的，对这些反动的戏剧迁就，就不利于社会主义事业，违反了人民的利益。

在舞台形象方面，也进行了批判和革新，初步肃清了一些恐怖、色情、低级的表演以及侮辱劳动人民和损伤民族自尊心的地方，批判了当场喝茶、扔垫子、临时抓词等等不合于戏情戏理的陋习，取消了检场，使舞台面貌为之一新。

一九五〇年，中央文化部召开了全国戏曲工作会议，研究和讨论了全国戏曲的基本情况和工作经验。一九五一年，政务院颁布了《政务院关于戏曲改革工作的指示》，全面地规定了戏曲改革工作的政策。指示中提出了审定剧目的标准：

> 戏曲应以发扬人民新的爱国主义精神，鼓舞人民在革命斗争与生产劳动中的英雄主义为首要任务。凡宣传反抗侵略、反抗压迫、爱祖国、爱自由、爱劳动、表扬人民正

> 义及其善良性格的戏曲应予以鼓励和推广。反之，凡鼓吹封建奴隶道德、鼓吹野蛮恐怖或猥亵淫毒行为、丑化与侮辱劳动人民的戏曲应加以反对。

这一个指示，鲜明地把戏曲遗产按照它的思想内容加以区分，把民主性的精华和封建性的糟粕作了正确的分析，提倡内容的革新，肯定具有人民性的剧目，给予戏曲改革工作以具体的指示，大大推进了戏曲工作的进展。

戏曲工作，是党的文艺工作的重要的组成部分。戏曲艺术在我国是一种为广大人民所喜爱的艺术，由于它每天影响着千百万群众，党对它是十分重视的。早在一九四〇年，毛主席在《新民主主义论》中，就制定了整理文化遗产的总的方针：

> 中国的长期封建社会中，创造了灿烂的古代文化。清理古代文化的发展过程，剔除其封建性的糟粕，吸收其民主性的精华，是发展民族新文化提高民族自信心的必要条件；但是决不能无批判地兼收并蓄。必须将古代封建统治阶级的一切腐朽的东西和古代优秀的人民文化即多少带有民主性和革命性的东西区别开来。中国现时的新政治新经济是从古代的旧政治旧经济发展而来的，中国现时的新文化也是从古代的旧文化发展而来，因此，我们必须尊重自己的历史，决不能割断历史。但是这种尊重，是给历史以一定的科学的地位，是尊重历史的辩证法的发展，而不是颂古非今，不是赞扬任何封建的毒素。

毛主席这一段话，阐明了党对批判地继承文化遗产的政策，给予我们戏曲工作者以理论武器，使我们能够以马克思列宁主义的观点，去分析、批判遗产中的不同的思想内容，而加以分别对待。把其中对我们有用的东西，保留下来，做到古为今用，把其中有害的东西，加以剔除，而不反对其中无害的东西。这样来改造这一个为广大群众所熟悉的文艺形式，使它为社会主义的政治服务。

戏曲工作，在文艺各部门的工作中，有它的特殊性。人们对戏曲艺术的估价不同，往往产生争论，这是因为戏曲大部分剧目和表演艺术，是在旧社会中形成的，是过去时代的文艺遗产。它在封建社会的文化发展史中占有重要的地位。另外，又由于它在旧社会所有艺术中最有群众性，与广大劳动人民保持密切的联系，因此它在封建社会的一般艺术样式中，最为生动活泼有生命力，受到广大人民的热爱。五四运动以来，当时的资产阶级知识分子对戏曲有一种全盘否定论，把戏曲排斥于新文艺运动之外。他们的看法是不对的。他们只看到戏曲的落后一面，其中的糟粕部分反映了封建思想和它反映生活上的局限性的一面，而没有看到它与人民的联系，它善于表现人民的思想感情，善于表现政治和历史的大事件的一面，他们还看不到用这种形式去正确描写历史事件，对今天的人民也还是有教育意义的，又看不到它的进一步发展的极大的可能性，表现今天人民生活的极大的可能性。因此，他们的看法是形式主义的看法。这种对戏曲的过低的估计，也不免影响了我们的一些同志。当时曾经发生的争论之一是，关于反历史主义的争论。

在为工农兵服务、为社会主义事业服务的方向下百花齐放、百家争鸣和推陈出新,我国社会主义文学艺术发展的道路。实践证明这是发展我国社会主义文艺的最正确、最宽广、最富于创造性的道路。这条道路把各种不同流派和风格的作家艺术家的全部才能和创造性引导到一个共同的伟大的目标上去,而且使作家、艺术家的个人智慧和群众的集体智慧结合起来。

——摘自周扬同志的报告《我国社会主义文学艺术的道路》(摘要)

当时的反历史主义是怎样的表现呢?它表现为:不相信历史剧本身的一定思想教育作用,主张在历史剧中间,赋予古人以现代人才有的思想,把古时的事件,描写得类似现在的事件,把古时的历史环境和人物关系,描写得类似现代的时代环境和人物关系。甚至认为,通过古人的对话来宣传今天的党的政策,是文艺为政治服务的正当做法,反对这样做,就是反对文艺为政治服务。当然,文艺是应当为政治服务的。但是他们不知道,文艺主要是通过形象来表达思想,通过典型环境中的典型人物的描写、通过作品总的政治思想倾向来为政治服务。古人不像古人,古时的事件不像古时的事件,失掉了真实性,对观众还有什么说服力呢?毛主席说:"马克思主义只能包括而不能代替文艺创作中的现实主义。"这些同志却认为,可以用政治口号去代替文艺创作中的现实主义了。我们认为:艺术是可以虚构的,但是仍然必须历史地、具体地反映时代,而不能由作者任意地对历史加以歪曲。这些同志所主张的方法,是违反历史唯物主义的方法。

什么是历史唯物主义呢？简单说来，就是要按照历史发展规律和阶级斗争规律来观察和表现历史。一方面，要符合历史发展的法则，一方面，在艺术描写上又要大致符合当时历史的具体情况和生活特征。封建社会有它的逻辑，也就是毛主席在《矛盾论》中说的矛盾的特殊性。写不出封建社会的矛盾的特殊性，就写不出封建社会来。封建社会的事件和人物，也有他们的特殊的规律，不按照这特殊的规律去写，也就显不出是封建社会的事件和人物。那时有剧团演出《玉堂春》，最后苏三率领群众攻入都察院斗争了王金龙；也有人改《拷红》写红娘夺过棍子反打了老夫人一顿。这写法的不真实是很明显的，人物的行为丧失了可信服的逻辑，就表现不出历史的具体性来。有些同志认为，为了使戏曲有教育意义，必须在戏曲中借古人的行为影射今天的事件，由于故意牵强比附，以致在历史戏中歪曲古代人物、古代事件的规律，使之勉强符合今天人物和事件的规律。这样就混淆了封建社会和社会主义社会的不同的性质。他们不知道，历史戏只要写出当时的人们在当时的历史条件下怎样英勇奋斗，来推进历史的车轮，写出了当时的斗争经验，对于今天的人们就有借鉴的意义。古人说："以古为鉴，可以知兴替，以人为鉴，可以明得失。"戏曲的教育作用，并不依靠把历史规律加以歪曲，似乎和今天社会的规律一样。对古代统治阶级的人物，也可以根据当时的历史条件，写出他在某一时、某一事上，是客观上符合当时生产力的发展要求，历史发展的要求，起了促进历史的作用，或客观上符合人民的利益，而不应当把他过于美化，似乎他不受他的阶级立场的局限。写历史剧，一定不要模糊了封建社会的阶级对立的基本情况。

今天来写历史剧，是为了今天人民的需要，不是为写历史而写历史，因此，对历史题材，需要加以选择，取其对今天人民有教育意义的部分，从历史唯物主义的观点出发，加以艺术的概括。

当时，曾经发生的另一个争论是关于神话与迷信的争论。在戏曲传统剧目中间，有许多很好的神话传说，如《梁山伯与祝英台》《劈山救母》《白蛇传》《红梅阁》等等，也有许多迷信的部分，如轮回报应和头上真龙出现等等。有些同志认为白蛇变人、鬼魂索命，都是不科学的，都是迷信。根据这种狭隘的看法，根据古代传说编写的许多富于斗争性、民主性的，为劳动人民所一向欢迎的精彩剧目，就要加以剔除了。其实对文学艺术来说，神鬼戏并不一定都是迷信。这些"不科学"的传说，实际反映了人类社会在幼年时期，人们的幻想和对自然规律的一种假想的解释。当用这种幻想来歌颂斗争，歌颂劳动人民反抗封建压迫的英雄主义的时候，那种神话就带有一种积极的浪漫主义的色彩，起了鼓舞斗志的作用，如《劈山救母》《闹天宫》的传说都是。当用这种幻想来肯定封建社会的秩序，对劳动人民进行封建说教，使他们安于命运的时候，就会产生宿命论，产生"万般皆由命，半点不由人"的因果报应的观点，如《滑油山》就是。前者我们认为是健康的、积极的，对群众有鼓舞斗争的作用；后者我们认为是迷信的、有害的，它使人民消失斗志，对命运采取屈服忍受的态度，安于被压迫的状态。神话与迷信的区分，正是这种思想原则的区分，对劳动人民来说，是积极的、进取的人生观与消极的、安命的人生观的区分，是向封建社会的秩序进行斗争还是屈服忍受的态度的区分，是打破现状、改造客观世界还是安于现状、不去改造客观世界的区分。这些作品，往往用了幻想的题材，去描写作者理想的生活和人物，文学艺术是允许这样来描写的。在古典文学中间，这些优秀的神话传说有它特殊的风格，其他文学样式是无法代替它的。

我国的戏曲（以及民间小说），在创作方法上常常采取了现实主义与浪漫主义结合的方法，劳动人民由于对创造世界的战斗意志，由于对生活的积极的理想，由于英雄主义和乐观主义的性格，促使他们在描述生活的时候，具有热烈的爱憎和飞跃的想象，这样的创作方法，往往使得作品的主题更加深刻化，思想意义更加发扬，艺术的感染力更加强烈。戏曲从来不是把战争描写得哭哭啼啼，十分阴暗，而是在战争中写英雄人物的英雄气概，战斗精神和乐观主义精神，如李逵、牛皋、张飞、赵云甚至阵亡的高宠，使人看了振奋人心，而不是低回欲绝；戏曲创造古代妇女形象，也不是只写得柔情似水，而是勇敢，有斗争性，如祝英台和孟姜女，甚至写得她们英勇善战，跃马持刀，决胜疆场，掌握国家命运，如穆桂英和花木兰。这种描写，表现了中国人民的乐观和坚强的英雄性格，表现了中国人民一向敬佩的是什么人物。这种浪漫主义的描写，是在生活真实的基础上，又大大发挥现实主义所不能达到的、高度的艺术想象力和表现力的。这种特殊的艺术方法，使得主题思想能够更加积极地发挥尽致，这是我国文艺创作方法上的优秀的传统。

毛主席提出的革命的现实主义和革命的浪漫主义相结合的艺术方法，是对人类全部文学艺术经验的科学概括。这个艺术方法，把戏曲中积极的现实主义和积极的浪漫主义相结合的传统，推进到一个新的、革命的高度，发生了质的变化。这个方法的提出，大大推动了文艺创作的提高和发展。由于戏曲有着把现实主义和浪漫主义结合起来的艺术传统，它应该有更大的可能，在新的思想基础上，得到发扬，在表现新的、革命的人物和革命斗争的题材的时候，表现得更加深刻和精彩，革命的英雄形象应该能够刻画得更崇高，主题思想应该能够表现得更加深刻动人。我以为，也由于戏曲的这个特点，我们全体戏曲工作者，包括编剧、导演、演员和舞台艺术家们，都应该学习掌握这个新的艺术方法，使新的戏曲，得到最深刻、最美妙的表现。

我国文学艺术中和戏曲中的许多健康美丽的神话，都是按照封建社会的社会环境和人物典型创造出来的，正如有人说过的，人们按照自己的样子创造了上帝。孙悟空所闹的天宫，分明是封建朝廷的缩影，而织女或白素贞也俨然是反抗封建压迫、争取婚姻自由的姑娘。因此，古代神话所描述的世界，也仍然是曲折地表现了当时的社会斗争，当时的人民生活，许多神话把现实生活中的人物与神、狐、鬼、怪放在一起，也就十分调和。有人提出问题说，现代的生活能不能创造今天的神话？我们认为，神话是人类在幼年时代，对自然规律认识不清而产生的幻想。今天的人们已经处在"必然的王国"向"自由的王国"飞跃的时代，按照今天人们对世界生活的认识，是不可能产生神话的。

另一个为大家所十分关心的题目，是古典戏曲中人民性的问题。

我国的戏曲剧目遗产是丰富的，这是我国民间文学的重要组成部分。其中有许多"篇幅"，评论了历史上的著名政治大事，评论了许多政治和军事的领袖人物。人民在戏曲的舞台上，发表了对历史的评价，对理想生活的向往和对英雄人物的歌颂，以及对坏人坏事的抨击。多少年来，这些剧目对人民起了很有益的作用，教给人们许多历史的知识、斗争的经验，启发他们的智慧，教给人们认识封建社会的生活和人物。这些戏对于我们勤劳、勇敢、富于斗争性、热爱祖国的民族性格的形成，也有很大帮助。

戏曲中这些人民性是哪里来的呢？我们知道，戏曲这种群众性的艺术，是一直流传于民间，并且为广大劳动人民所掌握的艺术，它的创作者、表演者和欣赏者主要是劳动人民。它后来为士大夫阶级的知识分子所学习和掌握了，曾经进入宫廷，但在民间流动演出仍然是它主要的活动方式。它与人民不可分的密切关系，就使它不能不带有人民的观点，表现人民的思想和感情，甚至有些人物都带着鲜明的农民性格，说着农民的语言，表现了一种农民文学的风格特点。列宁说："每个民族的文化里面，都有一些哪怕是还不大发达的民主主义和社会主义的文化成分，因为每个民族里面都有劳动群众和被剥削群众，他们的生活条件必然会产生民主主义的和社会主义的思想体系。……"由此可见，民族虚无主义者认为戏曲完全是封建文艺，是毫无根据的。

什么是人民性呢？毛主席说："人民这个概念在不同的国家和各个国家的不同的历史时期，有着不同的内容。"（《关于正确处理人民内部矛盾的问题》）在封建时代，人民指的是以贫雇农、手工业工人和广大自耕农为核心的被统治阶级的全体，人民性指的是民主主义的政治态度。在那时，农民和手工业工人是最积极的民主派，他们经济上被剥削，政治上被压迫，由此产生他们一系列的政治态度。他们有不平之鸣，有反对封建制度的要求，有民主主义的要求。人民性与封建性是相对立的概念。我们提倡戏曲遗产中的人民性，反对遗产中的封建性，用劳动人民的意识形态去反对封建阶级的意识形态，这是我们的鲜明的态度。毛主席说，要"剔除其封建性的糟粕，吸收其民主性的精华"。我们认为，这些戏曲遗产中的人民性，当然是有历史的局限性的，它不能与我们今天的无产阶级的阶级性相提并论，但是，那些具有比较朴素的民主主义的思想、爱国主义和英雄主义的感情的剧目，是过去时代流传下来的文化遗产的珍宝，对今天的人民还有一定的教育启发作用，我们还是应当把它批判地继承下来。

当然，不能不承认有这样一些剧目，它们大半从人民生活中挑选出一些生活片段，写成生活小戏，有的情趣横生，有的载歌载舞，很受群众欢迎，如《瑞花》《拾玉镯》《夫妻观灯》《小放牛》《小二姐做梦》等等，这些剧目不表现一定的政治思想内容，并没有什么人民性，但它们在政治上是无害的，在艺术上是健康的、有益的，有的还保留了杰出的艺术技巧。这些剧目在舞台上的演出，也有助于丰富人民的文化生活。

在戏曲改革工作上，我们一直是进行两方面的斗争，一方面，反对资产阶级对民族遗产的虚无主义思想和粗暴的、简单化的做法，一方面，反对保守主义，反对故步自封、墨守成规。一般说来，在解放的初期几年中，反对粗暴，反对简单化的方面，比较偏重一些。这是因为，在解放以前，戏曲遗产是长期受到轻视的，五四时期，戏曲曾经受到过严格的批判，这种批判，有正确的一面，但也有形式主义的一面。他们夸大戏曲形式的落后，达到全盘否定的程度，甚至认为戏曲把歌、舞、表演综合在一起是不对的，武打放在戏里也不对，不分幕而分场也不对，不从事件的半截开始，而从头叙述也不对——总之，一切全无是处，只有西洋的话剧形式才是对的。

这种见解，显然是民族虚无主义的观点，是缺乏民族自信心的表现。这种观点，自五四以来，对我国新文艺工作者是有长久影响的。因而，在戏曲改革工作中间，常常不免从思想上不尊重戏曲的艺术特点，不尊重优秀的传统剧目中的精华部分、民主性的主题思想、卓越的性格刻画和现实主义的生活细节描写，或者否定传统表演，否定投袖和亮相，或者取消丑角的风格化的语言和动作。总之，对戏曲的民族形式，有种种的怀疑，他们不理解，民族形式是植根于历史所形成的民族心理特点的，每个民族都有他们的根本特性，都有那种别的民族所没有的特色，我们必须尊重艺术形式上的这种特色，这种特色是帮助而不是妨碍艺术的表现的。除了这种民族虚无主义思想的影响以外，也常常有出于好心，但存在某些狭隘的、教条主义的对艺术的理解，或者出于急躁的、简单化的做法，这是由于缺乏批判地继承遗产的经验，不了解工作的复杂性所致。另外，由于解放以前，戏曲艺人也是长期受到社会轻视的，解放以后，强调了戏改必须结合艺人，同审同改。事实证明，在党的政策思想指导下，干部和新文艺工作者与艺人共同审定剧目，不但有助于艺人透彻理解戏改的政策方针，主动为贯彻政策而奋斗，也使干部真正掌握戏曲的特殊艺术规律，由不懂到懂，由不爱到爱，为戏曲改革做出更大的成绩准备了条件。一九五一年以后，党输送了大批新文艺工作者到戏曲队伍中来，有力地推动了建立导演制度，推动了音乐上的革新，推动了戏曲的现代戏的发展，有助于戏曲艺术的革新、创造。尽管新文艺工作者与戏曲结合中间，有一些过程，但戏曲的飞跃发展的成绩，证明了这一个措施，是党的英明的正确的措施。

　　在工作中，我们既要防止粗暴的偏向，同时，又要防止保守的偏向。

我们的戏曲遗产中，完全优秀的剧目只占少数，流行剧目绝大多数是精华与糟粕杂陈的剧目。这些剧目，产生在封建社会，它沾染封建的思想意识，原是十分自然的事，今天，把它作为教育人民的手段来要求，这些封建性的剧目，或剧目中封建性的部分，必须加以批判和剔除。但是这种改革，却常常遇到保守力量的反对，他们认为一切都要照老样子演，否则就不够味儿。对于戏曲发展现代戏，戏曲要去演现代人物，要演工人、农民和战士，他们就更加反对了，他们反对戏曲反映今天的时代，反对戏曲为工农兵服务，成为政治宣传的文艺武器。这些人的立场，实际上是国粹主义的立场，封建社会的遗老遗少的立场，他们怀思古之幽情，认为古来的一切都美好无疵，实际上，他们自己在情感上，就与封建思想有共鸣，所以反对革新。在解放初期，这一派的力量还是很大的。特别因为他们受到社会传统的保守力量的支持，对戏曲改革工作的阻力就更显得大一些。但是，大势所趋，人心所向，戏曲改革工作在党的领导下，取得了很大的成绩。事实证明，经过改革的戏，使人耳目一新，糟粕剔除了，戏就显得更加精彩，观众十分欢迎。一九五二年全国会演的成绩，是对保守分子的有力回答。

一九五二年第一届全国戏曲观摩演出大会，是解放后第一次全国戏曲队伍、剧种和剧目的大检阅，共有23个剧种参加了演出，其中有老剧种如昆曲、京剧、蒲剧、汉剧等等，也有新兴的剧种如曲剧。此次演出剧目有九十多出，包括传统优秀剧目如《梁祝》《思凡》《打金枝》《琵琶上路》等，也包括新改编的《白蛇传》《将相和》，创作的《雁荡山》等，还有现代题材的《白毛女》《小女婿》

《十二把镰刀》等等，这里不去一一列举。这一次演出，是我国戏曲艺术的一次大展览，精彩纷呈，显示了我国戏曲艺术的丰富和多样。它又是一次戏曲改革经验的交流会，这次会演中的传统剧目，差不多都是经过改革而思想性、艺术性都比较完整的。《白蛇传》去掉了报恩思想；《梁祝》去掉了命由天定的观念；《刘海砍樵》取消了黄色的表演，突出了狐女喜爱劳动人民的意义；秦腔《游龟山》，强调了田玉川、胡凤莲、田云山威武不屈，为反抗卢林的迫害而采取的坚决反击的英勇行为，经过改编，使他们的英雄形象更加完整动人。这一次会演，显示了党的戏曲政策的胜利，显示了毛主席的"百花齐放，推陈出新"的指导思想的胜利。

"百花齐放，推陈出新"的方针，是繁荣和发展文学艺术的最有力的正确方针。这个方针符合于文学艺术发展的客观规律，并动员群众起来，在党的领导下最大限度地促进它的发展，促进它为无产阶级的政治服务，为工农兵服务。我国的土地幅员广大，兄弟民族很多，戏曲艺术从来就是剧种繁衍，流派昌盛，各有各的艺术风格。每个剧种，深深植根于当地群众之中，经常吸收群众的艺术创造，因而具有源源不绝的生命力，成为那一个地区的代表性的艺术，为群众所爱好。这些剧种和艺术流派，在风格上具有特殊性，又具有中国民族风格的共同性。它们每个剧种的繁荣和发展，都是我国戏剧艺术的总的繁荣的一部分，它们在艺术上的不同的创造，都丰富了我国戏剧艺术的宝库。

我国人民的艺术创造力的丰富，艺术欣赏要求的广泛，乃是一个民族在文化上成熟的标志，不仅表现在戏曲剧种风格的多样，也表现在题材的丰富多样上。戏曲传统剧目，有"唐三千、宋八百"

的说法，甚至同一题材，各剧种各有不同的处理，例如《梁祝》《白蛇传》的故事，就是各个剧种都有这戏，然而结构、情节，甚至人物性格，各不相同。浙江的祝英台温柔而深情脉脉，四川的祝英台口角犀利，把媒人骂得淋漓尽致，湖南花鼓戏的祝英台大胆泼辣，河北的祝英台却是朴质老实。演出风格也各有不同，这种从声乐、表演到题材的百花齐放，正是我国劳动人民艺术才能的多方面的表现。

另外，戏曲改革的经验也证明了，随着戏曲剧目内容的革新，戏曲艺术形式也就需要不断革新，创造新的形式，以适应新的内容。戏曲产生在封建社会，它从来长于反映封建社会的人物，封建社会的事件，这些内容与它的艺术形式十分协调，甚至达到十分精美的地步。现在，封建时代永远过去了，我们的祖国成为劳动人民的、社会主义的祖国，工农兵成为时代的主人，一切旧时代的文学艺术必须适应这新的时代、新的经济和新的政治形势。经济基础变化了，文学艺术作为其上层建筑的一部分，是不可能不变化的。对于戏曲，这是一个蜕变的过程，它不只要从千百年的遗产中保存下来我国人民艺术劳动的优秀成果，加以发扬光大，而且要创造反映今天现实的新剧目，发展表现现代人物的新艺术。它要描写今天的工农兵，积极为社会主义建设服务，歌颂工农战线上的英雄人物，为"三面红旗"而欢呼，宣传共产主义的伟大理想，以共产主义思想教育人民，这是我们这个时代文学艺术的历史任务。戏曲的内容革新了，表现新的生活、新的人物了，这新的内容，就与它原来的艺术形式发生了矛盾，解决这个矛盾的过程，也就是发展它的艺术形式，使它服从于新内容的过程。艺术形式必须适应新的内容，移步换形，以取得新的内容与形式的协调，形成新的矛盾统一。由此而发展成为新的戏曲，一方面它是新的社会主义文学艺术的一部分，一方面它又是旧的戏曲形式的新发展、新阶段。它有所继承又有所创造。推陈出新的含义，就是从旧的基础上发展成新的东西。有些同志，以为"推陈"就是把陈的完全推开不理，另起炉灶，白手起家，搞出新的东西来，那种理解是不对的。那样，就割断了一个东西成长的过程，违反事物发展的辩证法。曾有戏曲剧团做试验，把本剧种的艺术传统完全丢掉，全剧完全另创新腔，结果观众十分不满。可见，文化是有继承性的，不能割断传统。毛主席说："我们必须继承一切优秀的文学艺术遗产，批判地吸收其中一切有益的东西，作为我们从此时此地的人民生活中的文学艺术原料创造作品时候的借鉴。"我想，"推陈出新"不是抛弃戏曲艺术的规律，而是在马克思主义观点指导下，善于利用戏曲艺术的规律，利用前人的艺术劳动的宝贵经验、技巧，从人民斗争生活中，吸收新的血液，来进行革新创造，为新的艺术开辟道路。文学艺术，是政治斗争的工具，是革命的武器。武器和工具的品种，当然是越多越好，因此，我们要求所有剧种、流派，统统发展、繁荣，昆曲、京剧、梆子、花鼓戏……各自用他们的表演艺术来服务；戏剧样式，也要求多种多样，悲剧、喜剧、讽刺剧和正剧……都是人民所需要的，在为工农兵服务的方向下，百花齐放，百家争鸣，在东风吹拂之下，姹紫嫣红，群芳竞艳，大家为了共同的政治目标，携手并进。

一九五六年和一九五七年中央文化部接连召开了两次全国戏曲剧目工作会议，为了丰富上演剧目，提出了发掘戏曲遗产的任务。在此以前，剧目工作，曾经赶不上客观形势的需要，产生了剧目荒的现象，其原因主要是工农业生产的发展，社会上就业人口激增，人民物质生活提高了，对文化娱乐的要求大大增长，而戏曲工作特别是剧目的创作一时赶不上，显得落后于形势，也有一些同志存在保守的思想，在剧目上只求无过，不积极去整理演出自己剧种的传统优秀剧目，不积极组织剧本创作，光是等待和移植别地区和别剧种已经上演成功的戏。我们并不反对移植其他剧种的优秀剧目，但如果只是移植其他剧种的剧目，不去进行创作和革新自己剧种的传统剧目，那就不对了。在两次剧目工作会议上，一面鼓励创作，一面大力号召各个剧种，都来做发掘传统剧目和艺术经验的工作，要求普遍发掘、重点整理，在党的号召和组织下，各地区的戏曲工作者积极工作，发掘出的传统剧目有五万多个，还"发掘"出许多古老剧种如"青阳腔"等，甚至还保存着明代的剧目。这次发掘，等于一次戏曲资料大规模调查研究工作，通过这次发掘，看到了我国民间文艺遗产的丰盛和富饶。特别是昆曲《十五贯》的演出，使大家看到，对于传统优秀剧目，认真地去芜存菁，加以整理，这工作是十分有益的。《十五贯》原名《双熊梦》，是写熊氏兄弟被诬入狱，由于况钟梦见两只熊向他求救，醒来就平反了这案子。现在却改编成况钟从供词中的破绽发生怀疑，又勘查现场，发现许多疑点，因而不相信原来判词了。这个戏把过于执成功地刻画成为一个主观主义者的生动形象，与况钟的调查研究、实事求是的态度成为对照；这个戏又强调了况钟半夜去见顽固的都堂大人周忱，要求翻案的尖锐斗争的场面，这些地方，使改编后的剧本大大丰富了它的教育意义。又如《三女抢板》这个戏的改编本，突出了三个姑娘舍身救人的精神，那一场在黑暗中摸生死牌的戏，把三个姑娘的精神世界表现得那么高尚可敬。党对《十五贯》《三女抢板》等戏的整理、改编工作的鼓励，使大家感到，认真地去分析和整理传统优秀剧目，芟除迷信的有害的部分，发扬主题思想的积极意义，深入刻画典型环境中的典型人物的精神世界最有教育性（正面和反面的）的一面，从今天的思想高度，从今天人民的需要的角度，给以正确的整理、改编，是有十分积极的意义的。

> 我国的革命文学艺术从来都是密切地为政治服务的，是忠实地服务于人民革命事业的。我们一定要继续保持和发扬这种光荣的传统。为了使文学艺术更好地为我国的社会主义革命和社会主义建设服务，为反对帝国主义和反对现代修正主义的斗争服务，文学艺术工作者应当更进一步提高自己的马克思列宁主义水平，努力学习马克思列宁主义，努力学习毛泽东同志的著作，并且深入到工农兵中去，参加生产劳动和实际斗争，不断改造自己的思想，不断提高自己的共产主义的思想觉悟和道德品质，巩固地树立起无产阶级的世界观，不断清除自己队伍中的资产阶级的政治影响和思想影响。
>
> ——摘自陆定一同志代表中共中央和国务院在中国文学艺术工作者第三次代表大会上的祝词

在一九五七年剧目工作会议之后不久，中央文化部把历年陆续禁演的24出戏，宣布开禁，并且说明，对于坏戏，以后将不采取行政方式禁演而采取为工农兵服务原则下的"百花齐放，百家争鸣"

的政策。这种明令禁演的方式，曾收到公开打击封建文化阵地的效果，唤起戏曲干部和演员对每天影响千百万群众精神生活的戏曲剧目工作，认真地加以重视，加以严肃的对待。特别是在群众面前，指出戏曲某些剧目含有毒素，唤起他们的警惕。解放七八年以来，广大戏曲工作者，包括干部和演员，对坏戏已经有着充分的认识，戏曲观众的成分，也起了质的变化，工人、农民、战士，以及干部和学生成了主要的观众，观众的觉悟也大大提高了，他们对戏曲的要求已经不同。"百花齐放，百家争鸣"的政策，会更加促进戏曲工作者的社会责任感，促使他们进一步掌握戏曲剧目的政治标准，鼓舞他们的积极性。这个措施的积极意义，还在于文学艺术领域内开展群众性的批评和自我批评，采取党的领导和群众监督相结合的方式，大大有利于对封建性的剧目的斗争，有利于开展讨论、研究，弄清是非，分辨香花毒草，有利于浇花锄草，更加有效地推动文学艺术的发展和繁荣。

在一九五七年的春天，党开始整风。那些资产阶级右派利用这个机会，向党发动了全面的进攻。在戏曲方面，他们反对党对戏曲的领导，提出"外行不能领导内行"的谬论，要把党员赶出去，又提出"党禁戏禁错了"，以便为坏戏和毒草争取复辟。他们对戏曲改革政策，大肆诬蔑，宣扬今不如昔的观点，借大鸣大放机会，淆乱黑白，煽风点火，企图狠狠地将党一军，趁机取消党对戏曲工作的领导权，建立他们的领导权，把戏曲工作扭转到资产阶级的方向去。戏曲界的右派分子在这时的出头露面，并不是偶然的，随着我国的社会主义革命日益深入，对农业、手工业和私营工商业的社会主义改造的胜利完成，从根本上消灭了资本主义的经济基础，使资产阶级思想的市场日益缩小，形势逼人，这些资产阶级的顽固反动分子，在东风遒劲的形势之下没有缴械投降之意，反而为对社会主义制度的仇恨所驱使，他们开始向党、向人民进行疯狂的反扑。党让他们把毒草都放出来，然后领导群众起来同他们大争大辩，揭露了他们的右派立场，反对社会主义制度，反对无产阶级领导的实质，在群众面前，揭露了他们的原形，对他们进行了义正词严的批判，使他们完全孤立起来，最后他们理屈词穷，不得不向人民低头认罪。在文艺队伍中间，这些人只是极小的一部分，但是这一场反右派的斗争，意义却十分重大。这一场斗争是资产阶级在我国走向社会主义的决定关头的垂死挣扎，是走无产阶级道路还是走资产阶级道路的原则性的斗争。这一次斗争的胜利，为一九五八年"大跃进"打下了政治上和思想上的基础。

在反右派斗争胜利的基础上，在工农业生产"大跃进"的基础上，一九五八年五月，中央文化部召开了戏曲表现现代生活的座谈会，并且配合演出了京剧、豫剧、沪剧、闽剧……的一些现代戏。在此以前，由于反右派胜利和"大跃进"的鼓舞，各个剧团在上山下乡、深入厂矿演出中，已经纷纷采集素材，写出"大跃进"中工农战线上涌现的先进人物的光荣事迹，表演在舞台上。这些节目大半比较短小精悍，有的采取了集体编导的办法，达到多快好省，对当前的斗争，反应迅速，大受群众的欢迎。也有一些题材选自革命的历史，表现了政治斗争中共产党人和革命人民的英雄主义。这些剧目的创作和演出，大大锻炼了戏曲演员表现现代生活、现代人物的本事。在这次现代戏座谈会的为数不多的观摩演出中，已经表现出戏曲这种传统的艺术形式，并不是如有些同志所说的已经僵化了，经过革新和发展，它的反映新的生活的能力，还是很强的，它有能力把新的人物表现得准确而生动，特别是有些剧目（如豫剧《刘胡兰》、湖南花鼓戏《三里湾》、闽剧《海上渔歌》等）运用了戏曲的集中、简练的手法，节奏鲜明的动作，把矛盾渲染得更加突出，气氛更加浓烈，英雄形象更加鲜明，发展了戏曲传统上现实主义和浪漫主义结合的艺术方法的特色。

戏曲在我国已经有上千年的历史了，可以说是源远流长，积累了无数人民艺术家的创作经验。历代的戏曲作家，虽然处在封建统治者的迫害和压制下，还是要通过戏曲这一形式来表达他们的政治见解，对当时的重大事件，表示态度。关汉卿的《拜月亭》、孔尚任的《桃花扇》、王世贞的《鸣凤记》、李玉的《五人义》等都可以说是当时的"现代戏"，其余许多无名作家，姓名和时代已不可考，但留在舞台上的作品，还可以看到他们反压迫、爱祖国、忧民生的热忱；清末民初以来的时装戏，解放前后的《血泪仇》《刘巧儿》《小女婿》等等，都表现着戏曲在发展自己的艺术表现力，努力在反映时代。而"大跃进"以来，所有戏曲工作者，广大演员队伍受到党的鼓足干劲、力争上游、多快好省地建设社会主义的总路线的鼓舞，大家政治挂帅，意气风发，要求用戏曲歌颂社会主义建设战线上的英雄人物，为"大跃进"贡献自己的力量，编演现代戏成了一个新的高潮。这一个高潮，普及全国，几乎所有的剧种、剧团，都卷入了这一个群众性的运动，形成了戏曲的进一步的革新。

这一次编演现代戏的群众性运动，是有深刻的意义的。戏曲产生于旧社会，它的艺术形式，是在描写旧社会现实生活的基础上发展起来的。今天，作为新的时代的文学艺术，它不能不反映这个新的时代，不能不与新社会的生活发生联系，或迟或早，可以有一个过程，但肯定的是，不能总是停滞于"唐三千、宋八百"，不反映现代的生活，否则就会变成无源之水，势将枯竭。"大跃进"以来，戏曲以迅猛之势，向现代戏的方向发展，就使这一独特的文艺形式，与生活密切联系起来，大大活跃了它的生命力。如果说，以前对戏曲遗产的批判、继承，对戏曲传统剧目的整理、改编，使戏曲的传统剧目能适应于社会主义的舞台演出，那么，这次的大家动手来创造新的剧目，就使戏曲在传统优秀剧目以外，能够更直接反映社会主义的生活，能够更好地为促进社会主义建设，为工农兵服务。这短短两年，戏曲在发展现代戏上，超过以往多年的成绩，它不只反映了新的人物，而且是迅速地反映了我国人民在"大跃进"中的冲天干劲，反映了为实现总路线而斗争的崭新的英雄面貌，进行了反对美帝国主义侵略阴谋的宣传。这一时期，"歌颂'大跃进'，回忆革命史"的剧目，大大丰富了演出剧目，绝大多数戏曲剧团，都积累了现代戏的保留剧目，受到群众的欢迎。由于这些现代戏的上演，戏曲舞台艺术也大大发展了，在演出内容的推动下，大家创造了新的演技。这种新的演技，风格仍然是戏曲的，而且还是那一个剧种的，但是已经向前发展了。可以说，这是戏曲艺术上的一次大跃进。

从剧目的繁荣上，可以看出戏曲近年来，特别是"大跃进"以来的成绩是巨大的。

从第一届全国戏曲观摩演出大会以后，一些优秀的剧目如《梁山伯与祝英台》《白蛇传》《秋江》《拾玉镯》《打金枝》等，很快地推广到全国。以后几年，各个大行政区及省市相继也举行了一些会演，或某一剧种的剧目鉴定的演出，在这些演出中出现了不少经过整理加工的优秀传统剧目，同时也出现了不少改编、创作反映过去时代生活的戏，受到广大人民的欢迎。如昆曲《十五贯》《墙头马上》《文成公主》，京剧《野猪林》《将相和》《猎虎记》《黑旋风李逵》《义责王魁》《杨门女将》，豫剧《穆桂英挂帅》《唐知县审诰命》《陈三两爬堂》，上党戏《三关排宴》，蒲州梆子《薛刚反朝》，山东梆子《两狼山》《墙头记》，柳子戏《孙安动本》，滇剧《牛皋扯旨》《鼓滚刘封》，闽剧《炼印》《六离门》，莆仙戏《父子恨》（亦名《团圆之后》）、《三打王英》，梨园戏《陈三五娘》《过桥入窑》，秦腔《赵氏孤儿》《游西湖》，河北梆子《秦香莲》《三上轿》，越剧《宝莲灯》《红楼梦》《西厢记》《春香传》《盘夫》《庵堂认母》，绍剧《龙虎斗》《芦花记》《女吊》，川剧《芙奴传》《谭记儿》《乔老爷奇遇》《拉郎配》《白蛇传》，赣剧《张三借靴》，祁剧《昭君出塞》，评剧《秦香莲》《杨八姐游春》，老调《潘杨讼》，丝弦戏《空印盒》，汉剧《二度梅》，徽剧《淤泥河》，黄梅戏《天仙配》，湘剧《拜月记》，常德高腔《祭头巾》，粤剧《搜书院》《关汉卿》，淮剧、湖南花鼓戏和湘剧的《三女抢板》（《生死牌》），婺剧《槐荫记》，扬剧《上金山》《挑女婿》《鸿雁传书》《魏征斩龙》，锡剧《打面缸》《双推磨》，庐剧《借罗衣》《拾棉花》，柳琴戏《喝面叶》，吕剧《王定保借当》，芗剧《三家福》，彩调《刘三姐》，黔剧《秦娘美》，等等，不下一二百出在思想性和艺术表现上都达到了一定水平的戏曲。在现代戏方面，也出现了昆曲《红霞》，京剧《白毛女》《绿原红旗》《赵一曼》《红色风暴》《白云红旗》，评剧《妇女代表》《金沙江畔》《生活的凯歌》《三里湾》《苦菜花》《八女颂》，越剧《关不住的姑娘》《斗诗亭》《风雪摆渡》，沪剧

《星星之火》《黄浦怒潮》《鸡毛飞上天》,锡剧《红色的种子》,扬剧《黄浦江激流》,淮剧《党的女儿》,滑稽戏《三毛学生意》,绍剧《水乡红花》,甬剧《两兄弟》,龙岩汉剧《陈客嫲》,闽剧《海上渔歌》,粤剧《红花岗》,潮剧《党重给了我光明》,汉剧《转唐山》,抚州采茶戏《红松林》,湖南花鼓戏《三里湾》,祁剧《黄公略》,云南花灯剧《依莱汗》,眉户剧《梁秋燕》,秦腔《闹粮》,陇东道清《最后的钟声》《六姑娘》,吕剧《李二嫂改嫁》,豫剧《刘胡兰》《冬去春来》,武安落子《高山流水》,等等百出优秀剧目。这些戏有的是回忆革命史,描写了革命史上英雄人物;有的是歌颂"大跃进",表现了建设社会主义的工农劳动者的英雄气概。特别是许多从来未被戏剧表现过的少数民族的生活和斗争,现在也被搬上舞台,使戏曲表现的生活面更加扩大,如《刘三姐》《秦娘美》《依莱汗》《绿原红旗》等。这种戏应该加以提倡,使我国各个兄弟民族,对彼此的生活和历史,增进了解,有助于团结友爱。还有那些用新观点写出的历史剧,表现了历史上重大的政治事件,表现了历代大政治家在建设祖国上的积极措施,表现了古代革命家和革命群众的可歌可泣的斗争史,或者表现了中国人民勇敢、勤劳和智慧的创造性的劳动。这些剧目,有助于人民认识自己的历史,看到我们今天的祖国是怎样过来的,特别是描写革命斗争的题材的剧目,表现了共产党人的伟大革命精神,这种题材,给群众以必要的斗争经验和历史知识,使人们从历史生活中,更加明确为什么中国人民选择了社会主义的道路。我国的历史悠久,政治斗争经验是非常丰富的,恰当地选择为今天人民所需要的历史教训而加以艺术的描述,是今天的舞台演出不可缺少的一方面。

这些传统剧和现代剧,以及用新观点写出的历史剧,是仅就记忆所及,列举一些为例,它们部分地说明了我国戏曲工作,在党的正确领导下,在党的"百花齐放,推陈出新"方针的指导下,发展繁荣的景象。历史上难道有过什么时期,剧目有这样丰富的内容,这样富于思想意义的题材,这样精彩而毫无庸俗气味的表演艺术,这样百花齐放的盛况吗?这不是党的文艺方针的胜利,又是什么呢!

戏曲队伍的思想水平,也大大提高了。解放以后,很多著名演员由于阶级觉悟提高,被批准光荣入党。大批青年戏曲工作者,参加了共产主义青年团的行列。通过文化部举办的历届演员讲习会和各级文化主管部门举办的戏曲训练班,通过历次的政治运动和整风,戏曲工作者思想得到了很大的改造,业务也得到了提高。戏曲队伍的这种变化,表明了一支以工人阶级戏曲工作者为骨干的戏曲队伍已经形成了。很多剧团,也由解放初期的共和班,改为国家剧团。演员不再拿"份",而领工薪了。剧场的数目发展到2800个,戏曲剧团2569个,戏曲剧种376个(据一九五九年九月文化部的统计资料),专业戏曲工作者约二十万人。这些数字,表明了戏曲事业在党的领导下的大发展和大提高。

当然,我们不会以目前达到的成绩为满足,我们还有许多困难需要去克服,许多峰峦需要去攀越。比如在表现现代生活中怎样避免自然主义的偏向;怎样继承传统而又突破传统,创造新的表演艺术,使之更适于表现新的思想感情和新的人物性格;怎样发展风格化的演技;怎样把歌舞的表演去表现现代人物而使之谐和自然;怎样运用革命的现实主义和革命的浪漫主义相结合的艺术方法去表现历史题材;等等。我们有信心,勤于实践,勇于创造,我们定会达到戏曲艺术从来未有的高峰。

  在党的领导下，全国戏曲剧团，解放以来，坚持为工农兵服务的方向，大家精神奋发，斗志昂扬，上山下乡，把戏送到车间，送到田头，送到前沿的掩护部，到过海拔五千米的高原，到过遥远的边疆，到过"千年不闻锣鼓响"的穷乡僻壤，把戏送给那些在工业战线上、农业战线上的劳动者，送给保卫祖国的最亲爱的人。许多剧团，十年如一日，如宁夏宁朔县的朔光剧团，每年以85%的时间上山下乡，并且带着铁锹，每到一地，演戏之余，就参加群众的生产劳动；又如福建浦城赣剧团，坚持上山下乡，单是"大跃进"以来在山区奔走27000多里，边演出，边劳动，边创作；新疆生产建设兵团京剧团到牧区演出，常常到只有两三人的山头去，为这些多少年看不到戏的羊倌演一场。这种共产主义的风格，遍及全国戏曲剧团。"大跃进"以来，为了宣传总路线，宣传大炼钢铁，以及为了反对美帝国主义压迫殖民地的人民革命运动，戏曲剧团不止一次地纷纷走上街头，特别在"反美宣传周"中，大家在两三天内编排出上百个剧目，在剧场、在街头，锣鼓喧天，揭露美帝国主义假和平、真备战的阴谋，收到很大的宣传效果。戏曲工作者这样地进一步与政治结合，与工农兵结合，有助于戏曲工作者劳动化、工农化，有助于戏曲工作者的思想改造，对于表现工农群众为社会主义建设做出的英雄的劳动，迫切感到了必要。可以说，上山下乡巡回演出的制度，促进了戏曲向现代戏的发展，促进了戏曲演员既会演历史人物，又会演现代人物的两条腿走路的本事。同时，这也标志着戏曲工作者的政治思想上的进步，没有思想觉悟的提高，没有政治挂帅，戏曲的这种革命性的发展是不可能的。

戏曲在现代戏方面，大大迈进了一步以后，就形成了戏曲的两条腿走路的、全面发展的大好形势。戏曲这一为我国人民所创造的民族文艺形式，历来就善于表现英雄，表现政治上军事上激烈的斗争，表现生活中人们的炽热的感情。今后在推陈出新的方针下，不断革新创造，它将要继承刻画杨家将、岳家军、水浒英雄的大手笔，再加以极大发展，刻画出社会主义时代的具有共产主义精神的、工农劳动人民的英雄形象来。

十一年来，同志们遵循着党的教导，积极劳动，积极进行思想改造，提高阶级觉悟，坚持着工农兵的方向，上山下乡，深入厂矿，去过朝鲜，到过海防前线，一面演出，一面参加劳动。表现了为人民服务的新风格，新品质。在艺术上，一面发掘传统，一面勤学苦练，树雄心，立大志，继承老师的绝艺，并且要发挥创造，超迈前辈所创造的艺术高峰，一面辅导业余戏曲爱好者，培养新生力量，为戏曲事业培养后备军。戏曲事业，可说是蒸蒸日上，从来没有这么大的发展。若干次戏曲团体出国，都赢得了很大的国际荣誉，表现了党的戏曲政策的胜利。今后我们还要更好地运用批判、继承、革新、创造的方法，使我国戏曲这一文艺形式，在毛泽东思想指导下，达到百花齐放，万紫千红。

今后，我们全体戏曲工作者，在党的领导下，沿着工农兵的方向，坚持"百花齐放，百家争鸣，推陈出新"的方针，将更加信心百倍地勇敢前进。

首先，戏曲创作还要大力发展。创作是艺术活动的基础，没有创作的繁荣，艺术的繁荣是不可想象的。在创作上，要发挥两条腿走路的精神，一方面是继续发掘整理和批判地继承传统的优秀剧目，很好地研究和吸收戏曲的传统编剧技巧;一方面是编写现代题材的剧目,回忆革命史,歌唱"大跃进",表现新的时代,新的人物,宣传社会主义思想、共产主义思想,并为此创造更新更美的表现方法,这是我们的努力方向。另外,还要以历史唯物主义观点来创作新的历史剧,用古代人民的斗争,用历史上的民族团结,爱国主义的榜样,以及勇敢、智慧、勤劳的品德,来启发和教育今天的群众。三者并举,使我国戏曲剧目,大大地丰富起来。

除了创作上大发展,还要求表演艺术上的大提高。要总结出中国的现实主义和浪漫主义相结合的表演体系,并加以发扬光大。特别是在表现新的生活、新的英雄人物方面,应不断总结经验,发挥创造,深入生活,熟悉人物,在不断反映生活的实践中,提高自己的艺术表现能力。各种流派,各种风格,都应该发扬,特别鼓励艺术上的独创性,以期提高演出的美学水平,使戏曲的艺术形式,适应它的高度的思想内容的要求。

重要的问题,还是在于学习。我们全体戏曲工作者,应该好好学习马克思列宁主义,学习毛泽东著作,进一步与工农兵结合,参加劳动锻炼,积极改造自己的世界观,达到工农化、劳动化,达到政治挂帅,又红又专,继续批判修正主义和各种资产阶级文艺思想。既要学习戏曲老前辈的惊人的技艺,也要学习外国的优秀的艺术经验,结合中国的实际,批判地吸收他们的优点。"对于封建主义和资本主义的思想,必须继续进行批判,但是,对于我国过去的和外国的一切有益的文化知识,必须加以继承和吸收,并且必须利用现代的科学文化来整理我国优秀的文化遗产,努力创造社会主义的民族的新文化。"(《中共八大关于政治报告的决议》)我们将坚持民族化、群众化的方针，综合中国民族戏剧的表演和导演的千百年的经验，经过研究、创造，归纳出我国戏剧的表导演的体系，形成马克思主义的戏剧的中国学派。在这个基础上，加强实践，利用现代化的舞台设备，把我国的民族戏剧艺术，推向一个新的高峰，推向世界工人阶级戏剧艺术的最高水平。这是我国劳动人民对于世界艺术宝库的伟大贡献，也是我们这一代戏剧工作者，对我们英雄的前辈和更为英雄的后代，应尽的继往开来的历史的责任。

新年书红

◎ 梅兰芳

原载《戏剧报》1961年1—2期合刊

当1961年开始的时候，我首先祝贺戏曲界的同志们身体健康，心情舒畅，在政治上有更大的提高，在艺术上有进一步的成就。解放以前漫长的岁月里，戏曲艺人们走过的道路是曲折而崎岖的，稍一不慎即堕入深渊，难以自拔，这里面不知毁掉了多少有前途的人才，说起来是辛酸难忍的。今天，我们有了党的领导，得到了思想改造、提高阶级觉悟的机会。同时，扫除了文盲，大家都有了一定的文化水平，对于分析事理，正确地理解生活、理解历史也有了指针。特别是党所培养出来的青年一代，得到前所未有的德育、智育、体育全面发展的优越条件。但我们的责任也比以前重大了，戏曲工作者必须通过优秀剧目的演出，从娱乐中鼓舞、感染观众，而起到教育作用，这就需要加强我们的表现能力，鲜明地反映事物，提高艺术作品的思想质量和艺术质量，于是继续加强思想改造，加强艺术修养，就成为急不容缓的事。我想，前辈们埋头苦干，发愤图强的精神，还是值得我们学习借鉴的，现在就他们的艺术修养二三事谈一谈，作为新年书红。

戏曲艺术是一种细致复杂的综合性艺术。它要求每一个演员必须勤学苦练，一腔一调、一招一式都要做到像手工艺那样的精雕细刻，才能形象鲜明地表达主题思想和人物性格。我经过的艺术道路和大家一样，就是苦干、实干，而达到巧干。初学时跟着师父练习唱、做的基本功，那是特别需要下苦功的，这如同种田一样，首先有了深耕、细作，才能长出丰满的稻麦来。至于练功时的深、细的程度，是要由有经验的师父根据学生的条件来掌握的。出台后的实习，我认为先求稳当，次求变化，从千百次的舞台实践中积累了经验，同时，得到师父的督导切磋，并且不断看别人的戏，什么行当的戏都要看，看了好的戏，可以汲取经验，看了不好的，能够知道它的毛病所在，也有益处，久而久之，自己的表演艺术就逐渐起了变化，这种变化就是巧干的开始。内行有句话叫"开窍"，可以为"巧"字作一注脚，巧干不等于取巧，必须学养功深，水到渠成，才能"开窍"。巧是要从长期的勤学苦练的历程中得到的。有些聪明人一学就会，浅尝即止，沾沾自喜，结果是"小时了了，大未必佳"；有些人初学时好像笨拙，但经过不断的刻苦锻炼，一旦豁然贯通，就有左右逢源之乐。前人有句话"大智若愚",我想再补充一句叫"大巧若拙"。这里我把京剧名小生徐小香先生的艺术修养和体现人物性格的深处,与川戏名小生康芷林先生如何使高度技巧与人物的思想感情相结合的艺术创造并起来谈一下,也许对戏曲演员学习前辈的艺术经验有些好处。

徐小香先生是京剧小生行的典型模范,这是内外行所公认的。据老辈告诉我,徐小香先生是吟秀堂潘家的徒弟,但他的艺术却得到京派名小生曹眉仙(曹心泉的伯父)的指导,同时又吸收汉派名小生龙德云的精华,树雄心,立大志,经过长期的刻苦锻炼,终于青胜于蓝,超迈前人而卓然成家。

徐先生在家用私功,自拉自唱,反复研究字音、唱腔,一直到自己认为满意而止,甚至平常说话也用上韵的科白。还时时晃动头颈,练习翎子功;时哭时笑,连摔带滑,经常扎扮起来,对着穿衣镜仔细审查唱念身段神情,并研究看客喝彩的地方,何处得当,何处过火,记在心里,为下次再演时做改正的准备。家人戚友看到,都笑他像个"疯子"。他这样废寝忘食地练习达七八年之久,在"三庆班"演《三国志》博得"活周瑜"的称号,与程长庚先生的"活鲁肃"、卢胜奎先生的"活诸葛亮"齐名。

徐老先生退休回乡后,有一位票友专程到苏州向他学《群英会》,为期一月。徐先生的教授法:前半月专讲《三国演义》里赤壁鏖兵时周瑜的人物性格和军事布置,以及与蒋干、诸葛亮、黄盖等的关系,后半月才教戏。最后,他戴上插翎子的紫金冠,把《打盖》一场的手眼身法步做给学生看,他边走边掏翎子说:"你看,我要把周瑜痛惜黄盖用苦肉计受刑的意思,从翎子上做出来。"他还说："会唱戏的人，善于指挥身上的东西，得心应手，圆转如意；不会唱戏的人，就被东西拿住了。"

有些记载里曾说，徐小香扮周瑜，英武中有儒雅气，看他做戏，如饮醇酒一般。他的唱法用"龙调"（萧长华先生曾有专文谈过"龙调"），清华朗润，沉着圆健，与有些人的纤巧姿媚、近乎旦角的唱法不同。他有深厚的昆曲根底，出字收音都本中州音韵，非常讲究。有一位倪太史约孙春山[1]、周子衡（专学程长庚唱法的名票）去听徐小香的《孝感天》，散戏后到后台约徐同到福兴居小饮，席间小香虚心请春山指教，孙很称赞他刚才唱的反调沉着苍凉，但低声在他耳边说："'共'字本音虽是去声，但这出戏里共叔段的'共'字是人名，要作阴平声念'公'。"小香站起来当着大家对孙春山深深作揖，称他为一字之师。从这件事可以看出前辈对艺术的认真严肃的态度和虚心好学的精神。

杨小楼先生曾谈过这样一件故事：得到徐小香先生真传的王桂官（楞仙）是徐的兄弟徐阿三的徒弟，他专学徐小香，常在前后台看戏，并且很尽心服侍这位师大爷。有一天徐小香备了酒饭，宴请三庆班全体同人，连检场看座的都一名不漏，他亲自端着酒杯每桌上敬酒说："我要告退（就是退出舞台）啦！多年来承诺位关照，今天略备水酒，聊表我一点意思。"但回到寓所后，对王楞仙说：

---

[1] 孙春山是清同、光时一位闲散的京官，他酷爱戏曲，精通音律，善于编词按腔，内行如余紫云、张紫仙、陈德霖等前辈们都曾受过他的熏陶，提高了行腔吐字的准确性。我当年听陈老夫子（德霖）唱《祭江》的一段二黄慢板，从词到腔都是孙先生改写按腔的。陈彦衡先生曾为我说过《武昭关》的二黄慢板，也是孙的杰作。他编的词意多字少，简练概括；按的腔新颖动听，而不尚花巧。

"本来我就要动身回苏州，可是为了你，还要在京里再住一年，你赶快学吧！"王楞仙当时感激得流下泪来。我没有赶上看徐老先生的戏，却看过王楞仙先生的戏，称得起文武昆乱不挡而又无一不精。例如，他扮昆曲《断桥》里的许仙，当唱到"行步紧"的时候，照例有一个"屁股座子"，但他起得很高，落下来，褶子的下摆平铺在台毯上如同张开的一把伞那样圆整，好看极了。还有《八大锤》的陆文龙，《镇潭州》的杨再兴，武功准确边式，翎子摇曳生姿，而演《牡丹亭·拾画叫画》的柳梦梅，却把这出独脚冷戏唱热了，特别是他那一对传神的大眼睛，使人感到柳梦梅所面对的画中人呼之欲出。

据老辈说，徐与王的比较，只有毫厘之别，那就是王的嗓音比徐略逊一筹而已。但徐不常演穷生戏，而王扮陈大官与谭鑫培先生合演《状元谱》，旗鼓相当，称为双绝。继承王楞仙的程继仙先生和我合作多年，从他嘴里也听到不少有关王楞仙的表演艺术的特点。

我早就听说康芷林先生在川剧界有"圣人"的称誉，他领导三庆会时，每天演完戏，就和演员们围坐谈艺，他口讲指画，细针密缕地指出各人的优缺点，为下次表演时的借鉴。受他教育熏陶的人，都有收获。他的道德品质和艺术修养可以比美京剧界的程长庚先生，所以至今川剧界的同行谈起他来，还是十分景仰，津津乐道。

1952年的夏天，我在青岛演出，有一位喜爱川剧的于先生和我谈起他看过康先生表演的印象和听到的掌故：康芷林初露头角时，与另一小生合演《蟠龙剑》，康那时还没有尖子（即翎子）功，就与这位小生打招呼，请他不要搬尖子（即掏翎）。哪料到了台上，对方还是照样搬，顿时相形见绌。受了刺激，从此发愤练习尖子功。三年后，又和这个小生合演《蟠龙剑》，他不用手搬而自能翘起，压倒了对方。还有，康在《八阵图》里扮陆逊，当被困阵中时，扒伏台上，以靴尖和臂肘转动身体，同时，扬头摆动紫金冠上的翎子，或左或右，或前或后，单动双绕，画圆圈，分阴阳，呈太极图形。坐在楼上的观众，可以看到全身的动作；而楼下的人，也能从翎子的技巧上看到陆逊在昏迷中，左冲右撞、忐忑不安、想要突出重围的焦急心情。还有一个身段，抛紫金冠时不用手，跟着水发从冠内直竖起来，干净利落，让人看了有怒发冲冠的感觉。他演《情探》的王魁，当心口相商时，眉宇间神色的种种变化，都能曲曲传出这个负义人良心与利欲两种思想斗争的复杂心情。于先生还说，当时扮敫桂英的周慕莲是康芷林的门人，受到老师的指点，试探王魁时的惨淡神情，盘马弯弓，欲擒故纵，表达了剧中人恨和爱交织着的沉痛心理。他认为康、周的合作就把剧本的妙处发挥尽致了。

上面所举有关徐小香、康芷林两先生的一些事例，意在说明前辈的热爱艺术，深入角色，刻苦锻炼，发愤图强，尊师爱徒，薄己厚人，虚心好学，认真严肃的精神。同时，也理解到他们掌握了精湛的技巧，不是为卖弄一手，而是为剧情和人物性格服务的，所以创造出来的许多鲜明形象，至今照耀在舞台上，成为后辈的楷模。多年来，我从前辈那里学到不少东西，特别是他们的演员道德和艺术修养，对我有教育作用。因此，把我见闻所及的一鳞半爪写出来，以供演员同志们参考。

《游园惊梦》从舞台到银幕

◎ 梅兰芳

原载《戏剧报》1961年4、5、6、7—8期合刊

1959年春,夏衍同志和我谈起:《游园惊梦》是《牡丹亭》中精彩的折子,如果振飞和我合拍一部彩色电影片,是能够表达汤显祖笔下精心塑造的杜丽娘、柳梦梅这两个人物的。我听了表示同意。我知道近年来,我国对于彩色片的摄制工作,有很大的进步,所以也跃跃欲试。

首都文艺界欢度了建国十周年的国庆节日后,北京电影制片厂在11月上旬的一天,约我与上海戏曲学校校长俞振飞、副校长言慧

珠到西长安街全聚德聚餐，北影的厂长汪洋首先说明了在年内拍摄《游园惊梦》的计划，约我扮演杜丽娘，振飞扮演柳梦梅，慧珠扮演春香，并向我们介绍了导演许珂、摄影师聂晶、美工师秦威、制片主任胡其明等见面。我对大家谈到1955年在北影拍过舞台彩色戏曲片，一晃又是四年，在舞台上演戏还不至显出老态，但电影就恐怕难以藏拙。汪洋笑着说："我们这几年对拍摄彩色戏曲片的化装及洗印的技术大有进步，这次一定能够使你满意。"他指着一位青年化装师孙鸿魁说："你要负起责任，把梅先生的化装搞好，要保证出现在银幕上的梅兰芳比舞台上更美，更年轻。"孙鸿魁也笑着回答："我一定尽力而为。"

我听他们这样讲，心里在盘算，过去几次拍电影，都由我自己化装，电影厂的化装师从旁指点协助，始终没有达到理想的程度。这次应该改变方针，由电影厂的化装师到主持，我们提出要求和意见，这样可能比过去好一些。振飞在席间提出牙齿需要拔补镶装，否则两腮显得凹进去，有损柳梦梅的青春形象。北影方面的同志答应给他找牙科治牙，尽快在开拍前镶好。那天还谈了些关于剧本、音乐、布景……问题，尽欢而散。

1959年11月13日下午2时，我和俞振飞、言慧珠、朱传茗、姚玉芙、李春林、许姬传、许源来、朱季黄等，先后到北影厂长办公室参加《游园惊梦》摄制组的成立会。艺术指导崔嵬给我们介绍了北影方面的工作同志，随后大家都热烈发言，表示对摄制工作要做到保质保量、尽善尽美。

导演许珂和我们漫谈电影分镜头剧本的意图，这次他打算用故事片的手法来拍摄古典的《游园惊梦》，尽量保存舞台上的优美表演。因此在分镜头剧本里规定了闺门、庭院、花园、小桥畔、牡丹亭畔等几堂景。我说：关于布景的问题，等图样画出来，大家看了再商量。

导演又谈到：国庆节日里在民族文化宫礼堂看过我与俞、言合演的《游园惊梦》，昆曲的规矩在歌唱进行中是没有间断的，在电影里他打算插入一些音乐过门，使身段、台步更适合写实的布景。我说："可以做这样尝试，而且电影艺术与戏曲艺术如何结合是需要大胆地做一些创造性的新探索的。至于音乐的设计，最好请振飞同志来主持。"振飞说："这件事我们已经讨论过，原则是过门的曲调尽量与唱腔能够融洽衔接，有时也可以把唱腔重复一句。"许珂说："我们明天请朱传茗同志到厂里来研究分镜头剧本，从头到尾把全部身段做一遍看，然后再计算时间研究安排音乐过门。"

第一次试装，在北影制片厂由孙鸿魁替我化装。舞台化装先洗脸，现在是用油把脸擦一擦就上彩，赭石和粉现调，用细海绵往脸上涂，再上胭脂和粉，画眉、眼用墨油彩，画嘴唇现调胭脂。以后贴片子、梳大头、戴花等，还是由梅剧团舞台工作组的同志动手。我们坐汽车到电影学院棚内试拍。振飞、慧珠比我先到，均已拍过。我穿了粉色、湖色、灰蓝色褶子，雪青、淡青、藕荷色的帔和大红绣花斗篷，拍了几个镜头，与振飞、慧珠合拍的镜头，是试验彼此所穿服装是否调和，有无"靠色"的地方（舞台术语：靠色指的是同场角色所穿的服装颜色相近）。我还拍了一个镜中影的镜头。崔嵬说："贴片子、梳大头的化装不宜太接近自然。"姬传、季黄觉得我脸上画的眉毛似乎太细，眉眼之间的红彩宜稍重一点，我就在两颊和眼圈外加重红彩拍了两个镜头。

今天在北影化装时，邯郸专区戏曲学校豫剧班的几位小朋友来看我，我看到他们脸上抹了彩，就问他们拍什么戏。小穆桂英胡小凤对我说："我们正在拍《穆桂英挂帅》。"我说："我看过你们这出戏，拍成电影一定受欢迎。"他们也问我拍什么戏，我告诉他们拍《游园惊梦》。我说："你们小孩子扮中年的穆桂英和杨宗保，我是老头儿了，扮年轻的杜丽娘，两下对照，倒也很有意思。"说得他们都笑了。他们还告诉我：他们 8 月间曾到北戴河演出，郭老（沫若）看完戏，夸奖他们演得好，并且替他们豫剧班起了个名字叫"东风剧团"，现在拍电影就用这个名字。这些小朋友都很聪明，很热情。想到戏曲艺术将来后继有人，我真是感到欣慰。过了些日子，几个小朋友又亲自给我送来梨和花生，告诉我他们拍完《穆桂英挂帅》影片后，曾到各处上山下乡，巡回演出，这些东西是他们在人民公社演出时，农民伯伯送给他们吃的。他们特意挑大的梨，花生也一颗颗挑大的留下来送给我。我听了很感动。我问他们来京是否演出，他们说：有两个小朋友嗓子不好，领导让他们到北京来治疗。因为读了我写的《梅兰芳戏剧散论》里面有一篇《怎样保护嗓子》的文章，所以特来请教。我于是详细问及他们嗓子的情况。他们告诉我说：有的是发音时嘶哑，有的是高音唱不上去。我说："吃药只能帮助恢复，主要是依靠休息。演员的生活，劳逸要安排得适当，我那篇文章里都已谈过。其实那些道理，大家都知道的，并没有什么秘诀，不过演员在卸装后，一身大汗，往往喜欢当风吹一下，或者口干舌燥时吃些凉东西，就立竿见影地影响嗓子。我一生也犯过好几次这样的毛病，这必须时时提高警惕，养成一种悬崖勒马的忍耐习惯。另外在疲劳时总想吃点刺激性的东西，烟酒两样对嗓子是没有好处的，你们还没有这种习惯，最好别沾上。用嗓子的人应当像保护自己的生命那样保护自己的嗓子。"他们听了，诚恳地向我道谢而去。

试拍后不久，我看到样片，觉得脸上的彩太浅，痣也明显，眉画得太细，并有高低；服装浅色不好，灰蓝、雪青等色感光好，红色感光显得淡，但底片色彩比较柔和自然。导演说，这种底片是苏联出品，用钨丝灯就可以拍摄。我记得1955年拍《梅兰芳的舞台艺术》片时，调度炭精灯光，最费时间，现在改用钨丝灯，这方面的困难可以大大减少。

梅兰芳与俞振飞拍摄电影《游园惊梦》

接着再度试拍，化装及插戴做了调整，并向慧珠借穿素红、玫瑰紫花斗篷。拍过镜头后，导演认为绸子包头，不如用纱来得绰约多姿,所以改用洛神的粉色、湖色的披纱包头,又各试拍了一个镜头。看第二次样片时,感到化装方面大有进步,痣平了,红彩加重后显得厚实了,头面插戴减少后,看起来也比第一次好。斗篷以素红较为古雅,有画中人的感觉,玫瑰紫花斗篷不理想,粉红、湖色的包头纱都不错,但要配合斗篷的颜色做决定。孙鸿魁同志约我明天到北影,准备给我做一个面部模型,以便根据这个模型来进行塑形化装的尝试。

我与玉芙、季黄、姬传到北影一间专为塑形化装而设的屋子里。孙鸿魁让我坐在一张写字椅上,胸前围一幅白绸的单子,孙给我脸上先抹油,鼻中插入橡皮通气管,然后将石膏粉倒入钵内,用手调和敷涂面部。玉芙说:"涂上去恐怕不好受。"孙接口说:"现在鼻管可以通气,已经比较舒服了,前几年初做试验,石膏涂满面部,呼吸困难,有一位同志不到一分钟就憋得受不了,把脸上涂的石膏剥下来往地下乱摔。以后大家钻研,又学习了苏联的先进经验,才找到了窍门。"五分钟后,孙就来给我揭面模。朱季黄说:"这时最要小心,我们故宫博物院复制的铜器如'虢季子盘'……就用石膏翻砂,与真器无异;但有时石膏涂得不够厚,揭时就会破损。"孙揭下石膏模型给我看,果然完整清晰。做模时,恐怕头部移动,有一位女同志扶住我的头,我感到不安,就对孙建议做几张理发椅子。他说:"已经定做,等装起来就便当多了。"

有一天,剧装厂的孙同志到我家来斟酌服装的图案、颜色。他取出斗篷上玉兰花的花样征求我的意见,我说:"早年舞台上,绣大花样的斗篷,大半是武旦穿的,闺门旦一般都穿纯色斗篷,如大红、银红、玫瑰紫……这对用色彩、图案来表现剧中人的性格身份是有一定道理的。我近年常穿的一件绣大花的斗篷,目的是为《别姬》中的虞姬做的,虞姬这个角色,很难归入旦角中哪一类型,但有舞剑场面,里面还穿着鱼鳞甲,邓身在军营中,因此穿这件斗篷是合适的。这次拍《游园惊梦》,我不打算用大花样的斗篷。那天试拍样片,觉得素红的比较适合杜丽娘的性格,你看如何?"孙说:"照您的意思,改做素红斗篷加绣花边,领下一圈花边稍稍溢出些就可以了。"我同意这个做法。又看帔和褶子的图案,决定从我自己的行头中挑选花样复绣,因为这些是经过舞台上的不断实践,在群众面前考验过的。

导演、美工把画好的闺房、花园、牡丹亭畔等几堂景的样本拿来与我们研究商榷。我说:"汤显祖在《游园惊梦》里对人物、景致的描写是费尽深心的,我们在色彩构图方面就要考虑到如何来表达这种含蓄、淡雅的诗情画意。那么,游园时的'画廊金粉半零星,池馆苍苔一片青',与梦中的'好景艳阳天,万紫千红尽开遍',就需要对照,才能表现出现实环境与理想境界的区别。"许珂说:"我们尽量设法体现原作的精神。游园的曲文里虽然有些衰飒的描写,但也要照顾到它是春景,而彩色片对色彩的表现,与绘画的表现方法也还有不同之处,因此像'……断井颓垣'这句曲文就未便如实地表现出来。"我同意他的看法。

振飞说:"'遍青山啼红了杜鹃',究竟是远景还是园内之景?"有人认为:"青山"这个名词在元、明、清的文人笔下是灵活运用的,要看他描写的风景是山野中,还是庭园里,才能决定指的是真山还是假山。我觉得:明、清以来,堆假山成为园林结构中重要一环。清初的李笠翁、张涟[1]、石涛和尚、戈裕长[2]……就是精通画理和美学的堆石名家。像苏州的"狮子林""耕荫山庄",北京的"畅春园""瀛台""玉泉"……就都出自名手的匠心布置堆垒,有的迂回曲折,小中见大;有的气象开阔,峰峦竞秀。由此可见,游园里指的应该是青苔绿草的假山。但拍摄电影却不能因为一句台词牵动布景的全局。最后大家主张身段虚指一下,布景不做具体设置。

11月28日,全体演员、乐队都到演员剧团响排录音。先排《惊梦》的梦会一场,柳梦梅初见杜丽娘时的念白,有音乐陪衬,我认为声音太响,影响念白。许珂说:现在是试地位与音乐的速度,作为正式录音的根据,正式录音时,唱与音乐是两个话筒,高低轻重均可控制,并须做细致的审核工作。在电影里如不用音乐陪衬,则显得单调。

在舞台上,柳梦梅唱完【山桃红】末一句:"……我欲去还留

---

[1]《吴梅村文集》里曾介绍张涟的堆石艺术,大意说:张南垣名涟,华亭人。少学画,好写人像,兼工山水,垒石最工,不事雕饰,雅合自然,若金在冶,不假斧凿。其所为园有王奉常(烟客)之"乐郊",钱宗伯(牧斋)之"拂水山庄"……有子四人能传父术。《茶余客话》里说:涟既死,子然继之,游京师。如"瀛台""玉泉""畅春园"等皆其所布置。

[2]《艺能编》说:"……近时有常州人戈裕长者,其堆法尤胜于诸家,如仪征之'朴园',如皋之'文园',江宁之'五松园',虎丘之'一榭园',又孙古云家书厅前山石一座,皆其手笔。尝论'狮子林'石洞皆界以条石,不算名手。予诘之曰:'不用石条,易于倾颓,奈何?'戈曰:'只将大小石钩带联络,如造环桥法,可以千年不坏。要如真山洞壑一般,方称能事。'"我记得四十年前,赴苏州演出,曾逛过"汪氏义庄"的"耕荫山庄",那里的假山就是戈裕长堆的。面积不大,而走进去深邃曲折,大有丘壑。有人告诉我,戈裕长的精心杰作,现在还保留着,不过周围造了些住宅,这座假山就得不到环境的配合而显得孤立了。

恋，相看俨然，早难道好处相逢无一言。"原场把杜丽娘送入闺房，坐到桌子后面正摆的椅子上（舞台术语称为"内场椅"）。下面柳梦梅的念白和下场诗都是在"大边"念的（舞台术语，靠下场门叫"大边"，靠上场门叫"小边"）。我们在试排时，崔嵬提了个意见："电影里，柳梦梅不送杜丽娘回房，唱【山桃红】时就把她扶到石桌旁边的石凳上坐下来。柳梦梅的念白：'啊，姐姐，你身子乏了，将息片时，小生去也。'可以改到'小边'杜丽娘身旁念，念完再走到'大边'念诗下场，这样处理可能更亲切、紧凑些。"振飞即照他的意思试做一遍，果然顺适。

接着排《游园》，我觉得镜头比较复杂，出房进房、进园出园均用音乐配合，有时音乐停下来，未能恰当。我向乐队建议，我们是根据音乐速度走位置的，应有固定的段落，否则不好听。主持配曲的同志们表示还需要继续加工。我觉得《惊梦》的曲子没有过门切断，比较整齐，容易贯穿情绪，将来拍摄时较为省事；《游园》则需要导演、演员、乐队做更多的协作创造，才能适应电影的要求。

30日晚饭后，到演员剧团正式录音，录音师吕宪昌和他的助手已经做好了必要的准备工作。我和慧珠同录《游园》里【步步娇】一支曲子。这间宽广的录音室内用两个话筒，一个对着演员，一个对着乐队，虽然距离不近，但彼此都听得见、看得见。回忆五年前录音时，我在临时搭的木屋内，乐队在外面，彼此只能用耳机联系，比较起来现在就有了很大的进步。1955年曾经替我录过音的王绍曾同志刚好到录音室来看我们录音，他告诉我，吕宪昌从苏联学习回来，这种录音方法是最新的。开始录音的时候，录音师指定慧珠站的地方比我前一步。试音时，我觉得嗓音太宽，杜丽娘是闺门旦，嗓音宽就会减弱少女的感觉，所以竭力收敛控制我的音量。录完放出来听，许珂主张调换地位，我挪前一步，慧珠退后一步。他认为这段曲文是描写杜丽娘的闲适心情和晨妆生活，应当突出我的嗓音。【步步娇】共录三次，吕宪昌认为第三次可以保留。我的嗓音初唱时颇觉闷涩，这时已渐唱开，正拟续录【皂罗袍】，时已午夜十二时，乐队和工作人员已经工作了七小时，需要进食，就都到新街口食堂。我和慧珠没有去，怕吃饱了影响嗓子。半小时后，我觉得腹中辘辘，就要找点东西吃，因为这次所用话筒，非常灵敏，如果肚里咕噜作响，也能收进去。有一位值班的同志正在吃饼干，我向他索取几片点饥。大家回来后开始录【皂罗袍】，我的嗓音因这一停顿，没有前一段光润了。导演说："今天累了，明日再录吧！"

12月1日，到演员剧团，与慧珠排【步步娇】【醉扶归】【皂罗袍】几支曲子的身段，舞台上是边唱边念边做，一气呵成，电影用了比较写实的景，就要求更具体细致些，所以只能切断加音乐。在录音室里所走的台步，必须符合布景的尺寸，因此不易掌握。我向乐队建议，在春香夹白之前加一击小锣，做记号，他们同意。

我与振飞同录【山桃红】，这是柳梦梅的主曲，杜丽娘只有几句合唱。第一次振飞唱的尺寸慢了些。朱传茗说："将来拍摄时，身段是跟着唱腔节奏做的，唱慢了就会显得松，再录时尺寸要紧些。"我说："我录【皂罗袍】时，也有这种情形，后来一边唱，一边心里做身段，量尺寸，这样节奏比较紧凑。演员在舞台上生活久了，就怕录音和清唱，边唱边做，节奏准确灵活，站着不动就显得呆板拘束。"振飞说："我再录时吸取你们的经验试试看。"我们再录第二次时，果然尺寸合适了。但振飞的嗓子发毛，只好暂停，明天补录。

重录【皂罗袍】两次，我们觉得还可以，但录音师不满意，提出两点：1. 慧珠有一句念白的音太弱；2."听生生燕语明如剪"的鸟声，乐队的顾兆琪吹得太低，效果不强。接录第三次，慧珠的念白提高了调门，顾兆琪把玻璃鸟的水灌足了，站起来对着话筒使劲吹，效果就比以前好了。最后录《游园》的【隔尾】（曲终时最后一支曲子称作"尾声"，这里中途作小结故名"隔尾"），我感觉嗓子起痰，向导演要求停录，录音师也认为勉强录下去徒耗精力，不会符合标准。

以后几天，因振飞患咳嗽服中药调理，未参加录音，我录了《游园惊梦》的前后各段。着重在考订检查每一个字的出字收音、行腔换气如何掌握最正确的口形和开齐撮合的技巧，下决心做到字清、腔纯、板正。我认为唱、做、念、打，唱居首位，所以老辈说过唱曲要唱出曲情，这句话的意思就是今天我们要求的刻画人物性格，表达思想感情。这里面还必须钻透剧本含义，假使有一个字不能解释，唱到那里就是一个问号，所以，我还抓工夫和几个有旧文学修养的朋友们逐字推敲，反复辩证，有些多少年来含糊过去的问题，这次也找到了答案。以前我在理解曲文、钻研唱法方面虽然也不断下过功夫，但限于当时的思想水平，未能全面钻透，近年来经过学习，才知道遇事必须深追到底，才能水落石出，畅通无阻。因此，这次拍摄《游园惊梦》，对我来说是一次很好的学习、整理。

录了出场时所唱【绕地游】和念白后，我感到有几个字念得不够准，就与振飞、传茗、源来等研究，他们指出了"梦回莺啭"的"啭"字，"人立小庭深院"的"院"字，以及"晓来望断梅关"的"关"字。我知道病在口啟，像"啭"字属于中州韵的"天田"，唱时应收"舐腭"音，并且口形要"扁"，"啭"字的"撒"腔，是杜丽娘对黄莺鸣叫的反映，必须唱得幽静灵活，"做腔"圆转，"落音"从容，才能表达杜丽娘"晓来望断梅关，宿妆残"的闲适心情。我又想到前人对度曲的口诀中有"字宜重，腔宜轻，字宜刚，腔宜柔"，而我的嗓音比较宽，既要注意收敛，又须达到轻圆飘逸的要求。这里还涉及用气的问题，发音清浊的问题，我仔细琢磨、反复哼练，直到大家认为可以了才重录。

杜丽娘唱【山坡羊】之前的一段念白是带有含蓄意味的有韵律的诗歌："默地游春转，小试宜春面，春哪春，得和你两流连，春去如何遣，恁般天气好困人也。"作者在这里着力抒写了这位女诗人的幽深情绪，我在录音时，特别注意这段念白的节奏和感情，录了几次才称意。

【山坡羊】录了两次，我自己觉得还可以，导演说乐队方面箫和笛子接得太硬，要求再录；许源来认为："没乱里"的"乱"字，"怀人幽怨"的"怨"字，口形太敞，不够准确。姚玉芙说："唱惯皮黄的演员，口形总是偏敞，唱昆曲时就要注意收敛。"我感到"怨""乱"二字与"啭""院"的韵辙相通，所以也犯了上述的毛病。这里杜丽娘倦游归来，对着摇漾如线的春光，才发出"怀人幽怨"的情绪，而【山坡羊】又是抒情的曲调，使我体会到"小口曲，腔要细腻，字要清真，南曲腔多调缓，须于静处见长……"的口诀。我在这方面用心揣摩，不仅校正口形，在唱出曲情上也有所加工。

末一场，杜丽娘送母亲下场后的念白："……不知哪一种书才消得我闷怀哟！"上海戏校的笛师许伯遒说："'消'字是阴平声，应当拉长些，这样也更能表达杜丽娘的娇慵意态。"我接受了他的意见。

振飞嗓音恢复后到演员剧团试音那一天，录音师把前后所录的【绕地游】【步步娇】【醉扶归】【皂罗袍】【好姐姐】【隔尾】【山坡羊】【绵搭絮】【尾声】，全部放出来审查，大家都还满意，只有【绕地游】【隔尾】【尾声】这三节虽然能用，但有人认为这几段唱念的尺寸不够紧凑，尤其是春香的唱念，应该比杜丽娘快些。姚玉芙说："开门炮和收场都重要，明天梅、俞二位录【山桃红】时应该考虑重录这三节。"

这三节前后录的次数最多，老出岔子，内行称为"闹鬼"。有一次我因为陪外宾吃烤鸭、喝酒、喝酽茶，影响了嗓子的清润，也有时是因为过门中伴奏乐器发生问题，有几次又正巧遇上火车经过，录进了杂音，还有是杜丽娘、春香合收【隔尾】时，"遭"字出口略有前后。总的来说，录音师、导演固然要求严格，演员、乐队也很认真，哪怕很小的问题，都不肯轻轻放过的。

录音的最后一天，我先与振飞同录【山桃红】，大家嗓音都好，连录两次都有保留价值。又补录这出戏的头腹尾三段——【绕地游】【隔尾】【尾声】，也相当顺利。我感到嗓音虽经控制，似乎还嫌宽，就与吕宪昌商量有无办法调节。他说可以调节，接着又从头放了一遍，发音果然细一点了。据他表示还能做更精密的调节，科学力量的确是能帮助我们解决过去所不能解决的问题的。

12月7日是进入拍摄阶段的第一天，孙鸿魁陪我到厂长办公室化装。用塑形法，先把塑料做成的薄片，贴在我的鼻间，正好挡住了痣，接着在眼窝及额上都贴了塑料片和涂抹乳胶，外面又涂另一种胶。我问："这种胶是否特制？"孙说："是非洲产品，不易购买，这一小瓶是苏联专家送给我的，乳胶怕油，所以贴牢后必须涂一层隔离性的膏脂再上油彩。"

剧装厂送来褶子、裙子，我觉得褶子颜色太深，水袖和裙子近乎粉红色，不甚满意，仍把旧的行头带到棚内。进棚后，感到气氛热烈，摄制组全体同志都写了大字报贴满墙上，向党保证拍好这部片子。还建立了"青年监督岗"，用墙报指出工作中的优点和缺点。电影局副局长蔡楚生陪着上海电影制片厂参观团桑弧、吴蔚云、舒适等来棚参观。

我先穿新做的褶子、裙子和振飞合拍一个镜头，又换了灰蓝色旧褶子与慧珠合拍了镜头。今天仍是试装性质，我觉得面部肌肉的活动似乎受到限制，就对制片主任说："今天的片子洗出后，最好与前两次的样片一同放映，比较一下。"

几天后到北影放映室看一、二、三次试装的样片，北影的领导干部、摄制组有关方面的人员都参加了审片的工作。看来一、二次都不错，第三次大家认为面部失之呆板。姚玉芙赞成第一次，因未粘睫毛，接近舞台化装。但大多数人以为第二次较好，所以最后还是决定以第二次为基础进行加工。我觉得头面插戴倒是第三次较好，美工秦威主张鬓边不戴红花，露发处多适宜于电影的装饰。服装的颜色，新做的比旧的合适，与我那天的估计相反，我只提出水袖应改米色。

三次试装的经验，第一次是不足，例如眉、眼的画法，敷彩深浅等；第二次纠正了上述缺点，还隐秘了面部的痣，推进了一大步；第三次是致力于弥补面部的缺陷，造成矫揉造作的现象，一来失真，二来面部肌肉绷紧，无法活动。杜丽娘的化装，自然要注意颜面美丽,但这出戏主要依靠内心表演,如果专从美容方面着力,使面部肌肉不能活动自如,就等于取消了我的表演武器。胡其明等同志认为:没有第三次的试装,也就得不到下次改进的经验,这次虽然不成功,但对摸索着进行的化装工作是有好处的。

11日正式开拍,我向孙鸿魁说明我的意见:以第二次试装作基础调整加工,放弃塑形,化装色彩要浓些,以便与服装头饰相称。孙根据我和大家的意见,为我仔细改进化装。扮好后我走入蔚蓝天、流云片、亭子、粉墙、小桥、花树、假山、石桌、石凳、花台……的梦会一场的演区,大家端详着我的化装都说这次扮得不错。今天只拍"堆花"末段,花神围绕着杜丽娘、柳梦梅,象征一朵花的花瓣花心的镜头。拍摄时用二氧化碳喷气代表云雾。

12日下午进棚,看花神排舞蹈身段,"堆花"在舞台上演出,本是群众歌舞场面,由十二个花神分扮生旦净丑各种不同的角色,手持画着代表一至十二月的各种花枝的绢灯,先由五月花神钟馗登场舞蹈,众花神依次出来,站定后引大花神穿黄帔、戴九龙冠,持牡丹花出场,合唱几支曲子,唱时,有的配合舞蹈动作,有的站定唱,大花神没有动作。我当年初演《游园惊梦》,特约斌庆社科班学生协助,以后就请富连成的学生配演,这次拍摄电影,导演主张全部由上海戏校女生扮演,人数增至二十人,一律是旦角穿古装,外披红绿纱,舞蹈形式也有所改变,舞台上用的是"编辫子"(南方称为"三插花")、"四合如意"、"十字靠"(南方称为"绞十字")等各种舞蹈程式,这次由戏校老师郑传鉴、方传芸编舞,参用了"绞十字"等队形,身段中采用了卧鱼、鹞子翻身等的动作,加以集体化,颇适合仙女的蹁跹舞姿。我问郑传鉴:"似乎大家的脚步还不够匀整?"

他说："这二十个人虽然都唱旦，但老旦、正旦、作旦、刺杀旦、闺门旦、贴旦而外还有武旦、刀马旦，脚步所以不一样，贴旦比闺门旦快，老旦就走不快，武旦则最快。我看到方传芸在排身段时就很注意每个人的台步动作，一连排了几次，纠正了不少。接着就拍了几个镜头，还用灰色背景拍大红花一朵，拉开变成四朵，又用黑丝绒背景拍粉红花、红绿绸、亮片，象征梦境中万紫千红。

花神的唱词，也经过上海戏校重写，改为一曲【万年欢】："好景艳阳天，万紫千红尽开遍，满雕栏宝砌，云簇霞鲜。督园工珍护芳菲，免被那晓风吹颤，使才子佳人少系念，梦儿中，也十分欢忻。湖山畔，湖山畔，云蒸霞焕；雕栏外，雕栏外，红翻翠妍。惹下蜂愁蝶恋，三生石上缘，非属梦幻，一阵香风送到林园。一边儿燕喃喃软又甜，一边儿莺呖呖脆又圆；一边蝶飞舞往来在花丛间，一边蜂儿逐趁眼花撩乱；一边红桃呈艳，一边绿柳垂线，似这等万紫千红齐装点，大地上景物多灿烂。柳梦梅，柳梦梅，梦儿里成姻眷；杜丽娘，杜丽娘，勾引得香魂乱。两下缘非偶然，梦里相逢，梦儿里合欢。"这一段词改得不错，能合乎当时的情景。

有一个镜头是花神分列两行摆成一条"花胡同"，杜丽娘、柳梦梅从胡同中走出来，郑传鉴向振飞和我建议：花神都有动作，杜、柳没有身段，似乎单调，是否可以做一"推磨"的身段？我们照他的意思试排了一遍，似乎还不错。正拟开拍，我忽头晕，身上寒战发烧，支持不了。导演为了爱护我的身体，决定停拍。

从北影回家后，请医生诊治，热度高达39余度，断为恶性感冒。打针服药后，我静卧休息，想到今天致病之由，是我自己劳逸没有安排好，外感多半是由于过分疲劳，抵抗力不强感染的。

14日烧已退，但人感到疲软，医生仍嘱我休息。我想为了一个镜头，使摄影机搁浅，戏校的师生也不能早日南归，耽误他们的学业，我实在于心不安，就通知北影，请准备今天继续开拍。

以后几天，拍的是我与振飞同场的镜头，戏曲搬上银幕，身段部位都必须经过一番设计，像"转过这芍药栏前"的身段，舞台上是斜一字形，动作是先向外，又转向里，电影里的要求都朝外，振飞要从我身后绕过去，在表演位置上，似乎变动不大，但我们都临场排演了好几遍才达到圆顺的程度。

"是那处曾相见，相看俨然，早难道好处相逢无一言。"有人提出："曾相见"与"相逢"的身段犯重。我与振飞研究，觉得从杜、柳碰面一直到进场为止，对眼光的地方很多。我感到演员彼此交流情感是必要的，但重复则难免令人生厌。昆曲的身段是按照唱词内容来做的，譬如"曾相见""相看""相逢"等都要对眼光，我们变更"曾相见"的角度，改为斜看。

有一天拍摄时，姚玉芙叫我眼睛不要往上翻，同时要睁左眼，因为他感到左眼的神气似乎不如右眼饱满；梅剧团的舞台监督李春林提醒我吸气、收肚子。演员看不见自己，须靠旁观者的冷眼鉴别，这些人如同四面八方的镜子，照得十分清楚的。

看了最近拍的"堆花"的镜头，"梦儿中，也十分欢忭"。众花神先做"鹞子翻身"的动作，跟着"卧鱼"着地，起来时有先有后，感到不够整齐；群舞场面，有人动作停顿；"湖山畔，湖山畔，云蒸霞焕……"的"绞十字"队形太挤，没有走开。镜头边上的流云片，看出是布景，有几个镜头的云气——二氧化碳放得不错；柳梦梅唱【山桃红】第二段"这一霎天留人便……"，振飞的身段很潇洒。我和振飞对做的身段还有不够自然的地方，一则因为先期录音，又加了过门，部位和舞台上也有所不同，拍摄时有时等音乐过门，有时迁就镜头范围；二则因为总是由副演员代我们对光走地位，我们只在开拍前排两三遍就上镜头，准备也不充分，以后争取事先多酝酿，临场多排就好了。至于我的化装光润匀净是比较满意的，回忆1955年拍《梅兰芳的舞台艺术》时，我基本上用舞台化装的方法，没有收到应有的效果。这次把面部化妆责任完全交给孙鸿魁，我只在必要时提出些要求，今天在银幕效果上看，这办法是对了。拍摄戏曲片，面部化妆一定要采用电影的化妆技术，同时必须达到舞台化装的应有的效果，又高出于舞台化装，因为它不仅适于远观，还要宜于近看。今天看到几个近景，面部化妆既与头饰、贴片及戏服等相协调，而且自然、美好，所以大家都认为是成功的。

几天后，我们到北影开会，对上次看的样片大家交换意见。厂长汪洋首先发言：他认为已拍成的片子有如下几点缺点：1. 布景方面，树上的花、花台的花、地上的花，过于堆砌，牡丹亭的色彩、式样、位置也不合适。2. 色彩方面，运用色彩不够灵活，例如仙女身上披的红绿纱像一大块红绿布一样差不多将大半个身体裹住，过于强调颜色就掩盖了服装的图案，同时也缺乏仙气。3. 舞蹈方面，仙女二十人同舞，拥挤得走不开，队形也不好处理，应改为三个、五个、八个、十个，次第出现。仙女如用披纱，水袖可以免去。4. 镜头处理，柳梦梅与杜丽娘的镜头，不敢大胆突破舞台框框，分切镜头，显得呆板，应参用画外音，变更位置，不要两人老是对立着。他说："这些意见是最近厂里开会，大家提出来的，讨论结果，建议重拍，现在征求你们的意见。"我与振飞赞成重拍。许珂说："上次分镜头时，有朱传茗帮忙，现在他已回上海，最好再找一个人来帮忙。"汪洋说："不必兜圈子，干脆直接找梅、俞二位。"我和振飞都表示不怕麻烦，尽管当面谈。

最后，我问起闺房景已否搭好，汪洋说："搭好了，我们看过，是三夹板现雕花，寒碜单薄，现在打算用旧格扇门楣重搭。"说着邀我们一起去看搭着的闺房内景，果如他所说不能适合这个戏的需要。汪洋指着排列在棚内的一些旧建筑上拆下来的门楣格扇说：这是厂里从各地搜集来的，请大家来挑选。朱季黄认为，这堂景应该在符合旧住宅习惯的基础上再求美观。他指出堆积着的一槽格扇和一槽栏杆说："虽然这两件风格不太一致，但可以在横楣上求得协调。"我们挑选桌椅几凳木器时，有几件够得上明代制作的可用。我向导演表示："我有几件紫檀家具，式样、花纹、雕刻都很细致古雅，已使用了好多年，如果摆到杜丽娘的闺房里，倒也很有意思。"许珂说："紫檀家具在彩色影片中拍出来特别黑，用在闺房内就显得阴暗。"他的话很对，我觉得黄花梨木的颜色在电影里一定好看，就向导演建议向故宫博物院商借一些，1955年我拍片时就借过的。又看瓷器文房等陈设，感到色彩、式样太一般化。约定到琉璃厂古玩店选购补充。我说："色彩、式样一定要适合电影的要求，还要够年份，有点小毛病倒不要紧，因为在影片里是看不出来的。"

12月26日我和振飞、姬传、源来等到演员剧团与导演等有关方面开了一个小会。许珂、陈方千谈起这几天的工作情况：《惊梦》的景已经重新搭好，他们和上海戏校的老师们每日排练花神的舞蹈，是根据大家提出的意见重编的，基本上已突破了舞台框框，改变了面貌。我说："电影比舞台有利的条件是善变，堆花的舞蹈，要做到疏密相间、飘飘欲仙。前人对写字的歌诀有八个字：疏能走马，密不通风，很能说明问题。画家也主张留空白，艺术都需要虚实结合，突出主题。大家都知道《惊梦》这一折戏，原作者实际上是用现实主义和浪漫主义的手法结合起来描写的。所以那天汪厂长要求有仙气，这句话的意思就是要我们钻透剧本含义、人物性格，体现出诗一般的、梦一般的理想的境界。另外，扮演花神的青年演员，都是后起之秀，有些还是主要演员，在镜头处理上也需要适当地突出她们的面貌神情。以前拍的挤在一起，是不合适的。"二位导演同意我的看法，大家认为这次重拍，鼓舞了所有工作人员，是一种积极的措施。导演又向我们解释修改了的分镜头计划：更动镜头角度，大半在对白及过门中，如【山桃红】等长曲，变动较少。我们觉得这样做是使电影艺术与舞台艺术互相发挥它们的特点，非常恰当。

　　接着我们又看了《惊梦》的样片，作为重拍的参考。我提出："转过这芍药栏前……"的身段，上次拍得太正，显得平板，再拍时角度要斜一点，比较凌空有立体感。姬传认为，振飞撩袍走矮步的动作，应拍全身，才能看到腰以下的舞蹈姿势，可供青年演员学习参考。振飞说："这是昆曲特有的身段，突出介绍它的全貌是有必要的。"他又说："'袖梢儿搵着牙儿苦也'的身段，柳梦梅以两指夹住杜丽娘的水袖做摇曳姿态。上次拍摄时，因为要保持水袖的整齐好看，就专注意这个动作，反而感到不够自然。"陈方千说："如果要避免这个动作，我们可以改拍杜丽娘的特写，再摇过来就看不见这个身段了。"我说："这个传统身段，很能烘托梦中飘忽凌空的意境，必须把它保留在电影里，我们只要多排几遍，多拍几个镜头，一定能拍好的。"源来说："在前一阶段的拍摄中，好像存在着这样一个问题，梅先生认为应该服从导演，对戏曲表演的某些方面，不便提出意见来变更导演的意图，而导演则为了尊重梅先生，对电影的要求也不好意思提出过多的意见。双方的合作关系，似乎太客气，反而于工作有损。"我和两位导演都接受他的意见，以后就打开了这种互相迁就的局面。

第二次开拍进行得比较顺利，速度也快了。我有几次一天完成七个镜头，而且不用炭精灯，用平光的钨丝灯来拍摄，也是缩短战线的有利条件。布景重搭后，疏旷清朗，色彩淡雅，纠正了堆砌拥挤的弊病。我们看到拍"堆花"的镜头，花神五人一组轮番出现，飘忽有致。最后群舞场面，经过老师们的严格排练，学生们的勤苦钻研，在队形和集体动作方面，都有很大的进步。梦会这场戏在舞台上，我与振飞合演过多少次，在角色间情感交流方面，已经有一定的体会，这次重拍，我们又反复研究，做了进一步的分析。我认为梦会一场，剧作者是以热情而大胆的词句，歌颂这一对青年男女的遇合来讽刺当时的封建社会制度的。杜丽娘在梦中碰到了理想的对象，柳梦梅则以"那一处不寻到却在这里"的诚挚感情，打动了这位少女的心。杜丽娘初见柳梦梅，又惊又喜，尽管有些腼腆羞涩的样子，却掩盖不住奔放的热情，使观众觉得这位"淹通诗书"的少女，在那个社会里被封建礼教束缚得喘不过气来，只有在迷离恍惚的梦中，才能恢复她青春的热情与少女的纯真。这一段表演，梦中的欢乐和梦前梦后的寂寞空虚要形成鲜明的对比，所以与柳梦梅的多少次对眼光，以及追扑闪避的身段，都必须做到如穿花蝴蝶、翩翩对舞，情投意畅，心心相印，这样才能衬托出封建社会现实生活的阴暗和虚伪，这一对只有在梦中才能得到自由的青年男女，却赚得观众的同情和喜爱。

拍完"梦会""堆花",振飞和戏校的师生大部分回上海去了。只留下慧珠和副演员拍《游园》和《惊梦》的一头一尾。一天,我们到一棚看花园布景,只见四围山连山,太守衙门好像建筑在太行山中,观者不禁哑然。导演向我们解释说:这堂布景不合用,美工已着手重画。我觉得第一次《惊梦》的花园布置,堆砌拥挤,现在又变成宽大无边,矫枉不免过正,我想再画一次就一定合适了。这和我三次试装、最后才找到正确的标准,是一样的道理。

原作在杜丽娘、春香第一场出场后,通过"吩咐花郎扫除花径"、梳妆、更衣等日常生活,以及对季节、环境、服装、插戴、室内陈设等的具体描写,来介绍这位女主人的美丽秀雅,顾影自怜。我在这段戏里一向是抓住她"一生儿爱好是天然"的性格来表演的,同时也要表达出环境的安闲幽静。这次拍摄电影,在写实的布景中,一些戏曲的表演程式也做了相应的改变和收敛。

闺房内景分为三间:一、内室,二、书房,三、梳妆室。内室的边上有八角月洞窗。从故宫博物院借来的家具,琉璃厂选购的明霁红、窑变、仿宋官窑瓷瓶、宋制铜炉,和厂里原有的家具文房陈设,都分别摆列在这三间屋子里。这些东西的色彩式样都很古雅,位置也不疏不密,很符合一个古代闺秀的居住条件,演员在这个环境里是能够见景生情,有助表演的。

在布置闺房陈设时,有人主张摆得多些、富丽些,才符合太守衙门里闺阁的气派。许珂认为不宜过多,而着重在造型色彩的调和适应,画面构图的统一。我拥护他的见解。这位导演是对美术雕塑下过功夫的,所以处理闺房内景很恰当。我们知道汤显祖描写的杜丽娘，不是一般的千金小姐，而是淡雅娴静的女诗人，我们替她布置闺房是必须注意到她的性格特征的。还有，舞台上是通过演员的表演来勾勒环境气氛的，电影里虽然用了写实的布景道具，但其目的仍以衬托人物活动——表演为主，因此出现在画面上的陈设，如果影响表演，再好也是枉费心机、劳而无功的。

镜头开始，杜丽娘头上包纱、披素红斗篷从帐幔内出来唱【绕地游】："梦回莺啭，乱煞年光遍，人立小庭深院。"走到书房内桌子旁边坐下来。春香手拿一朵鲜花，从内院门中上场走进来唱："炷尽沉烟，抛残绣线，恁今春关情似去年。"下面几句对白是有韵律的诗歌体：

　　杜：晓来望断梅关，宿妆残。

　　春：小姐，你侧着宜春髻子，恰凭栏。

　　杜：剪不断，理还乱，闷无端。

　　春：已吩咐催花莺燕借春看。

接着杜丽娘用一般的戏曲念白问春香："可曾吩咐花郎扫除花径么？"春香答："已吩咐过了。"她把手内的花递给小姐。杜："取镜台过来。"春香出画面持镜台上念："云髻罢梳还对镜，罗衣欲换更添香。"对杜说："小姐，镜台在此。"杜说："放下。"春香先到梳妆室，杜向窗外一看，念："好天气也。"唱【步步娇】："袅晴丝，吹来闲庭院，摇漾春如线。"在下面过门中，杜脱斗篷，交与春香，走到梳妆台前对镜坐下，春香为小姐梳妆。杜唱："停半晌，整花钿，没揣菱花偷人半面。"唱到"菱"字，从背后反拍一个镜中人影的镜头。"偷人半面"的身段，在舞台上，春香手拿有柄的铜镜照杜的发髻。电影里是嵌玻璃的镜子，玻璃有反光，所以用金粉涂去亮光。唱"迤逗的"时，杜对春香有一指的身段，暗示她取衣来换，春香出画面，唱到"彩云偏"的"云"字，春香回来，打开帔向杜丽娘身上一披，这时就变镜头。因为我曾提出：穿衣的身段很难讨巧，在舞台上，我就觉得不够舞蹈化，戏曲表演的原则，从生活中提炼，经过艺术加工，一举一动都要求美化，一人独做的身段，可以反复练习，容易熟练。例如，京剧《汾河湾》《坐楼杀惜》中的搬凳子，《铁弓缘》茶馆一场的生活细节，《扫松》《铁莲花》的扫松、扫雪等动作，必须做得逼真好看，才是艺术。穿衣的动作在舞台上是常见的，但《游园》里须在唱腔进行中做动作，就往往显得局促。导演根据我的意见，删去琐碎的生活细节，这在电影里就比较恰当了。

记得总排《游园惊梦》时，副演员蔡瑶铣、杨春霞代我们走地位，照镜的动作有两个转身做得不错，我说："两位小师父再来一遍。"她们就照样再做一遍给我们看。振飞说："她们在台上没有演过杜丽娘、春香，这次的身段是朱传茗根据电影分镜头剧本给她们排的，通过拍片的工作，她们可以跟您学到不少东西，手眼身法步的运用，经过镜头分切，比舞台上看得更清楚。因此，不仅她们两人，凡是扮演花神的同学们都上了生动的一课，收获是不小的。"我说："我看你们学校的青年演员聪明秀丽，功夫扎实，前途大有可为，当然这与老师们的辛勤劳动是难以分开的。"

杜丽娘梳妆更衣毕，唱："我步香闺怎便把全身现。"下面用唱词作对话，介绍杜丽娘的服装插戴的艳丽好看。春香唱【醉扶归】："你道翠生生出落的裙衫儿茜，艳晶晶花簪八宝琪。"杜唱："可知我一生儿爱好是天然。"这里的表演，要从唱腔、神情、动作中来突出杜丽娘爱美的性格。以下春香说："请小姐出阁去吧！"就掀帘同出闺房。

从闺房到庭院。庭院这堂景是最后拍摄的，景里布置了一个长廊，原定计划，杜、春在院落内唱完："恰三春好处无人见，不提防沉鱼落雁鸟惊喧，则怕的羞花闭月花愁颤。"穿廊而过，三两步就走出了画面。我觉得这样美丽的长廊，没有利用它是很可惜的。导演同意我的建议，和摄影师研究，变更镜头部位，穿廊改为绕廊。这样，杜丽娘、春香就可以在音乐过门中，沿长廊畅览春色，出庭院走向花园。入园后，杜丽娘念诗："画廊金粉半零星，池馆苍苔一片青。"春香接念："踏草怕泥新绣袜，惜花疼煞小金铃。"这几句诗是从建筑和花径点出这座花园不是经常有人来游玩的。排戏时，对小金铃有两种看法：一种是说脚上的鞋子，我记得早年妇女的鞋上有缀铃铛的，我们向老师学的身段也是向裙下指的；有人主张根据新出版的《牡丹亭》的注解，金铃是挂在树上的，应该往树上指，我觉得这样与剧本含义不符，同时，"疼煞"二字也难以索解。所以金铃还是应该指鞋上的铃铛。

入园后的曲文，是愉快和伤感的情绪交织起来描写的，我们从【皂罗袍】这支曲子里，还可以意味到杜丽娘对现状的不满：

原来姹紫嫣红开遍，似这般都付与断井颓垣。良辰美景奈何天，赏心乐事谁家院。朝飞暮卷，云霞翠轩，雨丝风片，烟波画船，锦屏人忒看的这韶光贱。

作者用百花盛开和建筑的荒芜失修来说明热衷于功名利禄的"锦屏

人"是无暇领略自然界的良辰美景的,其中当然也包括她父亲杜宝在内。因此我们在表演上,必须要表达她的复杂心情,这主要是体现在面部表情和眼神。

【好姐姐】一曲中,电影的处理方法不错。"遍青山啼红了杜鹃,那荼蘼外烟丝醉软。"下面在过门中,杜丽娘与春香穿过花架,镜头跟着移到牡丹台前,春香念:"是花都开,牡丹还早呢?"杜丽娘沉思了一下,借花自况地接唱:"那牡丹虽好,他春归怎占的先。"接着用鸟声的效果引出春香的话:"小姐,那莺燕叫得好听吓。"杜丽娘与春香合唱:"生生燕语明如剪,呖呖莺歌溜的圆。"舞台上的表演,唱完这支曲子,春香接念:"小姐,这园子委实观之不足。"杜丽娘带着伤感的神情说:"提他怎么。"春香:"留些余兴,明日再来耍子罢!"杜:"有理。"接着同唱【隔尾】:"观之不足由他缱,便赏遍了十二亭台也枉然,倒不如兴尽回家闲过遣。"边唱边走出花园,唱到"倒不如"已经走到闺房门口,"回家"进房,"闲过遣"三个字中,杜把扇子交给春香,脱帔坐下。这一段过程,戏曲是在不设布景的空台上,用虚拟的出园、进房等动作来表现的。电影的处理是唱完【好姐姐】后,杜丽娘在音乐过门中缓步向前,伫立凝思,春香叫第一声"小姐"时,她流连园中春景,想出了神,没有听见。春香再叫"小姐",她才如梦方醒地接念"提他怎么"。这一段对白念完了,二人转身出画面,又从花架进入画面,一边唱【隔尾】,一边穿花架,唱完了,转身上小桥而去。我和慧珠在录音时就和导演、乐队方面计算时间,反复排练了多次,所以拍摄时比较顺利。

拍摄杜丽娘游园回房后的一段独白之前,预先在家里琢磨了几天。这段独白在舞台上是一个人独坐念的,全靠面部表情和手的小动作来刻画她倦游归来、寂寞伤感的神情，而电影则在室内边走边念，还有卷帘、凭窗眺望等身段，给了我更多发挥的机会。这便使我想到要从具体环境中透露出时代气息，使观众意味到三百多年前，汤显祖笔下塑造的杜丽娘是如何生活在那个封建社会里的。我又想到舞台上的基本动作，必须灵活运用，使观众忘记了扮杜丽娘的演员是在做戏，而相信这是古代女子深锁闺中的寂寞生活。

但我在家里想到的只是一个轮廓，不到现场，不看见景，单凭想象是不够的，一个多月的拍摄经验，使我知道更重要的是做好现场的准备工作。所以当拍摄这场戏开始，我在每一个镜头开拍之前，到表演区域向导演、摄影师仔细了解角度部位，尽量思考这个镜头里电影与舞台的区别，如何来安排变换，这比到了镜头面前临时想办法就从容得多。

杜丽娘走进内室，眼睛向房内看了一遍。配着幽细的音乐，愈显出深闺的清静冷落，她带着感伤的声调念："默地游春转，小试宜春面。"念完走到窗前，拉起竹帘，凭窗眺望着恼人的春色，念："春哪春，得和你两流连。"摄影师用反打镜头拍一个全景推到杜丽娘的近景。杜丽娘转过身来念："春去如何遣，怎般天气，好困人也。"轻轻抖一下袖，缓缓地走到圆桌边坐下来唱【山坡羊】："没乱里春情难遣。"这里要从春困中表达她百无聊赖、寂寞空虚的意境。站起来唱"蓦地里怀人幽怨"，这个"人"字是假设的对象。"只为俺生小婵娟"，就要露出顾影自怜的神气，与前面游园里"一生儿爱好是天然"的感情呼应起来。"拣名门一例一例里神仙眷"，这一句的动作表情是在书房里边唱边走，同时两手轮换着朝前指，眼里露出乐观的希望，最后蹲身做一个舞蹈身段，目的是显出她虽然伏处深闺，但却充满着向往幸福生活的积极愿望。"甚良缘，把青春抛的远，俺的睡情谁见，则索要因循腼腆。"这几句的表情从上面的乐观情绪，一变为抑郁不满。"想幽梦谁边，和春光暗流转，迁延，这衷怀哪处言，淹煎，泼残生，除问天。"这里的动作是缓慢而收敛的，要以唱腔和面部表情透露出杜丽娘感到年华蹉跎，光阴默默地像逝水般流去，而自己的内心苦闷却找不到倾诉的对象，只有天知道。

杜丽娘唱完【山坡羊】倚桌而眠，舞台上由一个睡魔神用两片铜铙钹引杜、柳在梦中相会。电影里用两个花神分引杜、柳梦会。还使用了特技来表现杜丽娘离魂时"出窍"和"入窍"。

拍摄"出窍""入窍"，搭一高台，加窄的斜坡，"出窍"从下面向高台走上去，"入窍"是从高台走下来，台上和幕布都用黑丝绒，因黑色不感光，就有凌空飘荡的感觉。我在试拍时，因穿的是皮底彩鞋，下坡时滑了一跤，使全场工作人员大吃一惊，于是当场研究把斜坡放宽，丝绒下面加钉木条，彩鞋底加粘胶皮，再走上去就不滑了。第二天，大家开动脑筋，又想出新的办法：杜丽娘站在一辆车子上，不必自己走，由别人推车移动，这样就更为稳妥。

我们这次的工作方法，拍成的片子，随时审查，如发现问题，立即补拍。有一次发现了那天拍的《惊梦》的独白中，杜丽娘嘴里念的是"春哪春，得和你两流连"。但从画面上看，感觉到和"春"字没有接上气。我们决定重拍这个镜头。我回想上次拍时，只是站在一个八角形的窗口，没有靠到窗户内的栏杆上，那架朱漆雕花的窗栏杆，挡住我的上半身，使我露在画面上的部分比较少，我的眼睛又是平视，不往上看，这些问题，可能都是和"春"字不接气的原因。重拍前排练时，我试着站到窗前，用手臂靠倚栏杆，但栏杆太高，做了几个姿势都不好看，我便建议把我脚下垫高些，手臂就靠上了栏杆，上半身露在栏杆外边，右手扯着左手的水袖，眼睛朝上看，顿时感觉到对窗外的春色有了感应。导演们说："刚才开拍时，灯光打到您身上，真像画中人。"我的确在酝酿时，想到许多古画上美人的姿态，但我却不是有意识地去模仿哪一种样子，因为我的思想必须集中在表达杜丽娘流连春景的感情。拍完这个镜头，我觉得拍电影的工作真是细致而微妙的，关键只在靠不靠栏杆很短的一点距离的改动，效果就大为不同。同时也可以看出，补拍工作对提高质量是有作用的。

《梦会》《堆花》以后，杜母唤醒杜丽娘这短短一段戏，也是很要紧的。上海戏校的老师华传浩扮杜母，很够一个"夫婿坐黄堂……"的夫人气派。剧本对这个人物的描写，是通过她问女儿"为何昼眠在此？""为何不到学堂中去看书？"以及告诫女儿"花园冷静，少去闲游"等家常闲话来刻画一个封建家庭的老夫人的典型性格的。但这个老夫人还是很爱女儿的，所以在下场时说："女儿家长成了，自有许多情态，且自由她。正是，宛转随儿女，辛勤做老娘。"杜丽娘送母亲下场后念："娘啊，你叫孩儿到学堂中去看书，不知哪一种书才消得我闷怀哟！"这句道白，要表达杜丽娘慵懒、空虚、烦闷的内心世界，"哟"字要念得低沉，缓慢地叫起板来唱【绵搭絮】。

【绵搭絮】这支曲子是描写杜丽娘回忆梦景的心情："雨香云片，才到梦儿边。无奈高堂唤醒纱窗睡不便。泼新鲜，俺的冷汗粘煎，闪的俺心悠步躚，意软鬟偏。不争多费尽神情，坐起谁忺（念作仙，忺字古人解释作'意所欲也'，又说'所好为忺'。这句曲文是说杜丽娘梦醒以后，举目全非，在这个阴沉沉的环境里，没有一个知心可谈的人），则待去眠。"这一段戏很难演，太露骨则失之庸俗，过于庄重又与曲文含义不符。我在这里是着重表达她缠绵复杂的情绪和娇慵意态，体现原作对一个怀春少女的初恋情景的描绘。因此，动作要随着纤缓的唱腔来做，不宜太多，也不宜太快，目的是刻画她那种不便对人讲的，就是守在她身旁的春香也不能理解的心情。【绵搭絮】这一段，分镜头剧本规定拍两个镜头，我和导演谈起这几天拍摄的体会，有些曲子镜头分切多了，影响情绪的贯穿。导演们也正在考虑把这段戏改成一个长镜头，他们认为：这段戏重在面部表情，当然要多拍上半身，但是唱到"心悠步䠎"，脚上有戏了，镜头就须要拉开来，才看得清楚。结果这个镜头一次拍了三百几十尺，是全部戏里最长的一个镜头。

下面一个镜头是春香来请小姐回房歇息，杜丽娘站起来唱【尾声】："困春心，游赏倦，也不索香熏绣被眠。春哪，有心情那梦儿还去不远。"唱到"还去不远"时，唱腔的尺寸渐渐缓慢下来，杜丽娘微微一闪身，扶着春香用手缓缓地往远处指，眼神要跟着虚拟的目标看，表达出她在追忆梦中见到的那个潇洒倜傥、吐嘱雅隽、情投意合的人。这样，就可以和前面【山坡羊】里"蓦地里怀人幽怨"的"人"字作虚与实的对比。而搀着她的春香必须露出莫名其妙的样子，但她也觉得今天这位女主人的神情与往日有些不同了。

杜丽娘扶着春香缓缓走入了内室，画面只剩下寂寂春闺。这里配的音乐很合适，幽静的箫声，夹着几下弹拨三弦的叮咚声，就把观众带到"深院无人春昼午"的意境中，余音袅袅地结束了这个诗剧。

《游园惊梦》的摄制工作，基本完成后，我们怀着兴奋的心情去看样片。花神的披纱，以前用的是乔其纱，色浓质重，贴在身上，飘不起来，现在换了颜色淡雅的薄纱，就显得灵活多了。花神的舞蹈队形也变了，每五个人一组，有的从地上涌现，有的从朱栏边、花台上各个不同的角度次第出现，也有两人对舞的镜头，或是从一个人的近景拉开来，或是从全景推到一个人的近景。一个花神先以轻纱障面，渐渐露出面貌的特写镜头，是非常绰约多姿的。这些都令人感到凌空飘忽，来去无踪。队形舞蹈也达到了整齐美观的程度。还有众花神围绕杜丽娘、柳梦梅构成一朵花的俯瞰镜头，花神在转动的圆台上，花与花神交叉叠印，花片散落在花神身上的镜头，都很有艺术性。

我与振飞的镜头，重拍后，一些对做的身段、表情都比以前融洽自然，镜头的处理也较前灵活。"春哪春"的镜头补拍后，感情的确与窗外的春色联系起来了。但我觉得这一段独白当中，还有局促的地方，像独立窗前凭眺春景时，如果多停留一下，就更能表现春困发幽情的意境。这由于我在录音时对布景的演区，只知其大概，基本上还是按照舞台上的尺寸放慢一些录的，到了现场试镜头时，才觉得假使多留些空白，还可以有所发挥。还有我认为杜丽娘出场时的镜头不够突出。导演说，可以加拍一个近景。加拍时，镜头从月洞窗摇过来，几上瓶梅初放，炉烟袅袅，杜丽娘掀开帐幔走出来。接着重拍了【绕地游】的镜头。这一天是 1960 年 1 月 21 日，至此，《游园惊梦》就全部摄成了。

1 月 26 日，在北影标准放映间看到了全部接好的样片。我想起

23 岁那年，1916 年 1 月 23 日，我在吉祥园初演《牡丹亭·闹学》里的春香。我第一次拍电影，就是在上海商务印书馆影棚里拍的《春香闹学》；在 1918 年我演出了《游园惊梦》的杜丽娘，流光似箭，一晃已经四十多年了。

看完样片以后，汪洋同志告诉我，在洗印、剪接方面还需要加工，他主张剪去"入窍"的镜头。我很同意，为了表达剧本规定情景，用一下电影特技是有必要的，一再出现就近于烦琐了。

不久，北影参观团到上海去交流经验，这部片子也带了去，请上海的同志们批评鉴定。后来，我接到上海海燕制片厂岑范来信说："看到《游园惊梦》的样片，对色彩、化装、表演、布景等都很满意。"他祝贺我们这次摄制工作的成功，并且为我高兴。他是 1955 年拍《梅兰芳的舞台艺术》片的副导演。

振飞写信给我说："上海电台春节播送《游园惊梦》录音带，细听之下，觉得您唱出了曲情，能够从唱腔、嗓音方面传达杜丽娘的思想感情，可以听出确是经过几十年的勤学苦练的。尤其是【山坡羊】【绵搭絮】两支曲子得到'静'字诀，这是度曲艺术的高峰，听了使人心情舒畅。"振飞同志对我的鼓励，使我感到惭愧，我从少年时起就爱好昆曲，多年来，断断续续地确下了不少功夫，这次拍演时做了加工，虽然有些提高，但我认为在唱法上还是不够完善的，我还像学生般抱着需要学习的心情去继续钻研。

在我的表演部分我觉得还有不足之处，因为戏曲表演的习惯，演员常常是面对观众做戏的，而电影的规则，演员不能看镜头，这就使我在拍摄时思想上有顾虑，眼睛的视线会有意识地回避镜头。我曾这么想：电影在拍摄一般故事片时，演员应该遵守这一条规则，但拍摄戏曲片时，不妨变通一下。当然，我们不能故意去看镜头，如果无意中看一下，也不至影响艺术效果，或者还有助于面部表情的更为自然。我这种想法，并没有实行，将来再拍摄影片时，打算通过实践来证明我的看法是对还是不对。

许姬传记

漫谈运用戏曲资料与培养下一代[*]

◎ 梅兰芳

原载《戏剧报》1961年19—20期、21—22期合刊

戏曲表演艺术的记录材料,包括照相、唱片、录音、影片、文字……对培养下一代、培养师资是有很大作用的,我就想到的谈一下。

戏曲照片

戏曲照相在一刹那间把一个最好的神情姿态照下来,需要照相者和被照者双方很好地合作,配合在一起,才能照出演员有代表性

的表演艺术。例如谭鑫培先生是一代宗师，而遗留的照片也不是每张都够理想的，我最欣赏《南天门》和《汾河湾》两张。《南天门》是谭老唱完"处处楼阁……"后，拉着扮演曹玉莲的王瑶卿先生的手，在锣鼓声中的一个相；《汾河湾》是两次漫头之后，柳迎春、薛仁贵已经逼近，表现薛仁贵举剑不肯下手的神气。这两张相片，眼神、身段等都和台上一样，丝毫不打折扣，使人一看便想到剧中情景，气韵生动而富有节奏感。

这一类典型的照片，对后学的用处，不是说将来在台上演《南天门》《汾河湾》时，要摆出和他们一模一样的相。舞台上的好相，如同写一笔好字，是天才结合功夫写出来的，不是可以照样描出来的，但初学乍练，确有一个阶段，要老师掰着手来摆相。因为自己还没有"适度"与否的感觉，经过这个阶段，等有了能够调整身上劲头的注意力的时候，就能够随时随地做出最顺适的身段。话又说回来，肯下功夫，练得纯熟，但未见过好的蓝本，这等于终身伏案作画而从未见过名迹，到了一定程度就很难提高了。当然，向名师学艺，看名演员的戏，与老前辈合演，都是提高水平的主要方面，而揣摩已故名老艺人的照片，也能从中得到不少启发。

---

*今年七月间，梅兰芳先生准备在文艺界的一次座谈会上发言，已经拟好了提纲，他先就继承传统方面对于表演记录材料和培养下一代、培养师资问题，口述了这一部分。没有讲完就病了，在医院内还对我说："……整理遗产与培养下一代的稿子，把我看过的记录抄出来，等我病好了再接着谈别的问题。"不想竟成遗稿。这篇稿子是我和朱家溍同志根据他的话记录的，现在略加整理，把以前他讲过有关的话也归纳进去，意在存真教，不加藻饰。梅先生在生前，对于发表文字，每次都经过反复修改，不惮三易五易其稿。可是这篇稿子只看过初稿，今天不能经过他最后审定，是非常遗憾的，但读者还能从这篇遗作中，得到不少启发。——许姬传

谭老《定军山》的照片，比起前两张，似乎板一点，不像他在台上那样生龙活虎，八面威风。而另一张与杨小楼先生合摄的《阳平关》就很生动。

俞菊笙老先生的《长坂坡》赵云的照片，是大战一场后，曹洪"问名"时一个相。这张照片把俞老在台上重如泰山的分量完全显示出来。另外，和陈德霖先生合照的一张《长坂坡》"掩井"一场，赵云站的方向，应该稍偏向糜夫人，眼睛注视的焦点应该是阿斗，而俞老站的是正相，眼睛看着照相机，这幅照片就不能代表他在台上的样子。但这张不够好的照片，还是很可贵的资料，从伸出来的手掌，可以看出俞老贯穿在手上的劲头。陈老夫子的糜夫人手抱阿斗，眼看着赵云，体态庄重，脸上有戏，是青衣标准的蓝本。陈老夫子还有个《雁门关》的照片也很好，虽然是坐在桌子后面，只露上半身，但从胸脯、脖子、肩膀三部分给后学提示了这类角色端坐的姿势。右边坐着钱金福先生扮的韩昌，全身的姿势也很凝重威猛，看出架子花脸的标准坐相。左边坐着王楞仙先生的杨八郎，照得臃肿无神，但在另一幅《牡丹亭·拾画》里王先生扮柳梦梅的照片上，则完全看出他在舞台上的精湛表演。从他手拿画轴的姿势和明如秋水的双眸，以及浑身衣纹飘动的劲头，都集中表达出柳梦梅得画后心花怒放的情绪。

还有何九（桂山）先生的《火判》、余叔岩先生的《洗浮山》、许德义先生的《金沙滩》……都是性格鲜明、姿势生动的好照片。

在前辈中，杨小楼先生遗留的照片数量较多，我首先推荐他盛年时在《青石山》中扮的关平，这出戏他曾经照过好几张，常见的是和钱金福先生合照的"周仓看刀"一张，但我认为最好的一张是左手提下甲，右手持青龙刀的一个相，一副天神气概，看起来和唐宋名画家的天王像可以媲美，身上严整灵透，从头到脚挑不出毛病来，是扎靠武生的一个最好的蓝本。

杨老晚年时有一张《长坂坡》中赵云的照片，是刘备正在唱[原板]，赵云假寐时的一个半身近影。面部表情是闭目，双眉微皱，表现出赵云在假寐休息中，仍然警惕着敌人的来袭。这说明了优秀演员在舞台上没有动作的时候，还是有充分的贯穿情绪的。

杨老的照片，也有不够好的，例如《莲花湖》韩秀持刀的一张，身上就有"僵劲"，这张照片就不能代表他的表演艺术。

在一些我们认为不够满意的照片中，也都有一定的参考价值。例如前辈名演员朱文英、张淇林合照的《盗仙草》，照得很不好，不能表现他们在台上的优点，但从这张照片中可以说明一个问题，就是张淇林先生拉山膀的高度，代表我外祖杨隆寿先生一派。我曾听见杨老先生的徒弟茹莱卿、迟月亭先生说过，短打武生的山膀、云手要亮出胳肢窝才好看，不然很容易"料"（就是松懈的意思），亮胳肢窝当然膀子要举得高，这张照片说明了一个身段的具体要求。

我的戏装照片比较多，但有好有坏，例如早期《穆柯寨》左手持枪的照片，就上下身不合，浑身是病；但两张昆曲《盗盒》（红线）的持棍、足心摆盒的姿势部位就都熨帖稳练。周信芳同志的好照片多得很，前年在《戏剧报》发表的《义责王魁》的照片，手眼身法步的贯串，准确灵活，是衰派老生的蓝本。但最近在《戏剧报》刊载的《战长沙》中的黄忠，就不能代表信芳同志在台上的优点。我记得他有一张《斩经堂》扎靠的照片十分精彩。以上所举不够好的照片例子，大半是照相者和被照者没有很好地合作，没有配合在一起的缘故。

从不同时期的照片中，还可以了解化装、服装的演变。由于六十年来舞台光线的由暗到亮，旦角的化装、发髻、服装、图案、式样……对"美"的要求就比其他角色更为迫切，我在这方面也下了不少功夫，拿我各个时期所照的《金山寺》中白娘子的照片来看，从头上的大额子改为软额子，片子的贴法，眼窝的画法……就不难看出这种变化。关于水袖的演变，看老照片似乎太短，不甚美观，而我的古装戏照片就放长了，成为风气。可是现在一般服装的水袖都特别加长，又嫌过长了，我感到对表演没有什么好处。

关于扎靠，我们参考谭老《定军山》的照片，头上扎巾打得非常边式好看（按从前黄忠戴大额子，谭老的面形瘦长，改打扎巾，更为相称），但靠旗小、靠肚子大，杨小楼先生的扎靠照片则靠肚较小、靠旗较大，当时是受了上海方面的影响，同时他的个子魁梧高大，这样，比例上显得匀称好看。近年来靠旗变得太大了，不但比例显着不太匀称，而且由于靠旗过大，旗杆势必加粗，分量自然就加重了，背在身上不太稳妥，不是前扑，就是后仰。我前年演《穆桂英挂帅》，新做的一身大红靠，就是这个毛病，这是值得注意的事。我的看法，靠旗不宜过大，比现在流行的尺寸要小点，最好在近靠鞍处露出二寸左右的旗杆还更美观。

在旧照片中还可以说明有些管箱的手艺非常出色。在杨老的照片中，可以看到盔头、靠旗部位的合适，靠肚的端正下垂等"美"的条件，这就不能不想起给杨老勒头扎靠的靳师傅、杜师傅的手艺。当年我和杨老合组"崇林社"的时期，每逢我演《穆柯寨》一类扎靠的戏，给我扮戏的韩师傅梳完头，我总是烦靳、杜两位老伙计给我戴七星额子、扎靠。额子戴得高矮合适，感觉紧凑得劲，却不勒得难过，靠绳扎得并不太紧，但靠旗绝无松动之忧，并且靠鞍部位扎得地方恰当，所以腰上的劲头很容易使到靠旗上去，对表演很有帮助。看旧照片顺便想到扮戏问题，这确是舞台工作优良传统之一，应该继承的。

戏曲照相，在旧中国时代，多半是演员们根据自己的经济力量和兴趣自发地搞起来的（我除了照戏相之外，自己在摄影机、胶片……方面，也消耗了不少钱），所以遗留下来的照片不多。解放后大力展开这项工作，从报刊上发表的作品，已经可以看出这项事业和从前有本质上的不同。今年，文化部举办出国的戏曲展览，其中图片是主要的表现形式，图片内容包括了戏曲事业中有代表性的文献和各种活动，有系统，有特点，这个展览对戏曲照相事业有很大的启示。但这次在数量不少的照片中，能选入展览的还感到不算多，因此今后对照相工作，有进一步提高质量的必要。

戏曲照相的目的，除了宣传之外，主要还是当作研究资料，所以应该分为两种方式进行。一是在剧院现场照相；一是在台下化装或"素身"（便装表演，术语叫作"素身"）照相。在剧院现场照相，据我个人的经验，提出下列六忌：

1. 忌正相偏照。就是说，这个亮相本来是给观众看正面的，假使从侧面照出来，就不会好看。

2. 忌侧相正照。这个相本来是侧面亮给观众看的，假使从旁边照，当然照的是正面，我有一张《洛神》"拾翠羽"的照片，就是侧相正照，给人的感觉就好像夹着膀子似的。

3. 忌照未完成的亮相。我有一张《抗金兵》——梁红玉和兀术水战的照片，我左手正在"掏翎子"，脚底下正在"垫步"，这个相还没有亮出，就照下来了，这如同写字缺了末一笔，说一段话、写一节文章，有前提，无结果，看了就觉得别扭。这一类武打身段，尺寸并不快（走马锣鼓），摄影师如果熟悉表演是可以照得好的，当梁红玉和金兀术都在台中心的时候，可以先把部位找好，对准距离，等掏完翎子，脚步落下和亮相的"底锤锣"（一个亮相完成时的节奏声音），同时按"快门"，一定会照得很精彩。

4. 忌仰镜头。在台下照台上的演员，当然镜头角度是有些上仰的，但远而小仰无妨，近而大仰则不可。当演员正在台口，距离最近，仰起镜头就会把人照成上小下大的宝塔样子，面部也就走了形。

5. 忌照开口音。演员正在唱的时候，不是不能照，但要选择闭口音，因为演员唱的时候观众注意力主要是听，虽然有时口张得大一点，也很快地就过去了，但照下相来就看着不舒服了。

6. 忌照不合节奏的相。凡是唱的时候，面部表情（包括头、颈的动转，眼睛注视方向的移动），身上动作（包括指指点点等小动作），都是随着唱的节奏进行的。演员正在舞台部位较为固定时唱着，照相应该说问题不大，但这类照片的好坏，往往决定于是否抓住节奏。最好在一个腔完成时，和鼓板尺寸同时按"快门"，照出来就必定是一个完整的相。

上面提出的要求，比较严格，而摄影师在观众席上不能任意活动、选择角度，进行工作时受到很大的限制，所以我觉得公开演出和照相是有矛盾的。

照素身相，主要为了做教材。素身相的好处是可以看清动作和部位的真相。一个演员对动作和部位的真相，是必须明白的。去年天津市京剧团的青年演员张芝兰到梅剧团来学习《挂帅》，学会以后在吉祥戏院彩排了一次，这个小青年是一个好坯子，但在看我演戏时，有些动作没有看清楚。例如第五场，穆桂英转身向后听鼓角声的身段，是双手反搭袖，向身后一背，她也是这样做的，但是劲头使得太大了。我当时就叫人告诉她：这个动作，全靠腰上一点寸劲，把它使在节骨眼儿上，用不着使大劲把手紧紧贴在背后，手与腰之间，要有个小距离，如果贴紧了，身段就不够大了。还有在第一声鼓响的同时要"长"（音掌）身，可是在台下学习的人，很容易错觉为用力把手臂紧贴在背后来表示力量，而效果适得其反。

这不过举例而言，实际舞台上一般为宽大衣服及饰物所掩盖而看不出动作真相的地方很多，所以有计划有系统地照素身相，对教学是有帮助的。照素身相和舞台现场的要求不同，前面谈的一二三忌，在这里不但不忌，而且一个身段或亮相必须前后左右照几面，未完成的身段和正在"起范"（即准备动作），都须要照。舞台相看效果，素身相看方法，二者作用不同，都是我们的参考资料。遇有不懂的地方，必须请前辈指点解释，因为身段的姿势是千变万化的，往往毫厘之别，谬以千里。

戏曲唱片

戏曲唱片，除供一般欣赏外，还可以从这里研究名演员的念字、发音、气口。在剧场里和在唱片中听同一演员的唱，有不同的作用。听唱片时，如果为了研究，可以把转率减慢一点，把耳朵凑近唱机，这样，就能很清楚地听到念字的口法，唇齿舌鼻喉的发音，换气的巧妙，操纵板槽的方法等等。有的人讽刺专听唱片而没有从师学习的人为"留学生"，当然唱片有它的局限性，但拿来作为参考研究，还是能够收到一定的效果的，尤其是研究已故名演员的唱法，更需要依靠唱片。

谭鑫培先生的唱片，我听过的有百代公司发行的《卖马》（二面）、《洪羊洞》（一面）、《打渔杀家》（一面）、《战太平》（一面）、《碰碑》（二面）、《乌盆计》（二面）、《桑园寄子》（二面）、《捉放》（二面）、《探母》（二面）。这十五面中，最有代表性的是《卖马》《洪羊洞》。这三面不但唱得最完整，而且场面也好。名鼓师李五先生打鼓，我伯父梅雨田操琴，节奏鲜明，衬托严密，使谭老的唱一气呵成，圆转如意。其余的唱片是他儿子谭二先生操琴，在技巧上就比较差一些，打鼓的是何斌奎先生，何是内廷供奉，后来替我打鼓多年，还稳当，但不如李五，所以唱的方面，受了一定的影响。孙佐臣、徐兰沅先生都为谭老操过琴，名鼓师刘顺先生曾为谭老打鼓，可惜都没有灌过唱片，徐、刘（刘专替我打昆曲）二位都和我合作过，我知道他们的"道行"。

前几年，名琴师王少卿在我家听谭老的《卖马》《洪羊洞》唱片，他说："有些老唱片的胡琴，在垫补衬托的技巧上，今天听起来就不免感到单调，但这三面清圆流丽和唱腔严丝合缝，丝毫没有过时的感觉。"我同意他的说法。其余十二面，虽然不如这三面，但还是我们学习的可贵的资料。

总之，这十五面包括九出戏的片段，都从唱腔中表达了不同的人物性格和情绪。《卖马》"店主东带过了黄骠马"一句中就把秦琼当时没奈何的心情唱得十足。《洪羊洞》一开头，"自那日朝罢归身染重病"，听出这是一个病人在临危前提住气郑重地向问病的人叙说自己的病情。《桑园寄子》表现一个"悲"字，《战太平》表现一个"愤"字，《乌盆计》表现一个"冤"字，《打渔杀家》从懒散的唱腔中透露出萧恩满肚子的闷郁和隐忧。在《寄子》里面，还听到谭老的念白，伯俭的"俭"字，音峭而没有使劲上拔的痕迹，这就是善于使用"立音"的特点。

当然，老唱片还有技术上的局限性，例如：《捉放》第二面"又谁知此贼……"本应归板，因为开头拉了过门，不得不改腔；"真个潇洒"也因为突然要结束，下意识地改了腔，谭老在台上从来没有这样唱过。

学习旧唱片，首先是要下功夫来鉴定。例如"谋得利""乌利文"等洋行发行的谭鑫培唱片都是假的，其中大部分是那些洋行买办从中捣鬼，冒名顶替。他们为了自己的利益，一方面欺骗听众，一方面损害演员的名誉，真是卑鄙可恨。

解放后，中央人民广播电台选播的旧唱片，受到听众的欢迎，这是一件好事。但有时候也真伪相杂，鱼目混珠。我就听到"假谭"唱片《黄金台》《空城计》，电台还在播送之前具体介绍谭的革新创造等等优点，我曾用电话和书面向电台说明这是伪造的，但以后我又两次听见冒充谭鑫培的《空城计》《黄金台》，我希望电台方面重视鉴定工作。

宗谭而自成一派的余叔岩先生，我们曾合作过一个时期，以后他自己组班后，我们在堂会和义演时还不断合演《打渔杀家》《梅龙镇》……我深知道他下苦功学谭，当年经常约请许多朋友在台下听谭老的戏，大家要担任记台词、唱腔、身段、部位……谭老逝世后，凡是和谭老合作过的演员、场面、跟包、检场都被邀到他的剧团里，以备随时咨询核对。今天我们把这师徒二人的《捉放》《打渔杀家》的唱片比较一下，不难听出余是谭派传人，但不是单纯的模仿，这好比宋代大书家米芾，书学"二王"（羲之、献之），终于自成一家。从谭、余的唱片中，也可以说明学别人如何学法，如何根据本身的特点向前发展，自成一派。

陈德霖先生所唱，孙老（佐臣）操琴的几张唱片，也是双绝，水乳交融、风格统一。《彩楼配》四面：［导板］［慢板］［二六］［流水］［散板］包括了青衣的西皮的许多腔调。"回府去"一句是青衣的"嘎调"，不是一般的"边音"，没有充沛底气的好嗓子是不敢这样唱的。

杨小楼先生早期的唱片，也是百代公司出品。有和李连仲先生合作的《连环套》，和鲍吉祥先生合作的《落马湖》，中年的比较多，昆曲、皮黄都有。最晚的是和我合作全出《霸王别姬》。杨老唱片主要内容是念白。从前武生对唱念不大注意，近年来，有些武生注意唱念，力求平稳，但又有些像老生，应该向杨老唱片中好好钻研一下武生唱念的特点。从唱片中还可以很清楚地分别出《长坂坡》的赵云和《霸王别姬》的项羽，这两个角色的念字、发音和气势，都表现着不同的性格和剧本规定的情景。另外，还可以听到名鼓师鲍桂山先生衬托语言情绪、富有节奏感的鼓点子，这些都是值得学习的。

我最早灌的《汾河湾》《虹霓关》《天女散花》等一批唱片，也是百代公司的钻针唱片。几十年来我的唱片和录音比较多，中国戏曲学院收藏的唱片很丰富，我在国内所灌唱片（按我第一次赴日时，曾在东京灌过一批唱片，带回的样片，因南北迁移，都散失了，记得剧目中有《廉锦枫》《天女散花》《六月雪》……），只差百代的一张《天女散花》。我打算抓工夫细听一下自己各个时期所灌唱片，从里面找出嗓音、唱法变化过程，然后总结出一套经验。因为青年演员只听到我近年的唱法，从过去的唱片中，可以听出我所走过的道路，对他们也许有些用处。

最近，老友言简斋介绍周志辅先生送我一批旧的珍贵唱片五百多张，从目录上看，除了早年著名京剧演员的唱片大致俱全外，还有比较罕见的何桂山、谢宝云、李鑫甫、李顺亭……老先生的唱片，还有周先生自录的杨小楼先生等名演员的演出实况录音唱片，更是非常珍贵的资料。我在这里先向周志辅先生表示衷心的感谢！[1]

解放以来，录音制唱片成为一项文化工作，和过去的商业唱片公司性质不同了，十多年来保留了各剧种许许多多珍贵资料，今后当然还要更好地继续进行。老艺人的演出和内部观摩挖掘的节目，以及介绍个人经验的谈话，都应该有计划地进行录音。以唱功和音乐为主的当然是录音对象，但对老艺人的演出，录音范围应当放宽一些，文戏武戏都可以录，那天我听了盖老在人民剧场演出的《恶虎村》，锣鼓点子，处处有"准家"，轻重缓急打得很有味，开打后的"起头""收头"，都不失规模，我想是事先盖老和鼓师研究过的，录下来让演员们开听研究是有益处的。

---

[1] 按梅先生逝世后，由中国戏曲学院的张宇慈同志等拿了梅先生在生前写的信到天津，与周志辅先生的女儿周映清同志接洽，将这一批唱片接收过来。张宇慈同志还向其他方面征求到梅先生的唱片中最难得的那张《天女散花》，至此，梅先生在国内所录全部唱片都已补全。

表演的文字记录

前年中国戏剧出版社出版的《中国古典戏曲论著集成》，里面包括了很多名家著作和罕见的秘本，其中有一部分谈唱法、身段、表情的口诀，大都用浅显简括的文字，指出了毛病和治疗的方法。我们今天在舞台上还随时看得到这些"艺病"，我想，揣摩前人的口诀是能够去病健艺的。例如：第九集所收《梨园原》《顾误录》，就是切合舞台实用的两种书。《梨园原》（《明心鉴》）已经由周贻白先生在《戏剧报》上谈过，我现在谈一谈《顾误录》。

《顾误录》是论昆曲唱法的专著，但运用到以皮黄腔为主的京剧里也是适用的。因为我们的前辈从程长庚先生起，就是吸取昆曲的唱法来丰富提高皮黄腔的字音的。我的开蒙老师吴菱仙先生是时小福先生的徒弟，时老先生是南方人，他先学昆曲，后唱皮黄，所以字音准确清楚，吴先生是根据他的唱法来教我的。以后，我曾问业于陈老夫子（德霖），他也是昆曲底子，而我早年就向乔蕙兰先生等学了许多出昆曲。1932年我从北京迁沪居住，开始和俞振飞、许伯遒同志等钻研昆山腔——水磨调、橄榄腔的唱法，多年来断断续续，始终没有间断。因此，在1952年我从傅惜华先生处借到《顾误录》原刊本时，读起来就觉得津津有味。例如"度曲十病"中"烂腔"一条，切中时弊，精当扼要，看出作者是在这里面下过苦功、翻过筋斗的。他说：

字到口中，须要留顿，落腔须要简净。曲之刚劲处，要

> 有棱角；柔软处，要能圆湛。细细体会，方成绝唱，否则棱角近乎硬，圆湛近乎绵，反受二者之病。如细曲中圆软之处，最易成"烂腔"，俗名"绵花腔"是也。又如字前有疣，字后有赘，字中有信口带腔，皆是口病，都要去净。

这段话，对口法、行腔中哪些口病必须去净，细曲中圆软处易成烂腔，如何达到刚柔相济的程度，都作出了正确的论断，青年人应该深入钻研，细细体会。又如："度曲八法"中"出字"一条说：

> 每字到口，须用力从其字母发音，然后收到本韵，字面自无不准。如天字则从梯字出，收到焉字；巡字则从徐字出，收到云字；小字则从西字出，收到咬字；东字则从都字出，收到翁字之类。可以逐字旁通，寻绎而得，久之纯熟，自能启口即合，不待思索，但观反切之法，即知之矣。若出口即是此字，一泄而尽，如何接得以下工尺？此乃天籁自然，非能扭捏而成者也。

这一条，具体说明了欲求字音正确，必须通晓反切的道理。我当年初学时，老师虽然没有分析这些道理，但他的教授方法，却合乎上述的准则。几十年来，我在舞台生活中，听到有些演员，犯了唇齿飘浮，吐字不真的毛病，也有个别的同行由于矫揉造作，雕琢过甚把字咬死了。我体会到应该根据皮黄、昆曲本身的特点，灵活运用反切，如字头字腹字尾的长短，口形开合大小，唇齿松紧尺度，都要不多不少，恰到好处。我记得，1951年夏天，在汉口和高盛麟同志合演《抗金兵》，有一场在大战前夕的"巡营"，高扮韩世忠，我扮梁红玉，对唱二黄。我唱到"拂金风零玉露已过中秋"是一个下句，"秋"字要行腔，应该很快就用"七攸"二字切成"秋"字本音，再往下行腔，我一时大意，出口时没有张开嘴，以致到字尾收音时才放出"攸"字音。当时，我感到非常别扭，可见当场一字之难。总之，松弛固是口病，过紧也会缺乏韵味、影响发音的圆湛，必须做到作者所说：启口即合，天籁自然，非能扭捏而成的标准。当时我曾摘出《顾误录》中"度曲得失""度曲十病""度曲八法""学曲六戒"等部分打印了十几份，分送爱好研究韵律、声腔、唱法的朋友共同研究揣摩，大家都认为这些对唱法有很深造诣的口诀，是后学可资借鉴的。

近年来，音乐出版社刊行的陈富年先生所辑他父亲陈彦衡先生的《谭鑫培唱腔集》，是谈唱的；北京出版社出版的钱宝森先生《京剧表演艺术杂谈》中所记从他父亲钱金福先生继承下来的"身段谱口诀"，是谈身段的。这两部书都是具体有用的宝贵资料。我谈一谈学习这两部书的一些体会：

《谭鑫培唱腔集》是根据陈彦衡先生的工尺谱译成简谱的，我记得幼年时就看到陈先生和我伯父梅雨田研究胡琴，我伯父对他的胡琴评价有两个字："雅""秀"。他们二位经常在一起研究谭腔，这部唱腔集的原始工尺谱，其中有些就是陈、梅二位合谱的，他们两位精通音律，肚里渊博，我的伯父曾学过三百多套昆曲，这就大大丰富了他的胡琴艺术，陈彦衡先生在1917年发表的一本《说谭》里说："……雨田胡琴大致以平正谐适为宗，决不矜奇立异，而圆健浑脱，独擅其胜，其随腔能与唱者之高下长短，轻重疾徐，不差毫厘，故鑫培之唱得雨田操弦而愈显精彩。"

我在《舞台生活四十年》里曾提到，谭、梅、李（名鼓师李五）三人都有独特的艺术，高傲的性格，在表面上是互不请教的，但到了台上，唱的、拉的、打的从不会碰。这是指常唱的通大路的戏，当时的风气，每出戏都有专用的腔，不会超出范围的。据我伯父说："谭的唱法最有'肩膀'，临场有些小变动，他交代得非常清楚，所以和场面是不会碰的。但如果有较大的改动时，他往往在早三两天就躺在炕上随口哼几遍，暗含着是告诉我，我记在心里，到台上就格外注意这几句，当然不会碰了。"

陈彦衡先生曾对我谈过谭老因不对戏而受窘的事。他说："有一次，同仁堂乐家请老谭唱《捉放》，老谭事先约我拉胡琴，那天他坐了马车接我同到同仁堂，因为不是大规模的堂会，老谭没有带打鼓的，场面上是一位青年鼓师。我提议找他对戏，老谭说：'这是大路戏，不必对了。'唱到《宿店》里'……贼是个惹祸的根芽'，下面是胡琴拉'哑笛'牌子，这里本是可长可短，有伸缩性的地方。老谭的习惯，在这时背过身去，饮场，稍作休息再转身唱'观此贼……'，可是打鼓的很快地就转入［原板］过门，他只得急忙转身起唱。这后半段就唱得很不舒服。卸装时老谭后悔地对我说：'您的话有理，遇到生手，的确得对一下。'"

经验告诉我，演员与乐队特别是琴师的关系，在唱腔创造上、舞台活动中，必须是密切联系，才能达到相辅相成、水乳交融的地步。谭先生在唱功上的成就，四声呼法的准确，当然首先是有好的师承和自己的钻研创造，同时，也得到精通音韵的顾曲家如孙春山等的切磋指正，而梅、陈二位对谭老的帮助，也是可想而知的。

《谭鑫培唱腔集》不仅正确地记录了谭腔，同时也综合了陈彦衡先生各个时期对剧本、唱腔、音乐、韵律、做工、神情的评论和分析。例如：《武家坡》［西皮导板］："一路离了西凉界。"谭晚年调门增高，有时唱作"一路离了番邦界"。陈先生认为"番邦"二字虽能翻高而比较新颖，但不如"西凉"平唱有感慨的意味，和下面"泪洒胸怀""孤雁归来"等腔能够呼应。唱腔谱把这两种唱法，并列刊登，使读者能够寻声研究比较。

陈彦衡先生在"声"与"气"的关系上作了极其精辟的阐述："声调本乎工尺，能知工尺，然后可以言声调。鑫培于声调极繁促时，皆能引宫刻羽，不爽毫厘，非熟于工尺者不能臻此境。然工尺特声调之标准，苟无真气行乎其间，则声调反为之累。夫气，音之帅也，气粗则音浮，气弱则音薄，气浊则音滞，气散则音竭。[1]鑫培神明于养气之诀，故其承接收放，顿挫抑扬，圆转自如，出神入化，晚年歌声清朗，如出金石，足征颐养功深，盖艺也近乎道矣。"

这段话，我在壮年时，他就和我谈过，当时我的嗓音痛快，气也充足，没有深刻体会。抗日战争时期停演八年后，重登舞台，我的嗓子"回工"了，想起这番话，就重读了他的《说谭》，在"养气"方面下苦功钻研。我理解到"气"与"音"的关系，好比唢呐上的"哨子"，必须用气吹它才能发声的道理差不多，演员一生可能遇到多少次因感受风寒而嗓音失润，但这种外来的侵袭，只要经过治疗和休养是可以恢复正常的，假使声带过累，受了重大创伤而并拢来不够紧密，则如同"哨子"有了裂纹，虽有吹的技巧，也发不出正常圆满的声音了。我在抗战期间，只是歇工过久，缺乏锻炼，

---

[1] 着重号为原文所有，为保持原貌，予以保留，后同。

所以经过八年的舞台实践，居然提高了一个调门。当然，生逢盛世，心情畅快，是恢复青春的主要原因，但陈先生的理论使我在实践中得到收获，其功也是不小的。

钱宝森先生的《京剧表演艺术杂谈》中的"身段谱口诀"，是钱金福老先生传下来的，内容是一整套综合手眼身法步的表演法则。当年杨小楼、余叔岩、王瑶卿、王凤卿等诸位先生都向钱老学过把子。钱老文武不挡，各行角色都能教，我想，这和他掌握"身段谱口诀"是有密切联系的。

钱老也教过我把子，他的特点是脚步简捷，没有废步，手里交代清楚好看，亮相稳重而有脆劲。我并没听他讲过这套身段口诀，但他所教的都含有这些道理在内，这种秘诀旧社会的环境决定了他不轻易传人，到了今天，才有文图并茂的书供人研究阅读。

这本书出来后，我们同行里也有人觉得什么叫"轱辘椅子"，从来没听说过，有些怀疑；也有人认为实在应该学，可是太难，把这本书神秘化了。而我看了这本书，觉得其中有许多道理是和我个人的经验不谋而合的，谭鑫培、杨小楼两位大师的身段各有特殊的成就，但在基本理论上，我认为和这一套身段谱口诀也是呼吸相通的。我以前也没听说过这套"轱辘椅子"功，但我相信这是一套训练演员在身上调整变换劲头的方法，假使演员已经"开窍"，对劲头运用已很自如，当然用不着再练这套椅子功。我举一个容易引起大家注意而又是一个最简单动作的例子。譬如我演《穆桂英挂帅》第五场，捧印的相，在大锣【凤点头】中，腰上运转的劲头方向，和"轱辘椅子"的要求、"云手"的"起范"等都是一个道理。

当然，这套经过前人精密组织、集中提炼的表演法则，并不是仅从图像文字的示意解释就能完全理解的，还需要请教老师，懂得钻研方法，才能逐渐"开窍"，而最重要的还在"化开"，到了舞台实践中，如何根据每个戏的特点、具体情况，灵活运用，而不是到台上去练一套，后台往往讽刺这种动作为"运气"，那就是说，身上僵劲还没去掉。身段谱的内容不是叫人硬端着架子使劲，而是教人如何找到最"顺"的劲头，做出最"顺"的身段，亮出最"顺"的相。这里所说"顺"字，要求手眼身法步如何配合得当，才能好看，不可误解为"一顺边"。"一顺边"的身段是艺病之一，切须注意避免。

十年来，盖叫天、欧阳予倩、周信芳、程砚秋等同志都写出了表演经验和心得，各种地方戏老艺人也写了不少舞台经验、身段谱、唱腔集等，最近我还收到福建莆田县戏剧协会送我一部带图抄本《莆仙戏传统科介》，图画说明中有数百年前流行在当地的"武头出末""招财进宝"等内容，这本书对于传统科介的图解方法是可供探索借鉴的。

上面所说这些总结经验的著作，大都以新的观点，具体分析了唱做念打如何为剧情和人物性格服务，达到理论与实践结合的程度。今后贯彻"百花齐放，百家争鸣"方针，继续挖掘传统，摊开资料、科学研究、去芜存菁地进行这项工作是有必要的。

对于用文字记录表演，我也有些体会，给演员作记录，必定要彼此了解，关系搞得像一家人那样无话不谈，记录者最好熟悉表演，才能提纲挈领地提问题，表演者就可以随话答话，步步深入，越谈越多。我还知道，不少老艺人往往在随便聊天中，能说出许多精微奥妙的道理，如果有人郑重其事地提笔摊纸请他说，老艺人精神上就会有负担，而不能畅所欲言。

我们在这方面的工作，是不能和研究历史资料截然分割的。例如，我曾看过一本《掌故丛编》里有一条康熙帝的谕旨：

> 魏珠（总管太监）传旨，问南府教习朱四美，琵琶内共有几调？每调名色是怎么起的？［大石调］［小石调］［般若调］这样名色知道不知道？还有［沉随］［黄鹂］等调都问明白，将朱之乡的回话叫个明白人逐一写来。他是八十余岁的老人，不要问紧了，细细的多问两日，倘若你们问不上来，叫四阿哥（按就是以后的雍正帝）问了写来……

从这段资料里，可以看出，想要了解一件事情的真相，选定对象后，就需要考虑他的具体情况，才能问得细，说得清，记得明。

记录表演的工作，应不局限于唱念做，打也应该并重，而这种记录也是早就有的，但比较稀少。1950年举行全国戏曲工作会议时，清代戏曲资料展览中就陈列着几种"串头"。我记得有两本《金山寺》的"串头"，我顺手翻了几页，就看出其中一本角色不多不少，打得很有"俏头"，另一本则神将和小妖特别加多，"档子"安排得冗长堆砌而没有特点。当时我就想起，我在几十年中不断演出这个戏，经过不少武行的配演，安排的"档子"前后有不小的变迁，有后来比以前好的，也有不如从前的，打得好坏看演员的功夫，"档子"安排得好坏看武行头的本领。很多有特点的把子和安排适当的武戏"档子"，长久搁置没有演，是很容易忘记的。某一出戏的打法有几个路子？都是怎样安排的？有特点的把子怎样打法？应该抓紧时间向老艺人细细地多问两日，记录下来。据李春林先生谈起：过去"串头"流传不多，因为从前的武行，文化程度低，有些还是文盲，动笔困难，同时，也不免有保守思想。我想这种说法是有道理的。我们现在的条件不同了，应该记得比前人更好。

从前我办国剧学会图书馆时，看见傅惜华先生从旧抄本上过录下来的两册"穿戴提纲"。里面详细记录了几百出昆腔、弋腔的穿戴扮相（可能还在乱弹腔未盛行前的抄本），我特别注意地找我演过的戏来对照，我记得《游园》里杜丽娘的扮相是穿褶子，披云肩，我小时候还看见过这种扮相，这是当时闺门旦的特点，后来我们就不披云肩了。《惊梦》则是大红褶子，头上戴一支凤。从这种资料中，不仅可以看出演变沿革，同时，对于挖掘传统剧目，参考扮相也是很有用的。

现在有些剧团开出一个稍冷的戏，舞工队同志因为没有扮过，往往手足无措，我认为青年的舞台工作者应该抓紧时间向老先生们随时请教，记在手册里备用。有一天，马连良先生看了内部演出的《斩郑文》后，到我家里闲谈，他告诉我："郑文听说诸葛亮要斩他，有一个甩发的身段，同时要把箭衣袖子夺拉下来，才显得生动，而那天箭衣袖口上套着小袖就甩不下来了。"可见表演与服装是有密切关系的。

拍摄表演艺术的电影记录

关于拍摄表演艺术的纪录电影，我在《我的电影生活》（曾载《电影艺术》）里，谈了很多，这里不再重复，只略加补充。戏曲拍成电影，公开发行是为了给广大观众欣赏的，所以大半是重新编了电影剧本拍的。当然这里面也保存了许多表演艺术的精华，但演员为了学习，在电影里想找舞台上的身段地方是有些困难的。1957年的夏天，京剧工作联合会筹募福利基金，在音乐堂举行义演，我与谭富英同志合演了《御碑亭》，不久，北方昆曲剧院成立时，我与韩世昌院长在人民剧场合演了《游园·惊梦》。当时我的朋友李桂森同志事先组织了丽影照相馆的孙同志在现场把《御碑亭》和《游园》拍了下来。事后还特地拿到我院子里放映，效果不错。所费只是胶片的成本和摄影师一个晚上的时间，再加上冲洗的工本，就完成了两套资料。尽管在观众席中拍摄，受到技术上的种种限制，但可以看出舞台部位，也是有参考价值的。我认为戏曲界为了留资料，可以采用各种方式进行拍摄纪录影片，还必须在不影响老艺人们的健康下抓紧时间，想到就办。1958年，中国戏曲研究院派人到武汉拍摄汉剧老艺人李春森（大和尚）先生的《审陶大》，第二年他就故去了，可见这项工作也是不能因循的。

脸谱

我对脸谱一向很有兴趣，收藏有明代和清初的脸谱，后来办国剧学会时曾专请钱金福、福小田、侯喜瑞诸位先生画过几部。我知道每个名演员从少年到老年，在勾法敷色方面，都有一套继承、发展、创造的过程，成为不同的风格和流派。最近郝寿臣先生画了一部脸谱集，文图并茂，解释清楚，对后学有示范作用，我还作了一篇序言。这部著作，给我一个启发，我提议，演大花脸、小花脸的诸位先生们在纸上多画些自己所擅长的脸谱。武行同志们扮演的番将、小妖等，也有些简单鲜明的脸谱是演大花脸的同志所不掌握的，可以各抒所长地画出来，将来出版一部脸谱选集是很有必要的。历年来，我碰到的国际朋友，谈到脸谱总是追问源流演变津津乐道的，而我屡次出国表演，宣传刊物上所载彩色脸谱，也引起国外文艺界朋友的注意，甚至作为礼品的泥制脸谱，他们都非常欢迎。1935年我在莫斯科演出时，送给斯坦尼斯拉夫斯基先生一匣泥制脸谱，他看了就很喜欢。当然，脸谱也和其他遗产一样，需要继承优秀传统，科学研究，去芜存菁地向前发展。四年前，有朋友介绍医学院教授刘曾复同志来谈，他研究脸谱有二十多年，掌握了各派勾法的特点，我曾借读他的著作，确有独到之处，将来在这方面的整理研究工作，可以向他请教。

培养下一代，培养师资

培养下一代和培养师资这两项工作，是当前极为迫切的课题，我在1958年全国人民代表大会上曾作为专题讲了话，现在就这方面再补充一点。

为什么当年小孩初出台，先演娃娃生，如《汾河湾》的薛丁山、《教子》的薛乙哥？就是观察这个小孩适合哪一种行当，譬如嗓音洪亮，举止阔大的就可以学花脸；嗓音沉着，态度安详的可以派入老生行；声带细而善发高音，姿态较为柔婉的，就可以学旦行。但这不是一成不变的，还要根据倒仓后和生理上发生特殊变化等具体情况，变更行当。

更要注意的一点是嗓子必须保持健全的发育成长，万不可过劳过逸，而过劳的弊病影响一生，当年和我在富连成同台合演的老生金丝红（王喜秀）有一条最受观众欢迎的好嗓子，就由于累过了头，后来一蹶不振；余叔岩在以小小余三胜为艺名的时代，杨宝忠在以小小朵为艺名的时代，都是最受观众欢迎的童伶，可是后来嗓子都有问题，下苦功锻炼也不能完全恢复。这是必须作为前车之鉴的。

演员幼年学艺的基本功，非常重要，这如同盖楼房，一定要打地基，地基打得结实，房子就坚固耐久，学戏也是如此，所以青衣要从《三娘教子》《二进宫》《彩楼配》……入手，这些唱工戏，唱腔比较平正通达，做工也不多，适合小孩学习，把这些戏演熟了，自然熟能生巧，本身就起了变化。

老生一般是从《天水关》《二进宫》等唱工戏入手，也有先学《金马门》（《太白醉写》）的，因为这出戏是娃娃腔，但有的老师就不主张用这个戏开蒙，认为李太白要走出歪斜的"醉步"，这样会养成身上摇晃的习惯，而影响动作的稳重完整。杨小楼先生教他外孙刘宗杨时，刘宗杨曾要求学《安天会》，杨先生说："先别忙学这出，过了二十岁，我再教给你，小孩子先学会一套猴子的身段，没有什么好处。"这些经验之谈，都是极其可贵的。我听说，有些小青年武生想要先学《挑滑车》，而青衣打算从唱做繁重的《宇宙锋》入手，花旦一上来就想学《醉酒》，他们的具体条件我不了解，也许能够收效一时，但这不是一个正确路线，我认为培养演员，要用手工艺方式，精雕细刻，循序渐进，先求稳当，次求变化。

近年来师资缺乏，成为普遍现象，这是一个严重问题。而有高度技术的老艺人，大半身弱多病，这样就必须珍惜他们的精力。应该请他们从一些掌握了基本功夫的成员和有材料的青年学员中挑选徒弟,这样,老师教得省力,徒弟吸收得快,可以事半功倍。这段话我已讲过几次,现在再说一遍,以引起大家的注意。

我听说:有戏校的老师到老艺人的家里学习,回到学校里,立刻对学生修改了自己教学的内容,这种方法比老艺人教小学生,效果大而所费精力不多,应该推广。

另外,我再谈一些个人学戏的体会。中国戏是综合性的艺术,唱做念打、文武昆乱,这就不是一个先生教得尽的。所以演员需要吸取各方面的长处,不能局限于"一家言"。但正在向一位老师学某个戏的时候,提出别人关于这出戏的表演来和老师比较,是没有必要的,这里容易引起老师的误会,认为对他不够信任,教学情绪就会随之低落,对自己没有什么好处。还有,学生用老师不甚熟悉的语汇来将他一军,这种态度,也不是尊师之道,结果,吃亏的还是自己。

话又说回来,老师当中,也难免有对于所教剧目,自己不实授的,最好不要蒙混敷衍,应当向会的人请教,然后,脚踏实地地进行教学,这并不算丢人的事情。

许姬传、朱家溍记

梅兰芳先生对编剧的一些看法

◎ 许姬传

原载《剧本》1962年1、2、3期

《剧本》月刊在一九五九年六月号上,以《梅兰芳谈编剧》为题,摘录了《舞台生活四十年》一、二集里有关剧本的一些看法。接着编辑部特约梅先生写一篇剧本的稿子,他答应了,但没有组织成就逝世了,现在只能把他平日对于剧本创作和整理修改的一些经验看法写出来以供参考。

梅兰芳与许姬传

(许姬传自1931年后担任梅兰芳的秘书)

剧作者与演员的关系

　　剧本从执笔者在辛勤伏案的构思中写好后，由登场演员在观众面前表演出来，经过不断演出，不断修改，有的得到观众拥护，成为保留节目，有的因为不受欢迎就束之高阁，无人问津。这里的甘苦得失，只有身历其境的"案头人与场上人"才说得清楚。梅先生就这方面谈了一些体会，他说：剧作者与表演者，应该说是最亲密的战友，但双方各有所长，也各有所短，写剧本的对于结构、词采、音律、格局……方面是当行，但未必全面通晓表演（包括歌唱、音乐、动作），而演员能够刻画人物，体现剧本精神，也未必有一定的文学修养。像过去"三庆班"的老艺人卢胜奎先生，写了连台轴子

《三国》戏三十六本，汪笑侬、欧阳予倩先生等演的新戏大半是自编、自排、自演，他们是案头人兼场上人，当然最为理想。但在旧社会里，演员受文化程度的限制，这种例子是并不多见的。所以剧作者与演员的关系，必须是截长补短，互相发挥，才能产生站得住脚的戏，一些流传有序的保留节目，并不是一开头就那么紧凑精练的，那是通过许多名演员在舞台实践中不断修改加工，才逐渐完善定型的。

古本、善本的抉择取舍

梅先生指出：古本也可能是善本，善本却不一定是古本，要善于辨别粗精、抉择取舍。今年七月间，他在述说《漫谈运用戏曲资料与培养下一代》时，也对这方面做了分析，我和朱家溍同志曾把他的话记录下来。他是这样讲的：

"关于刊行戏曲剧本，十年来也取得了空前的成绩。郑振铎同志主持影印的《古本戏曲丛刊》已经出版了四集，现在还继续选印。这是演员、编剧和研究版本校勘的珍贵资料。还有京剧和其他剧种，各种选集、汇编不胜枚举。北京市编辑出版的《京剧汇编》对于京剧传统剧目搜罗丰富，都是演员们的家藏本，并且除了讹音错字外，不加修改，保存了原来面貌，有些还是名演员的准纲准词，非常可贵的。我建议今后还可以多刊行一些标准的演出本。

"印行老本子有它一定的价值，但老本子不一定是最标准的演出本，举个例子来说：《京剧汇编》里的《青石山》我看了'卖符'一场，就知道这是一个老本子，但不是最好的演出本。我曾看过名丑罗寿山先生扮演《青石山》的王老道，'卖符'一场，语言生动幽默，并且每次演出，都有准纲准词，决不随便'抓哏'，内外行都认为他演得好，当然，这是由于罗先生的冷峻神情和幽默台词密切配合起来，才能收到这样效果的。以后王长林先生等都宗这一派，现在戏校教员罗文奎是罗寿山先生的侄儿，他从前在我的剧团里和名武旦朱桂芳合演《青石山》，就是根据他伯父这一派，所以罗文奎肚里的本子，应该说是'卖符'的标准演出本，但他家里未必有写在纸上的本子，这种情况是很普遍的。我的本子，和我演出的台词，也不尽同，有的并且出入很大。例如我家里的抄本《霸王别姬》，是我和杨小楼先生合作时期，演了多次以后的一个修改本，到一九三六年我们在天津合灌《别姬》唱片时，又和这个本子不一样了。常唱的戏，在实践中逐渐修改提高，所以时刻有变动，但这些变动往往没有写到纸上去。一直到解放后，中国戏剧家协会编印我的剧本选集，由几位同志组成一个小组，特为此事在演出时录音，从录音写到纸上，经过仔细核对磨勘，才有了《别姬》的演出本。

"名演员的演出本，好处是唱词上口响亮，对白紧凑顺适，场子安排得当，但也不是尽善尽美、完整无缺的。前年，我看到一本集光绪年间的抄本《长坂坡》，总的看来没有后来的演出本精练，可是其中词句内容，也有比后来演出本高明的地方。例如糜夫人中箭一场，我当时根据王瑶卿先生的本子唱：'随定难民往前进，不想中了箭雕翎，怕的是阿斗无有命……'老本这几句是'指望军中逃性命，谁知受伤步难行，勉强抱子来扎挣……'假使用幻灯打出台词，请观众来审定，谁都会说这几句唱词要比那个'箭雕翎'类的水词好一些。这种例子在古本与名演员的演出本之间，可能还不是太个别的，所以剧本的校勘、甄别、鉴定是一项很重要的工作。拿《长坂坡》来说，当年经过杨小楼、王瑶卿两位前辈大师的不断修改、加工、创造，直到今天还流行在舞台上，那肯定是比光绪年间的古本要精练集中，但上述的几句唱词，就有恢复古本的必要。"

修改台词的经验

在关键性的地方，一句台词，甚至一个字的更动，都能起到提高剧本思想性、突出人物性格的作用。譬如《宇宙锋》"金殿装疯"一场，秦二世皇帝命武士架起刀门后，对赵女说："再若疯癫，斩头来见。"赵女不怕杀头，还向他作坚决的斗争，梅先生以前唱的老词是：

"哎呀呀，我也不知道这位皇帝老官有多大脸面，动不动就要斩头来见，你可知道，一个人的头，若是斩了下来，就长不上了。"这几句台词的含义，是骂秦二世暴政害民，残杀无辜，但梅先生觉得劲头还不够，同时嫌太平直，也不像疯子的话。一九五四年筹备拍摄《宇宙锋》等影片时，他打算修改这句念白，这时，我的弟弟源来从上海来京，谈起在上海碰到一位戏曲教师郭圣与，他曾向老艺人德珺如[1]学过《宇宙锋》，就背诵了"金殿"一场的台词，"就长不上了"郭圣与念作"他还能长得上啊"。梅先生听了拍手说"好"。几天后，恰好有一个晚会，他主动提出演《宇宙锋》，他把念了四十年的这句老词，改为：

---

[1] 德珺如早年唱青衣，后改小生，当时的习惯，小生是不敷粉的，德珺如的皮肤黑，就用了点粉彩，谭鑫培和他是儿女亲家，常跟他开玩笑，说他有胭脂气。

"……你可知道，一个人的首级若是斩了下来，他还能长得上啊。"

那天马彦祥同志和我坐在一起看戏，听到这一句，他对我说："这句改得比老词有力量，梅先生的意思是说，杀了一个赵女，还有第二个、第三个继续向皇帝斗争。但结尾'啊'字的语气，带有问号的意味，不够清楚，这里要用斩钉截铁的肯定字眼。"当晚，就把这番话告诉了梅先生，他认为很对，就把"啊"字改为"噢"字。"噢"字是肯定语气，用在这里非常恰当。

《宇宙锋》"修本金殿"的台词，梅先生从四十年前就开始修改，例如老本中赵女对赵高说不愿改嫁的理由是"自古道嫁鸡随鸡转，又道是嫁狗随狗眠"，他当时觉得把女子比作"鸡狗"，实在太不像话，就请王瑶卿先生修改。王先生改作"嫁乞随乞转，嫁叟随叟眠"。从鸡狗改为乞丐和老头子，虽然提高了一步，但字面不显豁，唱起来也不响亮。解放后才改为"想当初嫁儿身已从父愿，到如今还教儿争宠君前"。其他个别字句的修改，一直没有停过，一九五五年拍《宇宙锋》影片时，还把"随我到红罗帐倒凤颠鸾"改为"随我到红罗帐共话缠绵"。以后，梅先生在舞台上演出时，又把"红罗帐"三字改为"闺房内"才作为定本。但他认为德珺如先生口授的本子里那句念白的思想性，就比一向流行的演出本要高，而彦祥同志对一个字的推敲，也是不可忽视的。

从上面一系列的修改例子里，使我体会到梅先生广搜博采，扩展见闻，从比较分析中判断出古本与流行演出本的优缺点，择善而从。而"学无止境"的道理，也正说明了艺术需要不断钻研，精益求精，如果满足于眼前的一些成就而沾沾自喜，就会故步自封，往后倒退。

京剧剧本结构的特点和警句

一九五八年的春天,梅先生应苏联专家的邀请,在北京西郊友谊宾馆,作了《京剧的舞台艺术》的报告。现在摘录他介绍京剧剧本结构的部分:

"京剧剧本的结构以往都是分场的,分场的好处是把故事、人物集中、概括地加以描写,排除了烦琐的、不必要的叙述过程,集中表现最主要的东西。如果说生活的真实要求艺术地表现出来,那么舞台戏曲艺术的表演规律,就是通过上下场的形式来表现生活真实的。上下场的形式又是多种多样的,主要还是由于剧本的不同主题、不同的剧情、不同的人物和不同的环境来决定的。场子与场子间的衔接能同时表现情景和人物,使写情、写景和写人物是一致的。

"京剧剧本的台词是以概括、简练的诗歌,具有音乐节奏,适合朗读的语言组成的。这种语言的特点也是多样化的,有抒发剧中人思想感情,或介绍剧情、经历的独唱、独白,也有表演人物日常生活中对话式的对白,还有'背供'。'背供'是表现剧中人在独自思考问题,自言自语地说出心里的话,表现形式往往是抬手举袖,与同台的剧中人表示隔开,他们是互相听不见的。这在外国戏中也有,举例来说,果戈理《钦差大臣》剧中,有一幕描写市长向假钦差纳贿时,市长说:'这笔钱如果他收下了,以后的事就好办了。'这句话就是在假钦差身旁,但又不作为对话说的。这种情形和中国戏的'背供'很相似。

"中国戏的歌唱、念白根据中国的文字是单字发音,也就是说中国文字是一字一音的，除用鼻音时外，一般听不见字后的子音，如'猫'就念 mao，不像英文 cat 有子音。因此每个字都有严格的音韵规律，并且都具有音乐性，而唱念的时候，却又是整体结合起来的。比如京剧《捉放曹》中两句唱词：'秋风吹动桂花香，路上行人马蹄忙'，每句虽是七个字，但唱时，则作'秋风——吹动——桂花香'，实际上只分成三节。腔不能打破节拍，节也不能把句子打乱，句子又不能离开人物的中心意思。京剧唱词，基本上以七字句、十字句最多，尽管有长达十几个字的一句唱词，仍不脱离二—二—三，或三—三—四的基本格式。多余的字，等于衬字。念白除'京白'比较接近生活语言一些外，一般韵白都比较整齐，偶数句较多，念起来抑扬顿挫，很有节奏。好的念白也和唱词一样，要精练集中，套言不叙。李笠翁讲宾白要'意多字少为贵'，要极有经验的见解，传统剧目中往往有一两句震荡人心的句子，足以点清主题，出色地刻画人物。如《狮子楼》当武松向县官控告西门庆，县官不准，反将他杖责，他念到'我兄长的冤仇无日得报'，随从他的护兵（原剧本是'士兵'，因对国际朋友讲话，故改作'护兵'）忽插入一句白'二爷，那西门庆难道说还胜似那景阳冈的猛虎不成！'这一句话，就震动了武松，也震动了整个的戏，使武松下决心去杀西门庆，多么有力量！"

梅先生认为戏中的"警句"，如同菜肴里的"味精"，能够提味开胃，又如饮佳茗名泉，能使芳留齿颊，舌本回甘。在《群英会》中《草船借箭》里，曹操下了场，蒋干的独白："吓，怎么又坏在我身上，哎呀，这曹营中之事，实在难办，啊，难办得很啊！"这句话的妙处，在于点清了曹营的"着着让人高"，中计失败后，互相推诿责任的情形，"怎么又坏在我身上"的"又"字和前面的"盗书"紧密呼应，同时也十分形象地描绘了蒋干的尴尬狼狈、无以解嘲的"洋相"，所以是典型的"警句"。

《穆桂英挂帅》第五场里，穆桂英表现思想斗争胜利后所唱"难道说我无有为国为民一片忠心"一句，是他反复修改过的。梅先生说："如果不用这种口问心的句法，就会大大冲淡气氛，影响表演。"

最近，我在周信芳先生演剧生活六十年纪念的盛会中，看到周老演出的名剧里，都有令人难忘的"警句"，如《义责王魁》里，王中念："我家相公平日言语柔和，今日为何这等模样？唔！中了状元了。"这句台词很好，而周老念得更妙，给我的印象是，这位老王中没有看见过状元，他以为中了状元就会改脾气，周老用幽默的神情语气来嘲讽当时这种一朝身荣耀、忘却旧糟糠的衣冠败类、无耻文人，是入木三分的。这如同名画家老年的作品，着墨无多而神韵独绝。可惜梅先生逝世了，他如果听到这种"警句"和看到这样精彩的表演，一定会拍手叫绝。

这些警句是怎么来的呢？当然首先是和剧本的结构有关，有才华的剧作者根据剧情发展才能信手拈来，都成妙谛。像《狮子楼》，武松正在犹豫不决时，才逼出士兵这句话；《群英会》曹操中了孔明借箭之计，拿蒋干出气，才把蒋干的牢骚话引出来；《义责王魁》里王魁中状元后，神情有异平日，王中才有这点疑问。而穆桂英如果没有这个思想转变过程，也就很难说出这句符合爱国女英雄的气概的心里话来。

但梅先生也说过，有些剧本言言得当、句句切题，即使没有上述的警句，仍不失为佳作。为警句而警句，不一定能增添剧本的光彩。

周信芳、梅兰芳二位艺术大师,他们早年同在"富连成"搭班,解放后一同参加革命,所应行当虽不同,但演出的各种类型的人物、吸收各方面的营养来丰富创造,却是一致的。

梅先生以他四十多年的艺术积累,成功地塑造了晚期穆桂英的典型形象,周先生集中了他一生所演的衰派老生——院子苍头戏的经验,出色地完成了王中的典型形象。我认为这两个戏是他们二位晚期的代表作,而之所以给人这样深刻的印象,又是和他们精选题材、善用所长密切相关的。

从"选题"谈到《穆桂英挂帅》

《李笠翁偶集》在词曲部里分为结构、词采……七项,排列的次序恰当,对于编剧技巧,谈得也很在行,可资借鉴。但梅先生认为,在这七项之前必须加一项"选题",因为选题的得当与否,往往能影响一部戏的成败。选题在旧社会里,不外乎"忠孝节义、才子佳人",而今天我们必须服从社会主义建设的总的要求,既要考虑对现实的教育意义,又要注意到符合历史真实。道德标准虽有今昔之异,但都要"有戏",才能吸引观众,感染观众。

梅先生根据他的经验说:"选题时,也应该考虑到剧团的主要演员的创作意图和具体条件,譬如,我在建国十周年国庆时,就从几个题材中,经过反复考虑,选定了《穆桂英挂帅》。因为中年穆桂英反异族侵略的爱国主义精神和豪迈持重的性格特点,很吸引我,剧中人的年龄性格对我来说也比较适宜。同时,青衣、刀马旦这两类角色如何更好地结合起来,又是新的课题,我打算在这个戏里进行一些新的探索。"

梅先生认为这个戏能够适应国庆节日,薄海腾欢的气象,就决定编演《穆桂英挂帅》。由中国京剧院约定陆静岩、袁韵宜两位女同志编写剧本,郑亦秋同志担任导演。剧本完成后,经过大家共同反复研究,梅先生觉得整个戏的结构,似乎前紧后松,抓不住突出穆桂英性格的高潮。我就和导演郑亦秋同志讨论这个问题。亦秋说:"第五场有空白,以梅先生的丰富经验和高度演技,大有可为。"我把这个意见告诉梅先生后,他又反复阅看了剧本说:"亦秋的话有道理,这一场可以发挥创造。"就以第五场为重点进行排练,梅先生认为前半出的穆桂英是青衣,必须有一段"慢板"才够分量,所以在这一场开始时加了四句〔西皮慢板〕以表达穆桂英爱国爱家的复杂情绪,这样与后面先不愿挂帅,经过思想斗争而后捧印下场的高潮,能够起到"静"与"动"的对称作用。在表现思想斗争的一段哑剧前后的几句"散板"台词,也经过他亲自挪动修改,才与表演取得一致,成为高潮。

剧本初稿,佘太君下场后,穆桂英的唱词是这样的:

二十年抛甲胄宝剑生尘,一旦间配鞍马再度出征。为宋王我本当纳还帅印,怎当那老太君慈训谆谆。一家人闻边报争先上阵,穆桂英岂无有为国为民一片忠心。

梅先生把它改为:

一家人闻边报雄心振奋,穆桂英为保国再度出征。二十年抛甲胄未临战阵……难道说我无有为国为民一片忠心。

在唱完第三句后，梅先生随着轻重缓急打击乐的节奏，用眼神手势表现了"心白"（即潜台词）：揽镜自照，已非当年，部属凋零，殊堪顾虑，又想到文广、金花等青年小将已成长起来，可助一臂之力。这段哑剧做完，接唱："难道说我无有为国为民一片忠心。"她背对观众，面朝上场门，听到马嘶鼓震，跑圆场、翻水袖，转身亮相。观众顿时觉得他眼睛里放出异样光彩，从面部表情到全身动作，都显示出穆桂英已经考虑成熟，充满了战胜敌人的乐观信心。

梅先生认为这段哑剧只有在唱完"二十年抛甲胄未临战阵"来做，才符合一个息影家园多年的宿将，突然奉令挂帅应有的种种顾虑，反映出这个元帅"临事谨慎"的谋国之忠。

那次排戏，采取边排边改的方法，在响排时，我的弟弟许源来觉得第五场杨宗保在台上很僵，就建议宗保可以不露面。梅先生同意这种处理，并主张在下面给宗保加一场戏，使得扮宗保的姜妙香先生可以发挥。同时，戏撑长一点，对穆桂英改扮戎装、披蟒扎靠，时间上比较从容。

这个戏演出后，梅先生集中精力地不断加工创造，并听取各方面的意见，对剧本和表演进行细致的修改，在一次比一次提高而走向精练完整的境界时，他兴奋地说："我对一向流传在民间的这位巾帼英雄的故事，从她少年到中年时期的爱国思想的贯穿线，通过《挂帅》的演出，就理解得更为深刻全面，而格外热爱她。特别是当我演到第五场，穆桂英唱完'二十年抛甲胄未临战阵'后的一段哑剧时，就不知不觉地和我在抗日战争时期，辍演八年，重登舞台时的顾虑，嗓子、扮相、配角种种问题结合起来，和穆桂英当时的处境有了共鸣，所以有痛快淋漓之感。"

有一次，梅先生在容纳一万人的人民大会堂演《穆桂英挂帅》，事先有人担心，第五场单人的表演，恐怕不好办。梅先生说："没有问题，人民大会堂刚完工，我就在那里演过戏，以后，我又经常在台上开会，大小尺寸心中有数，应该不至于有困难。"

那天演完后，有几位老观众对梅先生说："第五场戏，在这样深广的舞台上，能够演得那么饱满充实，紧紧拢住全场观众的神，足见你的思想感情与穆桂英融为一体了。"这句话可以意味到他们对这段哑剧所包含的复杂感情，又与梅先生的联想有了共鸣。从这里不难看出梅先生在选用这个题材时，对于塑造穆桂英的英雄形象，已经胸有成竹了。

剧本文学的重要性

有了好题材，不一定能操必胜之券，如何更好地表现主题思想，塑造人物形象，那就需要从结构、词采、音律、宾白、科诨……各方面下功夫锤炼，使演员能够发挥创造，出色地完成任务，成为光景常新的保留节目。因此，编写剧本，在文学创作方面，是一项极其细致复杂的工作，一个剧本的成功，不知要费尽作者多少心血，"谁知盘中餐，粒粒皆辛苦"，正好说明这个问题。

梅先生常说，大家都知道，剧本文学性很重要，自从剧场有了幻灯设备以后，对于剧本文学的提高更为迫切。有些传统剧目，由于结构、场子、舞台调度、表演、唱腔等安排得当，一向很能吸引观众，但字幕打出来后，其中夹杂着一些空泛重复，句法不精的"水词"，看了觉得别扭。个别新编的剧目，又发现另一种情况，那就是堆砌漂亮字眼，绕弯子，却找不着头绪，甚至念不断句子，再配上一些几乎分不出［西皮］［二黄］的唱腔，就如同满地撒金钱，不知拣哪个好，观众看了，听了也不见得舒服。

京剧是百多年前从北京城里繁荣发展起来的，它之所以能够代替昆曲、高腔风行全国，主要原因在于结构紧凑，台词通俗，但紧凑不等于拥挤，通俗不等于粗鄙，应该在这个基础上发展提高，使剧本的思想性和艺术性能够适应当前观众的需要，对这方面，梅先生曾提出几点要求：

四声熨帖

中国的文字、语言、歌唱都离不开"四声"。在旧社会里，有些私塾老师教小学生认识方块字，往往先把每个字的平、上、去、入告诉学生，等到念书时，为了便于查字典，就教"反切"。今天用拼音字母，代替了传统的反切，也是用音高判别四声，读准字音。戏曲的造句方法，不但要合辙押韵，还要把四声，阴、阳、清、浊、尖、团，安排熨帖，唱起来、念起来才能铿锵好听。戏曲舞台上，音韵格律最严的是昆曲，李笠翁在"音律"一款里具体分析了填词之苦，他说：

> ……尝于填词一道，则句之长短，字之多寡，声之平、上、去、入，韵之清、浊、阴、阳，皆有一定不移之格。长者短一线不能，少者增一字不得，又复忽长忽短，时少时多，令人把握不定，当平者平，用一仄字不得，当阴者阴，换一阳字不能，调得平仄成文，又虑阴阳反复，分得

阴阳清楚，又与声韵乖张，令人搅断肺肠，烦苦欲绝，此等苛法，尽句磨人。

从他这段话里，使我们体会到元明以来的许多伟大的剧作家如王实甫、关汉卿、汤显祖等，给我们留下的心血凝成的作品，是天才和学力结合起来的珍宝，这些苛法磨不倒他们，只觉得遣词新颖，才气纵横，人物鲜明，语言隽永。

以〔二黄〕〔西皮〕曲调为主的京剧台词，虽然灵活自由得多，不像昆曲那样苛法磨人，但也有一定的规格，讲究抑扬顿挫，节奏鲜明。正如梅先生所说的："京剧唱词，基本上以七字句、十字句最多，多余的字，等于衬字。"他还以句子、节拍、唱腔的关系举例说："……比如京剧《捉放曹》中两句唱词：'秋风吹动桂花香，路上行人马蹄忙。'每句虽是七个字，但唱时，则作'秋风——吹动——桂花香'，实际上只分成三节，唱不能打破节拍……"他常说〔二黄〕〔西皮〕的唱腔有上下句之分，不容混淆，哪个字拉长腔，哪个音往上翻，哪个音落下来，都有一定的规格，尽管可以变化创造，但不能脱离基本格式。因此，写剧本时，不仅要把四声平仄对称搭配，阴平阳平也要用得适当，才能与唱腔水乳交融，和谐好听。

他认为欲求字正腔圆，腔必须服从字，而有些剧目中，往往拿字来迁就唱腔，字音就"倒"了。多年来，梅先生对读准字音方面，很下了功夫，有的稍稍改动唱腔，就把"倒"字唱正了，也有些字，限于上下句腔的程式，如果硬扳过来，字虽正而腔不圆，内行对这种生硬的修改叫作"硬山搁檩"，所以遇到修改唱腔不能解决问题时，就只能改词了。例如《贵妃醉酒》中高力士进酒时，杨贵妃的唱词是"通宵酒，捧金樽，高裴二卿殷勤奉"。以前依"四平调"的格式唱，通宵的"宵"字太低，不像阴平声。梅先生在一九五五年摄影片时，就把这句改为："同进酒，捧金樽，宫娥力士殷勤奉。""宵"字改为"进"字，听上去唱腔不变而字音准确熨帖了。梅先生指出，为了纠正字音，修改唱腔，也要照顾到剧中的具体情况，这句老词，只说高、裴进酒，事实上是太监宫娥都向杨贵妃进酒，改成"同进酒""宫娥力士"，词意就更完整了。

他还补充说：有时不整齐的长短句，也许能出新腔，只要它的结构基本上符合"二—二—三、三—三—四"的造句规律。但这可备一格，如果"数见"就"不鲜"了。

密针线

李笠翁在"结构"的"密针线"一款中，推荐《琵琶行·中秋赏月》一折："同一月也，出于牛氏之口者言之欢悦，出于伯喈之口者字字凄凉，一座两情，两情一事，此其针线最密者。"

我们京剧《群英会》里《草船借箭》一场的唱词对白，也是针线细密，并且口吻各肖其人[1]：

---

[1]《群英会》是卢胜奎先生所编三国戏《赤壁鏖兵》八本中的第四本。据萧老(长华)说："卢先生是读书人，在衙门内当过书吏，性爱戏曲，模仿余三胜先生。程大老板(长庚)请他到'三庆班'排连台轴子三国戏，以后就在三庆班下海，成为专业演员。"我们知道卢先生编三国戏是按照《三国演义》写的，但他曾对朋友说："《三国演义》固小说家言，吾尝取陈老(陈寿所著《三国志》)校核之，虽不无增设装点，而相合处颇多。"这里所说的"口吻各肖其人"是指剧本依据《三国演义》描写的人物性格而言。

> 孔明唱:"一霎时白茫茫漫江雾露,顷刻间辨不出在岸在舟,似这等巧机关世间少有。学轩辕造指车大破蚩尤。"鲁肃唱:"鲁子敬在舟中浑身战抖。"孔明从容劝酒夹白:"干!"鲁唱:"把性命当儿戏全不耽忧。"孔夹白:"大夫你饮哪!"鲁唱:"这时候他还有心肠饮酒。"孔夹白:"干。"鲁唱:"怕只怕到曹营难保人头。"

这两段唱词里说明:二人同坐舟中饮酒,诸葛亮欣赏这漫江雾露是胸有成竹,可以借箭交令。而鲁肃莫名其妙,却认为诸葛亮干了一件傻事,非但不能借箭,反而自送性命,很替他担惊受怕,只描写他一个"怕"字,也是一座两情,两情一事。

老本《祭江》,孙尚香的 [慢板] 唱词是:

> 曾记得当年来此境,浪打鸳鸯两离分。从今后不照菱花镜,清风一现未亡人。

孙春山先生(当时的业余戏曲研究家)改编为:

> 想当年截江事心中悔恨,背夫君撇娇儿两地里离分。闻听得白帝城皇叔丧命,到江边去祭奠好不伤情。

梅先生认为,这四句改得显然比老本强。老本只说,一个妇人死了丈夫,从此不再打扮,立志为亡夫守节,空泛一般,好像"七分三寸的帽子,人人可戴",每一个新寡的女子都可以唱。而改本第一句从"截江"二字就告诉观众这是孙尚香,同时也点清孙尚香一生引为悔恨的就是这件事。第二句说明悔恨的具体内容是"背夫君撒娇儿两地里离分"。第三句指出刘备死在白帝城,第四句表明孙尚香要到江边祭奠,又和截江悔恨联系起来,这样就只有孙尚香才能唱这四句,而且,词浅意深,层次井然。

梅先生在《舞台生活四十年》第一集里曾介绍了这两段新旧唱词和孙先生创造的新腔,他说:"譬如第一句的腔,重在'悔恨'二字,要把孙尚香的一腔怨愤,很曲折地表达出来,真是好到极,末句'到江边'三个字的尺寸,他唱得比较快,就显得干净利落。"

梅先生早年是根据师父所教老词唱的,以后就不常演这个戏,但在灌唱片时,却用了孙先生的新词、唱腔。

从《祭江》的例子里还可以看出,好的唱词,更能发挥唱腔的感情,唱的人起戏,听的人过瘾,针线也就更密了。

词意连贯

京剧,是用最易懂的戏曲语言来表达剧本规定情景和人物的思想活动。这如同画家的白描,用准确经济的笔法,勾勒出人物的精神面貌,是异曲同工的。因此首先要注意词和意的准确性和上下句的连贯性,先说什么,后说什么,使观众听得清,记得住。例如:《秦琼卖马》里当秦琼用酸楚的声音念:"店主东牵马"叫板起唱:

> 店主东带过了黄骠马,不由得秦叔宝两泪如麻。提起了此马来头大,兵部堂黄大人相赠与咱。遭不幸困至在天堂下,还你的店饭钱只得来卖他。撒一撒手儿你就牵去了吧!但不知此马落在谁家。

这一段唱在过门中穿插着店主东的夹白问话,就扣得准,接得活,连得好。同时,把秦琼的落魄处境和无可奈何卖出爱马的心情也层次分明地表达出来。

《宇宙锋》里"修本"一场,当赵高答应修本,奏请秦二世减轻匡家之罪后,赵女唱四句[原板],老词是:

老爹爹发恩德将本修上,明早朝上金殿面奏吾皇,我主爷有道君皇恩浩荡,观此本免了儿一门祸殃。

梅先生认为第三句"我主爷……"词意不够准确,因为虽然赵高答应修本,但准与不准,权在秦二世,现在赵女以为本章上去,秦二世一定批准,未免把事情看得太容易,况且匡家被诬成有刺王杀驾之罪,能不能马上赦免,也不那么简单。所以他就把"我主爷"三个字改为"倘若是",这样,把肯定改为希望,是符合赵女当时的想法的,词意连贯了,也就有着准确性了。

有景有情

剧本要求的文学性,不是填塞堆砌一些僻典生词,自炫其能,也不是推翻京剧传统的结构,取消"腹语体"的"引子"、"定场诗"、独白、独唱,改成像话剧那样第一人称,而是要从有景有情的具体描写来刻画人物,诀窍在于熟词生用,烹炼得当,梅先生最欣赏《监酒令》头场、刘章的唱:

[帘内导板]:微风起露沾衣铜壶漏响,[回龙腔]披残星带斜月巡察宫墙。站立在金水桥用目观望,又只见紫雾腾云绕建章。这龙楼与凤阁依然无恙,怎不见当年的创

业高皇。到如今扶社稷谁是良将，不由人心酸痛泪落数行。

这个戏的内容是写汉高祖刘邦死后，吕后临朝，大封吕氏宗亲，意在夺刘氏天下，刘邦的孙子朱虚侯刘章，借吕后大宴群臣时，向她讨得监酒令官，当筵以监酒为名，斩了两个姓吕的，使吕产、吕禄的气焰为之慑服。

这八句唱词是写景写情的典型佳句。前面四句从刘章一路行来所见所闻的自然景色的风、露、星、月、云、雾，配合音箱，建筑——铜壶、宫墙、金水桥、建章殿，就勾画出一幅宫廷的夜景。后四句是由景生情"龙楼""凤阁"都是习见的熟词，但"依然无恙"四字就把刘章的忧愤心情透露出来，下面三句从怀念高皇，想到诸吕谋篡，朝政日非，安得"良将"来"扶社稷"，紧紧扣住刘章的身份，使景和情有机联系起来，不但有气势，而且刻画出刘章不畏强御的性格，可以看出作者的才华。

当年老观众曾在文字和口头上谈到《监酒令》，他们认为名小生徐小香演刘章，"悲壮苍凉，英光迸露"。而程长庚先生给他配演陈平，与刘章共商对付诸吕之策，有九段对白，旗鼓相当，功力悉敌。

梅先生认为这个戏，头场最重要，他看过唱工小生德珺如的《监酒令》，是从帘内倒板唱起，不过与陈平的对白已大为减少，因为扮陈平的是三路里子老生，所以也只能听儿句小生的唱腔而已。后来，姜妙香先生很爱这出戏，他总是从头唱起，一丝不苟，给人的印象是深刻的。可是有些小生不演头场，就变成一出敷衍凑数的戏，毫无特点了。梅先生指出："有了好本子，还要牡丹绿叶搭配整齐的好演员来演，才能满足观众的愿望，所谓'戏保人、人保戏'

的说法，分开来是有限度的，如果并在一起，连环互保，力量更大，而戏也更饱满了。"

《西施》里"响屧廊"的情景描写

梅先生以为，剧本对景和情的描写，必须细致深刻地从人物性格的特征出发，才能情文并茂，生动感人。他在编演《西施》时，曾向执笔的罗瘿公先生说："我们编这个戏的用意，是因为西施的故事，可以激励大家的爱国心，但不能把她描写得过于阴森可怕，那样就未免唐突西子了。"他还说："西施在'响屧廊'月下闲步一场的唱词，要从思念国仇、怀恋故乡的感慨中，透出诗情画意。"罗先生说："我理会得。"

果然"响屧廊"一场戏的台词，符合梅先生的理想，做到了从情景中表达出剧中人报国、怀人的内心深处，而板式和唱腔的安排熨帖，唱起来就更能抒情：

> [二簧导板]：水殿风来秋气紧，[回龙腔]：月照宫门第几层。[慢板]：十二栏杆俱凭尽，独步虚廊夜沉沉。红颜空有亡国恨，何年再会眼中人。

这段词，第一句就笼罩全场，把清冷寂寞的宫廷环境勾画出来，而"秋气紧"的"紧"字用得好，它点清了深秋节令。第二句"第几层"和第三句的"俱凭尽"是古诗中虚实对照的写法。第四句"独步虚廊夜沉沉"的"独"字、"虚"字，写景写人，幽静凄凉，"沉"字的韵也押得舒服。末句"眼中人"的"眼"字最妙，这如同下围棋做成了"活眼",带动全局皆"活"。因为随便哪个听众都能理会到西施的眼中人是范蠡。

有一年,梅剧团旅行演出时,说明书上把"眼中人"印成"意中人"。梅先生觉得这一字之差,出入很大,就对经管印刷校对的同志说:"这个字改错了。"他答:"怕是工人排错的。"梅先生托付他:"过几天再演这个戏,务必改回来。"事后,梅先生对我说:"他们往排字工人身上推,我估计是有'高人'动笔改的,这位好心人以为'意'字比'眼'字更贴切,结果就把这块活棋的'眼'给填死了。"

梅先生的看法很对,我们的确意味到作者描写西施当时的心情,报仇复国是第一要义,她有眼力能够认识范蠡这个英雄人物,所以用"眼"字比较含蓄有味。这可以从下面的大段独白中看出这种倾向:

> 我,西施。自到吴宫,十分得宠,朝朝侍宴,夜夜笙歌,那吴王已是沉迷酒色,不理朝纲,把当年的英气消磨过半了。想我越国被吴王破灭,越王身为囚虏,男为人臣,女为人妾,这是我越臣民莫大之耻。幸得范大夫用尽智谋,将我献与吴王;吴王见喜,已将越王释放回国,我君臣上下立志图强,将来定有报仇雪恨之日,那范大夫言道,报仇的重任都在我西施一人的身上,为此,不得不尽力而为。前日吴王听信伯嚭之言,领兵伐齐去了。今夜月明如水,夜色清凉,思念国仇,不能安寝,为此,来在这响屧廊前闲步一回,思前想后,好不闷杀人也。

剧情发展到这里，似乎西施心里的话已经说完，就该回宫歇息了，可是峰回路转、柳暗花明地从"好不闷杀人也"一句叫板起唱"南梆子"：

> 想当年苎萝村春风吹遍，每日里浣纱去何等清闲。偶与那范大夫溪边相见，他劝我家国事以报仇为先。因此上到吴宫承欢侍宴，并非是图宠爱列屋争妍。思想起我家乡何日回转，不由人心内痛珠泪涟涟。

这段唱词，从月明如水的秋夜，回忆当年初见范蠡时"春风吹遍"的光景，一笔扬开，情景俱新，最见剧作者的思路。文章讲究波澜起伏，最忌一味平直，命意遣词要跳脱生动，而又不能离开现实，这是古代诗人惯用的手法。我们读白香山的《长恨歌》，到"悠悠生死别经年，魂魄不曾来入梦"，好像是没有其他可说的了，下面"临邛道士鸿都客，能以精诚致魂魄……"把上文一笔扬开，另辟一条新路。底下写到"上穷碧落下黄泉，两处茫茫皆不见"，又仿佛是此路不通了，紧接着再扬开一笔："忽闻海上有仙山，山在虚无缥缈间……"，使人们读了有奇峰突起、绝处逢生的感觉，这一大段里包括着许许多多的事情，一直到收句"此恨绵绵无绝期"才结束全篇。他这种两次扬开的笔法，当然对全部结构本来胸有成竹，而在层次安排上避免平铺直叙，使行文更加跳脱，就觉得丰富多彩了。我们再看杜工部的《韦讽录事宅观曹将军画马图》这首诗，他把画马的人是谁，画的是什么马，以及爱马的人，全都交代明白了，末段忽然谈到真马：

> 忆昔巡幸新丰宫，翠华拂天来向东。腾骧磊落三万匹，皆与此图筋骨同。自从献宝朝河宗，无复射蛟江水中。君不见金粟堆前松柏里，龙媒去尽鸟呼风。

这里把皇帝出宫游玩时带出来的马和画家画出来的马作对照，先把纸上的马一笔扬开，很快又收回来，表面上看这样真马假马交叉着来写，好像热闹极了，但是诗人的用意，恐怕还在着力衬托出"龙媒去尽鸟呼风"的凄惨景象。杜、白二位大诗人的诗笔，尽管波澜起伏，变化不穷，但有一个共同的原则，都是抱着本题发挥，并不脱离现实。文艺方面各个部门的作品，体裁虽然有别，道理无不相通，书、画、诗、文全都如此，剧本创作当然不例外。罗瘿公对旧体诗下过功夫，所以懂得这种手法。

我记得，在台下看到这里，"南梆子"过门一响，梅先生的眼神、动作、台步、声音都变得轻松了，不知不觉地把观众带到一个春光骀荡、水绿山青的江南景色里。

下面梅先生在"因此上到吴宫承欢侍宴，并非是图宠爱列屋争妍"这两句的唱做方面，深刻地表达了西施在吴宫为了复仇救国，不得已承欢侍宴的矛盾心情。这和末场"五湖"，西施对范蠡唱的二六能够呼应起来，唱词是：

> 提起了吴宫心惆怅，犹如一梦熟黄粱。朝朝暮暮在姑苏台上，馆娃宫西畔又建响屧廊，三千粉黛人人惆怅，一身宠爱迷惑吴王，佯欢假媚多强，柔肠百转度流光。功成喜见贤君相，这才是天从人愿配才郎。

梅先生根据唱词内容，从唱腔中、眉宇间委婉抒情地传达了西施在吴宫的"佯欢假媚""柔肠百转"的痛苦生活，博得观众对这位爱国佳人的同情。

梅先生初演《西施》时，前部"采莲""馆娃宫（羽舞）"，后部"响屧廊""五湖"都用布景。解放后"采莲"的场子删掉了，"馆娃宫"的景也取消了，只有"响屧廊""五湖"两场还用景。一九五四年梅剧团在上海人民大舞台演《西施》，副团长姚玉芙对梅先生说："我们规定前后部《西施》只演一次，可是'响屧廊'的景做起来要花不少钱，没有景又怕影响表演（按这堂景当年是仿照颐和园的长廊搭制的，廊内还挂着宫灯，西施在廊里有表演）。"梅先生说："我想干脆不用景，景是根据剧本设计的，我出台后，可以从身上把景带出来，不会影响表演。"

那次，不用景，效果很好，我们依然感到西施在迂回曲折的长廊里闲步望月。梅先生演过后说："这样更痛快，由狭窄的廊子变为虚拟的廊子，我的表演就更能发挥剧本所描写的情景。"

去年（一九六一）七月间，梅先生参加一个文艺座谈会后回家来对我说："孟超同志很欣赏'响屧廊'的唱词，他居然随口就能念出'水殿风来秋气紧……'那段词儿，并且说：这段词写得好，给人的感觉是遵守京剧格律的一首诗。他的看法很在行，我们从新疆（按梅先生原定九月间到新疆演出）回来后，演前后部《西施》给他看。"这番话讲过后不到一月，梅先生就逝世了，可是他所创造的"淡装浓抹总相宜"像西湖那样美丽的西施形象，却时刻闪耀在我的脑子里。

演出《风筝误》《凤还巢》《春灯谜》的成败

梅先生从一九一五年起先后演出了《风筝误》《凤还巢》《春灯谜》三个戏，都是情节复杂含有喜剧成分的。但《风筝误》《凤还巢》受到观众欢迎，而《春灯谜》就没有站住脚。梅先生在《舞台生活四十年》第二集里曾谈到《风筝误》的演出情况，他说：

"《风筝误》传奇在台上常唱的只有四出：'惊丑''前亲''逼婚'和'诧美'（亦名'后亲'）。这是一个喜剧，包含着许多错综复杂的趣事。它的戏剧性非常浓厚，用的角色也多，有三个丑角，三个旦角（老旦、正旦、闺门旦），小生，老生，角色俱全。而且人人有戏做，个个能讨俏，相等于京戏的一种群戏。主要的条件就是角色要凑得整齐，才能演来生动有趣。虽然是出昆剧，观众看了并不沉闷的。

"《风筝误》的大意是说有一丑一俊两个少年公子，丑的姓戚，俊的姓韩，韩公子的父母双亡，从小就在戚家抚养大的。隔壁住了一家姓詹的，也有一丑一俊两个女儿，丑的是大娘养的，俊的是二娘生的。剧情的发展，开始是戚家放的一只风筝落到了詹家，打这儿就曲曲折折地发生出许多误会，结果是丑的跟丑的，俊的跟俊的，配成了两对夫妻，所以叫作《风筝误》。自然啦，俊的一对夫妻的才学品行，都比丑的一对要高明得多。如果配错了，台下看的人就会不痛快了。作者是用一种诙谐轻松的笔调，描写当时盲婚的危险性。可能他看到过一桩盲目的婚姻，将错就错，造成了两对怨偶。他把事实翻过来写成一个传奇，借此发泄他那一肚子的不平之气。

"陈老夫子的二娘是沉着大方。当她的女儿（俊小姐）新婚那一晚上，新姑爷忽然拿着蜡台走到书房里去独宿。她听见女儿这样的报告，马上去找女婿讲理，就在女儿和女婿当中来回传话。先是她对新姑爷称贤婿，新姑爷却不承认她是岳母，称她夫人，后来把误会弄清楚了，新姑爷对她赔礼，连连叫她岳母，她反倒叫起状元来了。这种表示报复的关子，观众是最喜欢看的，他做来也恰合剧中人的身份。

"李寿峰的大娘，虽说戏没有二娘多，也做得老练端重，嘴里清楚有劲，骂她女儿（丑小姐）的时候声色俱厉，真像一个当家人的样子。

"李寿山的丑小姐是他的拿手活。他本来是尾旦出身，扮到这类小姐，一出台观众就乐了。这虽说是个丑角，一切动作和表情，找俏头是可以的，可得顾到她的身份。从前老角对于剧中人的性格，是经过传统的训练，就是在台上逗乐开玩笑，也已经觉得很好，还有人批评他，有些地方嫌他做得过火。据说当年的张长保本唱武生，反串的丑小姐，那比李寿山还要好，可惜我没有看见过。

"票友里面扮丑小姐的，北方溥西园演得不错。南方的徐凌云，也是一绝。我在堂会里都看见过的，真是名不虚传。

"郭春山的丑公子，也很到家。他是在小荣椿科班坐科，跟杨小楼、程继仙……都是同学。他专唱小花脸戏，肚子里很宽，尤其是尾剧会得多。

"扮丑丫头的曹二庚，就是郭春山的学生。他的父亲曹心泉是北方的昆曲世家，曾向天津的钱青望先生研究音律，能打宫谱，我伯父也是跟钱先生学习的。他的祖父曹春山本是南方人,流寓在北京,专演昆剧,跟杨鸣玉(杨三)同时,两个人常常合演《绣襦记》的'教歌',杨是扮的大叫花子(名叫苏州阿大,是小花脸应工),曹扮的是二叫花子(名叫杨州阿二,是二花面应工)。他会的戏很多,据说王楞仙演《梳妆掷戟》的吕布身段,就是曹春山教的。

"俊公子一角,始终是姜妙香陪我唱的。他的性格演这类文雅的方巾小生,也是非常相宜的。

"我扮的俊小姐场子虽然不多,可是洞房一场是全剧的高潮。表情要细腻,动作要稳重,尤其是扮相关系很大。因为这出戏始终是拿'丑'与'俊'对照着写的。头里演的'前亲',配的一对丑夫妻,台下已经看见了。后面演到'诧美',观众都足劲儿,等着瞧这个俊小姐,所以扮相比别的戏重要,化妆方面,应该格外注意。

"大概是这出戏的演员不容易集中的缘故吧,前辈们的合作,我过去只看过一次,是吴菱仙先生的二娘,陈老夫子的俊小姐,陆杏林的俊公子,郭春山的丑公子,李寿山的丑小姐……我也就是经这几位前辈们再三鼓励,受了他们的影响,才很早就演出《风筝误》了。

"我第三次到上海表演,许少卿听说这出戏好,要求我唱。事先他还大事宣传,其实他并不知道是什么内容。等我唱完了,观众倒很欢迎,许老板却认为我的事儿太少,就不主张我再演了。他不晓得群戏是依靠大家的力量,好比京戏里的《群英会》《回荆州》……决不是只看一个人的玩艺的。遇着各角凑得整齐的时候,赶快就贴演,等到时机一过,角儿星散,那就唱不成了。我从《凤还巢》排出以后,因为剧情也是'丑'与'俊'对照写的,戏里的关子相同，就把这出《风筝误》收起来不再唱了。"

梅先生在一九二八年四月，演出了《凤还巢》，这个戏据说是根据梆子剧本《循环序》改编的。剧情与《风筝误》相似，也是俊、丑两对。程雪娥、穆居易是俊的，程雪艳、朱千岁是丑的。《风筝误》传奇是康熙年间李笠翁（渔）写的，清初以来，曾经风行一时，到了辛亥革命后，昆剧极为衰落时，一九一五年梅先生演出这个戏，仍然能够吸引观众，《循环序》是何人所写，现在找不到这个本子来考证核对，但从这两个戏的结构、关子来看，《循环序》可能是受了《风筝误》的影响的。

《凤还巢》的故事是这样的，侍郎程浦生了两个女儿，大娘所生长女雪艳，貌丑而品行不端，次女雪娥美而贤，是亡故的二娘所生。程浦为雪娥择婿，选中了穆居易，留住家中，择日完婚。雪艳冒妹子之名到书房与穆居易胡缠，穆一怒不别而行，适南方贼寇作乱，正在用兵，就到大营投效，而程浦亦奉旨帮办军务，翁婿在营中见了面。这时，程浦之妻就乘机把她生的女儿雪艳顶替雪娥嫁与穆家，宗室朱千岁冒了穆居易之名迎娶雪娥，结果却把雪艳娶了过来。以后，雪娥避乱至大营，由元帅洪功、监军太监周公公为媒，程浦主婚，就在军中与穆居易完婚，洞房内，穆居易不肯成亲，经洪功、周公公、程浦反复追问，并叫穆居易辨认新娘，最后，穆居易看到雪娥，才向大家赔礼成亲。

这个戏演出后，比《风筝误》更受欢迎。《风筝误》的台词，在当年是要算风趣生动、浅显易懂的。李笠翁在词曲部"结构"一款内曾说："……传奇不比文章，文章做与读书人看，故不怪其深，戏文做与读书人与不读书人同看，又与不读书之妇人小儿同看，故贵浅不贵深……"他这样全面照顾观众，当然和他的编剧意图有关，也和他的生活环境有关。他在《笠翁偶集》的凡例中说："是集惟演习声容二种为显者陶情之事……"从这里我们可以设想到，李笠翁并非富有，他编写的戏，要想排演登场，需有经济上的支持，所以不仅要适合广大观众的需要，还得照顾显者的胃口。

清代杨恩寿所著《词余丛话》里说："笠翁十种曲俚鄙无文，直拙可笑。意在通俗，故命意遣词力求浅显，流布梨园者在此，贻笑大雅者亦在此。"可以看出当时有一部分专搞词曲的文人，并不重视他的作品，但专业的戏班，却欢迎他写的戏，结构紧凑，词意浅显，能够叫座。杨恩寿也赞成李笠翁的编剧手法，他接下去说："究之，位置、角色之工，开合、排场之妙，科白、打诨之婉转入神，不独时贤罕与颉颃，即元、明人亦所不及，宜其享重名也。"

《凤还巢》比《风筝误》更受欢迎的主要原因有两点：1. 京剧的语汇科诨，比昆区更为通俗。2. 《风筝误》的四折戏里俊小姐的戏不多，而《凤还巢》里，程雪娥的唱做繁重，人物突出。梅先生在［慢板］［南梆子］［原板］［流水］……中，创造了适合程雪娥的思想感情的唱腔。并且在偷觑穆居易一场，对念白和表演作了不断的创造和修改，给角色增添了光彩。起初的台词是这样的：

> 适才奉了爹爹之命，偷觑穆郎，待我来偷觑偷觑。（看介白）我爹爹眼力果然不差，好一位俊秀的才郎。（再看介白）哎呀且住，是我在此偷觑，若被大娘和姐姐看见，岂不说我轻薄？我不免回避了吧（欲下又看羞介下）。

一九五三年梅剧团在天津演出这个戏时，梅先生和我研究，他

说:"这几句念白,程雪娥只看中穆居易的俊秀而已,我打算再提高一些。"他就改为:

> 适才奉了爹爹之命,前来偷觑穆郎,待我向前偷觑偷觑。(看介白)看这位公子,神清骨俊,气概非凡,哎呀呀,爹爹的眼力果然不差。(再看介白)哎呀,不要在此停留,倘被大娘姐姐看见,说我轻薄,我且回房去罢。(走向上场门转回来又看介白)哎呀呀,好一个美貌的书生。(羞介下)。

改本着重在程雪娥眼中的穆居易是"神清骨俊,气概非凡"。这样,不仅提高了剧本的思想性,内心表演也起了变化,更能够层次分明地表达了那个社会里深阁少女的复杂心理。

下一场程雪娥〔西皮慢板〕的唱词,也作了修改。原词是:

> 日前领了严亲命,命奴家在帘内偷觑郎君。只见他美容颜神清骨俊,实可叹衣褴褛家道清贫。倘立志苦用功自能上进,自古道真才子岂必名门。

修改的后两句是:

> 倘若是苦用工力图上进,也能够功名就平步青云。

梅先生在一九六一年夏天和我谈起这段唱词,他认为改得并不很好,原词的意思是,只要真正称得起才子,穷一点不要紧,改词就只希望他往上爬了。梅先生打算改回来,可惜一病不起,没有能够在舞台上实现。

《凤还巢》初演时，角色很整齐，梅先生扮程雪娥，姜妙香扮穆居易，李寿山扮程雪艳，萧长华扮朱千岁，王凤卿扮程浦，尚和玉扮洪功，侯喜瑞扮周公公，朱桂芳扮刘鲁七的妹子。李寿山有《风筝误》丑小姐的底子，当然驾轻就熟，萧老的朱千岁在风趣中很有身份，侯喜瑞的周公公，扮相（勾红脸）、念白脱胎于《法门寺》的刘瑾，他们三个人都念京白，这就大大增强了喜剧气氛，观众的笑声不绝，演员的情绪也高。

这个戏起初要演四个多小时，名武生尚和玉还有开打的场面。梅先生认为，就戏的结构来看，不适宜开打，同时，所谓南方贼寇刘鲁七，似乎是影射明代侠盗刘六刘七，在戏里并不是主要线索，所以从尚和玉离开"承华社"（即梅剧团前身）后，就删去了武打场面和一些不必要的过场，戏短到三个小时。梅先生说："一个新戏演出后的发展提高规律，应该是愈演愈短，达到精练丰富的程度。《凤还巢》经过反复修改后，似乎比《风筝误》更为丰富了。"但他又说："我早年演出《风筝误》，得到许多老艺人特别是陈老夫子（德霖）的指导，程雪娥的形象，就是在这种基础上塑造出来的。"

我曾经问梅先生，《风筝误》"诧美"一折和《凤还巢》末场"洞房"，戏剧效果哪一面更好些？他说："都是高潮，难分强弱，关子虽然差不多，手法却不一样，'诧美'是四个人，夫人、小姐、丫鬟、公子。由夫人在女儿、女婿之间来回传话，丫鬟从旁插科打诨。而《凤还巢》的'洞房'是五个人，洪功、周公公、程浦、穆居易，还有帐中的程雪娥。由洪功在穆居易、程浦之间来回传话，周公公从旁插科打诨，程雪娥不出面，是很高明的办法，一则避免与'诧美'雷同，二则程雪娥前面的戏已经不少，这场可以不必露面。"他又说:"中国戏曲有一个特点,尽管戏进行到'诧美'和'洞房',情节都已经明了,场上由不同的角色反复地说,观众却很爱听,并不觉得是'车轱辘'话。曾经有人出主意,程雪娥入帐后,可以暗下休息,等掀帐时再暗上。我不同意,这样就泄了气,影响洪功等四个人的戏。像这种喜剧,剧场效果非常重要,在关键性的地方,如果偷懒惜力,能够把这戏毁了。"

梅先生还对戏剧矛盾、观众心理作了分析,他说:"何以'诧美''洞房'这两场戏能够抓住观众?因为前面的戏,盘马弯弓、迂回曲折,都是围绕着韩琦仲与詹小姐、程雪娥与穆居易的误会来安排,成为全剧的主要矛盾,剧情和人物就紧紧拢住观众的神而使他们舍不得离开座位。"

我知道《凤还巢》演出前,曾有一段波折,当这出戏的排演期间,正是北洋军阀垮台的前夕,也正是张作霖在北京做"大元帅"的时候。奉系教育部长刘哲认为《凤还巢》是影射"奉还巢",暗含着奉军滚回老家去的意思,就把剧本拿去审查,结果找不出反奉的痕迹,但却故意挑剔说,《凤还巢》与戏的情节并不十分贴切,就要剧团改换戏名。梅先生坚持不改,并且于张作霖退出北京的前两个月演出了《凤还巢》(按张作霖于一九二八年六月四日出关被炸死在皇姑屯,而《凤还巢》于四月六日演出于北京中和戏院)。

一九二八年九月,梅先生继《凤还巢》后,在北京珠市口开明戏院演出了《春灯谜》,这是根据阮大铖所著《春灯谜》传奇改编为京剧的。原作者的意图,以错中错的关子来吸引观众,所以后台称它为"十错认"。剧情是这样的:

西川节度使韦初平升任枢密使,带了家眷乘舟赴京,路过黄陵驿,大女儿韦影娘女扮男装,带了丫鬟春樱到黄陵庙内打灯谜,遇见湘乡学博宇文行简的儿子宇文彦,对饮至醉,霎时风雨骤作,韦影娘误登宇文家的船,隐去真姓名,被宇文行简夫妇认作义女。宇文彦错上韦家的船,被韦初平认作海盗海獭皮的党羽,将他推入江中,春樱畏罪投江,韦初平就将宇文彦的衣服头巾把她成殓埋葬。宇文行简命院子寻找儿子,春樱的尸首又被院子错认作宇文彦,向主人复命。宇文彦被海捕公差救起,当作贼党送官领赏监禁起来。宇文彦的哥哥宇文义得中探花,传胪唱名误读作李文义,从此就改名换姓,宇文行简也只好跟了儿子改成李行简。韦初平把二女儿韦惜惜嫁给了新探花李文义。李文义奉钦命按察荆湘一带冤狱,改名于俊的宇文彦,得到狱吏卢老的照顾,在哥哥手里平反出狱,再更名卢更生,进京考试中了状元,韦初平为媒把亲家李行简的义女——韦影娘许配给卢更生——宇文彦。最后一场,宇文彦入赘到自己家里,父子相会,才弄清楚许多曲折,韦初平赶来贺喜,与女儿影娘见了面,两家骨肉大团圆。

在改编之前,梅先生曾细看《春灯谜》传奇,觉得情节新奇,词曲宾白也安排得当,就决定改编为京剧,当时剧团有人认为《凤还巢》"洞房",很能吸引观众,《春灯谜》的末场,也很热闹,并且重要角色全都露面,应该更压得住台。

末场先由扮宇文行简的王凤卿,扮宇文夫人的孙甫亭上场,把梅先生扮的韦影娘唤上,说明已代为选中新科状元,即日完婚。韦影娘表示,当初在黄陵庙"折谜和诗,天示于飞之兆,谁想令郎哥哥,不幸遇难,女儿抱恨终身,如今立志不嫁人的了"。经宇文夫妇婉劝,才含泪试装。接着,姜妙香扮的宇文彦来入赘,与父母见面,将黄陵庙打灯谜的种种事情，连唱带问地说出来。宇文行简又把韦影娘叫出来与儿子见面，韦影娘也是一边唱，宇文夫妇和儿子一同夹白问。尚和玉扮的韦初平赶来贺喜，与大女儿影娘见了面，又是互相诉说失散后的经过，还把陈丽芳扮的二女儿韦惜惜唤来见礼。这时，律佩芳扮的宇文义按察荆湘完毕也赶回家中，与弟弟见面。最后，宇文彦与韦影娘拜堂成婚结束。

《春灯谜》初次演出，剧场气氛就不热烈，有些老观众看过后对梅先生说："这个戏情节太复杂，不如《凤还巢》好。"后台演员也说："戏太乱，连我都弄不清楚，看戏的更摸不着门儿啦。"以后又演了几次，台下的反映还是不好，从此就收了起来。

梅先生的看法，《春灯谜》不受欢迎的原因，主要是：头太多、主线不清。故事是从韦影娘、宇文彦在黄陵庙打灯谜展开的，但这条主线被许多旁枝扰乱，观众看着费劲，例如宇文父子三人，忽"于"、忽"李"、忽"卢"，一再换姓更名，就把观众搞迷惑了。同时，演员也抓不住中心，戏出不来，尤其许多情节都需要在末场交代，显得臃肿，高潮也难以形成，所以就失败了。

一九五七年秋，梅剧团在西安演出时，我们曾看了外县一个眉户剧团演出的《清素庵》，剧情也是从一个公子上了小姐的船展开的。以后错中又错，情节离奇复杂，最后许多人都在清素庵见面，一对对成了婚配。从它的结构来看，似乎是受了《春灯谜》一类戏的影响，其中有一场戏很能吸引观众。大意是，这个公子失踪后，他的书童打听到小主人隐在小姐闺房内，小姐装病，老院公四面寻访名医，书童就冒充医生去看病，他为小姐诊脉时，用了生动有趣的双关话，使得小姐变脸变色，忐忑不安，同时，又捏造说公子的母亲思儿成病，危在旦夕，结果把小主人从柜内揪了出来。梅先生认为这场戏的编剧技巧不错，可惜剧情太乱，从整个戏来看，瑜不掩瑕。我们意味到，在明末清初传奇盛行的年月里，剧作者钩心斗角，争奇搜异，就走向"非奇勿传"的路上去，李笠翁的戏曲经验虽然谈得头头是道，但从他写的十种曲里看，也脱不了这种范畴，这种风气也影响到昆曲以外的各种地方戏里，搬套模仿。前面说过，做文章要有波澜起伏，戏曲更忌平铺直叙，但想入非非地一味追奇，弄得观众莫名其妙，舞台效果反而不好。初读《春灯谜》传奇，也很能吸引人，改编演出后，就发现这些缺点，看来，案头读物必须拿到台上去实践，才能看出分晓，观众好比看卷子的先生，要他们批准，才站得住脚。

有人说"燕子"（《燕子笺》）、"春灯"曾经脍炙人口，何以《春灯谜》改编京剧就失败了？恐怕执笔者的技巧不高。梅先生认为这种说法当然有一部分理由，但另有两种失败的缘故：

1. 包括许多折戏的传奇，当年是分日演的，《春灯谜》的十错认，每一认，原作还是给登场角色安排了戏的。改为京剧，就只能简略交代故事，正如祁彪佳在《远山堂曲品》里，评《保主记》传奇所说："……如此记，每一人立脚未定，便复下场，何以耸观者耳目？"

2. 朱素臣写的《十五贯》传奇的情节，也是异常曲折的，但线索清楚，矛盾集中。在当年是两条线，分几天演，很受欢迎，解放后，改成一线到底，一天演完，更为精练。而《春灯谜》的十条线，局促在四小时之内，就伸不开腰了。由此看出，《春灯谜》的结构排场，根本不适宜改编成一场演完的戏，所以结果是失败的。

总起来说：《风筝误》《凤还巢》演出所以成功，是"戏保人"

和"人保戏"。剧本给了演员施展发挥的机会,而演员的不断加工,又丰富了剧本。《春灯谜》改编失败,就是戏不保人,虽有许多好演员,无所施其技,人也无法保戏了。

梅边琐忆

梅兰芳同志精神不死

◎ 田汉

原载《戏剧报》1961年15—16期合刊

八月八日清晨五时，在人民首都北京，一颗伟大的艺术家的心脏停止跳动了。——梅兰芳同志逝世了。中国人民为自己的鼓舞者的死去而悲痛，全世界人民，特别是接触过梅先生的戏剧表演的各国人民为这一东方艺术巨星的陨落而悲痛。梅先生的辞世是对中国和世界艺坛一个十分巨大的损失。许多亲近梅先生的朋友和追随梅先生的学生都对着梅先生的遗容而流泪、叹息；梅先生的灵车从首都剧场出发，经东西长安街向八宝山墓地行进的时候，多少青年男女追过来致敬,首都工、农、兵、干部、学生、市民平日多是梅先生的热情的观众,怎么不要对这位老老实实、勤勤恳恳为他们服务的大艺术家表示最后的哀悼呢!

梅先生真是全始全终,生荣死哀!

作为中国戏剧工作者的一员,除了表示对梅先生的深深哀悼之外,也首先想到我们该如何弥补这个巨大损失,如何更好地向梅先生学习。党号召过我们向梅先生学习,并超过梅先生。我们将来一定有超过梅先生的,但当前任务是正确估价梅先生,继承梅先生的一切优点。

梅先生对中国戏曲艺术事业所做的巨大贡献还待戏剧界经过细致研究之后加以学术的估定。我们今天只能就想得到的几个主要方面跟泪痕犹湿的戏剧界同志们谈一谈。

第一,梅先生是在中国人民中间锻炼成长的艺术家,他也始终没有离开人民。他从小跟吴菱仙学戏,以后又搭班富连成,学习都是群众所喜爱的剧目,泼辣、有生气,等到成名之后,曾经受到一些封建的士大夫的包围,然而梅先生终究脱出了他们的包围。梅先生艺术发展的道路是从《祭江》《教子》《二进宫》等正工青衣戏,并学《二本虹霓关》《樊江关》《穆柯寨》等偏重身段、表情和武工的戏,随后受初期话剧的影响,编演了像《孽海波澜》《一缕麻》《邓霞姑》《童

梅兰芳演出《穆柯寨》(1913年)

女斩蛇》一类的时装戏。再由于学习昆剧,研究绘画、舞蹈的结果,他创造了《天女散花》《嫦娥奔月》《上元夫人》《麻姑献寿》《太真外传》《黛玉葬花》《千金一笑》《西施》《霸王别姬》等附有绸带舞、花镰舞、拂尘舞、袖舞、盘舞、花锄舞、扑萤舞、羽舞、剑舞等一系列的古装京剧。这些戏的编写当然也得过一些士大夫的帮助,如罗瘿公、李释戡等都曾帮打提纲或写唱词,但基本上还是梅先生和他的伙伴自己琢磨出来的,这些戏也分别受到当时群众的欢迎。当然,一个名演员可以演各种人物,但梅先生当时新戏的主题人物从村姑民女,一时全变而为天女、仙姬、后妃、闺秀,却绝不是偶然的事。幸而梅先生是一位不断追求进步,又非常尊重群众意见的人,他没有让士大夫给"罩上玻璃罩",更没有跟着他们灭亡,而是"终于从玻璃罩里跳出来"。他在日本帝国主义对中国进行疯狂的侵略之际,他能以无比愤怒的心情编演《抗金兵》和《生死恨》等剧,处理反抗侵略,鼓吹抗战的主题,对广大人民起了鼓舞作用。解放之后梅先生以高度热情把自己的艺术为广大工农兵服务,大大扩大了自己的观众层,在新的观众的热烈支持下,梅先生的艺术得到极大发展,增强了它的生命力。梅先生说得好:"……在旧社会的几十年中,我虽然在艺术上有过一些成就,但我究竟为什么人演戏呢?对这点始终是模糊的。解放以后,我学习了毛主席《在延安文艺座谈会上的讲话》后,得到了新的启示,明确了文艺应该首先为工农兵服务的道理,我觉得自己的艺术生命找到了真正的归宿。"(见《谈谈京剧的艺术》)他的这种饱满的政治热情和不断的学习锻炼,终至使他成为光荣的共产党员,他的最后演出剧本《穆桂英挂帅》,表示了在国家安危之际不顾衰暮,挺身而起,为祖国贡献一切的雄心。这就说明梅先生不是士大夫所能占有，而是始终属于人民效忠人民的艺术家。

第二，梅先生在戏曲艺术上善于继承，勇于创造。梅先生是戏曲世家，从八岁学戏，十一岁登台，由于自己勤学苦练和先辈的启迪，到了十七八岁他的艺术已经有一定的规模。其后不断扩大自己的学习范围，冶青衣、花旦、刀马旦于一炉。又一面吸收初期话剧的现实主义精神，一面以极大的兴趣和努力学习昆曲，掌握中国戏曲艺术的优秀传统。正如欧阳予倩同志所说，他"吸取了过去许多旦角艺术的精华而集其大成"。但梅先生又不以此为满足，他总是虚心听取群众的要求，在传统基础上不断进行大胆的革新。所谓大胆又绝不是粗暴鲁莽，梅先生从来不干粗暴鲁莽的事。他的每一改革总是先做细心的准备，通过点点滴滴的量变，走到焕然改观的质变。梅先生的改革也遭受过许多保守派的反对。但他常常用这个方法，使人们在不知不觉之间接受他的改革。人们说梅先生是中国戏曲传统的忠实的继承者，又是它的全面的革新者，的确，梅先生对于中国旦角艺术的改革是十分全面的，从扮相、服装、音乐、唱腔、舞蹈、做派等等无不打开了一条新路。其之所以能进行这样全面的改革，是因为梅先生除了他的本行应有的知识技术以外，他的学习范围也是广泛的全面的，谁都知道他通过古代绘画、雕塑、诗歌、音乐等的研究进行服装发式等造型设计和音乐舞蹈设计的。他曾说：

> 一个京戏演员除了在勤修苦练之外，还必须向多方面吸取精华，才能丰富自己的艺术。我从小喜欢看戏，我一边学戏，一边看戏，不只看以旦角为主的戏，什么戏都爱看。

(《谈谈京剧的艺术》，载《梅兰芳戏剧散论》28页）

梅先生又不只什么戏都看，而且什么戏都学。由于他有武功的锻炼，他能把原有的把子加以提炼，使它进一步成为美丽的舞蹈。像《霸王别姬》的剑舞那样，据梅先生自己说，是把京剧《鸿门宴》和《群英会》的舞剑，《卖马当锏》的舞锏加以提炼变化，并吸取国术中的剑法汇合编制而成，又加以歌唱和管弦乐伴奏的。《天女散花》不只是根据古画《天女散花图》的形象创制的，它的舞蹈甚至吸收了《探庄》《蜈蚣岭》的武生身段。这样可知在传统基础上进行艺术创造，不只是需要勇气，还需要丰富的多方面的修养。而梅先生通过劳动，就拥有了这样的条件。

第三，梅先生以待人宽厚著名，但在政治上、艺术上、美学上要求自己和他的学生十分严格，总是叫人分清楚精、粗、美、恶，认为这是一个人在艺术上成功失败的第一步，万万不能走错路。梅先生虽是有名的"好好先生"，但在大是大非面前，总是划清界限，毫不含糊。1935年冬，日本帝国主义侵略者听说他要到苏联去，派人来邀约他再去日本演出，愿意给他和苏联一样的优厚条件。但梅先生毫不犹豫地拒绝了，他坚决到苏联去。为了不经过在日本帝国主义控制下的伪满洲国，他宁可坐苏联轮船"北方号"由海道转海参崴，经西伯利亚铁路入莫斯科。那一次旅行公演给了苏联艺术界至今深刻难忘的印象，苏联艺术界对中国京剧艺术的评价也使梅先生更加认识了京剧艺术的民族特征，这一世界上第一个社会主义国家的革命和建设也不能不给梅先生以极大的思想影响。

九一八事变后，梅先生演出《抗金兵》《生死恨》等剧，前面说过了。其后东南各地继续被日寇侵占期间，梅先生为了拒绝为敌伪歌舞，八年之间留须罢演，闭门谢客，还一度避地香港，表现了中国戏曲艺人高度的民族气节。正是由于梅先生这样爱憎分明，才使他在全国解放以后思想觉悟飞速发展，终于参加了无产阶级先锋队的光荣行列。

在艺术方面梅先生的创作态度是丝毫不苟的。《铁冠图》中的《刺虎》一折曾经是梅先生拿手戏之一，但因主题思想是反对农民革命，梅先生就坚决放弃不演。《贵妃醉酒》一剧的传统表演艺术中有许多优美的身段，但太监调笑，和贵妃回宫的唱做中都有不健康的黄色的东西，不符合人民的要求，梅先生都给改了，使表现古代宫廷贵妇人抑郁苦闷心情的主题更加突出。《奇双会》中李奇给李桂枝下跪，李桂枝说："怎么这老人向我屈了一膝，我的头便痛起来了。"她起身时有一个优美的身段，表情也较强烈，平日演到这里总有彩声，但后来观众提了意见，认为有封建迷信的成分，梅先生经过考虑认为观众意见是对的，也坚决改了。姜妙香先生最近也提了许多梅先生倾听群众意见改戏的地方，梅先生这种虚心严肃认真不苟的地方值得我们学习。

梅先生收过许多学生，也有挂一个虚名并不认真向梅先生学习的，这是论外。但对那些追随他多年的学生，梅先生总是认真细致地加以教诲。他真是"学而不厌，诲人不倦"，有些以前演过一些坏戏的，拜过梅先生以后就不许再演了。梅先生期待他们十分严格。

梅先生对待老朋友和同事们热心关怀，无所不至。对戏路不尽同的合作者，在台上他总是多方迁就别人。我曾在赴苏联庆祝十月革命节和赴福建前线劳军与梅先生结伴，梅先生对待同志们总是那样热情温厚,照顾别人。他真是一个善于团结别人的阶级战士。

梅先生的生前艺友荀慧生先生评梅先生的艺术和为人,说"别人有挑,梅大哥没有挑"。的确,梅先生是一位十分圆满具足的艺术家。一位日本大阪的朋友写信来追悼梅先生,说他们认为在中国旦角艺术上"梅兰芳以前没有梅兰芳,梅兰芳以后没有梅兰芳"。梅先生在中国戏曲史上是史无前例的,但我们说:中国今后一定要培养梅先生这样伟大的艺术家;这样把自己的艺术生命寄托在工农兵劳动人民身上的艺术家;这样善于继承,勇于创造的艺术家;这样对自己严格、对别人宽厚和关心的艺术家。

梅先生的精神永垂不朽!

1961 年 8 月 18 日深夜

悼念梅兰芳同志

◎ 周信芳

原载《戏剧报》1961年15—16期合刊

听到梅兰芳同志逝世的消息，我简直不敢相信这会是真的。去年，我到北京去参加第三次文代会，还见到过他，还在一起讨论我们的戏剧工作，他还是那样神采奕奕。今年，还听说他要到新疆去做巡回演出，要把他精湛的艺术送给祖国边疆的各族人民。8月4日，接到了田汉同志的电报，知道兰芳同志病了，住了医院，立即去电慰问，总想着他不久就会痊愈出院，哪知没有几天，竟传来兰芳同志与世长辞的噩耗。这真是我国艺术界的重大损失！我们失去了一位当代最杰出的表演艺术家,失去了一位好革命同志,失去了一位亲密的战友!

兰芳同志和我头一次合作演戏,是在我初次到北京的时候,那时我们都是十三岁,一起在喜连成科班搭班唱戏。我们合作演出的剧目是《九更天》。这个戏按照南方的演法,以老生马义为主;按照北方的演法,旦角(马义的女儿)也很重要。马义回家后,下场换装,场上老旦(马义的妻子,当时是喜禄即小龚处扮演的)和旦角有两段慢板,年幼的兰芳同志在那里,也发挥了他的所长。那时我们年纪都很小,不懂得《九更天》这个戏里有封建毒素,可是,从那时候起,我们就开始建立了友谊。

梅兰芳与周信芳演出《宝莲灯》

兰芳同志和我再度合作演戏，已是在第一次合作的三十多年以后了。抗日战争已经胜利，我们却仍旧生活在国民党反动派的黑暗统治之下。当时上海的进步戏剧工作者，假借了合法名义组织了戏剧演出，以曲折的方式进行斗争。兰芳同志和我也参加了演出，我们合演了《打渔杀家》。在这次合作演出的时候，我不由得想起了幼年时的那次演出，那时候我们都是毛孩子，虽然都热爱演戏生活，却不知道演戏是为了什么，这一回合作时，我们已经是五十开外的人了，都经历了漫长的曲折的生活道路，中国人民苦难的遭遇教育了我们，我们接受了进步力量的影响，知道了戏剧是追求光明、向黑暗斗争的武器。在斗争中，我们的友谊更深了。

兰芳同志与我合作演出最多的时候，还是在解放以后。开始合演的是《奇双会》，兰芳的桂枝，姜妙香老先生的赵宠，我演李奇。后来又多次合演了《打渔杀家》。1951年，为了抗美援朝捐献飞机大炮，上海京剧界参加了戏曲义演，我们合演了《龙凤呈祥》，兰芳演孙尚香，盖叫天老先生演赵云，张少甫老先生演刘备，我演乔玄和鲁肃。解放后几次合作演出，我们的心情是很激动的，我们在党的领导下，已经彻底翻了身，做了国家的主人，我们是在人民的舞台上演出的，环境不同了，观众不同了——许多过去很少甚至没有看过我们演出的工人、农民、战士、干部、学生来到了剧场，我们的心情也不同了，因此，演出的气象也大不同了。

1953年，我们都参加了赴朝慰问团，到朝鲜去慰问中国人民志愿军和朝鲜军民。我们经常同台演出，我们都把演出当作一项政治任务，竭尽我们的力量来演。兰芳同志不辞辛劳，下坑道，到炊事房，到处清唱，还请了不大会操琴的战士来伴奏。他这样饱满的政治热情、感动、鼓舞了我和慰问团所有的同志们。

1955年4月中旬，文化部、中国文联、中国剧协在北京联合举办了兰芳和我的舞台生活五十年纪念。五十年的老战友在一起受到了人民和国家如此的重视，我们激动的心情，实难用笔墨形容。我们衷心地感谢党，感谢毛主席，当时我们有一个共同的想法，那就是一定要为社会主义的戏剧事业做更多的工作。在这次纪念演出中，我们又合演了《二堂放子》。我们同台演出，我从来有一种感觉：兰芳同志演戏讲究规模，讲究分寸，组织很严密，一丝不苟，遇到戏路不同的时候，从不要求别人服从自己。而这一次合作，我尤其感觉到他的舞台艺术有着长足的进步，一方面他还保持着艺术的青春，一方面在表演上更加严肃认真，更加凝练，更加完美，我们在合作上彼此有着更好的默契，更加得心应手，因此，彼此都有着更大的创作愉快。

1959年，在我们大家都在欢度伟大的祖国十周年国庆的时候，兰芳同志发挥了艺术创造的才能，积极地排演了新戏《穆桂英挂帅》。不久，又听到兰芳同志入党的消息，真是令人兴奋。兰芳同志在政治上、在艺术上努力不懈的精神，从来为我们所敬重。他在抗日战争期间，不惧敌人的威胁利诱，蓄须明志，表现了高度的民族气节；解放以后，他努力提高自己的政治觉悟，不断进行自觉的思想改造，终于成为工人阶级先锋队中的一员，这正是一个真正的艺术家所应该走的正确的道路。他一生忠于艺术，广泛吸收了前辈的艺术成就，善于继承，勇于革新；解放后，自觉地把自己的艺术献给了工农兵群众。从田汉同志悼念兰芳同志的文章里，知道兰芳同志在医院里，当周总理去看他的时候，他还向周总理提起到新疆演出的事，并且在病中还天天刮胡子，担心自己瘦了不好演戏，可见他时刻想到的不是自己，而是演出，而是人民的戏剧事业。兰芳同志以他自己的行动，为戏剧工作者树立了光辉的榜样。

兰芳同志和我们永别了！可是他所创造的独具风格的"梅派"艺术，将由后一代继承和发展；他所创造的许许多多古代妇女的典型形象，将永远活在人民的舞台上，将永远活在人们的心里，将永远成为祖国艺术宝库中最珍贵的财富；他的高尚的演员道德，他的创造革新的精神，他的诲人不倦的对下一代的关心和培养，都将永远受到人们的景仰和学习。

我永远忘不了我们五十多年来战斗的友谊，我永远忘不了那许许多多次使人激动的合作演出，我永远忘不了兰芳同志和蔼可亲的音容笑貌，我永远忘不了他那对同志们虚怀若谷、爱护备至，对敌人决不妥协的精神品质。我将和戏剧界同行们一道，在党的领导下，以争取使祖国戏剧事业更大繁荣来纪念我们敬爱的兰芳同志。

兰芳同志，安息吧！

1961 年 8 月 15 日，上海

要用学习他来纪念他

◎ 荀慧生

原载《戏剧报》1961年15—16期合刊

兰芳兄逝世了！我们失去了一位有卓越成就的京剧艺术大师，失去了一位良师益友，失去了一个戏曲艺术革新、创造的典范！他竭尽毕生精力，在舞台上创造了"梅派"，是我们戏曲艺术宝库中极可宝贵的遗产，值得戏曲工作的同志们很好的研究、学习。梅派艺术流传广，影响大，学他的人遍海内。兰芳同志虽然离我们而去了，可是我们相信，梅派艺术和他在艺术创造上的丰富经验，将会在祖国各地产生更广泛、更深远的影响。我和兰芳同志是同业、同行的老友，虽然对他的丰富多彩的艺术研究不深，还是觉得有难以推卸的责任，应该把自己对亡友的艺术的些微体会、看法谈一谈，供同志们参考，权作我对亡友的怀念。

兰芳同志一生谦逊好学，精心钻研，对于京剧和其他艺术会得多，知道得广。梅派艺术正是广采博取和不断革新而创造形成的。在我们年轻的时候，京剧旦角一行许多前辈已在传统艺术的基础上

荀慧生

有了不少新的创造、新的尝试，我们那时在一起得到前辈们的指点很多，京剧旦行的陈德霖、路三宝、王瑶卿等诸先生和昆曲方面的乔蕙兰、曹心泉等诸先生都给我们不少教益。我们从多方面学得戏曲艺术基础知识，对以后我们在艺术上各自的创造发展，有很大的益处。应该说，京剧旦角艺术在我们这一代有着很大的新发展，比如青衣一门，过去在《祭江》《祭塔》之类的戏里，就是讲捂着肚子苦唱，不讲表情，以后才进一步着重了人物的刻画，发展了表演艺术，因为比较花哨了，才起了个"花衫"的名目。这其中，兰芳同志有很大功劳，他当时革新的魄力之大，是我们同辈的人都不能及的。他的革新，受到了前辈的帮助不小，比如他排演了不少自己的本戏，在艺术上就经常请教王瑶卿先生。也得到他的文学艺术方面很多朋友的帮助，当时在他的周围，有不少文人墨客、词曲家、画家、音乐家，成天和他在一起切磋琢磨，共同研究艺术上的问题。他的革新，开风气之先，对我们都有不

少启发、影响。从那时候起，可以说，兰芳同志一直成为京剧界的先进榜样。

兰芳同志会的戏很多，戏路子很宽，但凡京剧旦角中的青衣、花旦、闺门旦、刀马旦，他无一不会，各行的不少剧目，都成了他的拿手戏，演出有精到之处。青衣戏像《汾河湾》的柳迎春、《宇宙锋》的赵艳容，花旦戏像《戏凤》的李凤姐和二本《虹霓关》的丫鬟、武唱的《樊江关》中的薛金莲、《穆柯寨》中的穆桂英，昆曲的《闹学》中的春香、《拷红》中的红娘，闺门旦像《凤还巢》中的程雪娥、《彩楼配》中的王宝川，刀马旦像《抗金兵》中的梁红玉，以及他所创造的古装戏《黛玉葬花》《千金一笑》等，他的表演、唱腔、武打、念白，都有很丰富的创造。在我们学戏的时候，一般都要求学的东西多，那时，一个旦角不只学文戏，也学武旦戏，基础功都学过；不只是学京剧，也学昆曲戏，昆曲身段多，动作多，因为唱念的节拍长，每个字不空过，都有身段随着，这也是一种演京剧必须有的基础。兰芳同志的基础厚，肚子宽，他又善于吸收各种艺术的精华，丰富他的表演，从他的艺术发展成就来看，多学，学得精，确是很有好处的。

兰芳同志唱、做、念、打无一不精。他的唱舒展，流利，醇厚，婉转，加以他歌喉圆润，异常悦耳动听。他在许多戏里谱制了新腔，但惯听京剧的人听来也并不觉生疏，这是因为他在创腔的时候，先研究了老腔的音律结构、唱法特点，以之为基础去编制新腔，让人听着顺耳，新颖而又熟悉，能够吸引人、打动人。表演上，人们誉之为雍容华丽、端庄凝练，看兰芳同志的许多戏印象确是如此。然而这还只是谈到他的表演风格的特点，更突出的是，他善于根据不同戏里的人物的不同身份、个性，在舞台上塑造出面貌各异的艺术形象。从不同的人物性格出发，用精练、鲜明的艺术手法，优美的艺术形式，创造出不同的艺术形象，可以说是我们戏曲表演艺术的现实主义传统，兰芳同志的表演正是继承了这个传统而又有所发展的。我们演戏，要演人物，不能只是演"戏"，只懂得唱、念、做、打，而不懂得演不同的人物要用不同的唱、念、做、打去表现；不能演得千人一面，演多少戏总像一个戏，演多少人总像一个人，必须掌握演人物的方法，才能演好许多不同的戏，创造出多少不同的人物来。在这方面，我们正可以向兰芳同志学习，戏曲表演要求演员"装谁像谁"，他在这一点上是有很高成就的。他最善于演人物，最能掌握表演上的"分寸"，他演的戏里，每一个人物在不同情境下感情变化的层次，他都能够十分准确地表现出来。表演上的"分寸"，并不是很容易掌握的，只有演员深刻理解了、掌握了人物在特定的环境下的心情特征，而且深刻理解了、掌握了演唱艺术的特点和性能，才能演得恰到好处，兰芳同志在很多戏里都表现出他优异的才能和精深的造诣。

兰芳同志演的《贵妃醉酒》，能够演出那个身居后宫的贵妃苦闷、忧郁的情绪，他喝酒的表演，就是以这种情绪来喝的，而且越喝越加深她的苦闷、忧郁，就这样一层层地越来越浓地表演出那种孤独而又有些怨恨的感情来。他演的《黛玉葬花》，出场时虽是款步徐行，步法像随风之柳那样轻盈，却又透出一种寂寞清冷、心事重重的神色，显得心情是那样沉重；见到宝玉时的羞怯，宝玉失言时的微嗔，听曲时情思萦逗，伤心自叹，都能演得恰如其分。在黛玉的表演中，亏他能创造出以侧影来表现她的娇羞之情，真是别具匠心的,他在侧身的时候,低头垂目,似笑似羞,配上那一身古装,可称是异常娇美。他演的《奇双会》,更在感情变化上有着极为细致的安排。这个戏比较难演,唱不好容易把戏演"瘟",但是唱得太"活"了,又与人物的情感不合,这就需要演员自己拿"劲节"了。他在这个戏《哭监》《写状》《三拉》几场戏里,都有精妙的处理。我想举《哭监》一折中的几点为例来说明兰芳同志刻画人物的独到之处。李桂枝把夤夜悲哭的老犯人唤到后堂问话,听到老犯人说出是自己的父亲李奇的时候,心里悲切难禁,想上前去相认,又碍于自己的处境不敢相认,怕添惹麻烦反予父亲不利,这种矛盾心情,最难表演,兰芳同志却能举重若轻地演出来。他在李桂枝问出老犯人就是自己的父亲之后,并不是每句话都去刻意表现人物的矛盾心情,而是随着一句句对李奇的询问由淡而浓,由隐晦而明显,到了听说李奇被冤受审的时候,李桂枝已经不再像前边那样能够强自按捺了,李奇唱出"上公堂先打四十板",李桂枝早已站起,这时急忙赶上两步,立在李奇身旁,脸半侧对着李奇,眼睛斜盯着李奇的向外的脸,焦灼不安地问:"你……可曾招认?"这时候,李桂枝心里是多么怕父亲招认呀!兰芳同志在这里,表演出李桂枝的感情激动,问这句话时不由自主地连连摆手,就像是她在说"招不得"。看来这只是一个极小的动作,可是这一手势,与他的神情、语气结合起来,就集中突出地表达了人物的心情。用这样一个简练的手势,也必须要经过对人物的深刻体会,否则就做不出来,做不准确。

我一时很难说出多少兰芳同志艺术上的特点和成就,只不过想说明他所创造的艺术极为丰富,一点一滴都值得仔细研究、认真学习。我想我们应该很好地整理、研究他的艺术经验，让年青一代的戏曲演员能更深地理解梅派艺术。应该用我们向他好好地学习，来纪念这位不朽的艺术家！

1961 年 8 月 15 日

追怀往事——悼兰芳弟

◎ 姜妙香

原载《戏剧报》1961年15—16期合刊

我和兰芳同志是亲戚，从小就在一起。我幼年也唱青衣，我们俩又同在陈德霖老夫子门下学艺。我十几岁时日夜唱戏，累得吐血了，养好了以后，改习小生。从1915年开始，与兰芳同志在双庆班同台演出，一直合作到今年。我们是46年的老战友，舞台上不可分离的老伙伴。本来梅剧团计划今年8月初去新疆演出，兰芳同志和我定于8月8日坐飞机往乌鲁木齐。谁想8日清晨，他竟因病与世长辞了。突如其来的噩耗，像是迎头打了我一棒子，打得我可真够呛啊！笔墨是无法表达出我的悲痛的。这些天，我心里头一直像有个什么堵着似的。白天、晚上，当我望着兰芳生前送给我的那张在汉口照的满脸笑容的相片时，往事一幕一幕地浮现在我的眼前，老觉得他还活着。他是还活着啊，他永远活在了人们的心里。

兰芳同志是个明大义、讲气节的人。四十年前，为了反对嫌贫爱富和包办婚姻，他排演了《邓霞姑》《一缕麻》等时装新戏。九一八事变后，为了激励群众抵御外侮，演出了《抗金兵》《生死恨》等新戏。1937年春，梅剧团第一次到长沙演出。因兰芳到那里后拜客不周，得罪了一些当时有势力的人，那些家伙利用报纸攻击兰芳，说他老了，并肆意谩骂。有人出面劝兰芳出去应酬一番，但兰芳拒绝了。他说："说我老，没什么，我四十多了，是老了。可是，他们这么胡说八道，太不成话了。让他们骂吧，我唱我的！"兰芳的一生，就是这样从不向恶势力低头。抗日战争时期，他蓄须明志，避居香港。太平洋战事爆发后，日军进攻香港，激战时，兰芳同志不肯进地洞躲避，一直站在外面关心着战局的变化。1942年，香港陷落后，他决心与日寇周旋到底，把他身边的两个儿子设法遣往大后方，只身留居香港（这时，梅夫人等住在上海），后来才返回上海。这两个孩子经广州湾到达内地，长子葆琛进了重庆广益中学，次子绍武进了贵阳清华中学，直到日寇投降后，一家人才团聚。解放后，兰芳同志在党的教育下，努力学习和工作，进步得很快。他积极主动地响应党的号召，在促进我国社会主义戏剧事业的发展和保卫世界和平方面，做出了很大的贡献。1956年，兰芳同志率领中国京剧访日演出团去日本访问演出，当我们从香港乘飞机，越过台湾上空时，兰芳同志对葆玖、葆玥和我说："国民党反动派的飞机，如果飞上来强迫咱们降落的话，咱们就豁出去，一块从飞机上跳下去，咱们殉啦！"我们听了，都受到了很大的鼓舞。1959年，兰芳同志光荣地参加了中国共产党，真称得起是一位又红又专的艺术家！他入党后，曾勉励我积极努力，争取早日成为一个光荣的共产党员。兰芳同志接受新鲜事物快，进取心强，明辨是非，热爱真理。这些优点，特别值得我们老艺人学习。

兰芳同志的艺术造诣很高，这和他勤学苦练是分不开的。我还记得他最初练嗓子的情况，是用一只绍兴酒坛子，放在木架上，每天早起，对着坛子先喊"咿""啊"两个音，各喊二三十声。然后对着坛口念一出戏的说白，常念的是《教子》和《宇宙锋》，因这两出戏的白口多，有不少字念来声音必须高亢，所以常用这两个戏练。排《天女散花》的时候，兰芳在家里用一张一张的方桌搭成一个临时小舞台，梳起新创造的古装头，穿上改良的戏装，在桌上演唱。坐在一旁当观众的亲友和一些戏曲专家，评头论足，对化妆、服装、身段等提出不少意见。兰芳根据这些意见，再来改进。《天女散花》中的绸舞就是这样在家中经过了长期的排练之后，才演出的。舞绸子不用棍儿，也是兰芳创造的。他在《霸王别姬》中舞剑，不知博得过多少观众的掌声。他平日练的是太极剑，使的是真宝剑，因此到了台上用假剑舞起来，格外得心应手，式子不但准确、优美，而且刚劲有力。基本功和打把子，是他日常课程之一，从不间断。所以他在《花木兰》《抗金兵》《金山寺》《虹霓关》等戏里的开打，都很见功夫。兰芳在台上的动作优美，水袖能够运用自如，又利落，又好看，这也与他的武功根底有关。1959年，排《穆桂英挂帅》，兰芳在这个戏里唱做繁重，他克服了记词吃力、使身段时力不从心等重重困难，精雕细琢，反复排练，终于创造出了年近半百挂帅出征的穆桂英的光彩耀人的形象。兰芳同志在艺术上有这样高的成就，不了解的人往往以为他是聪颖过人，得天独厚。实际上，他的天赋虽然好，但更重要的是他肯勤学苦练，从不自满，能正确地对待同行和观众的意见。

兰芳同志是演到老，学到老，改到老的。我想拿《奇双会》这出戏来作些说明。《奇双会》是出吹腔戏，兰芳和我都是向陈德霖老夫子学来的（兰芳是先由乔蕙兰先生说唱，又由陈老夫子加工排的身段）。我们第一次演出这个戏是在1917年左右，末次演出是今年2月27日在北京吉祥戏院。四十几年的演出过程，也就是这出戏不断修改、丰富提高的过程。

梅兰芳与姜妙香演出《奇双会》

吹腔戏最初只用笛子伴奏，音乐较为单调。自兰芳同志的《奇双会》开始，才加用了笙，和他在京剧添加二胡伴奏一样，从此吹腔就用笛笙共同伴奏，音乐更加悠扬悦耳。《奇双会》的剧情部分的改动就更多了。起初在《哭监》一场，有狱神、鹞神传送李奇哭声的情节。早在1935年，兰芳同志就认为：虽然祖师爷这么传下来的，但不能让观众信服，也不真实，从那时起就把这两位神仙免了。

解放后，兰芳同志的思想艺术水平日益提高，对这戏的加工改动也随之加多。如免了神仙后，桂枝如何听得李奇的哭声，这点过去交代得还不清楚。兰芳同志在1950年反复考虑，并细致地询问曾到过褒城县的同志关于该地的情况。据说，褒城很小，位于山脚下，当地气候温暖，墙壁较薄，且监狱离县衙不远，如果深夜有人痛哭，内衙是听得见的。兰芳找到这些依据后，把这里的道白改成："哎呀且住！原来是一老犯人，被前任官打得棒伤疼痛。为何哭得那样伤心？其中定有冤情……"同时并把李奇下跪桂枝头晕的带有迷信的情节取消，戏就很合情合理了。从这几句词的改动上，可以看出兰芳同志对于艺术是何等严肃认真。

《写状》一场表演比较繁重，兰芳演得很精彩。赵宠回衙后，劝慰桂枝时，有一大段唱。唱时，兰芳的桂枝只有一哭，然而哭得却很出色。赵宠唱："我和你少年夫妻如同儿戏——"这句时，满脸带笑，想逗桂枝高兴。兰芳坐在那里，低眉敛眼，表现出心中无限愁肠的神情。于是赵宠又装着赌气噘嘴对桂枝唱："反在那里哭。"随着"哭"字，向桂枝一指。兰芳这时看了看我，皱起了双眉，嘴角一颤动，哭出声来，随即用水袖遮脸。赵宠忙显笑容接唱："举案齐眉永不离。"兰芳转脸拭泪。赵宠接着说："哎呀，夫人哪！"向前推转桂枝，接唱："你心中有什么不平事——"这时兰芳脸上的愁云开始消散。我拉着他站起来向台口走，一面接唱："对下官说个详和细。"我走一步，回望一次，兰芳脸上已然敛起愁容，略带娇羞之态，随着身段唱做，娇羞越来越浓。这一段，我又唱又说，而兰芳只有一哭，但是他不仅和我配合得极好，而且通过这一哭前后的神情变化，把桂枝此时心忧老父冤屈和与赵宠新婚夫妻的悲喜感情交织在一起的复杂思想，一缕缕地透露了出来，令人神往。

虽然这场戏表演很精彩，但兰芳同志从不满足，所以改动之处也比较多。如桂枝唱吹腔叙述身世时，赵宠问桂枝："家住哪里？""令尊何名？"1957年，清华大学陈祖东教授提出，他们既已是夫妇，这样询问似乎不合情理。兰芳立时接受了，把这两句删掉，只由赵宠说："不要啼哭，只管讲来。"接由桂枝唱下去。赵宠问过李桂枝的名字后，原来有一段对白，由赵宠说"夫人，下官倒想起一桩心事来了"开始，直到赵宠说完"秋风之际桂花香也哟"，二人离座到台口，互相提起对方当年的困境，互相取笑一番，最后同白："彼此一样，啊，哈哈……"再回到座位上，继续写状。过去几乎每次演到这里，观众都要鼓掌。但是经过研究后，兰芳指出这段戏离开了写状的主线，此时的戏谑也与这场戏的气氛不调和，有画蛇添足之感。于是从1956年到日本演出时就毅然把这一段删掉，《写状》这场戏也就显得更为紧凑、精练了。回国后我们就照着改了的演了，有一次一位老观众看完了对兰芳和我说："删得好！可你们可也真舍得啊！"《写状》的最后，当赵宠为桂枝写完状纸后，这对新婚夫妇，原有一段相互作耍的情节：丈夫在"桂枝"二字上戏谑了妻子，妻子也作弄了一下丈夫；末尾桂枝要赵宠教她如何告状，骗得他跪在了她的面前，桂枝接过赵宠手里的状纸，顺手来一个"托斗"，扭头一笑，然后在"呔、呔、呔"的小锣声中快步下场。这段戏，1955年我们在一次演出中有了改动：桂枝在接了状纸、"托斗"、一笑之后，接着一瞧状纸，又哭了起来。这很符合这个人物当时救父心切的思想感情。我们在演出之前并没有计划这样改动，是兰芳在演出的时候即兴的创造，我见兰芳这样一改，就接着说："她又啼哭了。——啊，夫人，不要啼哭，明日就要与令尊大人申冤了哇！"然后扶着桂枝一同下场。到了后台，兰芳说："这样改，事先也没有跟您说说。六哥，您倒接得挺好啊！"以后，我们就照这样演下去了。

多年来，兰芳对《奇双会》这个戏的修改有很多地方，《哭监》中取消了迷信的部分；《写状》中，对话作了修改；《团圆》时，唱词和念诗都有改动的地方。有时改一个词或一个字，要经过多少天反复推敲，才肯定了下来。如《写状》中，桂枝唱的"保童桂枝姊弟名"改为"保童与我姐弟二人"，《团圆》结尾，将"苍天饶过谁"改为"红日正光辉"等都是。对于《奇双会》的修改，一直继续到兰芳同志临终前。今年春天，我们还计划作几处修改，如开头赵宠念"虎头引子"不仅与后面李保童的"虎头引子"重复，而且也与赵宠身份不合，所以请徐兰沅先生谱制了新引子，准备再演出时用；《写状》一场赵宠说："且慢，我想一个人得了两样病症，这岂不是假的呀！"交代不清，准备改为"那杨氏春花，各执一词，岂不是假的"！这些想法都是与兰芳同志共同研究后确定的。谁知还没有等到试演，他竟已作古了！兰芳常说："演戏，初演时东西少，越演越多，再演下去，又越演越少了，也正是到这时，戏才演好了。"这是兰芳同志五十多年的经验之谈，是很值得我们深思的。他的

《奇双会》是一个最好的例证,在丰富提高、精益求精上为我们树立了艺术的典范。

兰芳同志所创造的桂枝的形象,已经到了出神入化的境界。我们合演《奇双会》,我除了扮演赵宠外,有时也扮演李桂枝的兄弟保童,因此我有可能具体地体验到,兰芳演的李桂枝对待丈夫和兄弟的神态、口吻等都有很大的不同。《奇双会》全剧中,兰芳的桂枝共有七次笑,笑得都带点娇羞,都是那么美,但是七次七个样,而且由于笑的对象不同,对丈夫对兄弟在相似的笑容中而神情迥异。《写状》一场,李桂枝有四次笑,都用水袖遮嘴,但姿势都不一样,面部表情也有变化,把她在新婚的丈夫面前的娇羞神态惟妙惟肖地表现了出来。《三拉》时,保童说完:"啊?胆大褒城县,他有多大的前程,竟敢在本院衙前喧哗,待我前去会他。"桂枝说道:"且慢。啊,兄弟,你可知那褒城县他是何人?"保童回答:"小弟不知。"桂枝说:"他是你的……"保童急问道:"什么?"桂枝说道:"姐丈哦!"这时脸上也带有笑容,也带几分羞态,但在这含着一笑中表现出来的却是姐姐对弟弟的亲切神情和在弟弟面前不好意思的样子。又如:念白时,对赵宠,带着点娇气;对保童,则既亲切又稳重。从念白的声音、口气上就能使人分辨出桂枝是在对新婚的丈夫说话,还是在对久别的兄弟说话。人们常说,兰芳同志演什么,像什么。我觉得还可以这样说:兰芳同志演谁就是谁。也正因为这样,他的表演艺术才称得起是达到了登峰造极的境界。

兰芳同志早年演出《黛玉葬花》,戏快结束前,一个人在台上坐着唱很长的一段〔反二黄慢板〕。全场观众全神贯注地听着他唱完,没有一个说话的。要是一般演员在戏快结束前坐着唱大段反二黄,观众就该"开闸"了。("开闸"——观众都退场了,像水闸扳开了似的)从这里可见兰芳唱上的功力。兰芳在唱上从不取巧,也不爱使花腔。嗓音圆婉,似刚非刚,似柔非柔。劲头含蓄在内,听起来恰如高山流水般的自然和舒畅,不给人丝毫造作之感。我的体会是梅派唱腔学会容易,学好了难,不只要有本钱(嗓子),而且非多下功夫不可。

兰芳同志的戏好,人也好。在旧社会时,年年操持着办"窝窝头会",来周济生活困苦的同行。演了一辈子戏,在台上从没有过"翻场"。("翻场"——在台上因为遇到不如意的事情而生气、发态度)兰芳为人热情,对朋友和同志非常关心。解放后,《贵妃醉酒》是他常演出的剧目之一。我在这出戏里扮演裴力士,要向杨贵妃下跪好几次,而且跪的时间也比较久。有一天,兰芳对我说:"六哥,您这么大岁数了,每回您下跪,我都揪心。给您买两只'护膝'戴上吧。"后来,我就试着戴上"护膝"演裴力士了。

我跟兰芳同志第一次合作演出是在1915年的双庆班,演《穆柯寨》。他的穆桂英,我的杨宗保。当时是年轻的演员演年轻的角色。今年5月31日,在北京西郊中国科学院演出《穆桂英挂帅》,仍然是他的穆桂英,我的杨宗保,但他已67岁,我已71岁,演的是上了年纪的穆桂英和杨宗保。我站在台上都觉得兰芳扮的穆桂英显得那么亮堂,那么精神。万没料到这一场《穆桂英挂帅》竟成他最后一次的演出!我与兰芳合作46年,以《穆柯寨》始,以《穆桂英挂帅》终,没想到都落在了杨宗保和穆桂英身上!

兰芳同志素来很少生病。这次忽然病了,7月底入院治疗,我还是觉着他会很快痊愈的。谁想到他竟遽然长逝,连一句遗言都没有留下。我这几天老这样想：假如他来得及和我诀别的话，一定会嘱咐我两件事：第一件，他会再度勉励我争取入党，更好地为发扬我国的传统艺术贡献力量。第二件，他会托我多照应和帮助葆玖。兰芳啊！我的好兄弟，好同志！虽然我没有听到你最后的嘱托，可是和听到了一样。告诉你，我已经向中国戏曲学校党组织递了入党申请书，今后一定用实际行动争取早日成为一个光荣的共产党员。告诉你，葆玖在党的教育和培养下，近年来也有了不小的进步。在你逝世前，我看了他的《天女散花》，唱、做、舞绸子，不少地方显出了你当年在台上的风貌。现在，葆玖已经下定决心继续发奋努力，为继承发扬你的艺术、为党为人民而有所作为。今后，我也一定像关心自己的学生一样地关心葆玖，尽力帮助他在现有的基础上继续不断地提高。在马克思列宁主义、毛泽东思想的光辉照耀下，在党的正确领导下，我国全体戏剧工作者正斗志昂扬地沿着社会主义大道进军，你的未竟之志将由无数后继者完成。安息吧，兰芳弟！我也将和别的同志一样地绝不辜负你的期望。

黄定记

忆梅师

◎ 言慧珠

原载《戏剧报》1961 年 15—16 期合刊

    祖国的艺术事业遭到了无可补偿的损失，伟大的京剧表演艺术家、我二十年来曾经旦夕相从的敬爱的老师——梅兰芳先生，竟突然地离开了我们，这是多么地令人难以置信。当我在青岛休假中，听到这个噩耗的时候，悲痛和震惊使我几乎痴呆了。

    我作为先生的弟子，到今天不觉已有二十年了，但是现在要我提起笔来追念先生，千言万语，却不知从何说起才好。就以京剧旦角的表演艺术来说，先生本身就是一座宝库，博大精深，有如海洋。

他是京剧旦角的一个承上启下、继往开来的大艺术家，只要稍稍熟悉一点京剧艺术发展的历史的人，都会知道他是如何在继承前辈的艺术的基础上，开阔和丰富了京剧旦角表演艺术的领域的。比如闺门旦这一类型的角色，在先生之前似乎就是没有这一种行当的。

《宇宙锋》，是先生生平的杰作之一，晚年更臻佳妙。但是，听说早先也只是一出普通的、比较单调的青衣唱工戏，从未得到过观众太大的重视。是先生，孜孜不倦，在这出戏上花了四十多年的功夫，才使赵艳容这一人物在京剧舞台上晶光四射，令人看后难忘。四十多年所下的苦功，深刻细致地发掘了人物的内心世界，并且还通过具有高度艺术技巧的舞台动作，把它传达给观众。仅从身段方面来说，先生在京剧旦角的表演艺术创造上所取得的成绩，就不能不使人叹服。

大家都知道，先生的表演技巧在很大程度上曾受益于昆曲。由于他具有深厚的昆曲根底，从而很多地丰富了京剧的表演艺术。比如《宇宙锋》中赵女装疯，嚷着"我要上天"时朝天三指的步法，就有些像昆曲《断桥》中许仙唱"我暂时拚命向前行"时的身段。在开始装疯，唱［摇板］"抓花容"之前，双手拉住甩发的亮相，甚至好像袭用了《芦花荡》中架子花张飞的身段。赵女和张飞、许仙的距离该有多么远，可是先生却能根据剧情和人物的需要，把别的剧种和别的行当的几乎是毫不相干的表演动作，信手拈来，加以改造，然后据为己用，而且是融化无痕，用得这样的美妙和准确。

这样的例子是有不少的。除了吸收昆曲等兄弟剧种的东西外，吸收本剧种的东西，更不在话下。先生就曾谈起过，他演的《醉酒》用了前辈架子花黄润甫演《阳平关》中曹操进宝座的身段。先生在生前最后一个新排剧目《穆桂英挂帅》中，又引用了当年武生宗师杨小楼演《铁龙山》中姜维的身段；穆桂英穿帔走"跨虎""云手""趋步"，采用［九锤半］锣鼓点子，熔青衣、刀马旦、武生的身段于一炉，这是史无前例的。

先生生前教导我们时，经常提到作为一个演员必须多学多看的道理。他自己就能很好地身体力行这一点，一生学艺，古今中外无所不窥，传统的根底扎得深，吸收的范围又很广，而且数十年来一贯虚怀若谷，不耻下问，总是能够倾心听取群众和朋友的意见，来改进自己的表演。这样才能使他的表演达到了京剧艺术的高峰。

梅兰芳夫妇在上海寓所收言慧珠为艺徒合影

另外，先生生前还常指示我们说，京剧的表演是运用有规律的自由动作，因此，作为一个京剧演员，必须多学基本功。只有学得多，才能会得多，然后才有选择运用的余地。艺术的学习和提高过程，先要由少而多，然后才能达到由繁而精，所谓"由博返约"。假如先没有打好基础，那就根本谈不到精，也谈不到创造。

二十年来，我在先生的谆谆教导下，经过先生多番的剀切的指点，才算初步摸索到一些学习的门径。正待我要进一步向先生请益的时候，不料他却永远地离开了我们！

在哀悼先生的最悲痛的时刻里，我只要一静下来，这二十年来随侍先生的情景，便如同一幅幅的画页，展现在我的眼前：先生蓄须明志，典质度日，对我的深切的关怀和教育……甚至还想起家里大人曾经告诉我的一件事：远在民国十二年，先父言菊朋和先生第一次合作，去上海演出，那时我还只是一个蹒跚学步的孩子，在火车车厢中摇摇晃晃地走着，因为脚步不稳，一下摔倒了，先生赶忙把我抱起来，交给我的母亲……

1959年，先生与振飞同志拍摄《游园惊梦》影片，我饰演春香一角。在这一段时间里，我和先生一起度过了许多充满了创作的辛勤，但也是最幸福、最愉快的白天和夜晚。在摄影场上，先生年纪最大，负担最重，但他总是那样一贯负责认真、勤勤恳恳地在工作着。有时候大家见他闭着眼睛坐在椅子上，以为他疲倦了，需要休息，就相互告诫轻声些，不要惊吵了先生，不料先生却睁开眼睛微微地笑了，原来他并没有入睡，而是在苦思下面的戏如何演，如何拍。往往就在他闭目沉思的一刻里，新的方案就产生了。

先生是可敬可爱的。他对待艺术的勤恳，以及处世为人的高风亮节，都是我们学习的典范。晚年，他更在政治上跨迈了一大步，光荣地参加了中国共产党。他把他毕生的全部精力献给了艺术，献给了人民，献给了社会主义建设事业，献给了壮丽的共产主义理想。我能列在先生的门墙，终生向他学习，是我最大的光荣和幸福！

现在，我们的下一代，在党的培育下都已绿树成荫、健壮地成长起来了。他们将在您走过的大道上奋发猛进！敬爱的先生，您在美丽、恬静的碧云寺旁、万花山麓安息吧！

青山将感到幸福地和您同垂不朽！

抗战八年中的梅兰芳

◎ 许源来

原载《戏剧报》1961年17—18期合刊

梅兰芳先生在抗日战争期间,为了坚持民族气节,曾息影八年,蓄须明志。这段事实,已为人所共仰。但这艰巨而漫长的岁月,究竟他是怎样走过来的,他的胡子又是在什么时候、什么地点、什么环境中留起来的?这些,却还没有过详细的记载。现在就我亲身所见,进行回忆,想从个人的角度,尽可能地反映出这段斗争的过程,当然不够全面,只不过对于理解这位卓越的表演艺术家的道德品质、精神面貌,多少有点帮助。

跳出了樊笼

1937年8月13日，淞沪抗日战争揭开了序幕。梅先生当时住家在上海，神圣的抗战给这位爱国艺人带来了无比的激动。三个月之后，淞沪失守，国民党政府仓皇撤退到内地去了。这个政府带走了一切可以带走的财富和珍宝，却扔下了土地和人民。这时，黑暗弥漫了大地，伪组织在南京成立，上海租界里地痞流氓，想借着日本侵略者的恶势力，横行霸道，蠢蠢欲动。像梅先生这样的艺术家，在反动政府眼里本是无足轻重的，但这时候在日本帝国主义者看来却又十分可贵，大可利用他来帮助收拾人心、点缀升平，照汉奸、流氓的想法，更是可以做向主子邀功请赏的工具。果然，有一天，上海的流氓头子张啸林向梅先生间接地提出了"某方"的要求，说是希望他能在电台上播一次音。所谓"某方"是哪一方，电台是什么电台，都是用不着寻根究底，确然可知的。梅先生用不久要到香港和内地演出，不能在上海电台播音的理由拒绝了他。这是梅先生第一次对敌伪作的斗争。

自从九一八事变发生以来，日本军阀在东北穷凶极恶，无所不为。梅先生眼看着日军侵占我疆土，屠杀我人民，而国民党政府始终抱着不抵抗主义，滋长敌人的野心，他感到万分愤慨，不愿再待在北京。1932年的冬天就把全家搬到上海。这次发生了要求播音事件，梅先生认为上海租界绝不是什么安全的桃源，敌伪方面目前虽然还不会直接下手，但却完全可以利用流氓、坏蛋来进行间接的迫害，暗杀和绑架都是他们的拿手好戏。看情况不走是不行的了，要走也只能到香港去演出，借此机会先跳出了樊笼，再作道理。首先由他的老朋友冯耿光先生到港预为布置。那时我正任职交通银行，也在香港，接受了梅先生的委托，替他向利舞台联系，并为演出做好准备。一切安排就绪，梅先生就在1938年春末率领剧团到了香港。事先在干德道租下一所房子，演出完毕，剧团北返，他本人就寄居在那里，一住四年之久。

在梅先生演出期间，有过这样一桩意外的事，可以说明上海流氓的恶势力已经蔓延到了香港。冯先生当时住在浅水湾饭店，利舞台在跑马地，他每晚必来看戏，散了戏，照例要到后台和梅先生闲谈一会，才回饭店。有一天夜里，冯先生走了不久，梅先生一边卸装一边和我说话。这时，忽然听到"砰"的一声，化妆室的房门被人一脚踢开。梅先生是背着房门坐的，从镜子里看见闯进来一个人，满脸是血，连香港衫上也沾染了两大块，转过身来仔细辨认，才看清楚这个血人就是冯先生。我们都大吃一惊，梅先生赶紧站起来扶着他问："您怎么啦？"冯先生挺着腰杆大声回答说："让人打了。"我们一面打电话请医生，一面问他出事经过。他说："刚才我离开剧场走不多远，后面突然有人用棍子向我头部狠狠地猛击一下，我受伤躺在地上，路人上来营救，凶手看见人多，就扔下凶器逃跑了。"说完话医生来了，检查之下，确实头部受了重伤，马上给他敷药包扎。这时凶器也由路人送来，是根圆的铁棍，外面裹着旧报纸。当晚由我们护送冯先生到一位至熟的朋友潘述庵家中暂住，在潘氏夫妇的悉心调护之下，将养半月才恢复了健康。事后经过调查，知道这是杜月笙的徒弟名叫芮庆荣（外号小阿荣）干的事。芮在上海曾屡次来找梅先生，想包办这次香港演出，没有能达到目的，怀恨在心，他又疑心是冯先生从中作梗，所以下此毒手。据医生说："幸亏这棍子是圆的，要是换个有棱角的铁器，这一下就可以致命。"通过这一件事情，梅先生更认清这些黑暗社会的渣滓，要是再为日伪所利用，他们什么坏事都能做出来，足见他走得对，而且以后更要处处小心防范。

在香港的生活

梅先生生平没有什么不好的嗜好，就连旧社会里最普通的凑四个人打几圈麻将的消遣，他也从不参与。但他的个人业余生活却绝不枯燥，而是丰富多彩的。从幼年起他就喜欢种花、养鸟，在《舞台生活四十年》里已经介绍过种牵牛花、养鸽子的故事。学画以后，对于美术的兴趣更浓，遇到一张名画、一件优美的雕塑或各式各样的艺术品，都要仔细观摩，一再欣赏，绝不肯轻易放过。他学画是从花鸟、人物入手的，在北京时期，名画家如齐白石、陈半丁、姚茫父、陈师曾、王梦白等，都是缀玉轩中的常客。梅先生见到他们，总是虚心请益，他们也都乐于指点。这里面，王梦白是他的开蒙老师，每天必来教画，前后有好几年。迁居上海以后，汤定之是他的后期专任画师，教的时间也不短。梅先生虽然不是科学家，而对于科学方面的常识也懂得不少，常把报道世界知识一类刊物上的新鲜事物介绍给我们听，说得头头是道。他自己是个旦角演员，因此对于妇女的性格、形态，观察得十分细致深刻，他得能在舞台上创造出繁复而鲜明生动的人物形象，中间是有着深厚的现实依据的。

上面所说是他在北京、上海时平居生活情况的大致轮廓。到了香港，环境不同了，就深居简出，请了一位英国老太太在家补习英文，还学过世界语，课余常以绘画消遣。有一次，一位朋友的夫人偶然拿了一张照片请他着色，这本来是一时兴到游戏之作，可是他着笔细腻，敷色淡雅，绝不是一般喜用大红大绿、专事色彩堆砌的俗手所能企及的。看见的人都说："这哪儿是照片，简直成了一幅绝妙的仕女图了。"此后就有好多朋友拿照片请他着色，画了有二三十张。

梅兰芳在香港时全家合影

在一个偶然的聚会里，遇到一位打羽毛球的好手，自动地常来找梅先生打球。梅先生当然打不过他，这位朋友却不怕麻烦，乐意给他进行指导。半年以后，梅先生的球艺居然大进，对此道的兴趣也随之增高，每星期至少要打两三回，变成一种常课了。

过去缀玉轩座上不断有诗人文士，梅先生一直喜欢参加他们的谈艺论文活动，他的历史、文学方面的知识，大半是得力于这些朋友的濡染启发的。到了香港，仍旧保持着这种习惯，爱听人家谈掌故，但这时却更着重于世界形势的研究讨论。卧室里的一架收音机，成了他客中最亲密的伴侣，随你把指针拨到哪里，他都能很快地告诉你这是什么地方电台的播音，真称得上得心应手，熟极而流。每天除了紧密地注意战事消息以外，戏曲、音乐也是经常收听的。

自从剧团离开以后，梅先生就没有用胡琴吊过嗓子，对人谈起，总说自己的嗓子已经退化，不可能再演出了，而实际上他念念不忘的是在等待着有一天胜利的到来，重登舞台。他又深怕时间一久，嗓子真的会起变化，因此，每隔一两个月，就叫我带了笛子去给他偷偷地吊几段昆曲。他住在公寓房子的二楼，上下左右都有人家，为了不使歌声传出，引起旁人的注意，他事前总是要把门窗紧闭，窗帘拉下，一切都准备好了，这才开始吊嗓子。碰到唱得痛快的一天，他就十分安慰。记得有两次给他吊《刺虎》，唱到"有个女佳人"的"佳"字，工尺相当高，而且腔要拖得很长，他唱不上去，或者上去了不够饱满，他就很感慨地对我说："老话说'曲不离口'，一点不错，老不唱怕嗓子就要回去了。"言下大有髀肉复生之感。

当时，梅先生有时还和一些电影界的朋友们接触，见面的时候，他们经常在一起研究古典戏曲搬上银幕的问题，我也参加讨论过几次。梅先生对朋友们说过这样的话："天总要亮的，到那时候我一定要拍一部古典戏曲的片子。我有这个信心！"果然，梅先生的愿望没有落空，到了抗日战争胜利以后，他就在上海拍摄了中国第一部彩色片《生死恨》。

梅先生本来是个电影爱好者，他常从银幕上汲取有益的滋养，来丰富他的舞台艺术。在港期间，当地的皇后、娱乐等几家大电影院，他是经常去的。外国片固然要看，国产片也不放过。我记得那时中国的古装片还在萌芽时期，只要有这类新片到港，他总打电话约我陪他去看，看了回来，还总要谈谈艺术处理方面的问题，指出这里面的服装、动作和背景的配合，哪些地方是调和的，哪些地方就显得生硬。他这种关心和研究，也都是为将来可以拍片时的参考。

我们在港同看电影的次数很多，其中有一部卓别林主演的名片《大独裁者》，梅先生是特别欣赏的。这位编、导、演"一把抓"的电影艺术大师，扮演了这两个角色，这张影片里，除了影射希特勒的大独裁者以外，还安排了一个貌似希特勒的理发师。用双关的手法，无情地揭露了法西斯主义者的反动本质，深刻地讽刺了他的狂妄自大，愚昧无知，说明他终于要走上灭亡的道路。这里面有大独裁者玩弄一只大气球的镜头。球上画着世界地图，放在木架上面。卓别林先生一出场，先走向这架气球做的地球仪，用贪婪的目光在球上四面寻找他的猎物，然后从架上拿过气球捧在手里，用柔媚的姿态，轻盈的步伐，随着音乐节奏，忽慢忽快地曼舞起来。舞到得意忘形的时候，一脚登上桌子，正在高兴，"啪"的一声气球破了。这场戏里，他用了四种表情——冷酷、快乐、疯狂、颓丧，层次分明地把大独裁者的心理变化，描绘得淋漓尽致。梅先生看了，非常痛快，他感到，不但法西斯独裁者的结局是这样，就是所谓轴心国家里他的那位伙伴——日本军国主义者也必然是这个下场。所以他看过一次还想再看，一连看了七次之多。

迁居桂林的计划

梅先生寄居香港，重庆方面头两年对他抱着不闻不问的态度。到了1941年秋天，杜月笙从重庆飞回香港，约梅先生去谈话。杜说，重庆方面让他来邀请梅先生去演出。梅先生回答说："我的剧团远在北京，要他们大队人马冲破敌人的重重关卡，恐怕是难以想象的，再说，千里迢迢的路程，万一中途死了几个人，我担不起这个责任。如果剧团不来，我一个人到重庆，也唱不了戏。请您把目前的困难情形转达过去，等演出有了条件再实行吧。"回家以后，他就告诉冯先生说："重庆要我去演出，我已经把困难说给杜听。这群掌权人物，国难当头，还是闹得这样乌烟瘴气，真让人看不下去，我不愿意再给他们去凑热闹。可能他们会有这样的想法，说我梅兰芳贪图享受，赖在香港舍不得走。香港本来不是久居之地，我早就想离开，您看到哪里去好？"冯先生说："你既不愿意去重庆，我们何不搬到桂林去住，那里是个风景区，气候也还不错。你如果同意，我可以写信托中国银行给我们找房子。"梅先生说："好吧！先去了再说。"不久，冯先生就接到桂林中国银行经理陈隽人的回信，知道已经给他们租定了一所房子，租金每月二百元，一切应用家具也在着手准备。梅、冯两位计划过了年就走。那时我在交通银行经管运输事务，和当地两家航空公司都很熟识。梅先生一再向我说："我们内迁时行李不会少，飞机票你要早点给我们联系。"我说："你放心吧！包在我的身上。"谁知道当年12月8日就发生了珍珠港事件，香港当天就受到日军的轰炸，形势突变，上面的计划，也变成泡影了。

胡子是这样留起来的

1941年12月8日的清晨，我们忽然听到了猛烈的高射炮声，大家都摸不清是怎么回事，起初还以为是演习。梅先生从电话里对我说："看样子不像演习，我从窗口已经看到对岸飞机场有火光，好像受到了轰炸。"后来确知日军已经向香港展开全面进攻，我就去见梅先生，他皱着眉说："糟啦！早走一步就好了。香港是个孤岛，我瞧是守不住的，早晚要被日本人占领。我一向离着他们远远的，这回可难免要碰上了。"

日军围攻香港18天，每天炮声隆隆，敌机也常来"光顾"。我和梅先生都住在半山，山上没有防空设备，只能躲在楼房的地下室里，算是临时的防空洞。那几天他总是默默的，不大说话。

梅先生素来爱好整洁，在这种紧张的气氛里，照样还要刮脸，可是我们发现与过去不同的是，胡子就不剃了。我和冯先生问他："莫非你有留须之意？"他严肃地指着上唇回答我们："别瞧这一小撮胡子，不久的将来，可能会有用处。日本人假定蛮不讲理，硬要我出来唱戏，那么，坐牢、杀头，也只好由他。如果他们还懂得一点礼貌，这块挡箭牌，就多少能起点作用。"

梅兰芳蓄须照

梅先生是个旦角演员，年轻时为了怕胡子太浓，常用镊子拔须，现在要用着它了，可又总是稀稀朗朗的几根，老长不密。直等回到上海，时隔半年，胡子才留得有个样子。

闯过第一关

日军进入香港以后，猖狂残酷的行为，如同野兽一般，到处向人要"花姑娘"，不给就把人打得半死，深夜闯入人家，奸淫妇女，甚至孕妇也不免遭殃。梅先生不断听到这种暴行消息，愤怒已极。所有港地居民，全都惴惴不安。

第三天的上午十时左右，梅家突然来了一个陌生人，要见梅兰芳先生。梅先生刚跨进客厅，那人抢过来握住他的手说："您真把我找苦了，我们进入香港，上级就指派我要找到您，找了一天没有头绪，有人说您已经不在香港，可是据我们的情报，您没有去重庆，八号夜里重庆派来接人的两架飞机里面没有您，肯定仍在香港，但是不知道您的住址，叫我干着急，直到昨天晚上才有了线索，现在，我真高兴能够见到您。"来的是个日本人，名叫黑木，说着一口流利的带着东北口音的中国话。黑木又说："酒井司令想见见您，您哪一天有空，我来陪您去。"梅先生说："现在就可以去。"说完就进来拿帽子。冯先生问他："你拿帽子上哪儿去？"梅先生说："来的那个日本人要我去见他的司令。"冯先生很着急地说："你一个人去行吗？"他却很镇静地回答："到了这个地步，生死早就置之度外，怕有什么用处！"说完话出去对黑木说："我们走吧！"他们刚走出客厅，这时，梅家住着的一位姓周的朋友，就自告奋勇地抢过去对梅先生说："我陪您去。"冯先生从阳台上目送他们跨进黑木的汽车，弯弯曲曲地下山去了。

下午四点钟我到梅家，他还没有回来。冯先生坐立不安，焦急万分地对我说:"这一下畹华真完了!我深悔不该让他去。"我心里也在着急,但表面上还要安慰他。我们左等不来,右等不来,天已经黑下来了。大家站在阳台上瞪着眼冲外看,全部路灯都没有了,住家的也不露出灯光,在朦胧的月色下,连个人影也找不到,整座山阴森森地充满着凄凉恐怖的气象。好不容易从远处传来汽车喇叭的声音,这辆汽车一直开到家门口停住,果然是梅先生和姓周的朋友回来了。他刚一进门,我们就赶快围上去问他:"你怎么到这会才回来?"他微笑着说:"别忙,等我放下帽子,擦把脸,再细细讲给你们听。"他说:"酒井的司令部设在九龙的半岛饭店,我走进他的办公室,他正在隔壁房间开会。黑木出去绕了一下进来说:'司令马上就来,请您稍候。'不一会,酒井进来跟我握手说:'二十年没有见面了,您还认得我吗?我在北京日本使馆当过武官,又在天津做过驻防军司令。看过您的戏,跟您见过面。'他一面说话一面盯着我嘴上的胡子看,用惊讶的口气说:'您怎么留须了?像您这样一位大艺术家,怎好退出舞台?'我说:'我是个唱旦角的,年纪老了,扮相不好看了,嗓子也坏了,已经失去了舞台条件,唱了快四十年的戏,本来也应该退休了。'他听了,沉吟一下就让黑木给我一张特别通行证,又对我说:'有什么需要,可以告诉黑木,让他给您解决。'谈完话出来,正想回家,黑木一把拉住不放,坚邀我到他家吃饭。吃完饭时间已经不早,我料想家里一定很着急,但黑木还缠着我大谈其戏,又留我吃了点心,才陪我过海,上了岸,仍派汽车送我回家。今天总算让我闯过去了,你们别以为他们不难为我有什么好意。我看酒井这家伙够厉害的,准是想利用我。让他去做梦吧!"

梅先生早年曾两次到日本演出,都受到当地的文艺界和观众们的热烈欢迎。他常说："我对日本的人民本来没有什么恶感，我所极端痛恨的就是这班狼子野心成天要来侵略我国的军阀们，他们越是对我表示殷勤，我心里对他们的仇恨越深。"后来的事实告诉我们，这一群恶魔想利用梅先生的阴谋，果然始终是在那里做梦。

发生了三件事

自日军占领香港到梅先生离港之前，这中间曾经遭到三次不同程度的胁迫，都被梅先生挡了回去。经过是这样的：

日军某部队为了开一个占领香港的"庆祝会"，函请梅先生参加，表演一出京戏。这时正好梅先生患牙疼，就请医生写了一张证明，附在回信里说明不能参加的理由。这件事就这样对付了过去。

没有多久，日本军部又派人来说，为了繁荣战后的香港市面，想请梅先生出来演几天戏。梅先生对他说："我的剧团不在此地，一个人无法演出。"就这么搪塞了过去，以后也没有再提过这事。

第三次情况就比较严重了。南京汪伪政府要庆祝"还都"，日本的特务机构"梅机关"（日本在中国当时有梅、兰、竹、菊四个特务机关）派专人来港，邀请梅先生参加，准备用飞机送去。梅先生当然是不会去的，而来人却一定要请他走一趟，不肯空着手回去复命。经过多次的谈话，费了无数的唇舌，最后梅先生坚持着有心脏病不能坐飞机的理由，这才把来人打发走了。

梅先生那时的处境，真好比笼中之鸟，但是这只鸟一直在盼望展翅高飞。他唯一的寄托是偷听短波。每天晚上在卧室里把门窗关紧，放下窗帘，熄灭电灯，用两条棉被包住无线电机，只露出一小块,声音开得很低,把耳朵紧紧地贴在上面。等我到他家,他常常把偷听的一些重要消息告诉我。他住的这所公寓,楼上楼下都住有日本军官,偷听短波是件非常危险的事,但他一直冒着险坚持到离开香港为止。

离开香港

当时,有好些人都轻装简从悄悄地从广州湾偷渡到内地。梅先生决定先把两个在港上学的儿子葆琛、葆珍设法送走,就托付两位熟朋友,分两次把他们带进去念书。走的前两天,在家里举行了一个别宴,我也被邀参加。饭后梅先生踌躇着说:"万一路上被他们发现是梅兰芳的儿子,可能就给拦回来。这两个孩子的名字从学校里是都查得出来的,非改不可,可是改了又得让他们容易记得住,盘问的时候才不会露出马脚。你们看我这个主意对不对?"冯先生在旁沉思了一会说:"这样吧,他们的小名不是叫'小四''小五'吗,何妨谐着音改作'绍斯''绍武',有人盘问,我想容易答得上来。"梅先生同意了这个办法。他们先后出发的日子,梅先生每次都送到门口,凄然握别,看着孩子下山,走远了还向他们一再地招手。

几个月以后,梅先生的熟朋友都已纷纷离港。我们对他的"出处"问题,也研究过几次。有人主张化装偷渡进去,多数人却不同意这个办法,认为别人化装还可以混过关,梅兰芳的面孔认得的人太多,如果让日本人抓了回来,以后的事情就不好办了。大家认为目下香港、上海都是日寇的势力范围,没有什么两样,熟朋友慢慢走光了,一个人留在香港太不妥当,不如回到上海去。梅先生接受了大多数的意见，就在1942年的夏天，取道广州飞回了上海。

他走进马斯南路（今名思南路）旧居，大家看见梅先生又瘦又黑，比去的时候憔悴得多，嘴上也留了胡子，样子变了。梅夫人一把抓住他，含着眼泪说："上海传遍了你的凶信，说你从香港坐船回来，半路上船被打沉了，今天我们还能见面，真不容易！你怎么这样瘦？"梅先生回答说："你放心吧，别瞧我瘦，我的气儿足，什么都不怕，养几天就能恢复的。"

双重压迫

梅先生这次回到上海，真好比丁令威化鹤归来，城郭犹是，局面全非。人民正在日伪铁蹄之下痛苦呻吟，百年来帝国主义在这个城市深深植根的恶势力为日本军国主义者所独占。经过几年的时间，日本侵略者利用汉奸、特务、流氓、地痞组成的统治机器，活动得更为深入而恶毒。梅先生在这种恶劣的环境里，不能不加倍小心，既要争取生存，更重要的是要坚持凛然的民族大义。他平日杜门不出，敌人找上门来，就虚与委蛇，相机应付。可是有一个绝对不可动摇的原则，如果要他演出、播音，以至参加集会或任何形式的社会活动，不管他们说得怎样天花乱坠，总是打定主意，坚决拒绝。当时南京的伪政府遇到"庆祝典礼"，曾经几次派人来请他出席。后来干脆只说不过是请他去观光"新都"气象，绝无其他要求。梅先生也一直推托说身体不好，坚拒不去。日伪对这样一位表面安详沉静而骨子里饱含着敌意的艺术家，真是无可如何，头痛之极。

看起来梅先生好像是在孤军奋斗，而日本侵略者对这位"不驯"

的艺术家，竟自奈何不得，似乎是不可思议的事。其实仔细分析一下，梅先生并不是孤立的，在他后面，有着千千万万爱戴、同情他的人民在，而且这个伟大的力量还是超越了国界的。这是使日伪有所顾忌，不敢过分威胁他的原因。

可以举一个鲜明而生动的例子：

当时马斯南路梅家，曾经来过一位苏联塔斯社的驻沪记者。他对梅先生说："我找您没有别的事。总社来电报说，梅兰芳有在沪遇害的传闻，十分关心您的安全，让我调查报告。我今天看到了您本人，任务已经完成，不再打搅您了。"说完话拿起帽子就要走。梅先生紧紧地握住记者的手说："请您转告总社，我现在还活着，衷心感谢贵国人民对我的关心！"

这件小事说明了不少的问题。亲如手足的中苏人民之间的情谊，从塔斯社对这位伟大艺术家非凡的关怀里完全表现出来了。也正是这种力量鼓舞了梅先生，而且成为他艰苦斗争的最有力的后盾。

政治上的压迫，总算一关一关地闯了过去，而个人的经济问题，却一天一天地严重起来。几年来不曾演戏，当然断绝了经济来源，而港、沪两地的开支又相当大，早把历年的积蓄用得一干二净。梅先生一生自奉甚俭而待人甚厚，那时候的梅家，还住着有好几十口，这里面除了家属以外，有剧团的工作者，有家里的雇用人，都是跟随他多年的老人。梅先生几十年来的习惯，不管在任何情况之下，对所有帮助自己工作的人，从来没有辞退过一个，因此这方面的人数只有增而无减。此外，他还养活着一些衣食无着的穷亲戚，自己处境虽然如此拮据，也绝不肯请他们离开。

梅先生还经常有一些意外的支出，譬如有人向他告贷，他是有求必应，向不推辞的。《舞台生活四十年》里记述过他的祖父梅巧玲先生用银票当作槟榔周济同行的故事。他在这一方面也大有祖风，喜欢在暗地里帮别人的忙，事后从不向任何人提起。我们所知道的一些动人的故事，大半是从受惠者嘴里传出来的，没有发现的还不晓得有多少呢。像他这样庞大的开支，靠着朋友的个人力量，根本无法解决。那么，他究竟是怎样来维持生活的呢？这里面大部分是依靠银行透支。通过朋友关系，上海新华银行答应给他立个信用透支户，透支满额，就一次一次地往上增加。梅先生向来不肯白用人家的钱，有一次，为了买米又要开支票了，他摇着头对我说："真是笑话！我在银行里没有存款，支票倒一张一张地开出去，算个什么名堂？这种钱用得实在叫人难过。"所以梅先生尽可能地少用银行款子，把历年收集并不太多的古玩以及可以变卖的东西，都拿出来换钱。我和哥哥（姬传）就都经手替他卖过古墨、旧扇、书画、瓷器。日子一久，左支右绌，困难就更深了。

"我不干！"

正在这经济极度恐慌的时候，上海中国大戏院的负责人来约梅先生唱营业戏，他说："我们听到您的经济情况都很关心。上海的观众，等了您好几年，您为什么不出来演一期营业戏？剧团的开支您不用管，个人的报酬，请您吩咐，我们一定照办。唱一期下来也好维持个一年半载，何必卖这卖那地自己受苦呢？"梅先生想，这固然是剧场老板看准了机会，要做一笔生意，可是多少也在想替他解决一些困难。当时他就这样答复："承你们关心，我很感激。至于演出一层,让我考虑好了明天再给你回音。"那人走后天已经快黑了,我陪梅先生到了冯家。他把刚才的情况告诉了冯先生,接着问:"您看怎么回复好?"冯先生沉思了好一会说:"今天的问题不简单,我得先听听你自己的主张。"梅先生一声不响。接着大家吃完晚饭,他就离开了房间,我们久等不来。有人说他在楼下客厅里。我们一起下楼,推门进去,果然看见他靠在沙发上,眼睛盯住天花板,嘴里不住地喷着香烟。我们也不去打搅他,三个人静悄悄地坐着。这样,约莫过了五分钟,冯先生憋不住了,开口问他:"你准备怎样答复中国大戏院?"梅先生坚决地大声说:"我不干!一个人活到一百岁总是要死的,饿死就饿死,没有什么大不了!"这位一向安详沉静的艺术家发出这样的怒吼,我们还是不常见到的。接着,他又指着嘴上的胡子说:"如果我拿掉了这块挡箭牌,以后的事情就多了,南京要我去演戏,怎么办?万一东京要我去演出,又怎么办?明天我准回绝他们。"这几句话给我们的震动大极了,当时的情景,至今如在目前。他对敌人迫害的一切可能性都做了充分的估计。他看问题看得清,看得远,看得透。当机立断,义无反顾。他能走完这一段艰险崎岖的道路,真不是偶然的。

开画展

　　戏是决定不唱了,东西也变卖得差不多了,银行透支又不愿意多用,经济情况真到了百孔千疮的地步。他想来想去想出了一个主意,卖画收点润笔过日子。可是零零碎碎一张一张地卖画,拿的钱都派不了正用。大家提议要他开一个展览会,可以有一整笔的收入。

他马上接受了这个意见。白天家里往来的亲友多，要到夜深人静时才能开始作画，一直画到天亮停笔。1959年在北京我们替他记录这段回忆时，他还指着右手大拇指上的疤痕笑着说："你们瞧，这就是我当年画画的成绩，你们还记得吗？那时已经接近胜利，日本鬼子怕轰炸，实行灯火管制，晚上还常常停电。为了赶活儿，我买了一盏汽油灯。有一天正在打气，一不小心，火冒出来把手烧着了，至今还留着个疤，幸亏伤痕不大，要是烧得厉害，那就上不了台了。"

梅先生喜欢画人物、花卉、翎毛，虽然赶不上名画家的功力，可是自有他独具的神韵，特别是他画的佛像，妙相庄严，丰姿清隽，给不少行家留下深刻的印象。

到了画展开幕那一天，参观者挤满了会场，一半是为了欣赏他的作品，一半也深知他是为贫而画，所以定件的人非常踊跃，有的画甚至复定了许多张。就这样东拼西凑地又维持了一段时期。

日本强盗完蛋了！

1945年8月15日，日本投降的消息从播音里获得证实，梅先生高兴得流下泪来，笑着对梅夫人说："天亮了，这群日本强盗可真完蛋了！"这一天梅家坐满了亲友，大家兴高采烈地相互道喜，同时发现梅先生脸上刮得干干净净，胡子已经不见了。

从那时起，梅先生每天一早起来就在院子里练功，下午吊嗓子，晚上看剧本，又亲自到地下室里仔细检查戏箱。当时他的心情，就好比退隐多年的老将，一旦又要重上战场，当然压不住内心的兴奋；同时又想到解甲八年之久，武艺生疏，是否能够胜任愉快，也是值得考虑的事。所以他早晚忙碌,积极地为演出做着一切必要的准备。1959年,他在《穆桂英挂帅》里"抱印"一场创造了一段哑剧式的精彩表演,给后面闻鼓声而奋发的气氛造成有利条件。梅先生对他的学生李玉茹说过:"穆桂英是重上战场,我是再登舞台,我们同样歇手多年,从我自己的体会,知道她的思想过程中必然会有由决定出征而联系到责任重大、如何作战的事前考虑。所以我就大胆地采用了武戏里'揉肚子'的身段来尝试一下。"根据他本人的谈话,可见他之所以能够有这段新的创造,就是因为他在思想感情上和这位爱国女英雄起了共鸣。

在日本投降两个月后,梅先生参加了抗战胜利的庆祝会,在兰心剧场(现在的艺术剧场)演出《刺虎》。演出那天梅家来了好多中外新闻记者,盯着他问长问短,梅先生没有住过嘴。马斯南路寓所的客厅里,放满了水银灯,有的记者给他拍照,有的拍新闻片,从早忙到晚,一直没有休息,他匆匆吃点东西就赶到剧场。化好了装,他问我们:"你们看我扮出来像不像?敢情搁了多少年,手里简直没有谱了。"我们嘴上鼓励他说扮得不错,其实早就看出不够当年的标准。等他快上场,我站在乐队后头,看他在掌声雷动中漫步出场,一开口嗓子就不够理想,部位感到生疏,身段也不自然。我当时在想:头一支短短的散板曲子,已经这样吃力,下面的戏怎么唱呢?真替他捏着一把汗,等演了半出戏,才比较熟练一点,到底幼功结实,总算把这出戏对付下来了。梅先生的表演,向来只用八分力量,总给观众留下一种有余不尽的印象,观众用不着替他担心,说句老实话,我看了他几十年的戏,也就着急过这一回。

散戏回家,梅先生对我们说:"今天的戏演得太不像样,嗓子、表情、动作和台上的部位都显得生硬,这固然因为我忙了一天没睡晌觉,最要紧的还是八年不唱的缘故。这次得到一个经验,像我这样的老演员,久不上场,一下子出去也会摸不着门,可见得演员是不能离开舞台的。"他虽然对于这次演出做了上面的自我批评,可是在吃宵夜的时候,跟大家说说笑笑,吃得比往常多,还破例喝了一杯酒,颊上泛出了轻红,处处流露着兴会淋漓的神态。

愉快地和广大观众见了面

兰心的一场戏是庆祝的性质,跟着各界也纷纷要求演出,观众迫不及待地要看梅先生的戏,梅先生也急于想和广大观众见面。可是剧团全体人员远在北京,南北交通尚未恢复,他们不来怎能上演呢?有人提出这样一个办法:姜妙香、俞振飞和"传"字辈的几位演员以及昆曲场面都在上海,京戏唱不成,何妨改唱昆曲?梅先生同意了这个办法,就在美琪电影院演了一期昆曲,共演《断桥》《思凡》等五个剧目。他一边台上唱,一边家里练,双管齐下,不但把过去的老本事找了回来,而且表演上也起了变化,观众为了要瞻仰一下久不登台的梅兰芳,不管他演什么戏,每场都挤得水泄不通,这里面还有很多是从外埠赶来看戏的。那几天我们在街头巷尾、茶坊酒肆等公共场所,到处都能听到人们在谈论梅兰芳,说他八年来情愿吃苦不肯唱戏,今天重登舞台,还是精神抖擞,一点不显老,这真是一件不容易的事情。从广大群众的口里,分明是已经给他的息影八年、蓄须明志,做出了最好的评价了。

抗战以来,梅先生以坚定不移、威武不屈的精神渡过了悠长艰苦的岁月，表现了中国人民的凛然正气，经历了种种的威胁和困苦，他的明辨是非、坚持真理的性格，他的向恶势力决不低头的勇气，是他忠于祖国、忠于人民的表现。正是以他这样的优秀的品质，在解放后，能够很快地自觉地接受了党的教育，提高自己的觉悟，终于走进了无产阶级先锋队的行列。

永远记着您的勉励

◎ 尚小云

原载《戏剧报》1961 年 17—18 期合刊

我和畹华大哥最后几次见面，是在他逝世前半个月。我是随同陕西省戏曲学校同州梆子演出团到北京来的。除了他来看戏，我们在剧院几次欢聚外，同时在一起开会的休息时间还交谈过多次，真是老友相见，倍加亲切。当我们谈到工作和生活方面，都深深感到党的关怀与照顾，因此，我俩互相勉励，要在党的领导下，对我国戏剧事业做出更大的贡献。他当时还非常风趣地说：由现在起，咱们一定要千方百计地培养下一代，培养出一些二十来岁的小梅兰芳和小尚小云，让他们来继承咱们的事业，丰富人民的文化生活，才不辜负党对我们的期望。这话还萦萦在耳，但畹华大哥却已与世长辞了，怎能不让人悲恸呢！

在文艺界一次会议后的几天，我俩还在休息室照了一张相，他并且还邀约我会后一同去吃烤鸭。但因我已买妥去太原的车票，行期急迫，未能应约。本想到山西后再写信给他，谁能料到我刚由太原到临汾的时候，竟接到北京长途电话，传来畹华大哥逝世的噩耗。当时我手拿话机惊得呆若木鸡，只觉得精神恍惚，心里空空洞洞，好似在做噩梦一般。直到周围的人向我劝慰时，我才想到这是事实：畹华兄真的逝世了！这时，我的眼泪也不禁夺眶而出了。

我和畹华大哥是孩提之交，又是至亲，我的岳母就是他的姑妈。当畹华大哥四岁丧父、十五岁母又弃养的时候，他就在这位姑妈的教养下长大成人。他一生忠实于祖国戏剧事业，能刻苦钻研，不断有所创造。他八岁入云和堂学艺（我后来入三乐社科班学戏），云和堂班主朱霞芬命长子小霞为之说戏，但因传授方法不当，进步不快，以致时常遭到责骂。但这并未使畹华畏惧、退缩，相反地，使他更加勤学苦练，以至能有后日的巨大成就。解放后，在党的教导下，他的艺术更富于生命力，在我国广大劳动群众的心目中留下了不可磨灭的印象。但他并不满足已得的成就，一直到他逝世前，还对他所扮演的角色，不断地细心揣摩，因而，在艺术造诣上达到了炉火纯青、出神入化的境地。在他一生的舞台生活中，他突破窠臼，革新和丰富了旦行艺术。早期创造了古装戏，如《天女散花》《嫦娥奔月》《黛玉葬花》等；还演出了时装戏，如《宦海潮》《孽海波澜》等，都曾风靡一时。再如《贵妃醉酒》《宇宙锋》这两出戏，虽是流行很久的传统节目，过去我们也都演过，但确是平淡无奇。这两出戏由于畹华大哥在长期的演出中不断地体会，予以修整，因而，它们的思想感情都获得恰当的表现，使之成为抒情的既有歌又有舞的梅派佳剧。现在的演出本又多以畹华大哥为宗法了。杨玉环、赵艳容的内心变化多端而又痛苦复杂的心情，在剧中的冲突和矛盾发展，都要通过演员的各种不同的表情和形体动作予以表达。畹华大哥就是善于运用他所掌握的成熟的技巧，赋予角色以新的生命，创造了优美多姿的动人的意境，给人以强烈的感染。这正是畹华大哥在艺术上成功的地方，也正是最难能可贵之处。

梅兰芳与尚小云、程砚秋演出《虹霓关》

畹华大哥对教育下一代更是重视，这次同州梆子在京汇报演出，尽管溽暑凌人，他在百忙中，连看几场，正襟端坐，全神贯注，及至终场亦毫无倦容。还多次上台对青年演员给以鼓励。即便看到演员表演有不到之处，也是婉言提出个人意见，作为小演员们改进的参考。因而给人的感觉是春风化雨，循循善诱。

特别值得我们学习的，是畹华大哥的追求进步的精神。他是极富正义感的人，在抗战时期，敌伪统治下，他坚决不演出，蓄起胡须，表示决心。虽然生活全靠典当，敌伪又威胁利诱交加，但亦未动摇。解放后，他同全国人民一样欢欣鼓舞，积极拥护党的一切号召。勤勤恳恳地从事戏剧工作，坚决贯彻党和毛主席提出的"百花齐放，推陈出新"的正确方针。他还认真学习马克思列宁主义经典书籍，学习毛主席的伟大著作。因而，阶级觉悟日益提高，艺术造诣更臻上乘。他终于成为光荣的中国共产党党员。这对一个终身为戏剧事业努力奋斗的战士来说，是最高的，最光荣、最理想的荣誉。也是我们文艺戏剧工作者学习的典范。

尤其令人难以忘却的，是他那谦逊和蔼以诚待人的态度。我们自幼年相处至今，五十余年，我从未见他疾言厉色，或有骄傲矜持的神色，他虽被人称为艺术大师，但仍虚怀若谷，听取意见。他对人诚恳热情尤为同业伙伴所赞颂。我记得畹华大哥在1919年第一次应邀赴日本演出，行前曾和剧团同人合影，在这幅照片上我们可以看到，过去内行所谓"伙计"的帮手人，都坐在前排，而畹华大哥却站在后边，这说明他对待同行的尊重，这事使我深受感动。他对曾经教导过他的王瑶卿、乔蕙兰诸先生，毕恭毕敬；就是对其他行当的老艺人也同样尊敬，以师礼侍奉。如老生行谭鑫培、孙菊仙、汪桂芬；武生茹莱卿、杨小楼；花脸黄润甫、金秀山、钱金福；丑角王长林、萧长华等，他都恭领教益，吸取他人特点丰富自己的艺术。

畹华大哥一生节俭，生活朴素，从未计较过个人得失。他的衣着只重整洁，不尚豪华。前天和友谈起畹华大哥，并又看了我们四人（砚秋、慧生）1949年合影，不禁使我想起他那套西服。畹华大哥在最近这几个月里有许多照片，也都是这一套西服。但他对贫困的亲友同业，都是关怀备至，毫不吝惜，给以补助，给以慰藉。我俩前在北京同时主持梨园公会时期（约在1924年前后），对贫苦同行积极援助，每年年底照例举行大义务演出（当时所谓"窝窝头会"），畹华个人还进行个别资助。1924年，已到腊月二十九日，反动统治者不顾艺人生活，还叫我们为他们演义务戏，进行募捐。当时救济同行又迫不及待，畹华大哥很为焦急，遂约同我计议，由他出面用我的房契作抵押，借了三千八百元，才够分发同行每人四元（当时可买到一二袋面粉）。直至元宵节后，畹华大哥才约了杨小楼、余叔岩等义演（他和杨小楼的《霸王别姬》，余叔岩和我的《打渔杀家》），这笔款才得以还清。以后畹华大哥迁到上海，每年照例发起义演，将所得的款汇京救济同行。他这种对待同行的态度，深深地感动了大家。所以，凡是同他合作的伙伴，没有不是长期相共的。如姜妙香由他改演小生以来，同畹华大哥合作将及五十年；刘连荣从二十九岁由富连成出科至今仍在梅兰芳剧团；曾陪畹华大哥早期演出的姚玉芙、李春林等都是合作到他临终。

不论在政治素养上，道德修养上，艺术成就上，畹华大哥都是卓越的。他是党的忠实儿子，是人民的好演员，也是我国的艺术大师，更是我们学习的榜样。他的逝世是我国文化艺术界的巨大损失，也是广大人民文化生活上的巨大损失。这不能不使我们哀悼悲恸。但是我们要学习他的忠于艺术、不断革新创造、勤奋地为社会主义服务的精神。我们要继续为我国戏剧艺术事业做出更大的贡献，完成畹华大哥未完的工作。

畹华大哥安息吧！我要永远记着你的鼓励，要教导出许多小尚小云来。

1961 年 9 月 10 日

兰芳同志——我们学习的典范

◎ 俞振飞

原载《戏剧报》1961 年 17—18 期合刊

我和梅兰芳同志相识将近四十年，从初次同台合演到今天，也快有三十年了。1933 年，上海昆剧保存社筹募基金，兰芳同志以他一贯的热情，自告奋勇参加三天演出，头一天就是我和他一起演《游园惊梦》。

三四十年的光阴如同弹指之间。正当我们伟大的祖国如日东升、欣欣向荣的时候，兰芳同志却突然地离开了我们。消息传来，犹如晴天霹雳，令人震悼不已，哀不能胜。8 月 10 日上午，我和言慧珠同志从青岛旅途飞京吊丧，赶到公祭场所——首都剧场，已不及见到兰芳同志的最后一面。三十年同台战友，就这样地分别了，抚棺凭吊，不由怆然伤怀。

1933年和兰芳同志合演《游园惊梦》的时候，我刚从业余戏曲爱好者转为职业演员，表演艺术很幼稚，而兰芳同志却早已是名震全国了。那时候，和著名的大演员同台的所谓"帮角儿"的，在演出时得处处凑合着"角儿"。我在上场之前，由于存在着这种习惯看法，不免紧张和存在着顾虑。可是，待我掀帘出场后不久，由于兰芳同志处处从剧情、从角色出发，与同台演员紧密合作，感情交流，使我很快就免除紧张和顾虑，进入愉快心醉的艺术创造中去了。当时我确是感到有些惊奇，后来才听到和兰芳同志合演过的演员都说：和梅先生同台演戏，本身就是一种享受，一种幸福。

梅兰芳与俞振飞演出《游园惊梦》

兰芳同志一向重视昆曲，强调学习昆曲的重要，并且也真是出自衷心地爱好昆曲。他用昆曲的表演方法丰富了京剧旦角的表演艺术，同时，反过来又丰富和提高了昆曲的表演艺术。1932年，他移居上海，我们就经常在一起研究昆曲的唱法和身段。我的很多的关于京剧表演的知识，也都是从兰芳同志那里学到的。兰芳同志对艺术的细致深入的学习精神，真是令人感动。想起当年撅笛而歌、振袖而舞的情景，萦回脑际，至今记忆犹新。

三十年相处中，使我记忆最深的是1955年和1959年和他合拍两部昆曲舞台纪录片的日子。头一部是《断桥》，第二部亦即最后的一部，是《游园惊梦》。

《游园惊梦》的拍摄，为了结合电影的特性，在布景方面做了一些新的尝试：安上了立体的门窗、山石、亭榭、墙垣等等配景。在开拍之前，导演同志对我们讲，为了充分地保留原来的表演艺术，也为了照顾老年人的体力，表演方面一切以原有的地位和动作为基础，尽量避免改动。但是，主观愿望尽管如此，到了实际拍摄工作中，无数难以解决的困难就接二连三地出现。实践证明银幕到底不同于舞台，它们是两种不同的艺术形式。在舞台上，一向是在光光的平面上演出的，现在到了立体布景当中，就感到处处发生障碍，需要改动表演。原来应该坐的，要改为站着；原来应该从后向前的，现在要改为从左到右了。看起来似乎改动不大，但对我们来说，几十年来已经习惯的表演动作，改起来还是有困难的。兰芳同志碰到这种情况，总是虚心接受意见，从来不嫌麻烦，而且还经常提出不要让别人将就他。他常说："你们尽管提出要求，我来想办法。"他总是这样兴致勃勃地、满怀信心地迎接任何困难。他勇于改革，也善于改革；不但能创造，而且又快又准确。

能够做到这样，就说明了一个问题：兰芳同志一生勤学苦练，刻苦钻研。由于积累的丰富，所以办法也就层出不穷。我听到前辈们说过："一个好演员要能钻进去，又能跳出来。"和兰芳同志合作多年，使我感到他不仅能够跳出来，而且还真正达到了神而明之，无往而不利的境界了。

对已有的成就，兰芳同志常常是不满足的；他总是努力追求更高的水平、更好的成绩。由于一贯具有这种"力争上游"的雄心壮志，因此兰芳同志永远是这样的谦虚，从不自满，充满着蓬勃的青春朝气。

有一次，我们一起看《游园惊梦》的完成片。当映到杜丽娘倚着园窗观看窗外的红桃绿柳，念"蓦地游春转，小试宜春面。春呀春，得和你两流连，春去如何遣？咳！恁般天气好困人也"的时候，他忽然拍了一下我的肩膀，非常惋惜地说："这个镜头如果能够再多停几秒钟，情意就会更浓一些……"（拍摄时由于是先期录音，时间受到音乐的限制，所以当时无法弥补这个缺憾）是呀，艺术的轻重得失，有时往往就在于分秒之间。兰芳同志就是这样一丝不苟地对待自己的艺术创作的。

我最末一次和兰芳同志同台合演是在去年4月，为中国戏曲学院表演艺术研究班做示范演出，合演的剧目又是《游园惊梦》。始于《游园惊梦》，终于《游园惊梦》，兰芳同志饰演的杜丽娘的声音笑貌，至今如在目前，可是我们却永远再也不能看到他了。

兰芳同志是京剧艺术的大师，一代巨匠。他在京剧艺术上的伟大成就，不仅影响于他在京剧舞台上纵横驰骋、发光放亮的五十年间，而且必将影响及于永远。同时，他的高度坚贞的爱国主义精神，淳厚朴质的性格，谦虚真诚的待人态度，刻苦钻研的学习精神，以及在政治上对真理的锲而不舍的追求，也必将永远成为我们学习的典范。

忆父亲梅兰芳扮演的虞姬

◎ 梅绍武

原载《人民戏剧》1979 年 1 期

抗战胜利后,我的父亲五十二岁时重登舞台。老画家丰子恺先生一九四七年在上海访问了他,在一篇题为《访梅兰芳》的文章里写道:

> 一个阳春的下午,在一间闹中取静的洋楼上,我与梅博士对坐在两只沙发上了。照例寒暄的时候,我一时不能相信这就是舞台上的伶王。只从他的两眼的饱满上,可以

> 依稀仿佛地想见虞姬、桂英的面影。……他很高兴和我说话，他的本音宏亮而带黏润。由此也可依稀仿佛地想见"云敛晴空，冰轮乍涌"和"孩儿舍不得爹爹"的音调。

(见上海《半月戏剧》1947年第6卷第5期)

确实，许多人一见到我父亲，都自然而然地联想到他一生在舞台上所扮演的众多角色。《霸王别姬》里的虞姬和《打渔杀家》里的肖桂英就是其中两个性格迥然不同而都令人难忘的人物。

虞姬这个坚贞柔婉的艺术形象，是我父亲在一九二一年开始塑造的。在我国戏曲史上，早在元朝就有张时起编写的杂剧《霸王垓下别虞姬》，可惜已经失传。京剧《霸王别姬》主要取材于《西汉演义》，节奏排场脱胎于明朝沈采的传奇昆曲《千金记》，同时也参考了司马迁的《史记》，霸王慷慨悲歌："力拔山兮气盖世，时不利兮骓不逝。骓不逝兮可奈何？虞兮虞兮奈若何！"见诸《项羽本纪》。剧中虞姬自刎一节略带浪漫主义色彩，但据虞姬和歌"汉兵已略地，四面楚歌声，君王意气尽，贱妾何聊生"来推想，也是事所当然的结局。这出感人的历史悲剧，可以说基本上符合公元前二〇二年楚汉相争的史实。

这之前，杨小楼和尚小云曾经编演过同一故事的《楚汉争》，但因剧长，分两天上演，上座率受到影响，演员也颇吃力，未演过多少场就辍演了。《霸王别姬》是齐如山为杨小楼、我父亲和王凤卿编演的，原稿也为两本。排练时，父亲的朋友吴震修先生认为剧情不够集中，建议削减为一本。后来通过舞台实践，又不断加工修改，使这出戏更加紧凑、精练，表演也越来越细腻、深刻了。

由于对戏剧情节和角色性格理解上的不断深化，我父亲对这出戏的表演细节也在不断改进。例如，《巡营》一场，项羽在帐中休息，更夫在营外巡更，最初演时，虞姬在这里作睡态，后来父亲觉得项羽进帐前曾嘱咐过虞姬："妃子，你要惊醒了！"于是改为坐在那里守卫着。看来这种处理更合乎情理。又如，霸王听到乌骓长嘶，令人牵上帐来，一边抚摸着它，一边感慨万分地念道："乌骓呀，乌骓！想你跟随孤家多年，百战百胜，今日被困垓下，你也无用武之地了！"接唱两句［散板］："乌骓马它竟知大势去矣，故而它在帐前叹息声嘶！"情景十分凄怆。起初演时，乌骓是由霸王令人"牵了下去"！后来父亲将这里改为：虞姬在一旁目视马夫，暗中摆了摆手，马夫会意即将乌骓牵下。霸王当时悲愤交加，是不会忍心让人把那匹跟他十余载患难与共的爱马立即牵开的。在这时候，虞姬恐霸王忧伤过度，因此在一旁示意马夫，体现出她对霸王爱护体贴的心情。改动虽小，细腻之处却可看出我父亲在艺术上用心钻研的精神。

由于舞台灯光照明技术的改进，父亲后期在《巡营》一场，让灯光转暗，舞台上顿时呈现一片凄凉的景象，一柱灯光照随虞姬，虞姬撩起斗篷底襟迈步出帐。霸王败阵归来后，虞姬本来一直忧闷焦急，这时唱道"我这里出帐外且散愁情"，用的是［南梆子］最高的腔，凄清悲凉，动人心魄，每逢唱到这里必定得到观众一阵掌声。我想这并不完全是这句声调高亢、清越卓绝的缘故，还因为他运用自如地掌握了歌唱的规律和技巧，表达了人物此时此刻的心情。他在每出戏当中，不是为了炫耀歌喉而从头至尾运用同一声调的嗓音一味傻唱，而是根据剧情的发展和角色内心的活动，自然流露出低婉或高亢的优美音韵，需要时则重点突出一下，这样就使歌唱抑扬顿挫、悦耳动听、韵味淳厚、感情充沛。本来在霸王败阵回帐前，虞姬上场时，有一段[西皮慢板]，后来父亲觉得在这个场合慢条斯理地歌唱，不大合乎剧情，为了使气氛凝聚，紧凑无间，改为四句[摇板]，并不为舍弃那大段唱腔而有所惋惜。父亲一生同徐兰沅和王少卿两位琴师合作创造的梅派唱腔，内行人认为字清腔纯，切合人物的感情，从不过分追求腔调的新奇，不耍弄花腔，因而和谐动听，令人有亲切感。

说到表演，在霸王败阵回来后，虞姬两次"备得有酒"，为了给霸王消愁解闷。父亲在表演时并不是把它演得一模一样。虞美人的抑郁情绪和强作欢笑的表情，第一次含蓄，第二次则流露得强烈、显著。

霸王酒后，掷杯而起，慷慨悲歌。虞姬压住悲痛道出："大王慷慨悲歌，令人泪下。待妾妃歌舞一回，聊以解忧如何？"语音微颤，凄楚动人。连下去，"如此妾妃献丑了"一句的尾音略带哭声，更能够使人同情她当时的境遇，对下边寓悲哀于欢乐之中的剑舞的气氛是一个很好的烘托。

"舞剑"一节是全剧的精华，也最难演，父亲认为万不能演成武术表演。他说："《霸王别姬》里的剑舞，是把京剧《鸿门宴》和《群英会》的舞剑，还有《卖马当锏》的舞锏的舞蹈加以提炼变化，同时吸收国术中的剑法汇合编制而成的。"一面舞剑，一面还要流露出悲痛而强作欢颜的表情，使观众在她优美舞姿中的回旋瞬息之间觉察出来，这是相当难表演的。前年夏季，南通京剧团的老艺人李宝櫆同志对我说，他在一九四四年曾经问过我父亲为什么他在舞剑时，动作干净利落，台步纹丝不乱，协调对称，不知有何诀窍？父亲答道:"其实并不难,首先记住台步的方位大体上是一个'+'字,一个'×'字,就像英国国旗那个图案,便不会乱了。"父亲还在一篇题为《中国京剧的表演艺术》的文章中提到:"《霸王别姬》的舞剑的位置,是环绕在四个犄角到中央,略似一朵梅花式的图案。假使你的舞蹈步法不够准确和严整,就会给观众一种残缺支离的感觉。"这些都是经验之谈。

梅兰芳演出《霸王别姬》

当然,要把全套剑舞舞得优美,还需要下一番苦功夫。父亲生前在床旁的桌几后面倚放着一把分量不轻的钢制宝剑,《梅兰芳舞台艺术》影片中有他在家里练太极剑的一个镜头,用的就是那把剑。他在舞台上舞起一对木制宝剑,那样洒脱,那样优美,动作变化多端，而又不显得轻飘，显然是靠那把重剑练出来的手腕功夫。艺术不靠平时持久艰苦地磨炼，而只想走捷径，是难达到较高水平的。父亲六十多岁时，依然能够在舞剑结尾时下腰拧身，不减当年，证实了他的功夫的扎实。值得庆幸的是，《梅兰芳舞台艺术》中也记录了他的《别姬》的剑舞，不仅使观众在银幕上可以继续欣赏他所表演的这套精心编制的舞蹈，也给下一代演员提供了学习借鉴的宝贵参考资料。

综观父亲塑造的虞姬形象，是个庄重静婉的妃子，是个卓有见识、感情充沛、坚贞不屈的女子，性格上迥然不同于穆桂英，更不同于杨贵妃。设若把虞姬演得刚强威武或者忸怩作态，那就失去了她那高贵的风度和沉稳机智的禀性，从而也冲淡了这出戏悲剧性的气氛。

与我父亲同台饰演霸王的先后有杨小楼、沈华轩、金少山、刘连荣、汪志奎和袁世海等几位演员。杨小楼塑造的霸王，英武威严，自始至终显露刚愎自恃的神态，甚至虞姬自刎，他也毫不气馁，杀出重围，鏖战一场，最后自刎乌江，使人体会到霸王的固执己见，才有此下场。

《霸王别姬》这出戏几十年来深受国内广大观众的欢迎，我父亲还曾把它介绍给日本、美国、苏联和朝鲜的观众，也同样受到了赞誉。美国著名舞蹈评论家玛丽·瓦特金斯（Mary F. Watkins）女士曾在一九三〇年五月的美国《舞蹈》杂志上写道："梅先生的剑舞是灵巧熟练而优美的艺术杰作，其中形式和象征性紧密结合，而整个舞蹈又没有受到它们的干扰。"一九五六年夏，我父亲和袁世海同志在东京演出《霸王别姬》，不少观众落了泪，剧终，著名歌舞伎老演员市川猿之助先生亲自登台献花，称赞不已。三笠宫王子和王妃看完《霸王别姬》等四出戏后，对我父亲说：天皇在宫中看了电视，"很钦佩以梅兰芳先生为首的中国京剧代表团的精湛演技"。

一九四九年，第一届文代会期间，我父亲和刘连荣同志在长安剧院演出《霸王别姬》，伟大领袖毛主席亲临观看，使我父亲深受感动和鼓舞。一九六二年一月，毛主席在扩大的中央工作会议上的讲话中阐明民主集中制的重要性，批评那些不爱听取别人不同意见的同志时说："我们现在有些第一书记，连封建时代的刘邦都不如，倒有点像项羽。这些同志如果不改，最后要垮台的。不是有一出戏叫《霸王别姬》吗？这些同志如果总是不改，难免有一天要'别姬'就是了。"毛主席这段话，赋予了这出戏以新的现实教育意义。前些年，万恶的"四人帮"挥舞民族虚无主义大棒，蔑视我们的文化遗产，把所有优秀的传统剧目统统禁锢起来，是极其不得人心的。现在乌云拨散，晴空万里，优秀的传统剧目又和观众见面了，既丰富了人民群众的文化生活，又增添了人们的历史知识，同时也给人民以教育。我父亲一九五四年曾经说过："我发现工农兵观众非常懂戏。拿我演《霸王别姬》来说，乱鼓掌叫好的现象没有了，可是当我表演集中时，观众的反应是很强烈的。虞姬安慰霸王时，霸王说，'此乃天亡我楚，非战之罪也'，观众听了，总要发出一种轻微的笑声，这说明今天的观众已能批判像霸王这样的主观的人物了。"父亲说得对，广大的人民群众是最好的艺术鉴赏家和评判家。

最近观看了老艺人高盛麟和杜近芳、老艺人李万春和葆玖弟、青年演员刘永贵和李玉芙分别演出的《霸王别姬》，都各有师承，具见功力，使我不禁回忆起父亲当年演出此剧的情景，拉拉杂杂写了这些肤浅的认识和感受，还望戏剧评论家和富有艺术修养的演员们对这出戏做出精辟而全面的论述。

虞姬
梅兰芳先生教我演

◎ 杜近芳

原载《戏剧报》1984年10期

我幼年在著名京剧表演艺术家王瑶卿先生的门下学艺。在那里认识了王瑶卿先生的侄子、梅先生的琴师王少卿先生。王少卿先生非常喜欢我，常常教我一些梅派戏，如《宇宙锋》《凤还巢》《霸王别姬》《奇双会》《金山寺》《贵妃醉酒》等，为我以后学演梅派戏打下了基础。

一九四九年，我初次跟随李少春、袁世海二位老师一起到上海去演出。我记得头一场戏是与著名京剧老前辈姜妙香先生合演的

《玉堂春》，后又与袁世海老师合演《霸王别姬》，与这些名家的合作，使我获益匪浅。至今我还非常感谢他们。到上海演出不是我此行的目的，主要是想借此机会拜梅兰芳先生为师。

  一天，我怀着忐忑不安的心情来到了梅兰芳家里，心里不断地嘀咕：我一个初出茅庐的小学生，梅先生能收吗？我壮着胆子，先将我的一张演虞姬的戏装照送到先生面前。这时，我像一个交了试卷的小学生，紧张地等着老师作出评判。不想先生端详着我的小照，对他的夫人福芝芳说："这是我哪年照的？项链上的几颗珠子怎么没弄好？"大约是我的扮相与先生的扮相相似吧，先生竟误将我的剧照当成他的剧照了。我差一点要笑出来了，连忙说这是我的戏照，这次到上海要演此戏，恳求先生指教。梅先生高兴地接受了我的要求。在上海的日子里，我正式拜梅兰芳先生为师。当时，我是个穷学生。可是拜师是需要一定花费的，先生知道我负担不起，所以这次拜师是先生"倒贴"。为拜师而举办的盛大的鸡尾酒会上，梅先生高兴地将我介绍给京剧界的同行及社会名流们，我感到非常幸福。后来，我参加了中国戏曲研究院实验第一团，梅先生是我们的院长。在党和人民的培养下，以及梅先生的提携下，我的舞台生涯揭开了新的一页。梅先生对我可谓费尽了心思，给我说戏、走台步、分析人物，手把手地教，对我是有问必答，很不一般，致使我的师姐、梅派传人言慧珠对先生很"不满"，她说："我们都是'追'先生，而对近芳，则反过来，先生'追'学生。"梅先生解释说："你们已经学有所成，有了一定的名气了，近芳还小，是个学生，她已经参加了国家剧院，因此更需要我多给她说说。"

  梅先生在艺术上对我关心备至，我的每一微小进步都凝聚着先生的心血。特别使我记忆犹新的是《霸王别姬》这出戏。我初演《霸王别姬》时,年纪轻,阅历也浅,只觉得虞姬貌美、姿势美,又知道此剧是梅先生的代表剧目,所以一招一式力求准确地模仿先生。但对虞姬这样一个人物缺乏理解,表演上也就缺乏深度。先生就从剧本讲起,细致地为我分析了该戏的历史背景、虞姬的性格特点以及与项羽的关系等。他说,虞姬既是霸王的臣子、军事参谋,又是他的爱妃。先生让我沿着这条线索去理解虞姬,演好虞姬。

梅兰芳收杜近芳为徒时的合影

我在北京演出《霸王别姬》时,先生派人来看,有时还亲自观看,然后对我提出修改意见。比如虞姬一出场,我的身体是正着,而且到台上不敢动。先生指出,你要正出,在"九龙口"亮一个子午相，说明虞姬不仅能文还能武，不然怎么随军打仗？又如第三场念［引子］，原来我念时只是一个声调，比较平淡，先生告诉我，念"明灭蟾光，金风里，鼓角凄凉"时，语调上要有变化。头一句"明灭蟾光"要加重语气，渲染气氛读得比较高昂、饱满。而后一句"鼓角凄凉"则表示虞姬和广大的老百姓的厌战情绪，他们希望和平，不愿意打仗，所以情绪较低，语调亦随之发生变化。因此，要表现出特定环境中人物的独特感受，就要念出感情和人物的心理活动来。接着先生又详尽地分析道：虞姬对霸王的感情是很深的，"十数载恩情爱相亲相依"，说明二人是患难与共的。当项羽听信汉军派来诈降的李左车之言，一意孤行，起兵伐汉时，虞姬好言相劝，然而刚愎自用的项羽听不进众将和爱妃的劝阻，率大军直入九里山，以致中计兵败。当败局已定，项羽到了穷途末路之时，虞姬仍以"兵家胜负，乃是常情，何足挂意"来安慰项羽。最后楚歌四起，大势去矣，曾不可一世的西楚霸王发出了"力拔山兮气盖世，时不利兮骓不逝"的慷慨悲歌。面对英雄末路的惨景，又是虞姬强作镇定，打起精神，为项羽"歌舞一回，聊以解忧"。虞姬此时的心情是非常复杂的，她一面舞剑，一面已做好了牺牲的准备，要自刎君前，免得大王挂念。说到这里，先生略一停顿，继而又说："你的表演必须建立在对人物深刻的理解上，你所表演的程式动作不仅是技巧，而且是包含着丰富的内容的。这段戏的表演有一定的难度，要好好地学。"很难设想，一个演员如果没有发自内心的真实的感情，没有为表现这种感情的恰当的表演，又怎能感动台下的观众。听了这一席话，我懂得了，戏曲表演艺术，却原来包括了这么丰富的内容，我以前把它简单化了，误以为只要按照老师教的比画对了，唱准了就行了。从这以后，每演一出戏，我都先进行分析，掌握了人物的性格，才能更好地创造人物。在以后扮演《柳荫记》中的祝英台、《白蛇传》中的白素贞、《桃花扇》中的李香君、《谢瑶环》中的谢瑶环等角色时，都按照先生教我的路子，从分析人物入手，时刻想着表演人物，才使这些角色的创造获得了有血有肉的生命。

一九五六年，我们中国京剧院一团接受了出访拉丁美洲的任务。我们准备带去的大戏是《霸王别姬》。根据袁世海老师的提议，我们将原来近两个小时的戏压缩成五十分钟左右。由"诈降"始，到"舞剑"止。从人物的上、下场到舞台调度以及唱念做打方面，都做了新的处理和尝试。当时我的合作者袁世海老师和领导让我向我的老师——梅院长汇报。那天天色已很晚了，我赶到梅宅，院子里悄然无声。我向师娘说明了来意，得知先生正病着，我说改日再谈吧。师娘福芝芳说："出访是国际大事，不能误了，走，去看看先生怎么样了。"说着就拉我进了屋。先生斜倚在床上，脸上布满了病容。我不愿麻烦病中的先生，就掩饰说没什么事，只是来看望您。先生说这么晚了来一定有事，师娘对先生说明了我的来意。先生起身下地，语重心长地对我指出，第一次带整本戏到国外去演出，是有开拓意义的。并告诉我，在演这出戏时，要把握三点：人物塑造的准确性；动作的目的性；故事情节的紧凑性。我说此次演出不带"霸王乌江自刎"一折，避免戏散，戏收在虞姬舞剑自刎那里。但虞姬自刎后，又不能像在国内一样由几位宫娥一挡，"走尸"下场。那样霸王的戏无法处理，等于尴尬在场上。梅先生想了想说："你们的表演要加强舞蹈性，舞剑本身就带有表演性质，你可以走一个'软僵尸'，然后霸王屈身至前，痛惜悲伤，随着你们的表演开始拉幕，当霸王伏在你身上时，大幕已闭。这样处理更含蓄隽永一些，你看怎么样？"先生说到这里已是满头大汗了，我不忍心再打扰下去，坚持要走，先生摆了摆手，说没关系，叫我把舞剑的身段再走给他看看，我只好遵命。先生边看边对我说，舞剑的动作要精练，"扎四门"要用两个对称的动作，一顺边就给人以重复的感觉。说着先生不由得比画起来，并把动作的要领做出来让我看。他分析道："虞姬的舞剑动作是有层次变化的，开始是为之解忧，后来就变成了与之诀别了。当她舞到霸王面前时是强颜欢笑，抑郁中显得优美动人；当舞剑背对霸王时，则是自我克制，显得心情沉重、愁眉冷面，悲剧的氛围很浓烈。在表演上，要保持美的造型，不能狂舞，要掌握好分寸。但凡我身体好些，一定去看你们戏的审查。"当时我已经沉浸在刚才的谈话里，回味着先生入情入理的分析，一时没有回答先生。先生对师娘说，"天太晚了，已经没有公共汽车了，请司机开车送她回家，这孩子一想戏就什么也顾不上了"。我怀着无限感激的心情告辞了先生和师娘。

　　果然，我们在国外演出获得了成功。《霸王别姬》连演数天，场场爆满，受到国外各界人士的高度评价。有人甚至将它与莎翁的名剧《奥赛罗》相提并论。对我扮演的虞姬则冠之以"东方皇后"的美誉。我们为祖国赢得了荣誉。这是同行们共同努力的结果，也凝聚着先生的心血。

　　今年十月二十六日是先生诞辰九十周年。算起来，先生离开我们已有二十三个春秋了。这二十多年里，先生的音容笑貌历历在目，尤其是先生在艺术上对我的教诲，常常浮现在我的脑际，它给我一种力量，鼓舞我在艺术的道路上不断革新、进取。

四十年前的一桩戏剧公案——梅兰芳发表"移步不换形"主张之始末

◎张颂甲

原载《戏剧报》1988年5期

1987年岁末,在《中国文化报》读徐城北同志《有感于"梅氏体系"受冲击》一文,得知近年来,京剧界引为自豪的"梅兰芳体系"曾接连受到两次冲击。徐文认为,平心而论,"梅兰芳体系"要比斯坦尼斯拉夫斯基体系和布莱希特体系庞大深厚得多,但同时又显得有些纷乱杂芜。因此亟须我们去做的不在于对"梅兰芳体系"提出种种责难,而在于给予辩证的总结和整理,建立一个健全的理论框架。因确认而骄傲,因责难而气馁,都是不必要的。对徐文我拜读再三，完全同意作者的观点。抚今追昔，不禁使我想起了四十年前有关梅兰芳先生的一桩戏剧公案。作为当事人之一，我搜寻旧资料，把整个过程整理出来，公之于报刊，供戏剧界朋友研究。

一

1949年夏，北平、天津解放不久，我被调到天津《进步日报》任文教记者。同年10月底，梅兰芳先生由上海北上北京参加全国政治协商会议，会后在北京做了几天演出之后，率京剧团到天津做短暂演出。一天下午，我在天津解放北路的一所公寓里见到了梅先生，请他谈谈旧剧的改革问题。

梅兰芳身着深灰色西装，笑容可掬地和我握手。他虽然刚下火车不久，风尘仆仆，但毫无倦容，看上去很年轻，容貌光彩照人！

"多少年没在天津登台了？"我问他。

"有十四五年了吧！"

和梅兰芳先生交谈不久，他的秘书许姬传先生也参加进来，话题逐渐转到京剧艺人的思想改造和京剧改革上来。

梅先生认为，时代变了，社会也变了，京剧艺人需要改造。解放后，人民政府一直很重视这项工作，并且采取了一些重要的措施，使大多数艺人开始走上新生的道路。对这一点，他是非常高兴的。

我问京剧如何改革，以适应新社会的需要。梅先生说："京剧改革又岂是一桩轻而易举的事！不过，让这个古老的剧种更好地为新社会服务，为人民服务，却是一个亟须解决的问题。"接着，他谈了自己的见解："我以为，京剧艺术的思想改造和技术改革最好不要混为一谈。后者在原则上应该让它保留下来，而前者也要经过充分的准备和慎重的考虑，再行修改，这样才不会发生错误。因为京剧是一种古典艺术，有几千年的传统，因此，我们修改起来，就更得慎重些。不然的话，就一定会生硬、勉强。这样，它所达到的效果也就变小了。"他还说："俗话说，'移步换形'，今天的戏剧改革工作却要做到'移步'而不'换形'。"

我当时就知道，多年以来，梅先生一直在致力于京剧的改革，无论在场面、剧情等各方面，他都在"移步而不换形"的思想指导下，不断地进行修改。他说，在《苏三起解》这出戏里，就不宜于把解差崇公道演成一个十足的好人，可以加强渲染他的同情心；在《宇宙锋》里，他把赵忠的自刎改为被误杀，这样更符合剧情的发展；在《霸王别姬》里，他适当地减低了楚国歌声的效果。他说："这些都只不过是一些初步的改变，还远不能令人满意。"

"那么，梅先生认为应该如何来编写新戏呢？"我进一步提出这个问题。

"编写新戏这个工作要认真地做，比如，在编写过程中，第一步要收集材料，要在我国几千年历史中撷取人民大众喜闻乐见的精华；第二步要审查内容，就是要去掉材料中不健康的东西，发扬它积极的意义；第三步就是纯技术上的工作了，这是要一些内行来做的，如故事的穿插和场面的编排等。以上三个步骤，需要大量的文学、艺术工作者来分工合作，只要互相配合好，我想一定能产生很多好的新戏的。"

那次访问，和梅先生的谈话一直是在亲切、和谐的气氛中进行，许姬传先生也不时穿插谈了一些很好的意见。

二

当天晚上，我写出《"移步"而不"换形"——梅兰芳谈旧剧改革》为题的访问记，交给夜班编辑同志，顺利通过，第二天即11月3日就刊登在《进步日报》上了。

过了五六天，事起突然。天津市文化局局长阿英（钱杏邨）、副局长孟波同志找到我，问我这篇访问记产生的过程。我不假思索地据实以告。孟波同志埋怨说，发表前要先给他们看看就好了。阿英同志告诉我，这篇访问记发表后在北京文艺界引起轩然大波。一些名家认为，梅兰芳先生在京剧改革上主张"移步而不换形"是在宣扬改良主义的观点，与京剧革命的精神不相容，已经写出几篇批判文章，要见之于报端。后来，中央考虑到梅先生是戏剧界的一面旗帜，在全国人民心目中很有影响，对他的批评要慎重，于是才把有关材料转到中共天津市委，请市委书记黄敬同志和市委文教部长黄松龄同志处理。为此，天津市文化局两位局长把我找来，调查了解有关的情况。

兴许是年轻气盛，当时我对这些意见几乎完全不能接受。我想对京剧改革各抒己见，何罪之有？有不同意见可以讨论嘛！由于我想不通，便无所顾忌地把一些意见倾泻出来了。

阿英、孟波二位同志见我发急，便急忙以长者的身份安抚我，要我不必着急，容他们想一个变通的办法，以了结这个公案，回复北京的同志。

像是闯下大祸一样，回到报馆后，我赶紧向报社社长孟秋江同志作了汇报。秋江同志说:"新闻自由嘛,客观报道,记者是没有责任的。"他的支持,使我的心放宽了一些。

话虽如此,我总觉得给梅先生捅了娄子,于心不安。于是,过了两天,我再次前去看望梅兰芳先生。

不几天不见,梅先生的容貌显得有些憔悴。他已从阿英同志处得知这个消息,精神很紧张。他告诉我:"有两三个晚上都没有睡好觉。"

接着,他又焦急地说:"这事怎么办?那天我只不过随便和你说说,没想到你那么快发表,又那么快惹来了许多麻烦……"

我说:"这事应由我承担。是否请您写个声明,说文章观点本出自记者,与您无关。然后,我写个'检讨',说自己把一些观点牵强附会,硬加在梅先生头上,发表前又没给梅先生看过,理应由我负责。"

许姬传先生沉吟半晌说:"不好,那样反而会愈描愈黑,给人以不虚心认错的印象,不如由我出面写篇东西,说明那天记者来访时,梅先生因有事,只说了几句就走了,访问记中所谈到的意思,是我说的,应由我许某负责,你们看如何?"

梅先生和我都不同意许先生的"妙策"。琢磨半天终无良方。梅先生本来这次预定在天津只演出七场,11月中旬就回上海的,现在此事缠身,戏不唱了,人却不能走,一时被困在津门。

又过了几天,阿英局长和我一起去看望梅兰芳先生。阿英同志转达了黄敬、黄松龄同志对梅先生的问候,并热情地加以慰问。阿英同志说,经市委文教部研究,准备由天津市戏剧曲艺工作者协会出面,召开一个旧剧改革座谈会,请天津知名的文艺界人士参加,也请梅、许二位先生参加，在会上就京剧改革的观点交换一下意见，梅先生也可重新修正一下自己的观点。会后，把记录发表在《进步日报》上，由《天津日报》转载，这事便可告一段落了。梅、许先生听了阿英同志的话，像是一块石头落地一样，完全同意。阿英同志的意见不仅解决了梅先生的燃眉之急，也使我得以解脱。那天是我很高兴的一个日子，所以印象很深，许多情景至今还历历在目。

三

1949年11月27日下午，在梅兰芳先生离津的前一天，天津市剧协举行了一个旧剧改革座谈会。除梅、许二位外，天津市文化局局长阿英，剧协负责人何迟、赵魁英，《天津日报》副刊主编方纪，南开大学中文系教授华粹深，文艺工作者张富忱，京剧演员言慧珠，评剧演员白云峰，曲艺演员富少舫（山药蛋）等参加了座谈，《进步日报》由我和王恺增同志参加，《新晚报》记者李志远闻讯也赶来参加。座谈会由阿英同志主持。

何迟同志首先发言，他扼要地报告了天津解放九个月来剧艺改革的概况。第二个发言的就是梅兰芳先生。他说："我很高兴在南下前夕还有这样一次集会，我也很感谢大家在我这一回演出中给我以很多的帮助。因为行色匆匆，我只能谈谈最近在演出和学习中新得到的一点零碎感想。"

梅先生说："我对于戏曲改革的前途，是极其乐观的。在组织上，我们有统一指挥的机构，文化部戏曲改进局，还有全国戏曲改进协会，各地的文联、剧协都注意这方面的工作，艺人们自己翻身后也在不断有所进步。我们有方针路线,有具体办法,有大家的刻苦努力,有这些基本条件,是不会不成功的。

"现在最困难的问题,是剧本缺乏。怎样解决这个困难呢?第一,当然是更广泛地发动大家创作新剧本,鼓励会写的多写,提倡写剧本和艺人结合起来写,倡导艺人自己写,采用奖励、稿费、上演税等办法,来刺激写剧运动的展开。第二,就是整理旧剧本,根本上不能再演的就不演,需要大修改的就大修改,小修改的就小修改。救急的办法,是选出可以演的,先行演出;需要修改后才能演出的,把要不得的地方,不合理的地方,反人民的地方先行改掉,然后再有计划地从剧本的思想上来进行较彻底的改动。

"关于剧本的内容和形式的问题,我在来天津之初,曾发表过'移步而不换形'的意见。后来,和田汉、阿英、阿甲、马少波诸先生研究的结果,觉得我那意见是不对的。我现在对这个问题的理解是,形式与内容不可分割,内容决定形式,'移步必然换形'。比如唱腔、身段和内心感情的一致,内心感情和人物性格的一致,人物性格和阶级关系的一致,这样才能准确地表现出戏剧的主题思想。我所讲的一致,是'合理'的意思,并不是说一种内容只许一种形式、一种手法来表现。这是我最近学习的一个进步。

"我希望,为着响应目前运动的需要,剧作家、文学家以及有创作能力的旧艺人,都应大胆放手地创作新的剧本,以供给全国迫切的需要,使运动很快地展开。同时在内容和形式方面,也还要尽可能地细心慎重,这样,我们的旧剧改革,一定会有新的前途,会前进到胜利成功的阶段。"

这天的座谈会,从某种意义上说,主角是梅兰芳,大家都认真地听取他的发言。只见他沉着稳重，谈吐大方，他的发言像在舞台上的唱腔、道白一样，字正腔圆，娓娓动听。阿英同志带头鼓掌欢迎，我们也都拍起掌来，梅先生站起来含笑频频点头致意。

接着，天津艺人代表富少舫、白云峰、言慧珠发言向梅先生致意。对"移步换形"问题，华粹深、方纪、阿英三位同志发表了一些意见。

最后，许姬传先生发言。他说："我相信梅先生一定愿意根据大家的意见，来从事旧剧改革事业。同时我以为改革旧剧，要'胆大心细'，不必顾虑太多，否则便裹足不前了。"

此时，梅兰芳先生再度站起，说明今天参加座谈收获很大，向大家致谢意。

在万家灯光时分，座谈会结束。座谈记录发表在11月30日天津《进步日报》的第一版和当天的《天津日报》的第四版上。

为表示我对梅先生的歉意，在《进步日报》记录稿后我添上一个小注："本报记者前请梅兰芳先生发表对旧剧改革意见，因时间侄偬，访问记录未遑请梅先生审阅，其中内容或有与原意出入处，特向梅先生致歉！"

这一事件至此才算告一结束。

梅兰芳·斯坦尼斯拉夫斯基·托尔斯泰

◎梅绍武

原载《中国戏剧》1989年10期

1954年国庆五周年的时候，莫斯科斯坦尼斯拉夫斯基和聂米洛维奇·丹钦科音乐剧院应邀前来我国访问演出，在天桥剧场上演歌剧《叶甫盖尼·奥涅金》。那天，我父亲看完之后，特地到后台向苏联演员们道谢。

他们笑着问道："您看到戏里面的四根柱子有何感想？"

他答道："我懂得，我完全懂得那四根柱子的含义，这是你们为了追念斯坦尼斯拉夫斯基在艺术思想上的巨大成就而把它们设计在这出名剧里的。当年老先生把自己住宅里的大客厅改为小型舞台，里面就有这样的四根柱子。"

他们齐声说道："您说得对极了！"

斯氏客厅里的布置我父亲怎么会知道得这样清楚呢？这就要追溯到20世纪30年代中期他和斯坦尼斯拉夫斯基结下的一段友谊了。

切磋艺术话甘苦　诚邀观剧共心声

1935年春，苏联对外文化协会邀请我父亲前去访问演出时，曾经专门组织了一个接待委员会，委员当中为首的一位就是斯坦尼斯拉夫斯基。那当儿，父亲41岁，而斯氏已是70多岁的老人，虽患有心脏病，却仍然出席了欢迎会，并多次到剧场观看京剧。老前辈这番盛意使我父亲深受感动。于是，他便约定一个日期，与张彭春和余上沅两位顾问同去拜访，以表谢意。

他们乘车来到斯氏住宅前方的街口，下车后还需走一段路才到达一座古老宅邸的门前，只见老先生早早在门口迎候。见面后，斯氏紧紧握住我父亲的双手足有一分钟之久，脸上流露出神交已久的神情，我父亲也十分激动，一时竟找不到适当的话语来表达感激的心情，两人携手走进一间宽敞的书房。父亲先把自己从北京带去的几个泥塑戏装人形、一套脸谱和一部关于自己的表演艺术论文集赠送给斯氏。老先生非常高兴，鉴赏良久，还询问了那几个戏装泥人所表演的剧情，然后郑重地把它们安放在书架上。

接着，两人便畅谈艺事，交换彼此在艺术上亲身体验到的甘苦得失。父亲详细介绍了中国戏曲的源流和发展情况，斯氏一边听，一边提出许多深感兴趣的问题。20世纪50年代初，父亲曾在一篇怀念斯氏的文章里记述了当时的情景，其中写道："老先生理解深刻的程度是使人惊佩的，对于另外一个国家的民族形式的戏曲表演方法能够常常有精辟深刻的了解，譬如他着重地指出'中国剧的表演，是一种有规则的自由动作'，这还是从来没有人这样的说过……"[1]

谈兴正浓时，有人进来请斯氏去审查他执导的《叶甫盖尼·奥涅金》中的两场戏。他便请客人一起下楼到客厅去看他排戏。那间客厅很大，内有四根柱子，靠墙放着三把高背椅子。据闻，当初老先生搬进苏联政府赠给他的这座已有百年历史的房子，就说："这样一间华丽的客厅对我来说没有什么用途。"遂把它改成了一个小型剧场，演出时他还亲自拉幕，照料场子。大家坐在舞台前面临时摆好的一排椅子上观赏。斯氏一边聚精会神地看，一边小声把修改意见告诉身旁的秘书记在本子上。戏排完后，天已经快黑了，父亲在告辞前，斯氏坚持请他坐在一把高背椅子上，自己则谦逊地坐在一把靠背稍低的椅子上，合影留念。在那次亲切的会晤中，斯氏对待艺术一丝不苟的精神和他那慈祥而严肃的面容，给我父亲留下了深刻的印象。

托翁心折堪可数　若观梅艺定挥豪

梅剧团在莫斯科和列宁格勒两地演出结束后，父亲曾请戏剧家聂米洛维奇·丹钦科主持一次文艺界座谈会，以便听取他们对京

---

[1]《回忆斯坦尼斯拉夫斯基和聂米洛维奇·丹钦科》，载《梅兰芳戏剧散论》，中国戏剧出版社，1959年，第203页。

剧的看法和批评。斯坦尼斯拉夫斯基、梅耶荷德、爱森斯坦、皮斯卡托、布莱希特、戈登·克雷等许多国际知名的戏剧家、导演和演员都出席了，地点是在苏联对外文化协会礼堂，日期为1935年4月14日。丹钦科在开场白中希望"今晚对中国戏剧的座谈会将会在人道主义和现实主义的精神指导下顺利进行"。《怒吼吧，中国!》一剧的作家特莱杰亚考夫先做了一个有关京剧的概况介绍，接着丹钦科说道："十分合乎逻辑的是，首先应由我们的年高睿智的现实主义大师康斯坦丁·塞尔盖伊维奇·斯坦尼斯拉夫斯基发言。"斯氏在一片掌声中吃力地登上讲台，高度赞扬了京剧和我父亲的表演艺术，甚至确信托尔斯泰生前若知梅兰芳，也势必会喜爱京剧的。可是父亲生前在口头和文章中却从来没有提到过这些评价，这也许是他一生为人谦虚、不喜自我标榜的缘故吧，因此斯氏这篇讲话至今在我国鲜为人知，我现在根据发言记录稿把它全部译出来，以飨读者：

> 斯坦尼斯拉夫斯基：我有幸结识了梅兰芳博士的戏剧，这次接触使我惊叹不已，同时也使我深受鼓舞。（咳嗽得很厉害）这是同伟大的艺术，第一流的戏剧，相结识。在我们的舞台上，我们经常看到的往往是些刻板的俗套，平凡的技艺，一般化的戏剧。不管一名演员认为自己属于哪个学派，情况都是如此。我不无感伤地被迫承认这也适用于所谓的斯坦尼斯拉夫斯基体系的某些信徒——说实在的，也许是最富有战斗精神的信徒，他们那股夸大了的热情就跟东方市场上的斗鸡一样，同真正的戏剧艺术简直是风马

牛不相及。(笑声，零散的鼓掌声)

不过，还是让我谈谈梅兰芳博士以他那一系列令人难忘的表演使我们着迷的第一流戏剧吧。这种体验尤其珍贵之处在于这种把我们征服了的艺术是来自一个异国的文化。请允许我联想到列夫·尼古拉耶维奇·托尔斯泰那篇意义深远而尚未被人完全理解的论文《什么是艺术？》中的一段话。托尔斯泰在其中指出：我如果不懂中国话就没法理解一句中国话所表达的含意，但是一件中国艺术品仍然能够使我感动，使我"受到感染"。——是的，托尔斯泰用的就是这个词汇——"受到感染"。"艺术有别于其他一切精神活动方式之处，就在于艺术语言能为所有的人理解，在于它能使所有的人无一例外地受到感染。一个中国人的哭笑，正像一个俄罗斯人的哭笑那样使我同样受到感染。这也适用于中国的绘画、音乐或诗歌，后者如果能给译成我看得懂的语言的话。"我确信要是列夫·尼古拉耶维奇生前知道了梅兰芳博士，他想必会把"中国戏剧"增添到他所喜爱的事物名单中去的，尽管他对戏剧艺术持怀疑态度一向是很出名的。

我们的贵客让我们体验到的，首先是这一事实：伟大的艺术感动所有的人，无一例外。此外，他们表明了人——尽管阶级、语言和种族不同——仍然极其惊人而可靠的相似，人是指那个大写的"人"，一切艺术对他来说都是一项贡献。"人啊！是庄严而高贵的！……响彻着……自豪！人！"这几句话是我在1920年高尔基的《在底层》首场演出时说的，后来我又重复过三百多遍。每一次，这几句话听起来都给人以新鲜感，却保持着同样重要的意义。

但是，人除非改变自己的现状而对自己提出更高的要求，才是那个大写的"人"，人自我认知的最高方式就是艺术，特别是戏剧。揭示人类灵魂深处的本质，而且把它清楚而生动地交代给大家——这就是艺术的功能。

梅兰芳博士以他那无比优美的姿态开启一扇看不见的门，或者突然转身面对他那看不见的对手，他这时让我们看到的不仅是动作，而且也是行动本身，有目的的行动。我一边观赏这位中国人的表演，一边再次深信凡是对表演艺术真正感兴趣的人都可以在此取得一致的观点。不在于动作而在于行动，不在于言词而在于表达。所以，梅兰芳博士，这位动作节奏匀称、姿态精雕细凿的大师，在一次同我的交谈中强调心理上的真实是表演自始至终的要素时，我并不感到惊奇，反而更加坚信艺术的普遍规律。他说，中国戏剧艺术的高峰只能通过实践和检验才能达到，接着他又阐述一项我们业已达到的原则，尽管所说的道路截然不同，那就是"演员应该觉得自己就是他所扮演的那个女主人公；他应该忘记自己是个演员，而且好像同那个角色融合在一起了"。(深咳)

我感谢梅兰芳博士在我去世之前给了我一个机会来观赏另一位伟大的现实主义演员——一位堪与萨尔维尼或叶尔莫洛娃那样的演员相媲美的艺术家的表演！(暴风雨般的

掌声）[1]

斯氏在结尾提到的两位西方演员，读者也许感到陌生，容我简单介绍几句。萨尔维尼（1829—1915），是一位卓越的意大利悲剧演员，曾在1867年至1900年间四次访俄演出，扮演的优秀角色包括莎翁悲剧中的奥赛罗、李尔王和麦克白。他在表演中充满深刻的真实感情，而且常把悲剧主人公的形象刻画为争取人道主义理想的、热情而积极的战士，斯氏曾在《我的艺术生活》一书中赞扬了萨尔维尼高超的表演艺术。叶尔莫洛娃（1853—1928），是著名的苏联演员，荣获共和国人民演员光荣称号的第一人（1920年）。她在主演洛普·德·维加的《绵羊的产地》和席勒的《奥尔良女郎》等古典剧目中，常以对压迫和横暴的强烈抗议，深深打动观众的心灵。莫斯科现在有一家剧院即以她的名字命名。

旧地重游怀故友　情谊当随世代传

1952年岁末，父亲参加在维也纳召开的世界人民和平大会后，路过莫斯科，再次受到苏联对外文化协会的热情接待。斯坦尼斯拉夫斯基已于1938年辞世，父亲怀念旧友，前去参观了斯氏故居纪念馆。

他首先被引到老先生那间非常朴素的卧室，斯氏生前的秘书指

---

[1]　[瑞典]拉尔斯·克莱堡整理:《斯坦尼斯拉夫斯基、梅耶荷德、爱森斯坦、戈登·克雷、布莱希特等艺术大师论京剧和梅兰芳表演艺术——在1935年莫斯科举行的一次讨论会上的发言》，梅绍武译，载中国戏曲学会、山西师范大学戏曲文物研究所主办《中华戏曲》(第七辑)，山西人民出版社，1988年，第8—10页。

着壁墙摆着的一张单人木床说:"老先生就是在这张床上逝世的。"父亲凝视着那张床,不由得眼眶湿润了。接着又参观各间陈列室,见到斯氏一生扮演的众多角色的剧照、主演莎剧时全身披挂的甲胄以及其他许多珍贵文献,诸如斯氏亲笔删节的契诃夫剧本原稿等等。

随后,秘书引进两位主人,是斯氏的儿子和女儿。他们陪同我父亲走进书房,并从书柜中取出当年他送的论文集、脸谱和戏装泥人,还从中挑出斯氏生前最喜爱的一个泥人给他看。我父亲又赠了一本《舞台生活四十年》,在留言簿上写了几句深切怀念斯氏的话。下楼走进大客厅,我父亲又见到那个小型舞台、那四根柱子和那三把高背椅子,感慨地谈起当年他和老先生一齐观剧和合影的情景。他们当即找出那张照片,只见老先生亲笔在上面记载了日期——1935年3月30日。斯氏子女郑重地将那张照片送给他,还在上面签了字,以作纪念。父亲回国后就把它挂在护国寺街住宅的客厅里,如今国内画刊时常转载的也就是这张珍贵照片。

尤其使我父亲感动的是,他那次到达莫斯科的头一天,著名导演柯米沙日卫斯基告诉他斯氏在导演最后一出戏的时候,还对演员和学生们经常提起他的名字。父亲在《纪念斯坦尼斯拉夫斯基》(1953年)一文中写道:"我听到了这几句话,既惭愧,又感到莫大的鼓舞。去年秋间,我曾重读斯坦尼斯拉夫斯基的名著《我的艺术生活》和《演员自我修养》,对他的'体系'有了进一步的了解,今后我要更深入地向这位伟大的艺术家学习。"[1] 后来,他常以斯

---

[1]《纪念斯坦尼斯拉夫斯基》,载《梅兰芳戏剧散论》,中国戏剧出版社,1959年,第200页。

氏所说的"爱你心目中的艺术而不是爱艺术中的你"这句名言教导他的学生，同时表示应该把我国的优秀戏曲遗产，也用科学方法整理出完整的体系，以便为社会主义文化建设事业服务。

今年是斯氏诞生126周年纪念、先父诞生95周年纪念，谨写此文，以缅怀两位终生为艺术而奋斗不息的长辈。

我父亲梅兰芳与工农兵观众

◎梅葆琛

原载《中国戏剧》1989年10期

父亲常和我说:"抗战八年,我没唱戏,胜利后,即使演出,也是为少数人服务,现在全国人民都想看我的戏,我如果总是蹲在北京唱,倒是不累,但外地观众又不可能到北京来看戏,如果不到他们中间去,对各地观众就太不负责了。"因此,他经常到外地巡回演出。父亲到外地演出我都受命在家。由于受父亲的熏陶,我养成了像父亲那样细致的态度。自1950年至1961年父亲去世前的十年中,他每次到外地演出时,我都做了笔记,记下了他哪年赴哪个省市,时间有多久。从这本笔记上可以看出，父亲不论是盛夏，还是严冬；不论是早春，还是深秋，为使全国各地的观众能看到他在舞台上楚楚动人的艺术形象，不辞辛劳，到处奔波。遗憾的是，这本珍贵的记录，在"文化大革命"期间丢失了。仅将所记忆的，略述如下。

1955年春天，父亲参加全国人民慰问中国人民解放军代表团赴广州进行慰问演出。回家后，他对我讲过："在广州首场慰问演出是在越秀山体育场，剧目是《醉酒》。由于会场太大，后排观众离开舞台约有一里之遥，要看清台上演员的表演是很难的，我就把表演的动作尽量加以夸张放大，使后排的战士能看得清楚一些。在唱功方面，我尽量利用扩音器，使战士听得清我的嗓音和唱词内容。在广州慰问期间大部分是在中山纪念堂演出的，同时也到黄埔基地礼堂和陆军医院等处慰问休养员。这次出行，观众约十万人。"

1958年1月，父亲随首都文艺工作者访问京西门头沟、城子两煤矿，父亲身穿矿工服，头戴矿工帽，在300公尺的矿井下，与正在劳动的矿工同志们见了面，并亲切地交谈。因要下井而没有带行头，只能给两矿职工清唱。虽然满足不了他们的要求，但是一位矿工听后对我父亲说："我们干得好，把您们引来啦！您一来，我们要干得更好！"这淳朴的语言表达了千千万

梅兰芳在北京门头沟和煤矿工人在一起

万煤矿工人对我父亲的厚爱。父亲还告诉我说:"我永远也忘不了这位矿工同志对我说的话。"

1958年10月中旬,中国文联组织文艺界赴福建前线慰问,父亲与文艺界的许多同志奔赴前方。在炮声隆隆的前沿阵地,父亲的演出,大大鼓舞了指战员们的战斗情绪。

原计划在慰问时为三军战士清唱,但是父亲想到万一有机会,能化装演出,就能让战士看到完整的剧目,于是匆匆带去了一出《宇宙锋》的服装头饰等物。果真不出父亲所料,10月18日有机会演出了《宇宙锋》,顿时全场掌声雷动,战士反应强烈。父亲又先后到厦门、某地机场等处和空军战士会见,应邀清唱时,一位战士为父亲拉二胡伴奏。回京后,父亲高兴地对我说:"这位战士的二胡拉得太好了,托腔严密,更使我兴奋的是能在那里和英雄们在艺术上进行一次难忘的合作。战士不仅是所向无敌的勇士,而且也是多才多艺的文艺尖兵。你也应该向战士们学习,在业余时间继续练习,拉好二胡。"

每当父亲自外地回来,在家休息期间,晚上我常到他的卧室去陪伴他。父亲总是讲他所到之处的欢迎场面和他演出的情景,往往是原定的场次满足不了观众的要求,总要增加演出时间,推迟结束日程。听父亲讲到这里我很担心父亲的身体,劝他要多加保重,究竟已是花甲之年了。但父亲总是对我说:"葆琛,你的话当然很对,我的年岁确实是逐渐老了,但你未必知道其中的缘故,我为什么有如此充沛的精力呢?我在旧社会度过了四十余年的艺术生涯,那时看完我的戏后,捧我的多,说好的也多,其实他们在观众中是占少数的,而真正的劳动人民又何尝能买得起一张戏票来看我的表演呢?

因此，那时我的服务对象并不是广大的劳动人民。抗战胜利后，我虽重登舞台，但是在嗓音、扮相等方面都受到极大的限制，我也苦恼过，我觉得长此下去，我的舞台生活是难以为继了。在新中国成立之后，我的新的观众是工农兵劳动人民，由于受到他们的热忱欢迎和关心，给予了我极大的鼓舞和新的力量，最突出的是我的嗓音经我下了一番功夫后，在行腔、用气、吐字等方面有了提高。我的琴师王少卿看我的嗓音比较痛快，在演出时私下给我长了一个调门，我唱起来也毫无费力之感。由于不同的观众，有不同的要求，促使我不断地琢磨，在表演艺术上也得到了提高，对于人物的情感和性格更可以自如地把握，使我在舞台上的艺术形象较前更为丰满了。我发现我的艺术要比过去四十年有了很大进步。我真正体会到我的舞台生活和艺术创造有了新的生命源泉。"的确如此，父亲所说的这些话，在为建国十周年献礼而排演的新剧《穆桂英挂帅》中就有了充分体现。

有时在一年中父亲至少要演出将近200余场，但令我奇怪的是好像从未看到父亲感到疲劳过，而且精神更加振奋了。父亲曾对我说："作为一个演员，命运当由观众决定，艺术上的进步，一半是靠观众的批评和鼓励；另一半是靠自己的专心研究，才能成为一个好角，绝对不能有侥幸取巧的想法。我在工作中有一些进步和成就，是和广大工农兵观众分不开的，我的艺术营养来之于人民群众，致使我的艺术得以焕发了青春。"

梅兰芳的胆识

◎ 许姬传

原载《中国戏剧》1989 年 10 期

人们都知道梅兰芳先生性情温厚、谦虚谨慎，但到了关键性的时刻，他能乾纲独断，有胆有识。试以1930年首次自费访美演出为例观之。

在一次总统徐世昌与美国公使饯别宴会上，芮恩施公使即席演说："若欲使中美国民感情亲善，最好是请梅兰芳先生去美国一次，表演他的艺术，让美国人看看，必得良好的结果。"

叶玉虎先生就把这番话告诉梅兰芳和齐如山。

梅兰芳听了怦然心动，齐如山更是积极，遂向美国留学归来的朋友、在中国的美国人以及来华旅游的美国人探询美国的戏剧情况。因为这时梅演出时，常有外宾观摩，并托人介绍会见梅兰芳，梅往往在家中设茶点招待他们，并请他们观剧。还不时接到许多素未谋面的外国朋友来函索取相片，梅亦有求必应。历年来这笔开支相当可观。所以梅兰芳的保姆说笑话："梅家迟早叫外国人吃穷了！"

经过数年筹备，拟定于1929年12月梅剧团乘加拿大皇后号轮船动身赴美。

当时请燕京大学校长司徒雷登的秘书傅泾波打先锋先期赴美联系剧场及演出事宜。

梅动身的前几天，住在上海的一个大旅馆里。那天午后，冯幼伟、齐如山和我一起聊天时，茶房送来一封电报，是傅泾波从美国打来的，电文是："此间经济危机请缓来。"冯六爷说："到美国演出如不上座亏损很大，这次朋友的资助和你的现款大部分已投入制办行头、道具、宣传品、礼品，如果失败，你就破产了。此事你自己决定。"梅拿了电报，靠在大华饭店的壁炉上，以低沉的语气说："让我仔细想一想，再定行止。"

第二天，傅又来电云："如来要多带钱。"

冯老说："这次，朋友已尽了最大的努力，以后就不便再向他们开口了，行止你自己考虑，这不是闹着玩的。"

梅在室内来回踱步，十分钟后，他以很少有的激动语调说："走！"接着又说，"欢送会已开过，舱位定了，如果临阵收兵，将传为笑柄，同时，我在国内演戏也鼓不起劲来。"他突然提高了调门说："这是一次冒险，但我必须拿出勇气来冒这次险。"

齐如山接口说:"好!有志气,成败要到美国舞台上才能见分晓。"

梅先生叫我拟了复电:"电悉,×月×日乘加拿大皇后号准时赴美。"

梅按铃,叫茶房来把电稿交他即发。并把二封来电扔在壁炉里,笑着对六爷说:"您在中军帐,听探马一报,也许是旗开得胜。"

美国之行,先到首都华盛顿。中国驻美国公使伍朝枢,在公使馆举行梅兰芳剧团首次演出。那天除胡佛总统不在华盛顿外,副总统以下高级官吏、名人、学者、艺术家、戏剧家等400多人观看了梅兰芳演出的《红楼梦》题材——《晴雯撕扇》。南开大学教授张彭春赴美讲学,也看了戏,并到后台化妆室慰问梅兰芳。梅问:"今天这出戏美国人看得懂吗?"张答:"不懂,美国没有端阳节,晴雯为什么要撕扇子,他们也莫名其妙。"梅抓住他的手说:"您到我住的旅馆,我们仔细研究一下剧目,如果我失败了,中国人也栽了跟头。"

梅与齐如山说:"咱们都没来过美国,应该请张先生介绍一些情况;现在开一个座谈会,请张先生主持。"梅把带来的剧目和意图扼要讲了个轮廓,主要以自编古装歌舞剧为重点。张说:"美国人要看的是中国古典戏,如梳大头、戴凤冠、蟒、帔、靠、褶子,各种图案的脸谱,彩鞋、厚底靴,各种胡子、马鞭、船桨……你带的剧目如《嫦娥奔月》《天女散花》情节简单,不能吸引观众。"梅说:"我们对美国观众的心理及爱好不甚了了。所有剧目,请您选择,可以先内部试演,请您做导演。"张彭春一口答应。第二天就试演,张用日记本记了感想。他说:"每天演出最好限制在两个小时,9点开幕、11点散戏。"经过试演，张彭春拟定几组戏单，在纽约、芝加哥演的剧目，第一组：1.《汾河湾》。2.《青石山》。3.《剑舞》。4.《刺虎》。这四个剧目都经过剪裁。

《汾河湾》，梅演柳迎春，王少亭演薛仁贵。青衣的〔慢板〕"娇儿打雁无音信"全删，薛仁贵在窑外唱的大段西皮全删，只唱二句〔摇板〕就进了窑。《青石山》是朱桂芬扮狐狸精，刘连荣扮关平，稍打几手，朱桂芬耍大刀花下场，美国人称为大刀舞。剑舞是《红线盗盒》的片段，由梅扮红线女。《刺虎》是很受美国观众欢迎的，因为剧情简明，观众知道是复仇的故事，费贞娥出场时唱的一支长曲删掉。

第二组：1.《贵妃醉酒》，梅演杨玉环，八个宫女，则连检场、跟包都扮上。2.《芦花荡》，刘连荣演张飞，也有剪裁。3.《羽舞》是《西施》的片段，梅与朱桂芳舞翎子。4.《打渔杀家》，梅演萧桂英，王少亭演萧恩，姚玉芙扮李俊，徐兰沅扮教师爷。

第三组：1.《汾河湾》。2.《青石山》。3.《霸王别姬》，梅演虞姬，刘连荣演霸王，也有删节。4.《杯盘舞》。

到旧金山，因为是华侨集中的地方，他们要看完整的《天女散花》《霸王别姬》，剧目又略有变动。

我曾问徐兰沅，关于张彭春排戏的情况。他说："张先生规定钟点，大家准时到场，最后张宣布散会，大家都说：'张先生放学啦。'"

每场晚9时开场，观众已基本到齐，有的人还穿礼服。每个节目演毕，观众总要叫帘，有一次演《刺虎》完毕，叫帘长达17次。

在纽约先在49街一个1000人的高级歌剧院演出，每天客满。还有黑市票，有一位老太太一早来排队，买了几十张票，她带上一把椅子坐在一边,就有人向她加价买票,票价6元,最高卖到16元。

后来挪到2000多人的大剧场,仍然有黑市票。有一位老华侨对梅先生说:"现在美国发生经济危机,市面萧条,我很担心营业不理想。现在纽约第一炮打响,以后顺风顺水,可以多走几个地方,叫美国人开开眼,给祖国争光。连我们侨民也直起腰板,太好了!"

榜样

父亲永远是我学习的

◎ 梅葆玖

原载《中国戏剧》1989 年 10 期

京剧艺术在近一个世纪以来，随着我国社会的变迁，几度兴衰，至今她仍然代表了中华民族古典艺术的精华，立于国际戏剧艺术之林，这和近百年几位杰出的表演艺术家的名字是紧相关联的。我的父亲梅兰芳便是其中的一位。

我是 1934 年在上海出生的。日本军国主义发动举世震惊的九一八事变，引起了我父亲强烈的愤慨。为了鼓舞人民抗日的斗志，父亲在上海思南路寓所，编排了《抗金兵》《生死恨》这二出戏。我父亲改变了过去由创作人员单独创作的旧创作方法，成立了以他为主的创作组，由作者、音乐、演员参加，分工合作。为了反映在敌人刺刀下沦陷区人民的痛苦生活，激励民族气节，《生死恨》这出戏一反过去以大团圆为结局的旧套，以一死一生的悲剧形式演出，激起观众的强烈共鸣。1936年2月26日在上海天蟾舞台首次演出，连演三天，场场爆满。后又转至南京上演，排队购票的观众竟把大华戏院的门窗玻璃都挤碎了。那时我虽然很小，但因家中的至亲好友常聊起那时的盛况，所以给我的印象极为深刻。1982年我首次去香港演出时，就演了《生死恨》。我想，如果我能实现去台湾演出，我也一定要演《生死恨》。

我父亲认为我有条件继承他的艺术，就请了各方面的名师，让我边念书边学戏，继承他的事业。父亲根据自己的经验，艺术上对我要求非常严格。他并不主张我先演他的那些代表作如《贵妃醉酒》《宇宙锋》《洛神》等，他让我先学先演那些很吃功夫的传统青衣戏，像《玉堂春》《祭塔》《大保国》《二进宫》等打基本功的戏，学了三四十出，练好了功底。"文化大革命"十年之中，我搞音响工作，没有演出（我从小就喜欢搞搞收音机、唱机，我还喜欢开车、修车）。打倒"四人帮"三个月以后我就恢复了演出。如果没有当时刻苦的基本功训练，那是不可能的事。我10岁登台，17岁后就随梅兰芳剧团参加演出。那时父亲就教了我一些他的代表作，如《霸王别姬》。这是一出有独特风格的梅派代表剧目，剧名《霸王别姬》已成为典故，常被政治家、军事家们引喻。在这出戏里，我父亲深刻地刻画了虞姬有胆有识、外柔内刚的典型性格。他的表演，通过手、眼、身、法、步诸种形体动作，经过高度的提炼，揭示人物的内心世界，使人看后得到完美的艺术享受。我幼年常看这出戏，很喜欢这出戏，父亲曾手把手、一招一式地教给我。他反复地强调：虞姬的剑舞是由武术中传统舞剑演变过来的，每个姿态都有讲究，吸收到戏里来，就要为戏的主题思想和刻画人物服务。因此，在舞剑时，千万不可离开剧情去追求动作的敏捷和举止的潇洒飘逸，而是要以优美、稳健、徐缓、深沉的剑舞，来表现虞姬和项羽诀别前内心的痛楚。

1951年，我随梅兰芳剧团到哈尔滨演出，原定由我父亲演《霸王别姬》，但他突然眼睛患病，演不了，又不能更换剧目，于是决定由我演，这是我生平第一次演《霸王别姬》，至今已有38年了。当时父亲看完后不是很高兴，他对我说，虽然按他教的顺利地演下来了，但对虞姬的心情体味得不够，还差得远了。他嘱咐我要常看他的演出，并再三说，剑套子要当作练功，千万不能会了就搁下了，他要我扎扎实实地学和练，艺无止境。现在我几乎每到一地都演《霸王别姬》这出戏，几乎每演一次都会忆起他的话，慢慢才知道他的话是如此的珍贵。

我已经50多岁了，舞台生活也已有限，我要尽我之力发展梅派艺术，延续我中华之艺术精髓。

父亲永远是我学习的榜样。

我跟梅先生学戏

◎ 李玉芙

原载《中国戏剧》1989年10期

知遇之恩

我出身在梨园世家,父亲去世后,为了减轻家庭的负担,进了哈尔滨市京剧团。1952年梅先生到哈市演出,由我团协助。当梅先生演出《西施》时,我被选去演宫女。像梅先生这样的大艺术家,我们能见一面已是难得,如今竟要同台演出,这对一个14岁的小姑娘来说，简直是做梦也想不到的幸福！然而，更使我想不到的是这次演出，竟成了我人生道路上的转折点。梅先生在繁忙的演出和社交活动中，听了我的嗓音，慷慨解囊，给了我路费，使我有机会到北京进入了艺培学校（北京戏校前身）。梅先生知遇之恩，我是永生难忘的。

在校学习期间，根据我的天赋条件，老师让我学梅派，毕业时我得了第一名。在毕业典礼那天，我上台领证书，一眼看到梅先生坐在主席台上，正以慈爱、关注的目光看着我。不久，我就得到了通知，被分配到梅兰芳剧团当演员。作为一个学梅派的青年演员，还有什么比这更幸运的事呢？

梅先生对我们的关心，真可以说是无微不至。他亲自到我们宿舍，看我们居住的条件。正值盛夏，他立即请人给我们每人买了一张凉席，以及其他生活用品；他亲自检查我们的伙食之后，说："年轻人是长身体的时候，他们现在要练功，要排戏，要演出，体力消耗很大，一定要注意加强营养。"从而为我们每个人增加了伙食费，提高了粮食定量；下乡劳动之前，他说："演员的身体，就像画家的笔、墨、纸、砚，是创作的工具和材料，一定要保护，要爱护。要给他们每人买副手套，特别是旦角儿，手很重要，不能搞粗了，更不能弄伤了。"有一次大年初一，我们9点演早场，谁都没有想到，8点半梅先生就赶到后台给大家拜年来了。小时候听我父亲说，在旧社会逢年过节要给老板拜年，还要送礼。可如今梅先生不顾高龄，起这样大早来到后台专程给我们拜年，使我们心里真是说不出地激动，好多人眼泪都涌出来了。

含在内里的劲

《宇宙锋》这出戏,我是在校时学的,到梅剧团后,梅先生不仅安排我演了这出戏,还亲自来看我,他亲切地向我指出:"台上的唱、念、做、打,都应该是为了刻画不同人物的性格和表现他们不同的心情。比如:赵艳容揪完父亲的胡子,起反二黄过门时,你有个擦泪的身段,这是为什么呢?因为她刚在父亲面前说了好多出格儿的话,还揪了父亲的胡子,这都是被逼的,是不得已在装疯。所以当她背转身,父亲看不到她的脸时,一种复杂的悲怆之情再也克制不住,才有了擦泪的动作。你知道了这些,心里和脸上就都有戏了。你说是不是?"梅先生接着又问我,"咱们演的是什么人?戏词里说了是当朝丞相之女,是位千金小姐。她的举止就要注意端庄。翻水袖时不要向上挑,那样轻飘了,要平着翻。这样看起来动作不大,可比起单用手腕往上翻要吃劲。因为平翻要靠肩、肘、腕同时用力。看起来是柔的,可劲儿都在里面呢。露在外面的劲儿好练,含在内里的劲儿不好找。你要多下些功夫。"那天梅先生还非常细心地指出我上场念的引子里"杜鹃枝头泣"的"枝"字念错了,不应该上口要按普通话念。

梅先生的眼神

《贵妃醉酒》这出戏,开始没安排我演。因为这出戏不仅唱、做吃功夫,而且人物内心很复杂、思想情绪的发展层次多,所以每逢梅先生演这出戏时,他都特意不安排我的"活儿",而是在剧场第一排给我留个座,让我好好观摩学习。我有时候简直看迷了,第一排还嫌远,竟至趴到台口去看。我过去错误地以为梅派在运用眼神时要眯点,所以不管演什么都故意把眼眯起一点来。这时才知道梅先生的眼神是有着具体的丰富内容的,如"卧鱼"时他好像真的看到花了,慢慢地擦下身子凑近花,又好像说:这花这么美!这么香!他的眼不由得有点眯,这是因为花太香,太好闻了呀!整出《醉酒》的眼神变化

梅兰芳演出《贵妃醉酒》

就更多了。从开始到百花亭赴约时喜悦的眼神,到听说唐明皇爽约驾转西宫后的忌恨、空虚、寂寞、苦闷,都在眼神中流露了出来。乃至后来以酒浇愁,从微醉到不胜酒力,眼神的变化真是层出不穷。后来我看梅先生演《凤还巢》中偷觑的眼神,充满了少女的好奇与羞涩;《穆桂英挂帅》中随着"猛听得金鼓响画角声震,唤起我破天门壮志凌云"的唱词,他的眼神又是那样英气逼人;《别姬》中虞姬舞剑下场前,她看到霸王的眼光,悲伤的眼神马上强作出笑意,随着转身他头猛一低,这时虽看不到他的眼神,却让我们感到他再也控制不住地泪如泉涌了。梅先生的眼神在刻画人物时真如一扇"灵魂的窗户",而且所有的变化都特别美。有一次我向梅先生说起这点感受时,他说:"我曾对你说过,我们在台上的一招一式,都是为了刻画人物,是从生活里来的。可又不能忘了,我们这是艺术,艺术应该是美的,所以在台上不管是表演疯,还是醉,或是喜、怒、哀、乐,都不能忘了这个'美'字。"

着用其长　不显其短

在演员的学习和发展问题上,梅先生曾说:"演员的天赋无论多么优厚,也具备不了艺术上所需要的各种条件,总难免有所长,有所短。大凡一个名角都懂得善用其长,不显其短的道理。"梅先生还对我说:"你年轻,我年纪大了,这就是我们不同的条件。现在我唱《别姬》中的'灭刘邦'那句。有时就唱中腔,你不应该学。你的气足,音域宽,就该用高腔,要唱满唱足。你平时看戏,可以注意一下,有些老先生开打不那么火爆了,唱时高音和长腔少了,但是却能像好画似的,做到'意到笔不到'。这也是以少胜多,演技达到了精练浓缩的地步了。你们青年呢,应该全力以赴,经过一个阶段以后才能达到这种境界。当然,这些都不能离开我们要演的人物。你要细心揣摩,大胆试验。"在梅先生的教诲和鼓励下,后来像《醉酒》中"玉石桥斜倚把栏杆靠"的高腔等,我就按自己的条件唱了。在《凤还巢》中,当程雪娥得知后母趁父亲不在家,突然将大姐许配给自己未婚夫的消息后,由后房出来看看究竟,后母却偏要赶她回房。这时我试着加了个对后母不满的眼神,和向旁一甩水袖的身段。这些初步的尝试,都得到了梅先生的肯定。

盖叫天与梅兰芳的友谊

◎ 沈祖安

原载《中国戏剧》1994 年 3 期

"北雁南飞"和"南梅北植"

盖叫天（张英杰）先生诞生于 1888 年，梅兰芳先生诞生于 1894 年，是戊子和甲午之序，相差 6 岁。周信芳（麒麟童）先生与梅先生同庚。因此 20 世纪 40 年代初书画家吴湖帆先生曾有诗记之："子午岂冲克？申江隐三贤。"

盖叫天先生出生于河北高阳，是地道的北人。少年时随大哥英甫南来，崭露头角在杭州拱宸桥，蜚声艺坛是在上海天蟾舞台，作为当代武生泰斗，又是南（海）派京剧的开拓者之一，他在南方定居了70多年，但是他自称是"从北方飞来的一只燕子"，因此命名其杭州金沙港寓所为"燕南寄庐"，但是画家关良先生戏曰："您小时候是没有户口的，后来在杭州申报了户口，你是杭州人。"梅兰芳先生原籍是江苏泰州，实为南人。但是他从小在北方长大，作为当代中国京剧艺术的领袖，历来被誉为北（京朝）派京剧旦行的祭酒。徐慕云曾有诗记云："梅花非北产，谁上迁移到燕山。"这是以自然界的南梅北植来譬喻梅兰芳的。照我看，这两种说法都不精确，因为这两位艺术大师的毕生艺术追求，都是南北兼收和南北交融的。尤其梅兰芳先生从南方的昆曲名家中继承和借鉴了许多精华，丰富和发展了他的梅派艺术。盖叫天先生幼时启蒙于河北梆子，后来经北派名匠孙菊仙、杨小楼和南北驰名的李春来等指点，为了熔南北武生艺术于一炉，他在长期实践中刻意创新。两位大师不仅打破了保守者的局限性，纠正了不讲绳法规范者的随意性，遵循了京剧艺术"在继承中求发展"和"于发展中讲继承"的原则，为后人留下许多佳话。尤其关于他们之间的深厚友谊，为后世的楷模。我有幸在盖叫天先生生前受其多年教诲，并忝为忘年交，并且从他生前最后的10年间（直到他临死），与张家三代人（包括二鹏、剑鸣及善根、善麟等）交谊颇深。就我所知，盖老一生耿直，亦颇任性，尤其在艺术上自视甚高，在同辈中很少有他佩服的人。唯对梅兰芳和周信芳（麒麟童）两位，甚为敬重。这并非仅从艺品上赞赏，更多的是在人品上的钦佩。

梅兰芳与盖叫天

老一辈艺术家之间相亲又相爱的许多佳话，常使我想起现在艺术界同行之间相轻甚至相倾的不少憾事。难道真是这一代的素质不如上一代吗？其实也未必。只是现代人脑子的灵敏度更高，想问题为自己的多了些。由此想到我所知道的梅兰芳和盖叫天的几段佳话。

同去南京祝寿，周恩来幕后斡旋

1946年，蒋介石60岁寿辰。南京有关方面要为他祝寿，并且借此宣传抗战胜利后政府从重庆还都南京的升平景象，曾遍邀南北名角去会演。起初盖叫天拒绝了。因为他秉性耿介，不愿趋奉权势，当年曹锟贿选和溥仪选妃，他都拒唱堂会，这次自然不肯干。后来周信芳先生托人来邀盖叫天去演出。盖叫天接着这个电话，觉得诧异,忙说:"去问问梅家!"但是梅太太福芝芳说:"是麒老牌来代邀的,我们大爷认为周先生的意见,总不会错,所以也帮着代邀请五爷!"盖叫天觉得梅、周二人可以信任,就答应去了。

其实,动员梅、周、盖等名家去南京唱戏的,还是周恩来同志。因为南京政府出面,很难邀到这些名家,他们知道,周恩来在文化界有很大的号召力,就由蒋自己开口,请周帮忙。蒋介石也想笼络文化界知名人士,以此试探一下周恩来,能不能由此给国民党政权和他本人一点面子。周恩来想借此显示共产党的实际影响力,同时也为了拖住蒋介石的手脚,不让他破坏国共合作来打内战,所以顺水推舟地出面斡旋。

当时,梅、周、盖三位因抗战时同时避居在上海租界。盖叫天与梅、周平时往来虽并不多,但他信任两位老弟,遇此疑难,便求教于梅。梅兰芳自从访苏之后,思想逐渐倾向进步,但与共产党方面没有直接联系,只是知道周信芳与上海周公馆有往来,所以很愿听周信芳的意见。这件事就是这样促成的。

1958年,田汉先生到杭州探望盖叫天时,讲到另一段隐情:周恩来同志抗战胜利后在上海思南路中共办事处时曾要人向梅兰芳和盖叫天、袁雪芬等致意。梅兰芳曾向周信芳表示,想去"周公馆"拜望周恩来。当时办事处的同志也建议邀请梅兰芳和盖叫天等到思南路叙谈。但是周恩来不同意。他考虑到当时政局不稳定,国共两党合作有破裂的危险,为保护梅兰芳等艺术家的安全,没有让他们到思南路去。尤其因为周恩来了解到盖叫天生性耿直,对现实不满,说话好激动,更怕由此使盖叫天在上海会遇到麻烦。这是周恩来的远见,所以梅盖在20世纪40年代最后3年间没有受到威胁,而周信芳屡受特务的恐吓。

盖叫天听田汉说完笑道:"原来我在10年前就受到共产党的关怀了,当时我却不知道!"

梅兰芳倾囊壮行色

1952年冬,文化部举行全国首届戏曲会演。这是戏剧界建国后第一次盛会。为奖励老一辈艺术家的艺术成就和对社会主义艺术教育事业的贡献,文化部为王瑶卿、盖叫天、周信芳、梅兰芳、程砚秋、袁雪芬、常香玉等7人发了荣誉奖杯。当时,盖叫天夫妇住在崇文门台基厂之间的六国饭店(外交部招待所)。遇到河北保定的几位领导干部,知道他已许多年没回河北去了,就热情地邀请他去高阳县的西演村老家看看,并且给他详细地介绍了河北交通方便的情况。盖叫天就动了思乡之念,但因手头较紧,心里犯愁。薛义杰就说:"那就想法子回去一趟吧!"盖叫天说:"不成,多年没回去了,总不能空手,好久没登台挂牌了,也没那一笔钱……"薛义杰就宽慰说:"侬勿要急,我有办法。"第二天她上金鱼胡同梅家来拜望福芝芳。

梅太太福芝芳听说此事,忙助兴说:"好事!该回去看看。"她知道盖五爷尚没固定工资,路费方面定有困难,就到前厅来找梅兰芳。梅先生忙撂下客人,到厢房里来和梅太太商量:"该给多少?"梅太太说:"少了不行,五爷难得回去一趟,脸上也不好看。"梅先生说:"正好许姬传和许源来都在,让他们想法子!"许源来得悉,二话没说,就往外面跑。这里梅太太和荀(慧生)太太、尚(小云）太太一起拉着薛义杰搓麻将，以免薛义杰心焦。不久，许源来筹来500万元（老人民币，折合新币500元），梅太太如数给了薛义杰说："够不够？"薛义杰知道福芝芳是倾囊相助的，便无法推辞。

谁知周恩来总理知道盖叫天要回老家探亲，就让文化部艺术局副局长马彦祥送去300万元路费。

后来，文化部发了奖金，戏曲研究院又送来讲课费，盖叫天就要归还那500万元，梅兰芳说："您带着，宁可宽裕，不可局促。"但是盖叫天从河北回来坚持要还那500万元，并且认真地说："梅大爷，咱们都不要'打肿脸充胖子'了！您接济我，是您仗义，可我知道您也不宽裕。带着一个班子，又要养活一大家子，日子不会比我好过！"梅兰芳没法，只好让梅太太收下。

据薛义杰先生说："抗战胜利那一年，为了要唱戏，行头都在当铺里，赎行头的钱，也是梅大爷卖了画借给我们的。"

梅兰芳夜访盖叫天

盖叫天先生中年就定居杭州。起初赁屋涌金门流水桥边，后来在西山茅家埠的金沙港置地建造了燕南寄庐。几十年来有个惯例，凡是南北各地来的京剧以至地方戏曲的代表人物，都要来拜访他，他也一定要在楼外楼或家里招待。哪怕名不见经传的年轻演员，或在后台管盔箱衣柜的老职工，凡去拜访的，到时候就待酒饭。但是他自己自40岁戒酒后，点滴不沾。但是1954年清明左右，他得悉梅兰芳先生在广州慰问人民解放军的归途，要在杭州演出3场，就兴奋地说："如今他在北京挑重担，工作忙了，我们老哥儿们难得相见了。我知道他没有喝酒的习惯,可偶尔也能喝半盅。我备有绍兴远年的陈酒,让他尝一口。"并且发话说,"到时候提前通知我,上火车站去接他!"

过了几天,梅先生率领他的梅剧团晚上到达杭州。当天微雨,除了省政府办公厅和省宣传、文化部门领导去车站迎接外,没有告知盖老。第二天早晨,梅先生就提出要去拜访盖老,但是接待的人员说:"上午省委和省政府领导要来拜访您,走不开了。不如请他到您的住地来?"梅先生忙摇手说:"不,哪能劳驾他老人家!按规矩,他年长,应该我先去拜访他。"

午饭后,又陆续有各方面人士来拜访,虽时间皆不长,但都要费精神。到了两点以后,梅剧团管事按例来催梅先生休息,因为晚上要演出。"那什么时候去拜访五爷呢?"梅先生作难了。接待的人员说:"估计他今晚一定会来看戏,到时候也能见面。""他有票吗?"梅先生又问。接待的人员答道:"一定会有的。每次有重要演出,文化局都送票,若没有特殊情况,他准来的。"梅先生还是不放心,他让自己剧团的管事和当地文化部门联系:"一定要和盖五爷联系上,就说我请他来把场!他不来,我戏就演不好。"

但是直到梅兰芳上了妆,勒了纱巾,前面的戏已经演了三分之一,盖叫天还是没有来。一直到他要出场前10分钟,他忍不住走到侧幕边,让人仔细查看盖五爷到底有没有来。回话说:"给他和五奶奶留的两个位子空着,他没有来!"

梅先生的情绪自然不好,并且在上场前还走神的情况也是少有的。因为他几十年来一直坚持台后默戏和带戏上场,上台前一个小时内,就不与任何人说话,独自静坐在化妆室里。可是今夜情况特殊。好不容易到杭州来演出,这是他所敬重的盖五爷的第二故乡,也是盖叫天成名时第一次脱颖而出的地方,尤其是现在他回到北京后担任了中国京剧院和中国戏曲研究院院长之后,声誉和地位都高了,怎么能不尊重这位素来心高气傲、刚直不阿的兄长呢!

戏演完了,众多的领导和专家们上台来祝贺。他觉得唯一美中不足的,就是不见盖五爷。这一夜,他恐怕睡不好了。怎么办?

其实,盖叫天也焦躁不安了一整天。

早就听说梅兰芳要来杭州演出,他很高兴。老兄弟前10年在上海同经患难,前5年,又在上海等待解放。前3年,梅兰芳奉命回京,自己也回杭州,周信芳特地设宴,3个好朋友都已年届花甲,但是壮志雄心都不小!因为他们都是在周恩来总理的关怀和期望下,愿意在有生之年为社会主义的戏曲事业竭尽全力的。周信芳说:"兰芳同志,你在国内外影响比我们大,今后任务也会更重,只要你需要,我和五爷一定帮助你!"梅兰芳说:"论功力和成就,您两位都能教我。以后还要多开导我。"盖叫天说:"只要您开口,我没有不照办的。今后多到杭州来走走,浙江的京剧人才不少,底子还是厚的。"梅兰芳说:"这是一块宝地,何况有您在!"

去年——1953年,梅兰芳先生在上海演出近一个月,曾和盖老约好:"明年准在杭州相聚。"

如今他来了!听说昨天晚上就到了。盖叫天心里想:昨晚没通知我,也许是天下雨,怕我着凉。可今天呢?我等了一上午,毫无动静!直到下午两点以后才打来一个电话,说是梅兰芳请我去看戏?这难道是他自己的意思吗?老弟兄分开不久,这么个诚实敦厚的君子,居然也会打官腔了?……不会的!他当的官是不小了,中央的院长，该有四品或三品吧？可这是艺人中的头儿，梨园教坊的班首，也算不了什么长官。再说，人民政府的官也是勤务员，他梅兰芳不是那势利人，定是有人把话传错了。……

盖叫天独自在寻思，他自己提出疑问，又自己解答。可有一件事无法解答：他梅兰芳毕竟没有来看望我，也没通知我去看他！后来，文化局送来两张戏票，说是今晚看梅兰芳的演出。

"现在几点啦？"盖叫天没好声气地问。"刚好4点半，还早。"送票的人回答。盖叫天扭过身子发话："不去了！"送票的人忙说："老先生，局领导希望您能去，因为是梅兰芳第一场演出，接待规格要高，所以您是不是……？"

盖叫天强压住火气，转为平静地说："同志，我已是近70的人，还抽我的壮丁？梅兰芳不是昨天就到了吗？干吗早不通知我？这回要临上轿了，拉我去充大姑娘拜堂？您去问问你们王局长，或者问问梅兰芳，这是理吗？扯淡！"

送票的人糊里糊涂地回去汇报说："他不来，也许……家里有什么事，心情不好。"听汇报的领导纳闷道："会有什么事呢？……"

这天晚上，浙江电台是现场直播的。那时没电视，广播的声音也不理想。盖叫天一家都在厅堂上守着收音机，可是盖叫天却远远地坐在太师椅上闭目养神。他似乎漫不经心，其实是在听。夫人薛义杰知道老爷子的脾气，既不请他过来听，又不时对孙女们重复广播中比较轻的词句，其实是在向老爷子传递信息。

当广播中传来梅兰芳演出的《醉酒》时，现场观众对杨贵妃酒醉后"卧鱼"等高难度动作报以热烈掌声时，盖叫天忍不住睁开眼睛说："他还真拿得下！"听广播里传来全场观众惊呼声"啊——！"的时候，薛义杰知道，这正是杨贵妃仰身倒垂下来衔杯的身段。盖叫天不禁站起来问:"杯子没衔着?"及至暴风雨般的掌声出现,他才如释重负地仰脸躺在椅子上,然后喃喃地说:"不知卖多少钱一张票?"

大厅里灯光暗淡,但也没人看到他脸上那种又似生气又像高兴的复杂神情。

盖叫天原本睡得晚,家里人因为今夜兴奋,都睡晚了。老太太正要赶孙儿辈去睡觉,忽听得外面敲门。

"这时候还有谁来?"盖叫天纳闷:不会是他吧?果然,花工明书来报道:"老爷子,梅兰芳先生来了!"

"真会是他!"盖叫天脱口而出,人已从太师椅上跃起。梅兰芳也跨进大厅来:"五爷,真对不住,我来给您和五奶奶道晚安!"

"梅大爷!我们全家刚收听完您的戏,您就到了!"薛义杰又对孩子们说,"你们看见了吗?梅爷爷就在你们面前了!还不叫爷爷!"

孩子们快乐的叫喊和盖老夫人得体的话,顿使梅兰芳心中的一块石头落地了,他知道老哥没生他的气。今晚来对了!

"来,兄弟,快坐!"盖叫天才发现,文化部门几位领导都来了。盖叫天就笑道:"哦?王局长您也来啦?可您也是唱戏的出身,今晚这本戏,您可没唱好啊!"王子辉拍拍自己的脑门说:"盖老,要不怎么会赶着来检讨呢!"

盖叫天是个直性子,话到这份儿上就快活了。他亲自接过女工金妹手里的茶壶给客人斟茶说:"诸位有所不知,咱老兄弟的情分,不是几句话能说了的!"

梅兰芳站起来接杯说:"您说得是。"

灰鼠皮统子的佳话

还有一件趣事要补充：在20世纪40年代中期，薛义杰和福芝芳一起在上海皮货店各买了一副灰鼠皮统子，打算做袍子，但都没做。50年代初期，盖老夫妇在杭州，当时公家还未及照顾，久不演戏，经济拮据。薛义杰就把这副皮统子连同几件皮货到官巷口一家旧货店寄售，因不愿人知道，虽留下寄售人地址，但只写了张园珠的名字。恰巧流寓杭州的老画家黄宾虹90寿辰，华东文联和浙江文联赖少其与刘开渠等为他祝寿，发觉黄先生生活亦艰苦，尤其见黄宾老的那件穿了30年的灰鼠皮袍子皮毛已秃尽，便要买一副新的皮统子作为贺仪。但解放初期市上没有新皮货供应，浙江文化局派人到寄售商店寻，就发现了上述那副灰鼠皮统子，终于又找到了金沙港张家。进去以后，始发觉是盖叫天家，想改口也来不及了。盖叫天与黄宾虹原是老友，住处也相距不远。薛义杰得知原委后，就用黄绸带扎了，作为寿礼，将灰鼠皮统子送给了黄宾老。此事曾在当时从趣闻引为佳话，文化局经办人也因冒失而受了批评。也从那时起，浙江文化局在生活上开始对盖叫天多方照顾了。

福芝芳间接听到这件事，又把她的那副皮统子送给了薛义杰。薛义杰的回礼，是满族大画家溥心畲（松窗）的一幅《柳荫双马图》。此画原是上海广东路书画市场的商品，盖叫天好画马，兼收各种马的画幅，当时订下了未付款，日久已忘了。梅兰芳也看中溥松窗的杰作，在作价时听说盖叫天曾订购过，就付了钱给盖叫天送去。当时是抗战胜利第二年。过了10余年，盖老重又送还给梅兰芳说：

"您是行家，又和溥松窗是朋友，该由您收着。"

盖叫天发火

盖叫天先生曾经对我发过一次火。那是梅兰芳先生在1961年逝世时，他让我起草写悼念文章，并让张剑鸣专程往北京奔丧。当时我只是用中国剧协浙江分会主席的名义为他写一封近乎官样文章的信。没读一半，他就挥手制止道："行啦！你是在替我打官腔？连打官腔你也不会！我是地方的主席，他是中央的主席，虽说都是唱戏，也有个官大官小！下级对一个故世了的上级，能打官腔吗？"他生气地拍拍膝盖说，"我和梅兰芳的交情，能打官腔吗？"

我起先是丈二和尚摸不着头脑，后来又似醍醐灌顶地清醒起来，因为盖老说："你要说：梅先生，您安心地去吧！留下的事，咱还活着的老弟兄们接着干！"这几句大白话，字字如金玉，掷地有声。我于是重新写了一封信。第二天清早送到，盖老也起了个早，听我念完，沉重地说："这还像是我盖叫天对梅兰芳说的话！"记得在梅先生逝世个把月的时间里，盖老的情绪一直缓不过来。但是他话不多，常常重复那一句："他是不该死得这么早的！"

谁知又过了10年，他也匆匆地去了。梅太太见了我们就说："五爷身子骨硬朗，他是完全不该这么早就过去了的！……"

梅学研究

真正的演员、美的创造者——梅兰芳

◎ 欧阳予倩

原载《戏剧报》1955 年 4 期

今天是梅兰芳先生、周信芳先生这两位表演艺术家舞台工作五十年的纪念，我们大家表示热烈的庆祝，在中国戏曲界是件大事。在人民当家作主的今天，他们二位获得人民所给予的光荣，足以自豪。我们大家都感觉到异常的高兴，这是对青年戏曲工作者也是对他们二位和我们大家很大的鼓励。

他们二位艺术上的成就，有广大的观众给他们证明，给他们评价。我现在只能就我所见到的做些介绍，有些关于戏曲艺术的专门问题，应当作为专题讨论。希望这方面的专家们以及爱好戏曲关心戏曲改革的同志们，多作些研究，多写些学术性的文章。

梅兰芳先生在全国各处一直受着广大群众的热烈欢迎，同时拥有国际间的声誉，梅兰芳先生的名字在苏联和其他国家也是响亮的。梅先生在艺术上的成就，和他所得到的声誉是相称的、当之无愧的。

梅先生成功的秘诀在哪里呢？主要在于他真正热爱艺术，力求进步，以经过长期的、高度的劳动而获得的艺术成就为人民服务。

做一个演员，有必须具备的先天的条件，有的人可能成为科学家、政治家、工程师，但不一定能成为演员。所以有许多梨园世家的子弟，也不一定能成为好演员。梅先生作为一个戏曲演员，具备了一切应有的条件。但是天赋的条件，绝不能够保证他成为一个好演员，更不能保证成为一个表演艺术家。要成为一个真正的好演员必须经过系统的学习，必须有长期的丰富的艺术修养，总的说起来就是劳动的积累。高尔基说："天才就是劳动。"

大家都知道梅先生是从小学戏的，他从过好几个有名的先生，经过严格的、有系统的训练，无论是唱功、做功、武功，在他少年时候，就打好了稳固的基础。他什么戏都爱看，对于各种地方戏都能去细心体会吸取它们的优点，得到很丰富的观摩学习。昆曲，他学习得很多，还很精。他无论学什么都是老老实实，从不丝毫苟且。他学过绘画，对各种艺术品的鉴赏也下过功夫。

他在成名之后，也从来没有间断过学习：吊嗓子、练武功是每天必须坚持的功课。每一个戏——不论是旧有的还是新排的，不到十分纯熟，决不轻易搬上舞台。到了今天他已经六十岁，他从来没有间断过学习和锻炼，每天都还是有一定的功课，就这样数十年如一日。有些人以为一个演员在台上不过二三小时的工作，并不困难，却不知上台以前排练温习的重要和上台以后注意力高度集中，精神体力负担的分量。一个爱惜自己的艺术创作、对观众负责的演员决不甘心炒现饭；即使一个极微细的动作也决不轻易放过，要求演一次有一次的长进，一次比一次精练，这样才能够不油，这样才能够经常保持一定的演技标准。曾经有人对我说："梅先生的戏很难学，他经常改，等你学会了他又改了。"接着他问："梅先生是不是怕人学会了，故意那么改的？"我便反问他："你觉得改的地方，是改好了还是改坏了？"他说："改了的似乎是好一点。"我说："那不还是改对了吗？"的确，梅先生演戏是异常细致的，不论是剧本、唱功、做功、舞蹈，他总是经常不断地加工琢磨，反复推敲，以求尽善尽美，这是真正爱好艺术、尊重职业的表现，同时也是忠实地对观众负责，观众也就始终信任他。

梅先生继承了京戏悠久的优良的传统，在旦角的表演艺术方面，说他已经吸取了过去许多名旦角演戏的精华而集其大成，这是丝毫也不夸张的。他对传统的戏曲表演艺术能够完全掌握之后，便从原有的基础上有很多的发展！

中国戏曲的特点是有唱、有白、有舞，还有占很重分量的戏剧表演（做功），但是这些部分，以前有的戏结合得好，有的戏结合得不好，到现在为止，也还有许多结合得不完全好的。过去我们把角色分成生、旦、净、末、丑等各种不同的类型，彼此之间界限分明不能逾越。即以旦角而论，青衣和花旦是两个不同的行当，从王瑶卿先生起就很显明地把这两个行当的界限打破了。可是把各种旦角（青衣、花旦、闺门旦、贴旦、刀马旦等）的表演技术有机地结合起来，合理地灵活运用，却是从梅先生开始。表现在他能以现实主义的创作方法，运用他纯熟的表演技术，创造出生动的人物形象，例如装疯的赵艳容（《宇宙锋》）、惊梦的杜丽娘、葬花的林黛玉、撕扇的晴雯，此外如花木兰、萧桂英、梁红玉、白素贞、穆桂英、薛金莲、玉堂春、虞姬、西施、杨玉环，还有像嫦娥、洛神、天女之类，这些女性，他都能各如其分地赋予以形象。而在表演当中，他能够把歌、舞和戏剧动作结合得天衣无缝，这是新的创造，也是京戏表演艺术新的成就。有些旧戏如《宇宙锋》《讨鱼税》《游园惊梦》《水斗》《断桥》《玉堂春》等等，是许多人都会演的，但由于角色类型的限制、表演程式的限制、演员文化水平的限制、艺术观点的限制，就会使角色的形象不够生动、不够真实，甚至于被歪曲而流于庸俗，最重要的是演员扮演一个角色，必然要欢喜这个角色，要为这个角色的性格、感情和他的遭遇所感动，然后把他所感动的东西，通过艺术形象去感动观众。如若不然，他的演技就不可能是现实主义的，必然流于形式主义。梅先生是能够用他由衷的感情来演戏的，他所表演的几个有反抗性的女性都很成功，这些大都是旧戏，可是梅先生在几十年的演出当中，曾经不断地反复加以研究，适当地作了修改，去掉了其中某些糟粕部分，把其中的人民性更显著地表达出来，这也就是和一般的演出不同的地方。

京戏的表演技术，包含着"唱""做""念""打"四种（我想把"打"改成"舞"，因为打也就是舞蹈，其中纯武术的部分也是经过舞蹈化的），旧时把这四种东西分开，就有所谓唱功戏、做功戏、武戏等等。到了梅先生的一代，一些有才能的艺人，就逐渐把这四种东西结合起来了，但是有的结合得好，有的结合得不大好，梅先生是把这四种东西结合得比较好的一个。因为梅先生唱功、做功、念白、武功都经过长期的正规的勤修苦练，所以每一样他都很精通。他的唱功力求切合人物的感情而不过分追求腔调的新奇，所以显得腔圆字正，明快大方；他的做功以细腻熨帖恰合身份见长；他的念白有他独特的风格；至于武功，不但步法严整，节奏准确，姿态优美，而且显得出有一种内在的含蓄——这就是说把原有的"把子"加以提炼，进一步成了美丽的舞蹈。同时，他在这个基础上，从武戏里、从旦角的各种身段里，选出素材，把它们组织起来，创造出了好几种的古典舞蹈，如天女散花、嫦娥奔月、洛神、西施、霸王别姬、太真外传、麻姑献寿等在舞蹈方面都有新的表现。这样就使京戏旦角的表演艺术更加丰富而有了发展。

梅兰芳与欧阳予倩

以上所谈梅先生在表演艺术方面的成就和贡献是很大的，对于如何接受遗产、如何进行戏曲改革，提供了很好的范例。这不仅是戏曲演员应当好好地向他学习，有许多地方也是值得新的文艺工作者学习的。首先就要学习他那经常勤修苦练丝毫不苟的精神。

梅先生的演员道德是值得每一个演员引为模范的：他是个真正爱好艺术的演员——除了经常不断地用基本练习来锻炼自己，每逢出演的日子必定要把所演的戏温习一番，作好一切应有的准备，演完戏回到家里他本能地把台上的情景回味一下：演得好便觉轻松愉快——用他自己的话："睡在床上都舒服"，如果有些不妥当，或是出了点小岔子便感觉沉重，翻来覆去地想。他一到台上就把整个身心放在戏里，从不许有丝毫松懈。他从来不曾因自己有不愉快的事而令观众有所觉察。无论什么时候他总是全心全意对观众负责的。他从来不曾误过场，总是很早就下后台。一到后台就找同场的角色说戏。说起戏来他的态度是那么谦虚，无论对任何一个小角色都是异常温和诚恳，从来没有骄傲自满的样子。配角有了错误向他道歉，他总是先安慰人家，再加以教导。他说："如果我生着气对他说话，他下次更会抓瞎。"还有就是他往往和不常在一起的演员演戏，因为彼此路子不同，说起戏来互有出入便搞不到一块，每逢这种场合他总是多多少少迁就一些——他以为自己略加改动没有问题，决不让观众看出毛病。（有些演员总想用摆架子、骂人、误场来增加自己的重量，提高自己的地位那是完全错误的，应当好好儿向梅先生学习。）此外，梅先生热心爱护同行，爱护和他合作的伙伴，也是为人所乐道的。

梅先生最能虚心倾听批评，严肃地对待批评，他经常在他的艺术实践中研究人家对他的批评是否正确,经常不断改进他所演的戏,这样就可以经常保持着和观众进一步精神上的交流。

如上所说,可见梅先生是一个真正的演员,真正热爱祖国传统的艺术,并以毕生之力卫护着这一传统。还有最重要的一点,梅先生不仅是承继着中国戏曲艺术的优良传统,同时也承继了中国艺人的道德传统。

中国艺人过去是处于极端被压迫的地位的。辛亥革命以后,艺人的社会地位虽有所提高,但是被压迫被侮弄的情况并没有完全改变。可是,自古至今就有许多艺人崇尚正义,崇尚民族气节,讲究义气,遇到紧要关头,宁死不屈。他们历来就是通过各种艺术的形式,讥讽时政,暴露贵族官僚和恶霸地主们的罪恶,曲折地反映人民的痛苦和愿望。他们历来就是企望光明、倾向民主、富于抵抗强暴的精神的。尤其是江湖班,能够团结起来,抵抗从社会各方面对他们的压迫和欺侮;所以不论大班小班,为着防御侵凌,发展业务,维持生活,都定有成文或不成文的共同遵守的信条,包括演员道德在内。

中国艺人因为一直被剥夺了公民权,被人贱视,所以他们渴望民主、倾向光明的心一直很热。有许多历史事实为证可以从各方面看出他们坚韧的斗争形态。这就不难理解,为什么太平天国革命、辛亥革命,都有艺人参加,而在抗日战争中,有许多艺人,显示出了坚强的民族气节,在解放战争中也有许多艺人参加了革命。

梅先生是爱国主义者,这是作为一个艺术家必须具备的品质。所以说梅先生承受了中国艺人的道德传统,和为正义而斗争的精神。

同时他不能不受到同时代的许多革命者和进步人士的影响，进一步靠近了人民。

梅先生在抗日战争的时候，他不受敌伪的威胁利诱，他留起胡子来，宁愿七八年没有丝毫的收入，决不演戏，这显示着他的毅力。解放以前他和进步人士保持接触没有断过，解放以后他的兴致特别高。他和许多革命青年爱国艺人一起，到朝鲜去慰劳中国人民志愿军和朝鲜人民军，回国来又慰问人民解放军——在露天、风里雨里，就那么演唱，并随地为炊事员为勤务员清唱。他还在各处为工人农民演出过，就这样无保留无顾虑地把经过千锤百炼的艺术贡献给祖国的劳动人民，他的艺术也就接触了更广大的群众。只有人民翻了身，艺人才有真正的生命，只有中国共产党才真正尊重民族的优良传统，才真正爱护艺术，真正尊重艺人。他的艺术也只有在人民当家作主的今天才能得到正常发展的机会，和有力的支持。近五年来梅先生无论在哪一方面都有显著的进步。

像梅先生这样一个有名的演员，曾经生活在封建王朝统治之下，经过军阀混乱、日伪统治、反动统治等几个时期，他都是亲历其境。这混乱动荡的数十年中，他一直在腐败的社会环境里，却从来没有演过庸俗的、低级趣味的戏，始终保持着艺术的纯洁，这是很难能的，也是很可贵的。

中华人民共和国成立以来人民给予他以应有的尊重，他被选为第一届政协全国委员会委员，又被选为第一届全国人民代表大会代表。因为他能把是和非、爱和憎的界限分得清楚，诚心诚意站在人民一边。

梅先生表示今后他要争取更多地为人民服务。他的话是诚恳的。中国戏曲艺术有它远大的发展前途；关于戏曲改革运动还有许多重大的事情要做。相信梅先生必能在中国共产党领导之下做更多的贡献。人民也就会给予他更大的光荣。

在梅兰芳周信芳舞台生活五十年纪念会上的讲话

◎ 夏衍*

原载《戏剧报》1955年5期

杰出的表演艺术家梅兰芳、周信芳两位先生，在中国京剧舞台上已经整整劳动了五十年。在这悠长的五十年中，两位先生以创造性的劳动，继承并且发扬了我国戏曲艺术的现实主义和爱国主义的优良传统。直到今天，他们不仅依然保持着京剧艺术的最高水平，而且继续向前发展，在他们的艺术生活的天地里，依然充满一片青春气象。

在过去敌伪和国民党反动统治的年代，两位先生都表现了作为爱国的艺术家的优良品质。在新中国成立以后，他们更进一步地发挥了政治热情，积极地参加了社会活动，热心地为工农兵服务；在戏曲改革工作中，他们的积极努力更是起了显著的作用。半个世纪以来，他们受到全国广大群众的热爱不是偶然的，他们在艺术事业上的巨大成就将永远受到祖国人民的尊重，并期待着他们做出更大的贡献。正是由于这样的理由，中华人民共和国文化部、中国文学艺术界联合会、中国戏剧家协会在今天共同举办了这个纪念会，来纪念并且祝贺梅兰芳和周信芳两位先生的舞台生活五十年。

梅兰芳、周信芳与周扬在天安门城楼上

梅兰芳、周信芳两位先生是人民所喜爱的，也是人民所培养出来的杰出的艺术家。伟大的中国人民在长期痛苦的，然而也是坚韧

＊夏衍，时任中华人民共和国文化部副部长。

的战斗生活中，用自己的智慧与勤劳，创造了我们民族灿烂的文化。梅兰芳、周信芳两位先生就在这种民族文化的哺育下，继承了人民创造的艺术传统，丰富了人民的戏曲艺术。因为他们是来自人民，所以能和被压迫的人民站在一起，和人民共患难，在自己的创造活动中表现了我们人民的生活情绪与战斗精神。而在祖国与人民最艰难、最困苦的时候，他们都表现了可贵的民族气节与对人民的忠诚，用行动和艺术对内外敌人作了不妥协的战斗，表现了我们人民的不屈不挠的坚定意志。梅兰芳先生在九一八事变后排演了《抗金兵》和《生死恨》，在抗战八年中为了不给敌人演戏而蓄须明志。周信芳先生则在敌伪的统治下，编演了《徽钦二帝》等剧，鼓舞了人民的抗战情绪。解放后，他们对人民自己的政权与人民的祖国表现了极大的热诚，他们都不辞劳瘁，热情地参加了各种政治运动和为工农兵干部演出。梅兰芳先生从一九五三年到一九五四年去朝鲜慰问了朝鲜人民和朝鲜人民军、中国人民志愿军，他在自己的文章里说：全国人民能把慰问身经百战、劳苦功高、捍卫祖国的战士们的任务交给他，他感到非常兴奋、非常光荣；周信芳先生除了与梅兰芳先生一起赴朝作慰问演出外，去年还对南京一带人民解放军和治淮工地工人作了慰问演出，他也以为能担负这样的任务是最大的光荣。他们是人民的艺术家，他们热爱人民，因此，人民自然也就热爱他们的艺术，以能够有他们这样的艺术家而感到自豪了！

　　我们认为：梅兰芳、周信芳两位先生是我们人民戏曲艺术中的现实主义大师，是继承并发扬了我们戏曲表演艺术的现实主义传统的大师。他们两位都孜孜不倦地追求人物性格的创造，把先辈艺人遗留下来的宝贵经验作为基础，进一步创造了很多为人民所熟悉，所敬爱的勤劳、智慧、有正义感、富于爱国热情和反抗精神的人物形象。例如，梅兰芳先生创造了白素贞这样的敢于代表受压迫的人民、英勇地向金山寺这样的封建堡垒进攻的人物；创造了赵艳容这样的大胆、智慧、蔑视帝王、反抗专制压迫、"富贵不能淫，威武不能屈"的人物。周信芳先生创造了邹应龙这样的聪明、正直，运用过人的机智在谈笑从容之间狠狠地打击了炙手可热的权奸严嵩的人物；又创造了宋士杰这样的富于正义感，体现了人民反封建统治的坚韧战斗精神的人物。他们都是中国人民精神生活中突出的典型人物，因为他们都表现了我们人民的优秀品质的一面或几面，但他们的性格却各各不同，各有各的精神面貌，白素贞与赵艳容、邹应龙与宋士杰，都是丰神仪态，气象万千，然而却又是无法加以丝毫混同的。梅兰芳、周信芳两位先生创造这些人物形象时，都依照这些人物的生活条件、生活环境的不同，个个给予了他们以独特的光彩。梅先生、周先生从不满足自己已经获得的成就，他们是永远向前探索，精进不已，不断地吸收民族艺术传统的精华，加以发扬光大，不断地向生活学习，进行新的创造来丰富我们的现实主义艺术的。我们戏剧艺术界应该重视他们和其他一些高年的优秀人民艺术家的这种现实主义表演艺术经验，学习他们演唱艺术的丰富经验和典型化、性格化的表演方法，研究他们，及时作出分析、总结，使我们的现实主义艺术传统能不断地丰富革新、不断地发扬光大。

对于我们丰富的民族艺术遗产，一向有各种不同的看法与态度。有些人对它采取了虚无主义的态度，根本抹杀了它的价值，看不起它，要消灭它，要和它一刀两断，甚至把这些过去人民智慧的创造一律看成"封建艺术"。这种蔑视人民爱国与民主精神的产物，不尊重遗产的态度是反人民、反爱国主义的,我们要坚决反对。另一些人则对民族艺术遗产采取了极端保守的态度,不分精华、糟粕,一律认为尽美尽善,不得"侵犯",不能"增删",这也是完全错误的。过去一切优良的艺术遗产,我们都要批判地加以接受,把它看作自己的财产,按今天和明天的人民需要,加以改革与发展,使现实主义能发展得更充分,符合我们社会主义建设时代人民的需要;使民族的色彩更鲜明,能对人民的社会主义教育起更大的作用。解放后我们就按照这个方针,进行了一系列的改革,获得了显著的成绩,一向富于革新精神的梅兰芳、周信芳两位先生在这一改革工作中作了极其可贵的努力。实际上,一切艺术家,尤其是梅兰芳、周信芳这样的艺术家,每天都在精益求精,每天都在不断地向前发展,是绝不会保守的,梅兰芳、周信芳两位先生在戏曲艺术改革中起着积极带头的作用是最自然的,也是群众最需要的。

  我代表中华人民共和国文化部祝贺梅兰芳、周信芳两位先生五十年来在戏曲表演艺术上的辉煌成就。我相信,在梅兰芳、周信芳两位先生以及全国优秀的戏曲艺术家的共同努力下,新的人民戏曲艺术事业的前途,是无限光明的。

梅兰芳先生在《宇宙锋》中的新创造

◎黄鸿

原载《戏剧报》1955年5期

《宇宙锋》，是梅兰芳先生从早年到现在经常演出的节目之一。在这次纪念梅兰芳、周信芳两位先生舞台生活五十年的演出大会上，梅先生又演出了这个节目。从前，《宇宙锋》原是一出注重唱功的青衣戏。可是，梅先生看出了这个戏的主题的积极意义，热爱赵艳容这一具有反抗性的女子（她的丈夫匡扶被自己的父亲赵高陷害了，赵高又要把她献给秦二世去"伴驾"，她不得不用装疯来进行反抗斗争）的可贵性格，他觉得不能把它演成一个"抱着肚子傻唱"的戏。于是他打破了青衣重唱不重做的习惯，细心地揣摩赵艳容的性格和心理状态，重新创造了这个形象。

梅先生在他的《舞台生活四十年》中曾介绍过：他演赵艳容，是紧紧地抓住她的心理矛盾来加以刻画的，他"处处顾到她是假疯，不是真疯"。在"表面上"，装疯弄傻，嬉笑怒骂，"是一派喜剧的形式"，但在"骨子里"，却是"痛苦已极"，"隐藏着悲剧的本质"。而在这次演出中，我们可以看到梅先生在对人物的更深刻的心理刻画上，又作了进一步的努力。例如，赵艳容与哑奴的关系，过去是这样处理的：赵艳容有坚决的斗志，矢志不从父命，但是缺乏斗争的方法，心中毫无主张。哑奴则是她的"智囊"，一切主意都由她出，赵艳容只是依样画葫芦。哑奴教她一样，她学一样，完全处于被动的地位。但这次演出中，哑奴的"智囊"作用没有作过分的强调，赵艳容的主动性加强了，表现为这样的关系：赵艳容与赵高正面冲突弄僵后，气昏了，一时沉吟无计，哑奴在旁看透了赵高的阴谋。她同情小姐的遭遇，怕她遭到不幸的命运，于是她出主意教小姐装疯。赵艳容领会了她的暗示，心中有了对策。可是哑奴却害怕小姐装疯装不像，她为小姐着急，甚至比小姐更急，她竭尽自己的力量来支持小姐的斗争，忙着为小姐策划种种的具体办法，要帮助她瞒过老奸巨猾的赵高。而赵艳容的心中并不是完全没有主张的，她的情绪很激动，内心十分悲痛，但对战斗却是沉着的。她一面努力抑制着内心的复杂感情不让它流露，一面装着疯，把父亲当作儿子、当作丈夫，以这样的斗争形式，把庄严的父女关系、骨肉之情，都撕得粉碎。斗争的正义性支持着她，坚强的意志力支持着她，她显得是非常冷静地进行着这一场残酷的斗争的。

这样演，赵艳容和哑奴就成为互相呼应的关系：哑奴替小姐着急，急于为她出主意；赵艳容沉着应战，反倒担心哑奴露出破绽。二人都有了正确的交流关系，而不是像过去那样：赵艳容完全像是算盘珠，人家拨一拨，她就动一动。

梅兰芳在《宇宙锋》中塑造的赵艳容形象

将赵艳容处理成有坚决斗争意志而又有斗争策略的人物是很重要的。如果说要表现哑奴的智慧，要表现她对赵艳容的支持，她的地位也要放得适当；如果过于强调，就伤害了赵艳容性格的完整；

如果赵艳容自己毫无主张，完全依靠别人来教，那么，金殿装疯就不可能取得胜利，因为在金殿上就是她单独一人在随机应变了。——由于这一重要的改动，赵艳容的形象就具有了更高的积极意义。

值得学习的是：这样处理，并不是剧本中所规定的，而是梅先生在表演上的创造。这在表演艺术上，是对人物内心世界的深入挖掘的结果，是极其细致深刻的心理刻画。

梅先生是善于抓住人物的思想线索，在戏剧冲突的发展中，用细致、明确的手法来表现性格的发展的。

从赵艳容上场的引子"杜鹃枝头泣，血泪暗悲啼"的凄凉的声调中，我们本已理解在她内心里埋藏着的深切的悲哀。见了赵高，只冷冷地道了一个"万福"，这就立即使我们感到：这不是正常的父女关系——实际上正是这样：赵艳容的丈夫被赵高陷害，她怀着很大的悲哀回到娘家；在她面前的，是父亲，又是陷害丈夫的仇人——这样寥寥数笔，就把人物之间的特殊历史关系勾画了出来。让观众了解这点是重要的，它给后面的冲突提供了根据。

赵艳容矢志不从父命，但正面的反抗无济于事，于是接受了哑奴的暗示，决定用装疯的方式来争取斗争的胜利。从正面冲突而到决定装疯，这一心理过程是复杂的，这一决定本身也是痛苦的。它意味着父女感情的最后破灭，情绪上是激动的。梅先生在唱"见哑奴她教我把乌云扯乱"一句时使了一个高腔，面部有一果断的表情，随着大锣的一锤，左手的水袖向上一翻，右手的水袖向哑奴一挥——暗示她去将赵高设法稳住，别让他看出破绽，一面用坚定的步伐走了下场。这里，不仅照顾了人物之间的正确关系，而且使我们从赵艳容的果断的表情上、坚定的步伐上，看到她反抗到底的决心。我看到有许多演员，用的虽是同样的"下场势"，但却抽去了它的丰富的内容，这样的表演就很难给人留下深刻的印象。

要把父亲当作儿子，内心的痛苦是深的，但她的理智是清醒的。她知道一般的疯态，瞒不过老奸巨猾的赵高，要使他相信自己是真疯，不能不这样做。而且，造成自己的悲剧命运的，正是他——自己的父亲，心底的仇恨勾起来了。梅先生演到这里，他咬咬牙，双手捧起赵高的胡子，使劲地揪下了几根，并用开玩笑的态度把它吹到半空里。这在形式上是把赵高戏弄到了极点，吐出了胸中的愤怒和怨恨。但从梅先生——赵艳容的眼神中，我们却看到了她的深切的痛苦。赵高一背过身去，她几乎忍不住要哭了，但清醒的理智帮助她克服了这一刹那间的软弱，她终于又镇定了下来。

要最后骗得赵高的相信，装疯的方式必须有进一步的发展。前面已经把父亲当作儿子，要更进一步，只有把他当作丈夫来看待。可是，要把父亲当作丈夫，在严肃的伦理观念面前，赵艳容不能不犹豫了。装疯已到了最严重的一关，心理的矛盾也发展到了高峰，是前进呢？还是后退？这里意味着胜利与屈辱的选择：稍一动摇，就会前功尽弃；要前进一步，就得冲破伦理道德的约束，准备把父女之情，羞耻之心，都一齐抛在脑后。梅先生——赵艳容沉吟着、思考着，配合［反二黄］的曲调，从小边慢慢向大边走了半个小圆场，情绪越来越激动。转念一想，是赵高首先在庄严的父女关系上蒙上了罪恶的阴影，一不做，二不休，不如此不能打破赵高的幻想，保持自己的清白，决定这样做。一经决定，就不能有丝毫含糊，要装就得装得像。梅先生在唱到"我的夫哇！随我到红罗帐同床安眠"

的时候，动作表情都是这样冷静、这样自然，仿佛真的发了疯，认错了人，并没有在羞耻、痛苦上面多加渲染。因为在这里，羞耻和痛苦已成为次要的了。这是装疯的严重一关，过了这一关，赵艳容内心的复杂交错的感情将要倾泻出来了，可是当时的环境不容许她有真实的感情流露。梅先生在表演这一心情时，也非常集中、精练：他一回头，用力擦了一下眼泪，没有片刻迟疑，马上进入了另一装疯状态："打鬼。"

金殿装疯，危险性比在家里装疯更大，必须有不畏强暴、把生死置之度外的气魄，但她的目的并不是想死，她还必须处处善于保卫自己。梅先生掌握了人物的总的目的，明确地表现了人物在每一阶段的思想变化：初上金殿时，沉住气，准备迎接新的战斗；为了要让秦二世相信自己是真疯，她撕破了赵高的作为首相和父亲的"面子"，对他做出许多不敬的举动；对二世也是满嘴疯话，侃侃而谈；二世笑她，她就破口大骂（这段骂二世的话是义正词严的，梅先生在表演上也是这样处理的。但是我觉得梅先生在念这段道白时似乎还表现得太清醒了。因为赵艳容虽然不怕死，她也可以拼着一死来骂这昏王一场，但她的目的并不是想死。她不能不想到，如果骂得这样清醒，很可能使二世恼羞成怒，把她杀了，这就与她的原来目的不符了。因此我觉得还是把它处理成用疯态来掩护自己的真实感情来得好一些。）；二世架起刀门来恐吓她，在生死的边缘上，她表现了瞬间的恐惧，但随即有了主张，借此大发其疯，把那"庄严肃穆"的金殿闹得落花流水。二世无奈，只得将她赶出金殿。

赵艳容的斗争取得了最后的胜利。但当她见到了哑奴——这唯一的亲人、战友，所有的屈辱、痛苦和悲愤，再也抑制不住了。梅先生表演到这里，用一个与哑奴抱头痛哭的动作，从这抱头一哭中，我们理解了赵艳容的全部心情。可是，斗争还没有完全结束，在这样的环境里，她意识到即使连尽情的一哭都不能做，因而不得不回过身去，再装了几次疯笑。而在极度的紧张和激动之后，再也控制不住自己的情感，到最后，笑声中带有了哭音。在这里，梅先生为她所精心描绘的主人公勾上了最后一笔。

戏结束了，赵艳容这一封建统治阶级的叛逆女儿，用她自己的方式取得了斗争的胜利。她的坚强的性格，留给我们深刻的印象。

梅先生在创造自己的角色时，是按照歌舞剧自己的艺术法则来进行的。

京剧是歌舞剧，它有歌唱，有舞蹈，念白也有音乐性，总之，有它特殊的艺术样式，因而在表现方法上也就有它自己的规律。我们经常谈到的京剧中的所谓程式，就是将现实生活中的动作和神态加以集中、洗练和规律化而形成的。它从生活中来，包含有生活内容。真正熟练地掌握了这些程式，并能不受它的限制，将它自由地、发展地运用于自己的创造的，是符合于京剧的现实主义创作方法的要求的。当然，那种脱离具体内容、机械地袭用这些程式，因而限制了生活的表现的做法，即所谓程式化的表演方法，是我们所要反对的。

如何发展地运用程式来创造自己的角色，梅先生创造赵艳容的经验是值得我们学习的：

梅先生很讲究手势、眼神、身段、台步，即"手眼身法步"的和谐一致。他很注意唱到哪几板、做完哪些身段和走完哪些舞台部位，但却不是技术的卖弄，而是结合着具体内容的要求的。例如：

他唱到"他那里道我疯随机应变，倒卧在尘埃地就信口胡言"两句时，前一句表现了思索的过程。结果，装疯的做法想好了，就得准备行动，从"变"字起就做好这整个身段的情绪准备（内行把这叫作"起范儿"）；"倒卧在尘埃地"用手向地上一指；随着"信口胡言"四字的节拍，把两个水袖一先一后地甩出去，成为两个弧形，顺势转过身来，将水袖交叉着搭在两臂上，随着"言"字的落音，慢慢地蹲下去；这句腔唱完，人也刚好坐在地上，并不花哨；在动的过程中，也不是一个姿势一个姿势地摆出来的，动作与动作之间的衔接很自然；这个身段的结束，又有一种静止的美。这些动作，可以说它都是程式，但它是符合于人物的装疯要求和情绪的起伏的，整个身段中始终贯穿着饱满的情绪。因而我们所看到的，是人物的活动，而忘却了这是程式。

说梅先生很注意"手眼身法步"的和谐一致，并不等于说他在任何地方都死守着"老规矩"。有时，他为了要更真实地表现人物，就把这些"老规矩"突破了。例如当赵艳容唱"我要上天，我要上天，我要上天！"时的身段是用手向天上指三遍（左手一遍，右手一遍，双手指一遍。有时第三遍也用一个手指）。如果讲"规矩"，那就一定要先把手指向相反的方向，然后指出去，指的时候又一定要成为弧形；眼睛要顺着手看。但梅先生为了要表现赵艳容的疯态，就不是这样演的。他先向后退几步，眼睛看着天上，一面用碎步向前走，一面用手直指出去，也不画弧形，眼睛也不跟着手。这就使舞台面显得非常开阔，动作的气魄也很大，真像要冲上天去的气势。这比那种死守"老规矩"的演法要真实得多。

旧有的表演程式虽然丰富，但有它的局限性。为了更深刻、更真实地刻画人物，就不可能把旧有的程式原封不动地搬来运用，就不能不有所创造，但这种创造仍然是符合于歌舞剧的要求的。例如：当赵艳容唱到"抓花容脱绣鞋扯破了衣衫"时，赵高说："儿啊，你敢是疯了吗？"当时赵艳容虽然想出了装疯的办法，但具体怎样装法，却还没有想好。被赵高这一问，只能暂时用外形上的突然反常来哄过赵高。某些演员演到这里时，都是做出一种僵硬的动作：瞪大了眼，直挺着身子，踉踉跄跄地向赵高冲过去。固然，为了要真实地表现人物当时的情境而创造出这样的动作来，这种意图是很好的。问题是：这种表演方法，只能算是生活动作的直接模拟，缺乏艺术的加工。这实际上还是一种简单化的创作方法。大家知道，比较接近生活的话剧艺术也从来就不是直接模拟生活的，何况这是歌舞剧。梅先生是这样表演的：他把脸慢慢地回过来，直视着赵高，做一个类似"拉山膀"的姿势，配合着锣鼓的节奏，一步步逼向赵高，整个身段仍是柔和的。一个相府千金而突然做出这样的举动，是反常的，只有疯子才能这样，这是根据装疯的要求而创作的动作，但它却是舞蹈化的、美的。

　　总之，从梅先生创造的赵艳容这一人物来看，梅先生的创造性，不仅表现在他善于熟练地运用京剧的程式，更重要的是他能发展地运用这些程式来创造自己的角色。因而，赵艳容的形象更丰富了，而程式也更发展了。他以美妙的舞姿和情绪饱满的歌唱，十分严谨地组织成完整的形式，展示了赵艳容的内心世界，给了我们艺术欣赏上的满足，使我们在这种美丽的歌舞形式中理解了人物、理解了剧本的主题思想。

　　我过去曾看过梅先生的《宇宙锋》，感到他的艺术在一定程度上已达到了高峰,但看到这一次的演出,就感到他的艺术又发展到了更高的境界。这些成就,是与梅先生一贯的忠实于生活、忠实于艺术的严肃创作态度分不开的。

颂美的创造者

◎ 伊兵

原载《戏剧报》1961年15—16期合刊

梅兰芳同志是当代伟大的艺术家。老戏剧家欧阳予倩同志称他为美的创造者,这是对梅先生最恰当最崇高的赞誉。梅先生像一只辛勤的蜜蜂,他六十年如一日,不倦地从生活中、从民族文化的宝库中选取精英,为人民酿造美。他一生中创造出来的艺术成果,是我们当代人最重要的精神福利之一,也是我们民族文化宝库中最珍贵的艺术遗产的一部分。他为我们创造了许多具有非凡艺术魅力的人物形象,这些形象熔铸着艺术家的理想、美的理想、道德的理想、生活的理想。他以全部的热情、全部形象的力量，捍卫美好的事物，抨击邪恶的事物，发挥着强大的移风易俗的作用。梅先生所创造的全部艺术成果，深刻地展示了我们民族高尚的情操和美德，以及勤劳、勇敢、智慧、善良的性格，同时也鲜明地揭示了艺术家的良心，他对祖国和人民的无比忠诚。

"从喷泉里出来的都是水，从血管里出来的都是血。"（鲁迅）作为美的创造者，他本身必须是美的人，只有最美的人才能创造最美的艺术。孟子说："充实之谓美，充实而有光辉之谓大。"梅先生是个具有分明的是非、热烈的好恶的人民艺术家，他忠实于生活，他随着民族的发展和先驱者的脚步，从一个具有人民的优秀品德，继承了丰富的文化艺术传统的爱国主义和民主主义的艺术家，发展成为国际主义和爱国主义的无产阶级的战士，从而使他的全部生命力和艺术创造力，得到了最充分和最有意义的发挥。他的德、才、智和辛勤的劳动结晶起来的艺术产品，随着跃升到真、善、美的最高境界。他是个充实的人、光辉的人、平凡而又伟大的艺术战士，是当之无愧的美的创造者。他的名字，将同我国伟大的文学艺术家同列，同世界上最杰出的人民艺术家光辉的名字同列，永垂不朽！

梅先生出身于贫困的梨园世家。梨园是人民的乐园，因此受到人民的尊重和喜爱。但是在过去时代，封建阶级和资产阶级是梨园的主人，他们垄断梨园所创造的精神财富，同时又贱视梨园子弟，梨园在统治阶级的野蛮蹂躏下，变成了艺人的炼狱。"卑贱者最聪明"，梅先生的祖父梅巧玲是晚清杰出的京剧演员、伯父梅雨田是有名的胡琴圣手、父亲梅竹芬是著名的京剧花旦。梅巧玲不仅艺术上造诣极高，而且是一个具有优秀道德品质的艺术家。梅先生继承了梅家的家学渊源，深厚的艺术传统和人民的道德传统，又经过了名师的循循善诱、切磋琢磨，和他自己的奋发向上，勤修苦练，因此英才早发，初上舞台就一鸣惊人。他歌声遏云，姿媚跃出，青年时代就誉满全国，成为妇孺皆知的京剧艺术家。梅先生在待人接物上是无可挑剔的，他对自己人和——对人谦逊和蔼，彬彬有礼，急公好义，助人为乐；对敌人狠——对国家和人民的敌人，则疾恶如仇，决不调和妥协。1919年梅先生第一次赴日本演出，他从报上得知北京学生反抗军警镇压，举行游行罢课，上海、南京、天津、武汉等各大城市的工人学生商人罢工、罢课、罢市，纷纷响应，掀起了轰轰烈烈的反帝反封建的五四运动。梅先生立刻意识到作为中国艺术家的时代的责任，他毅然要求剧场停演，响应国内的革命斗争。九一八日寇的铁蹄蹂躏东北，国民党反动派高唱"不抵抗主义"，梅先生是个清醒的爱国主义者，他知道什么是救国之道，就在此时，他演出了《抗金兵》和《生死恨》，在舞台上向人民高唱抗战的歌，向反动派提出了严正的抗议。八一三日寇进兵江南以后，梅先生先后困居香港和上海，他一本民族大义，毅然脱离舞台，蓄须明志，拒绝为敌伪演出。那时他生活十分困难，家具什物当卖一空，最后靠卖画为生。日寇百般威胁利诱，梅先生屹然不为所动。抗战胜利，美帝国主义代替了日寇的地位，成为国民党反动派的"太上皇"。1946年梅先生在南京演出，蒋介石要梅先生为他的主子马歇尔演出一场，梅先生毅然拒绝，立即离开南京回到上海。全国解放之后，梅先生积极地参加了为抗美援朝捐献飞机大炮的义演，并随赴朝慰问团到朝鲜前线，入坑道进战壕为朝鲜人民军和中国人民志愿军进行演出和清唱。1958年，梅先生到福建前线劳军，深入前沿阵地，亲自打响大炮，向美帝国主义和国民党反动派轰击，表达了中国人民和文学艺术界对国内外反动派的义愤，表达了收复台湾驱逐美帝的决心。

全国解放之后，梅先生的艺术活动得到了党和国家的大力支持，使他有充分的机会和充分的条件去接近工农兵，为工农兵演出。十二年来，他带着梅剧团，带着艺术上合作数十年亲密无间的老伙伴老战友，走遍了全国大部分的地方。每到一地，他一定要为工人、农民、战士作专场演出，同时他还经常利用演出空隙，亲自到农村、工厂、矿井中去慰问社会主义祖国的建设者。各地人民，无论男女老少都以一睹梅先生的风采为荣，梅剧团巡回演出所到的地方，每天慕名来访的何止数千百人，梅先生总是亲切地接待他们。世居穷乡僻壤的老头子老太婆，甚至越过穷山峻岭，跑了数十百里地，赶来一摸梅先生的手，引为毕生之幸。梅先生在中国人民中所拥有的艺术威望，是我国艺术史上从未有过的，他不愧是全民的艺术家、人民的艺术家。

梅先生是个赤胆忠心的爱国者，同时是个反对帝国主义、保卫世界和平的国际主义战士。他不仅在抗美援朝的斗争中，在我国国防前线，证明自己是个反对美帝国主义的无畏的战士，而且历年来积极地参加了一切反对帝国主义支援世界人民争取和平民主和社会主义的斗争。他曾经代表中国人民出席世界和平大会，真诚地表达了中国人民争取世界和平、反对帝国主义侵略战争的决心和力量。1956年，梅先生和老戏剧家欧阳予倩同志一起，率领中国京剧访日代表团赴日演出，这次演出被日本人民和日本进步文艺界公认为他们文化生活中的大事。他不仅以真正杰出的艺术满足了日本人民的审美要求，而且通过他的艺术活动和社会活动，促进了中日两国人民之间的友谊，支持和鼓舞了日本人民为争取民族解放、社会进步，反对国内反动派和美帝国主义的英勇斗争。梅先生的朋友遍天下，苏联人民、美国人民早在二十六年前就已经和他结下了深厚的友谊。许多苏联朋友至今还怀着当年梅先生在莫斯科和列宁格勒演出时的鲜明印象，珍藏着他演出时的说明书。新中国成立之后，中苏两国人民的友谊有了新的发展，梅先生和苏联人民、苏联文学艺术界的朋友更是频繁交往，进一步扩大和加深了彼此之间的友情。朝鲜、越南和社会主义各国的人民和文学艺术家，无人不知道梅先生的名字。这是因为梅先生不但用自己杰出的艺术，而且以其晚年全部的精力，积极参加祖国的社会主义建设，积极参加世界人民反对帝国主义、争取世界和平和进步的事业。因此他不仅受到中国人民的热爱，而且成为社会主义各国人民、世界各国人民亲爱的同志和朋友。

梅先生不仅具有杰出的艺术天赋，而且为人虚怀若谷、谦逊好学。因此，他能够最充分地吸取群众的智慧，最充分地吸取民族和民间艺术的优秀成果，这是使他的艺术创造不断发展，达到史无前例的高度，而且永葆其艺术青春的重要因素。梅先生九岁开始学戏，青年时代就精通青衣、花旦、闺门旦、刀马旦的表演艺术，而且还学会了小生、武生的表演艺术。他不仅精通京剧的旦角艺术，而且精通昆曲的旦角

青年时期的梅兰芳

艺术。京剧、昆曲是他学习的主要方面，同时他还向各种地方戏曲和电影、话剧等姊妹艺术学习，向古典文学和国画学习，向外国、向我国历史和人民生活学习。多方面的学习，使他的文艺修养既专又博。表演艺术方面极高的造诣和广博的生活经验、高深的文艺修养相结合，这就大大地增强了他的艺术创造力，提高和丰富了他的艺术技巧，加上他待人接物方面一贯的谦逊诚恳，从善如流，因此能够博采众长，取精用宏，从而使自己的表演艺术不断发展，永无止境。

梅先生的好学不倦精神和他的革新创造精神是密切结合着的。他一丝不苟地学习戏曲艺术传统，艰苦卓绝地学习表演技术。他把先辈们所创造的优秀的艺术成果充分地继承下来，因此使自己成为京剧旦角的全能的表演艺术家。但他不是一个泥古不化、故步自封、墨守成规的人，他是个勇敢的艺术革新家，最富于创造性的艺术大师。他把有史以来乐队就摆在绣幔前面正中的位置移到了舞台的侧边，他改掉了演员在台上饮场的习惯，废除了检场，采用了绣幔和幕布。在新编的戏里，还使用了布景。这些改革，显著地净化和美化了戏曲的舞台艺术。在旦角化妆上，他吸收了南方旦角画眼眶的化妆方法，并改变旦角不吊眉的习惯，开始吊眉，画眼眶，同时还改进贴片子的形式、涂口红的形式，创造了京剧古装头的样式，从而提高和美化了旦角的化妆艺术。如果拿他的艺术形象和他的祖父梅巧玲的艺术形象比较一下，人们可以看出，他们祖孙之间在化妆方面存在着多么大的区别。梅先生以数十年的努力，极大地改变了千百年来陈陈相因的旦角化妆，并使之达到了人们理想中的古代女性美的高度。他对于美化京剧艺术方面，做出了多么大的贡献！

梅先生在毕生的艺术活动中，对京剧艺术的革新创造做出了多方面的不可估量的贡献。他在戏曲文学方面，做了许多有益的工作，他把自己常演剧目中一些不通的芜杂猥亵的道白和唱词改成纯洁优美而富于历史感的语言，他所编的剧目，继承了元曲、传奇的文学传统，十分注意语言的精练和美，从而大大提高了一部分京剧剧目的文学水平。在表演艺术方面，他继承了梅巧玲和王瑶卿等人的革新传统。他精通京剧、昆曲，精通青衣、花旦、刀马旦、闺门旦等旦角的各种表演技术，掌握小生、武生和其他行当的表演技术，在他身上，文武昆乱唱工做工各种技术兼收并蓄，因此，他在旦角的表演艺术上能够不拘一格，相互融会贯通。演青衣戏时丰富和发展了青衣的表演艺术，演刀马旦戏时，则融合着青衣、花旦、闺门旦的演技，这样一来，不但突破了传统的专攻一行的习惯，而且大大地增强了旦角表现各种妇女性格的艺术能力。在剧目方面，梅先生充分地继承了京剧和昆曲的传统剧目，认真地加以再创造。有些传统剧目如《玉堂春》《宇宙锋》之类，原来是很普通的戏，经过了他的创造加工，被赋予了新的艺术生命力，提高了美的素质，因而发出了耀眼的光彩，从而成为梅派艺术和京剧艺术的杰作。在剧目建设上，他绝不以此为满足。在他的一生中不仅为京剧引进了许多昆曲、汉剧、徽班和梆子的剧目，把它们改造成为京剧的保留剧目，同时还创作了许多新戏，如《廉锦枫》《天女散花》《抗金兵》《木兰从军》《洛神》《霸王别姬》《西施》《太真外传》《千金一笑》《黛玉葬花》等等，这些剧目经过他杰出的艺术创造，都曾经轰动一时，有的已经成为京剧和其他剧种优秀的保留剧目。此外，在1916年左右，由于当时民族民主革命运动和新文化思潮的冲击，这位年轻的艺术家深深地考虑到了自己的责任，他说："我不愿意还是站在这个旧的圈子里边不动，再受它的拘束。我要走向新的道路上去寻求发展。"他所寻求的发展，也就是京剧艺术的发展，其目的是要使京剧艺术更好地承担时代的使命，为民族民主革命运动发挥更加直接的作用。为此他不惜一切，排除万难，进一步地革新京剧艺术，使之能够反映和概括当代人的生活，揭示现实社会的矛盾和黑暗，表现人民的疾苦，用以激发人民进行民族革命和社会改革的热情。那时他接连编演了《邓霞姑》《一缕麻》等几个大型的时装戏，这些戏以爱国的和民主的思想感染观众，对当时的社会发生过冲击的作用。同时，这些戏也显示了一个具有民族责任感和社会责任感的艺术家勇敢的革新精神。他在京剧艺术道路上的伟大探索，为以后京剧艺术的革新创造了有利的条件。

梅先生的革新创造精神在全国解放之后进入了新的高潮。在这以前，他对京剧艺术的革新和创造是孤立地进行的，他的事业虽然得到了他的朋友和同事的支持、观众的鼓励，但是另一方面却存在着强大的阻力，存在着要把他的艺术罩上玻璃罩、放在紫檀架子上的强大的势力。全国解放之后，梅先生已经年近花甲，这在生理学上说来已经进入了暮年，可是他的政治生涯和艺术生涯，却刚刚进入了"红杏枝头春意闹"的艳阳天气。人们常常把梅先生比作百花之王的牡丹，解放之后，这株牡丹更是繁花似锦，欣欣向荣。由于新时代的鼓舞，他的政治热情和创造精神十分昂扬，从此他不再是隐于市的艺术家，而是积极的社会活动家和艺术活动家。他自己也深深地意识到比过去年轻多了，全身充满了青春的活力，他的唱腔的调门也因而提高了一度。新的时代使这位热情的艺术家广泛地接触了劳动人民，接近了党的领导。他在毛泽东同志所提出的"百花齐放，推陈出新"的戏曲工作方针的鼓舞和指导下，面对人民群众日益提高的艺术欣赏水平，自觉地审查了过去常演的剧目，放弃了《刺虎》之类敌视劳动人民的戏，整理了《贵妃醉酒》，舍弃了这出戏里的某些露骨的色情表演，突出了贵妃宫怨的主题，使这些戏像王建的宫词，以其优美瑰丽的歌唱和舞蹈，生动地体现了古典艺术的诗情画意，给予人以美的享受。《宇宙锋》本来是梅派艺术的杰作之一，这出戏以杰出的精练的艺术手法，刻画了赵艳容威武不屈、善良和正义的性格。解放之后，梅先生为这一出戏进行了精雕细刻的艺术加工，使它在艺术上达到了更完美和更高的水平。此外，他还不断地修改《奇双会》一剧的表演，这一出戏本来存在着脱离规定情境，过分地渲染了桂枝和赵宠这一对年轻夫妻闺中取乐的闲情逸趣。近年来梅先生把这一部分加以适当的修改，使之符合桂枝父亲含冤入狱、生命危在旦夕时的心理状态，使剧情和表演入情入理。这一改革，大大地提高了这两个形象的真实性，因此也就美化了这出戏。

国庆十周年的时候，梅先生以高度的爱国主义精神和卓越的艺术技巧，创造了《穆桂英挂帅》一剧中老年的穆桂英的英雄形象。这个形象是梅先生最后的创作，也是他艺术的高峰。梅先生通过这个形象，表达了对祖国的热爱和对侵略者不共戴天、灭此朝食的心情，因此这是个高度的思想性和高度的艺术性相结合的杰作，是他晚年呕心沥血的艺术结晶，是他献予祖国和人民的最珍贵的礼物。

梅先生是一个坚持不懈的戏曲艺术革新家，他以毕生经验证明，戏曲艺术必须不断地革新创造，才能不断地提高和发展，它的艺术

梅兰芳演出《穆桂英挂帅》

生命力才能不衰退下去。同时，他坚决地反对戏曲艺术革新上的急躁和粗暴作风。他强调艺术革新要遵循戏曲艺术本身的规律，既不能因循守旧，也不能操之过急，要以循循善诱、潜移默化的方法去促进它的革新和发展。对于传统剧目更要认真地鉴别它的精华和糟粕；进行整理革新的时候，不能简单地削除一些东西，贴上一些东西，而是要从整体出发，进行加工和取舍，而且不能有斧凿痕，不能有残缺，经过修改之后，仍然是浑然天成完整的艺术结晶。他坚持这一方法，他的常演剧目，每一次演出都给人以新鲜感，每演一次，表演艺术上总有一些创造和发展。因此，他的常演剧目永远葆有艺术的魅力，永远处于美的发展中。

梅先生是当代伟大的美的创造者。他的天赋和他六十年来不断的学习、不断的艺术劳动，使他取得了艺术创造上的卓越的条件和才能。他的艺术和他的情操品德是一致的。他为人谦逊和蔼，文质彬彬；他的艺术风格也是平易近人，惊才绝艳。他的嗓音甜美、澄净、圆润、清脆而有水音，他的动作自然而典雅。他的表演艺术具有现实主义和浪漫主义相结合的鲜明的特色。他的唱腔动作服从于人物的身份和性格，服从于人物的内心活动，同时也服从于表演艺术本身的规律。他在必要时也使新腔，也创造一些新的程式动作，但他"酌奇而不失其真，玩华而不坠其实"，总之以切至为贵，决不给人以新奇轻靡之感。因此，梅派艺术易学而难工，易学的是梅派唱腔动作的本身，难工是因为梅先生的艺术成果和艺术技巧，是他杰出的天赋，极高的文艺修养和艺术造诣，广博的生活知识，优秀的人民品德和生活理想，长期的艺术劳动和生活实践的高度结晶。学习梅派艺术，不应当只求形似，应当进一步求得神似，那就必须学习他的虚怀若谷、好学不倦的精神，努力取得梅先生所具有的那些条件，才能继承梅先生的衣钵，开创梅派艺术新的境界。

梅先生是美的创造者。美在戏曲艺术上主要表现在形象之中，因此美的创造者，也就是创造形象的大师。梅先生以其杰出的艺术方法和艺术技巧，以毕生的努力，创造了数以百计的生动鲜明的艺术形象，这里面有古代宫廷妇女的典型性格，有杜丽娘娇痴娴雅、一往情深的少女形象，有善良和热情的妓女苏三，有天真烂漫的婢女春香，有正义善良威武不屈的赵艳容，有美丽热情为追求爱情和生活的理想英勇斗争、被法海镇压在雷峰塔下的白娘子。此外，他还创造了一批古代英勇妇女的形象，这里面有代父从军、抵抗外敌的花木兰，有宋代勇冠三军的梁红玉，有我国人民家喻户晓、最喜爱的女英雄穆桂英从青年到老年的美丽的形象……所有这些形象，深刻地影响了我国人民的精神世界，因此它们永远铭刻在人们的记忆之中。它们是我国文化宝库中的珍宝，是梅先生对祖国对人民的巨大贡献。

梅先生杰出地完成了伟大艺术家的历史使命，含笑地安息在万花山上。他的逝世，不仅是我国文学艺术界的损失，也是世界进步文学艺术界的损失。他留给我们的责任，不仅是要很好地继承和发展他的艺术遗产，学习他的优良品德和作风，而且要以更大的努力，沿着他走过的党的政治方向和艺术方向，不断地促进我国社会主义的戏剧事业进一步的繁荣和发展。

一代宗匠——重读梅兰芳同志遗著的感想

◎ 张庚

原载《戏剧报》1962年8期

梅兰芳同志逝世已经一周年了,他的死是我们很大的损失。半个多世纪中间,他在舞台上获得了最广大的观众,从口味精致的艺术鉴赏家到广大工农群众,从中国到国际。他的艺术是近千年来中国戏曲史中的高峰之一。他继承又发展了两千多年来中国表演艺术中最精粹的东西。但是他的艺术又那么平易近人,那么深入浅出,他所创造的舞台形象,能够使得不懂古代生活的现代观众、不懂中国话的外国观众接受而且感动。他不愧为我国戏曲界的一代宗匠,不愧为当代世界最伟大的表演艺术家之一。梅兰芳同志虽然离开我们了，但他遗留给我们的东西很多，有影片、唱片和他写的文字，这些都值得我们好好学习，好好在他成就和经验的基础上来进一步发展我国的戏曲表演艺术，使它更美、更真、更现代化，在全世界放出更辉煌的色彩来。

一

梅兰芳同志之所以有这样大的成就，并不是一件不可理解的事实。他是一位艺术的天才，但是他并不是仅凭天才而获得成就的。他获得如此成就，是和他所处的时代，和他的勤学苦练、好学不倦、乐于倾听群众意见等许多条件和优良的品德分不开的。他自己就曾经说过："有些已经成为比较好的演员，慢慢又退化成一般的演员。更有些本来还不错，而越变越坏了。以上这些变化是什么原因呢？当然，天赋条件的不同，也决定了很多演员的前途，诸如好嗓子、好扮相变坏了就是演员的致命伤。还有一部分演员是自己不努力学习锻炼，或是生活环境不好，以及其他种种复杂原因，都能使演员表演停滞不前或退步，甚而至于到了不能演的程度。"（《要善于辨别精粗美恶》，载《梅兰芳文集》，中国戏剧出版社1962年版，第41页。以下引自本书者版本均同。）可见根据他本人的经验和阅历，光凭天分是不能成大气候的。

兰芳同志所处的时代是我国一个大变动的时代，这个时代引起了文化和艺术的激变。戏曲在这个时代里当然也不能例外。京剧中间的京派、海派就是在这个时代变革的激荡之下形成的。但兰芳同志所受的历史条件的影响，还不止于此，还要上溯到更长远的渊源。

"京剧"这一个名称的出现，很难指出是在什么具体的年月，但它的出现标志着一个事实，就是徽调、汉调等几种地方戏到了北京之后，一面有选择地继承了昆曲的优秀传统，一面互相融合，逐渐从地方戏变成了继承戏曲大统的全国性剧种。这是一个较长的渐变过程。这个过程趋于完成的时代，也就是京剧表演艺术中人才辈出，在舞台上大放光彩的时代。兰芳同志正处在这个时代。

京剧表演艺术的趋于完成并不是平衡发展的。当程长庚到谭鑫培这一两辈的老生已经完成了创造性的改革时，旦角的表演艺术还比较落后，这时王瑶卿还刚刚起头突破青衣和花旦的严格界限。不幸的是改革者的王瑶卿在四十岁刚过就"塌中"了，嗓子不能唱了。于是这个改革的任务就自然而然地落到了下一辈的旦角演员身上了。当时年轻演员中，兰芳同志就是一个。这个历史的任务，是由他来完成呢，还是由别的人来完成呢？当时是谁也不知道的。但是戏剧史既已向这一辈青年演员提出了这个任务，就必须有人来完成，也就对这些演员提出了较严格的要求，谁能不怕吃苦，肯下功夫艰苦锻炼的，谁将来就能完成这个历史任务。

梅兰芳的幼年时代，并没有立刻显露出他表演艺术的天才来，倒相反，从外表上看，他是很不吸引人的。他的姑母在回忆他那时候的情形就说他资质并不十分高明，开蒙学戏，四句老腔教了多时还不能上口。他的老师认为这孩子学艺没有希望，就对他说："祖师爷没给你饭吃！"一赌气，再也不来教了。但是兰芳同志之所以终于得到很大的成就，和他的苦学苦练是有很大关系的。徐兰沅先生在回忆他们少年时代一道学习的情况时有过这样一段话：

> 记得梅先生十三岁的那年，边学戏，边演戏……当时观众对他的反映是脸死、身僵、唱得笨，于是有人就说他将来无大出息。与他同时的朱幼芬此时却大为人们欣赏。幼小的梅先生听了人们对他的评价，不唯不否，平静如常。好心的人直接跟他说："幼芬唱得那么亮，你为什么那么闷呢！你嗓子不是也很好吗？"……其实他是胸有成竹。所以说他自幼小起对事就是有所为亦有所不为的明辨态度。他认为朱幼芬的学习是贪走便利门径，专用"i"音对付字音，张嘴音却唱不好，音虽亮但不真。由于他沉静寡言，这些想法不为人所知，因此人们就说他有点傻劲了。有一位琴师陈祥林先生，当时专为我（那年我十五岁，也在学戏）和梅、朱三人吊嗓。有一次在我家里谈及梅与朱的比较，陈先生说："人们看错了，幼芬在唱上并不及兰芳。目前兰芳的音发闷一点，他是有心专在练'a'音，这孩子音法很全，逐日有起色；幼芬是专用字去揍'i'音，在学习上有些畏难。别说兰芳傻，这孩子心里很有谱，将来有出息的还是他呢！"

（《略谈梅兰芳的声腔艺术》，《戏剧报》1962年第8期）

我不惮其烦地引用了这么多，因为从这一件事就可以看出梅先生在学习上是不抄近路，不求一时的效果，而是刻苦锻炼的。在《舞台生活四十年》中间，曾经叙述了他养鸽子的事情，这养鸽子并不是为了好玩，而是为了锻炼身体。他的眼神本来不好，在养鸽子以后，眼神就有了光彩了。这些细小的地方可以看出要成为一个好演员是需要如何下苦功夫的。

他幼年的锻炼不只是在唱做等方面，他对腰腿、把子、跷功都下过功夫，因此后来他的戏路子宽，能够扮演多种角色，能够突破青衣和花旦的界限，创造新的表演风格，这些幼功的扎实，又为他老年仍能活跃在舞台上，并且还能不断进行新的创造准备了条件。

他在昆曲方面是下过很深的功夫的。当他认真学习昆曲的时候，在舞台上已经成名，而且已经很红了。他请了好几位昆曲前辈来"拍曲"。等到他迁居上海以后，又从南方的名昆曲家丁兰荪老先生、俞振飞同志等认真学习了俞派的唱腔。对于昆曲的学习，使他更深入地研究了我国古典戏曲的深厚传统，研究了十分洗练的唱做并重、歌舞合一的表演形式，学习了如何用这种形式来创造角色。也因此，他接触了中国的古典诗歌，并且十分用心地求师访友去学习这些古典诗歌。他在谈到这一段学习过程的时候说："我在这一段读曲过程当中，是下了一番决心去做的。讲的人固然要不厌其详地来分析譬喻，听的人也要有很耐烦的心情去心领神会。"（《舞台生活四十年》第一集，中国戏剧出版社1961年版，第173页。以下引自本书者版本均同。）因为下了这些苦功，所以后来梅先生演《游园惊梦》这一类曲文十分费解的戏，仍旧照样对于人物思想情绪的发展变化表演得十分细腻熨帖，对于人物性格，体会得深刻而丰富。

作为一个旦角，他的学习却不仅于旦角，他还学习小生的戏。甚至于还尝试这方面的演出，创造了《木兰从军》这唱做并重、文武兼全的重头戏。而且他也不仅仅为了去"反串"才留心学习其他的行当，他对于老生、花脸、小丑这些行当的戏照样注意，照样有兴趣。他最喜欢在后台看戏，看各种行当的前辈老演员如何表演，从中揣摩融会，以求得丰富自己的演出。他在后来的许多创造中就常常化用其他行当的唱腔、动作，从而翻出新的东西来。

梅先生并不只是非常狭隘短视地去学一点对他目前的表演有好处的东西，他对于文艺有广泛的涉猎，他学绘画，参观欣赏各种雕刻、建筑、书法、园亭的艺术，以至种花养鸟，因此，他的艺术修养、生活趣味都很高，这些看起来似乎无关于一个演员的艺术成就，其实恰恰相反。梅先生自己就说过：

> 有一次我正在花堆里细细欣赏，一下子就联想到我在台上，头上戴的翠花，身上穿的行头，常要搭配颜色，向来也是一个相当繁杂而麻烦的课题。今天对着这么许多幅天然的图案画，这里面有千变万化的色彩，不是现成摆着给我有一种选择的机会吗？它告诉了我哪几种颜色配合起来就鲜艳夺目，哪几种颜色的配合是素雅大方，哪几种颜色是千万不宜配合的，硬配了就会显得格格不入太不协调。我养牵牛花的初意，原是为了起早，有利于健康，想不到它对我在艺术上的审美观念也有这么多的好处，比在绸缎铺子里拿出五颜六色的零碎绸子来现比画是要高明得多了。

（《舞台生活四十年》第二集，第102页）

他这样在戏曲范围内对于遗产做广泛的学习和吸收，在中国艺术范围内又是兴趣广博，这就使得他不仅能对于中国戏曲的传统有了较为全面的掌握，就是对于中国艺术的传统精神和风格也有了很多体会，随着年事的增长和艺术经验的积累，这种体会也就逐渐丰富和深刻。梅先生出身本是梨园世家、三辈的名演员家庭，他从小耳濡目染，心中早就有了辨别艺术美恶的朴素标准，等到他从多方面勤劳学习之后，这个标准就变成已经不止于是舞台演出上的一些经验（这些经验无疑也是很宝贵的），而发展成为对于中国传统美学观点的一种认识了。这种认识对于梅先生一生的艺术创造十分重要，它成为他衡量自己作品的标尺，也成为他吸收艺术营养时判断好坏的标尺。所以梅先生说：

> 演员选择道路关系非常重大。选择道路的先决条件，就需要自己能鉴别好坏，才能认清正确的方向。不怕手艺低，可以努力练习；怕的是眼界不高，那就根本无法提高了。

（《要善于辨别精粗美恶》，载《梅兰芳文集》，第42页）

在他幼年时代，京剧的历史发展向当时青年演员所提出来的任务，梅先生无疑是完成了，不仅仅完成了，而且大大地超出这个范围。他毕生所创造的艺术品，绝不止于把京剧的革新推进了一步，而是把中国艺术中能吸收到舞台上去的精华，大量地融入他的作品中去，创造了许多美好的形象。他成为一个传统戏曲艺术的集大成者。

二

梅先生在艺术创造上并不是一下子就找到了他自己最适合的道路，他是经过了非常复杂曲折的过程才逐渐摸索出来的。在思想上、政治上的摸索，有他自己简明扼要的一段话表白得最清楚：

> 在旧社会里，我辛辛苦苦地演了几十年的戏，虽然在

艺术上有过一些成就，但服务的对象究竟是什么，却是模糊的。解放以后，我学习了毛主席《在延安文艺座谈会上的讲话》，才懂得了文艺应该首先为工农兵服务的道理。明确了这个方向，我觉得自己的艺术生命才找到了真正的归宿。从我国大陆解放到今天，虽然只有五个年头，五年多的时间不能算长，可是在我六十年的生命史中却是最宝贵的一个阶段。在这个阶段里，无论在政治上、艺术上，我都得到了前所未有的发展。(《为着人民，为着祖国美好的未来，贡献出我们的一切——在舞台生活五十年纪念会上的讲话》，载《梅兰芳文集》，第5页)

一个艺术家在政治上找到了归宿，对于他的艺术创造上的影响之深远，我们正可以从梅先生这里找到最好的例证。它的影响所及，几乎达到艺术创造的各个方面，从剧目、典型的塑造一直到许多表演艺术的细节。这一点我准备在后面再来谈它。至于在艺术本身的探索上，梅先生风格的形成、自己的保留剧目的积累等等，它的道路也是曲折的。一个成功的艺术家的创造，特别是一个开创了自己派别的艺术家的创造，不能看成只是一种仅仅属于个人的艺术现象，而是一种社会现象，它的形成，是受了许多条件的约制的。这一点，梅先生也不能例外。

梅先生的艺术创造活动，他编演自己的剧目，是在辛亥革命以后，而且是到上海去演出受了那边戏曲界革新精神的影响之后。梅先生称这种影响叫"新思潮"，因为在辛亥革命中，戏剧界提出了戏剧的社会教育作用这个问题来，上海的戏曲界因风气的关系走到了北京的前

面。青年的梅兰芳当时看了上海的情形是很兴奋的,他回忆道:

> 我初次由沪返京以后,开始有了排新戏的企图。……等到二次打上海回去,就更深切地了解了戏剧前途的趋势是跟着观众的需要和时代而变化的。我不愿意还是站在这个旧的圈子里边不动,再受它的拘束。我要走向新的道路上去寻求发展。我也知道这是一个大胆的尝试,可是我已经下了决心放手去做,它的成功与失败,就都不成为我那时脑子里所要考虑的问题了。(《舞台生活四十年》第二集,第44页)

典藏版《舞台生活四十年》(2022年版)

在他的回忆中一共为我们叙述了五个新戏(即当代题材的戏)的创作情况,其中有三个是时装新戏。他当时的确没有考虑京戏在穿时装表演时的许多复杂问题，而是靠一股热情勇往直前地干起来的。但是作为一个职业的演员对于观众的要求总是十分敏感的，更何况一个京剧演员，对于他所从事的艺术在形式和技巧等各方面与他所要加以表现的生活之间的矛盾，当他面对观众的时候，就会有更大的敏感。在当时的具体情形之下，他就不能不考虑这条道路到底走不走得通的问题了。

后来，梅先生总结他这段创造工作的经验时，说了如下的话：

> ……古典歌舞剧是建筑在歌舞上面的。一切动作和歌唱，都要配合场面上的节奏而形成它自己的一种规律。……所以古典歌舞剧的演员负着两重任务，除了很切合剧情地扮演那个剧中人之外，还有把优美的舞蹈加以体现的重要责任。
>
> 时装戏表演的是现代故事。演员在台上的动作，应该尽量接近我们日常生活里的形态，这就不可能像歌舞剧那样处处把它舞蹈化了。在这个条件之下，京戏演员从小练成功的和经常在台上用的那些舞蹈动作，全都学非所用，大有"英雄无用武之地"之势。（《舞台生活四十年》第二集，第69—70页）

这样说，是不是经过梅先生的总结，是断定了戏曲不能表现现代生活呢？我想，我们还不能如此得出结论。梅先生先就声明了他时装戏演得少，经验不多。再则对于一切问题也还得历史地去看。梅先生在那个时候要解决这个戏曲表现现代生活的问题是不具备条件的。一个职业演员决不能长期进行一种无把握的实验。所以时装戏在梅先生那里没有继续下去不是意味着这就成了戏曲不能表现现代生活的如山铁案。事实上，后来他在一篇题为《运用传统技巧刻画现代人物》的文章里是肯定了戏曲可以演时装戏的。这里他提出了一些与前面不同的看法，认为应当创造新程式来表现新人物，也就是说把新人物的动作歌舞化起来。当然这只是他的一种不成熟的意见，但也可见他的看法有了变化。我觉得这种变化是不奇怪的，因为我们今天的条件、水平都大不同于四五十年以前了。今天的剧种多至数百，它们的情况有许多也与当时的京戏大不相同，在解放以后，许多剧种也创造了一批有保留价值和有保留希望的剧目。梅先生就曾撰文介绍《梁秋燕》，说它是"陕西戏曲中现代戏的一出好戏，无疑它将长时期地活在舞台上，成为保留剧目"。还有，我们今天的歌舞水平比之四五十年前不知道要高多少，那时除了在戏曲中间之外，根本没有专业的歌舞演员和团体，今天不仅各省有了职业歌舞团体，全国还有了很好的舞蹈学校和舞剧团，对于民间舞蹈和兄弟民族舞蹈的发掘整理也有了很大的成绩，这对于现代生活的歌舞化和用戏曲表现手段来塑造新人物，无疑提供了很大的便利条件。所有这些，岂是梅先生从前所能设想的吗？梅先生是大师，但他也不能不受历史条件的限制，在论述到这方面的时候，我们就不难看出一位艺术家的艺术成就是超不出时代去的，他当然有其为后一辈所无法追及的地方，但文章决不会由他一个人做尽了，未来的无数艺术家，自有无尽的好文章等着他们去做。

　　梅先生在艺术上的探求是多方面的，但如上所述，他在实践中渐渐明确了必须重视古典戏曲的歌舞特点，必须从这里出发去考虑艺术的新表现形式。因此，他转过头来深入一步向传统学习，排演昆曲，一面又试着创造新的歌舞戏、古装戏。这时他对于戏曲的革新有了进一步的看法，他认为：

> 艺术的本身，不会永远站着不动，总是像后浪推前浪似的一个劲儿往前赶的。不过后人的改革和创作，都应该先吸取前辈留给我们的艺术精粹，再配合了自己的功夫和经验，循序进展，这才是改良艺术的一条康庄大道。如果只是靠着自己一点小聪明劲儿，没有什么根据，凭空臆造，原意是想改善，结果恐怕反而离开了艺术。（《舞台生活四十年》第二集，第79页）

他这个时候的学习和创造，应当说是着重在形式方面的探求。这种探求恐怕是每个艺术家创作中的必经阶段，梅先生也不能例外。他这时候还年轻，艺术的表现手段在他手里虽然已经被掌握，却还没有摸到如何去运用才最能发挥自己天赋的才能，创造出最独特的艺术品来。古装戏的创造，也就是这种探求的一个表现。这些戏主要在于歌舞的表演；新服装——古装的创制，即从旧有的身段和把子等中间化出新舞，如花镰舞、剑舞之类，从古画服装的参考中创制出舞台上的服装来。但是，梅先生究竟是一个大艺术家，就是在创造这种比较偏重于艺术形式的剧目中间，他的注意还是逐渐转向了人物，而越来越把精力运用在人物的形象塑造上面。像他在开始所编演的《嫦娥奔月》《天女散花》等戏中间，的确把精力几乎全部花在服装设计、舞蹈设计等方面，但到了演红楼戏的时候，就开始注意到黛玉、袭人等的心情刻画了。他在谈到《黛玉葬花》时，曾说："这出戏的剧中人只有五个，场子冷得可以的，如果再没有一

点深刻的表情来衬托着唱腔，那就更容易唱瘟了，简直可以掉到凉水盆里去的。"（《舞台生活四十年》第二集，第87页）

在这段摸索性的创造中，梅先生的剧目里开始出现了他所创造的独特形象，一种载歌载舞的旦角。它既不是青衣，也不是花旦，吸收了刀马旦的功夫，又有闺门旦的风格。这个新的形象原是从传统的东西中化出来的，但又加上了新的东西。这个形象发挥了梅先生的所长，十分适合他的性格和身体的特点。他终于开始找到了他自己的路子了。这样一个新的"行当"，当时曾有人称之为"花衫"。

我不是说梅先生从此以后，在舞台上所扮演的人物总是老一套，弄成千人一面的情况。决不是如此！像京戏这种技术性很重的表演艺术，演员决不能把所有的技术全都掌握，而只能精通其中的一部分，这样就分了"行"。每个演员必须找到他适合的行当，才能到舞台上去表演人物。没有行的舞台人物在京戏里是不存在的（就是在大多数古老的剧种中也是一样）。"行当"也可以突破，但决不能随心所欲地去突破。梅先生突破了行当，但他仍是在传统的规律基础上出发前进的。而其结果，并不是他根本否定了行当，他只是否定了旧的行当，创造了新的行当。或者说得更全面一些，他并没有使旧行当在舞台上消灭，他只是创造了一个新行当丰富了京戏的舞台。在这个新行当中间，他逐渐创造了许多具有不同性格、不同命运的古代妇女形象，如多愁善感的黛玉、沉着英烈的虞姬等等。梅先生并不是在表演新行当的技巧，而是以行当的技巧为手段来刻画性格和创造人物，他是在内心感情的基础上来运用技巧的。他曾十分肯定地说："演员在台上的身段，如果不合剧情，哪怕你做得怎样好看也没有用的。"（《舞台生活四十年》第一集，第85页）他还说：

> 有些名演员在台上，人都说他扮谁就像谁，这不是尽指他的扮相而言，连他的唱念、动作、神情，都要跟剧中人的身份吻合，仿佛他就是扮的那个人。同时台下的观众看出了神，也把他忘了是个演员，就拿他当作剧中人。到了这种演员和剧中人难以分辨的境界，就算演戏的唱进戏里去了，这才是最高的境界呢。（《舞台生活四十年》第一集，第100页）

梅先生的艺术创造并不是到此为止，他创造了一个新行当，从中塑造了许多他自己独创的舞台人物，然而这些人物的面貌、心情却有着许多的变化。大致说来，早期的创造偏于活泼年轻的闺阁少女和少妇一路，而后期的人物却逐渐走向庄重妩媚的壮年、中年人物，越到后来，人物更是从柔美的一路走上了英武壮美的一路去了。

这样一种变化和梅先生的年龄有一定的关系，他常说，年岁大了，表演方面也得相应地有所改变，否则效果就会差。但是关系更大的恐怕还是社会情况、政治形势的变化影响所致。梅先生在稍后的歌舞剧目《霸王别姬》中间，已经塑造了一个不同于《葬花》等少女型的，处在成败兴亡忧患之前，而以悲壮的一死了结自己的虞姬。这已可见艺术家的思想开始走出单纯抒情和柔美的世界，而进入面对残酷斗争的现实境界来了。在他这创作上逐渐变化的时刻，恰正逢中国社会和政治激变的年代，日本帝国主义打进中国来了，国破家亡的惨祸就迫在眉睫，而国民党蒋介石政府却不顾人民的死活一味采取不抵抗而节节退让的政策。梅先生不仅仅是一个有艺术良心的艺术家，而且是一个爱国的、明辨是非的艺术家。在

"一·二八"前后，接连创造了《抗金兵》和《生死恨》两个剧目。这两个戏就不再去考虑歌舞剧、古装剧的形式，而充满热情地表现了对于侵略者的憎恨和对于人民的同情。甚至针对着国民党的不抵抗而热烈地赞美着坚决抵抗外侮的女英雄梁红玉。这两个戏中间的两个主人公：前者是爱国的女英雄、威武的大将梁红玉；后者是忍受一切痛苦、态度鲜明、意志坚强的韩玉娘。这类人物的出现，在梅先生过去的剧目中间是没有过的。这已经是苍松翠柏式的人物，具有高风亮节的人物，这已经完全不是属于柔美范畴之内的形象，而是属于壮美范畴的形象了。

梅先生在艺术上有了这种变化，这是和他思想上的变化分不开的，可以说正因为有了思想上的变化才必然产生这个艺术上的变化。梅先生平日是个温和可亲的人物，但他在大是大非面前心中是有主意的，他在八年抗战中毅然息影舞台、蓄须明志，甘心度着遭受敌人迫胁和生活穷困的日子，就可见他意志是坚决的、不屈不挠的。在《生死恨》中间有两句唱词是："尝胆卧薪权忍受，从来强项不低头"，可以为他自己这个时期的态度写照。

而他在创作道路上的发展还不是到此为止。他还经历了中国历史上空前的巨变：中国人民多年梦寐以求的日子，中国人民百余年来前仆后继、流血牺牲、拼死斗争以图实现的日子到来了。帝国主义赶跑了，封建统治垮台了，人民解放了。这些历史的巨变是梅先生亲眼见到的。他由一个虽然是名满天下的大艺术家，却仍然在旧社会里没有任何政治地位的普通人物突然一跃而成为人民参与国家大事的优秀代表人物，这在他生活中间也是一种很不寻常的大变化。这不是意味着他个人社会地位的变化，而是具体表现了千千万万在旧社会里被人卑视的戏曲艺人社会地位的大变化，是意味着五六亿被压迫被剥削的劳动人民的大翻身。这个具体的感受，引起了他思想上的巨大震动和激烈的变化，他终于由一个爱国主义者变成了一个共产主义者，他在1959年加入了中国共产党。

他的这种变化并不是突如其来的，在解放后的十年中间，他接触了前所未知的广泛的生活，他看到了国家的面貌在飞跃地改变，他看见了人民的生活在欣欣向荣，他看见了文化艺术事业，特别是他所关心的戏曲事业得到了蓬勃的发展，他终于深信只有在中国共产党的领导之下中国才能富强起来。他又深入工农兵中间去演出，到朝鲜前线和海防前线去演出，他亲眼看到了劳动人民建设祖国和捍卫祖国的英雄主义的光辉业绩，看到了无数英雄人物的活的形象，听到许多烈士的英勇壮烈的事迹，这些不能不在他的创作中起着影响。于是他的《宇宙锋》中的赵艳容具有了强烈反抗的性格，他的《醉酒》《游园惊梦》也带上了鲜明的反封建色彩。从单纯的爱国斗争题材，他的剧目变得更有广泛的社会意义和斗争因素。最后，在"大跃进"中他还创造了一个新剧目——《穆桂英挂帅》，创造了一个半生戎马、息影已经二十年、行年半百，但壮志不减当年、毅然挂帅出征的穆桂英。这个人物的心情，和他在"大跃进"中间看见全国那种人人奋勇、个个当先、忘我地建设祖国时的兴奋心情，和他那壮志犹在，决心要为祖国做一番事业的心情是起着共鸣的。梅先生所创造的穆桂英这个人物的英雄气概是很感动人的，其中决心接印挂帅一场特别深刻而富于感情。如果艺术家没有深切感受，没有强烈的感动，是演不出这种动人心弦的戏来的。可惜他不幸逝世了。如果他能够享更高的年龄，恐怕不止一个穆桂英，可能还会创造出更多更光芒四射的舞台形象来吧。

三

梅兰芳同志一生在艺术创造上最大的特点是群众性，他的观众是极广泛的，全中国的人几乎没有人不知道梅兰芳，全世界说起中国的戏曲来，也是首先提到梅兰芳。凡是看过他的戏的人，都能得到满足。他的艺术是那样平易近人，是那样容易被人接受、理解，他所创造的舞台形象是那样容易被广泛观众层爱好，念念不忘。其原因究竟何在呢？这些特点当然和他的好嗓子、好扮相、高超的表演艺术分不开，但最重要的，恐怕是和下面几点有关。

一是他对于普通观众的重视和尊重。他有一段关于观众重要性的话，我认为非常重要，对于我们今天的演员、剧团是有很大的教育意义的。我现在将它引在下面：

"从来舞台上演员的命运，都是由观众决定的。"梅先生说，"艺术的进步，一半也靠他们的批评和鼓励，一半靠自己的专心研究，才能成为一个好角，这是不能侥幸取巧的。王大爷（瑶卿）有两句话说得非常透彻。他说：'一种是成好角，一种是当好角。'成好角是打开锣戏唱起，一直唱到大轴子，他的地位，是由观众的评判造成的。当好角是自己组班唱大轴，自己想造成好角的地位。这两种性质不一样，发生的后果也不同。前面一种是根基稳固，循序渐进，立于不败之地。后面一种是尝试性质，如果不能一鸣惊人的话，那就许一蹶不振了。"（《舞台生活四十年》第一集，第102页）

梅先生之成为名演员，不是他自封的，也不是少数人捧出来的，而是在观众中成长起来的，所以他才真正懂得观众的重要性，才懂得观众的意见是带着决定性的。他的艺术，因为长期在广大观众中得到了反复的考验，所以是立于不败之地的。这种尊重观众的精神乃是群众观点在演员这个职业上的具体表现，其实也可以说是在艺术界的具体表现。在整个艺术上，成功与失败的关键之一也是在于创作者有没有一个欣赏者在自己的心中，到底是不是真正下功夫去摸过欣赏者的爱好、兴趣等等，而考虑在自己的创作中如何适当地去尊重它们。毛泽东同志教导我们要创造出老百姓所喜闻乐见的艺术品出来。我觉得梅兰芳同志的艺术创作道路是暗合着毛主席的这个教导的。梅先生是一个职业演员，他从登台的第一天起恐怕就关心着自己在观众中的成败，他深深懂得观众对于一个演员命运的决定作用，因此他的艺术必须通过观众的考验。多少年来，证明他是经历了，成功地通过了这种考验的。他的艺术，因此不能不带着深刻的群众性的色彩。他说：

> 演技是没有止境的。内行有句俗语，叫："师父领进门，修行在自身。"这就说明了要获得艺术上的成就，必须有奋斗的意志，和苦学的精神。如果倚靠着自己一点小聪明，不肯下功夫；或者稍露头角，就骄傲自满，不多方面接受批评，那么他在艺术上的成果是可以预料得到的。

（《舞台生活四十年》第一集，第159页）

梅先生接受群众意见，改进自己的艺术的例子多得不胜枚举。他的谦虚是许多人都乐道的。因此我不想在这里举例子了。

但是他对于观众的意见决不是盲目地接受,他重视、考虑、分析,然后择善而从,或者从一条普通的意见中悟出艺术上很多的道理来,比原来的意见深入多了。有时候,他听许多熟朋友评论他的演出。这中间有不同的看法,甚至还有完全对立的意见,他却"坐在旁边,一句话也不说地听着。回家再细细琢磨一番,往往触类旁通地对演技方面悟解出多种变化的方式"(《舞台生活四十年》第二集,第63页)。有时候,一个陌生观众一句简单的提议,他却能从中引出自己表演上重大的改进。一次有人提出《游园惊梦》中的梦神是否可以去掉,他就和俞振飞同志两人共同仔细琢磨,认为是可以去掉。结果不仅去掉了,而且把戏排得更自然、更合理。

梅先生虽然十分尊重观众的意见,却不主张毫无分辨地一概吸收。他曾说:

> 观众是一面镜子,照耀着我们前进。现在有一种好的现象,就是人人能够虚心倾听来自各方面的意见,及时改正缺点,这是大家经过学习了以后的成果。但更重要的是,我们必须对于各种意见能够分析批判地采用,不能像《珠帘寨》李克用的唱词中"一例全收往后抬",那样做就可能不辨精粗美恶,而变成盲从了。(《东游记》,第22页)

这尊重观众的意见一点,我以为是梅先生获得最广大的观众的重要原因之一,因为这不只是尊重了观众的意见,而是在他的创作中体现了广大观众的美学观点。

二是他广泛地继承了传统艺术的精华。这一点前面已经说过,不想多说了。只想补充一点,就是他对于戏曲传统广泛的继承,不光是接收了丰富的技术和技巧，必然地，他把传统的美学观点也继承过来了。这些美学观点乃是各时代许多演员在他们的舞台实践中慢慢积累下来的，也还有许多剧作家在他们的作品中所表露出来，而经过演员体现在舞台上的。这些东西反映了各时代各进步阶级和阶层的美学观点，它们积累起来经过历史的淘汰，去芜存菁，已经形成我国人民所共有的美学观点，后来的时代新的美学观点都是从这个基础上推陈出新所产生出来的。也可以说它就是我国民族美学观点的基础。总而言之，也还是经过各时代观众批准的东西。但决不可以把这种美学观点看成一种什么条文，它不是条文，也没有任何条文，只是一种自然形成的眼光、好恶、趣味而已。

但是这些东西对于继承者来说，也同样不是可以"一例全收往后抬"的，这一点，梅先生同样知道得很清楚。他对于所演的传统剧目经常作修改，这种修改总是在美学水平上超迈前人。比方他对于《宇宙锋》的修改就是一例。《宇宙锋》这戏过去本是属于"抱着肚子傻唱"一类的青衣唱工戏，"身段、表情都简单而呆板，没有什么变化，场子也相当冷静，所以观众对它并不十分重视"（《舞台生活四十年》第一集，第147页）。但是梅先生从内容着眼，认为这是一出好戏，所以去钻研、改进它。他突破了青衣只能抱着肚子唱的旧规矩，给赵艳容加上了许多动作与表情，甚至在装疯时运用了许多旧眼光认为青衣绝不宜运用的泼辣大胆的身段，到了晚年，这出戏的表演变得更泼辣，富于斗争气息。这些改变都是传统的旧美学观点所认为不美的，所不能允许的。然而，这样的观点已经过时了，陈旧了，新的观众要求着新的艺术，对于美有了新的看法，所以梅先生就绝不拘泥于传统，而大胆加以改革。再说，上面所说这种陈旧的美学观点本来就是封建性的糟粕，当时的人民群众也是不喜爱的，但他们那时只是无法有力地表示自己的意见罢了。辛亥革命以后，普通观众表示意见的机会逐渐多起来，京戏中间的美学观点也不能不起变化，梅先生本人就体现了这样的变化。

三是从传统的美学观点和从群众的美学观点中间，梅先生逐渐培养出自己辨别艺术上精、粗、美、恶的眼光来。他就是凭着这种多方锻炼出来的眼光去衡量分析一切的意见，去吸收观摩别人的演出。在观众热烈的掌声面前，他仍旧能够冷静地分辨出是非来，并不因此而迷失了自己的眼光。梅先生在谈到《春香闹学》中春香和陈最良的顶嘴逗趣是观众最喜欢看的地方之后，紧接着就说："可是不能净顾了迎合观众的心理，把它做过了头，那就容易走入油滑轻浮的路上去了。"（《舞台生活四十年》第二集，第145页）

从这里看出，把那些从广大观众中间集中起来的看法、爱好，和从传统中间批判地继承过来的对于美的看法凝练成自己的美学观点，对于一个演员、一个艺术家是多么的重要，有了它，演员在艺术上心中就有了底，不至走入邪门歪道，而会走上康庄大道。这样就能逐渐形成自己的艺术风格。这样形成的风格，既是演员自己独特的，也是从传统中间、当代广大的人民群众中间所产生出来的，所以它能够得到广大观众的欢迎爱好。

所谓艺术风格是比较不易捉摸的东西，它往往表现在一系列具体的剧目、具体的人物形象上面，这些我们在前面已经谈到过。但是从这些具体的形象中间，我们还是可以找出一些艺术上的共同点、特点，它只属于梅本人，而和其他的艺术家之间有着鲜明区别的东西来。

我觉得梅的艺术风格，初看似乎没有明显的特点，只觉得很完整、很美、很自然，一点做作扭捏的痕迹都没有，好像本来就应当是如此的，又好像这是最理想的范本似的。等我们渐渐熟悉了他的艺术之后，才知道这种广阔大方的风格乃是他下了许多苦功夫经营出来的。比方关于唱、做、念、打，他在每一方面都曾经苦练过，而且一直到他去世之前，仍是不间断地练习，他说："我对于舞台上的艺术，一向是采取平衡发展的方式，不主张强调出某一部分的特点来的。这是我几十年来一贯的作风。"（《舞台生活四十年》第一集，第159—160页）所谓平衡发展，所谓不强调出某一部分，并不是说每一出戏里都要安进去同量的唱、做、念、打，而是说，按剧情的需要、人物的需要来运用技巧，而不是为技巧而技巧。梅先生说："每一个戏剧工作者，对于他所演的人物，都应该深深地琢磨体验到这剧中人的性格与身份，加以细密的分析，从内心里表达出来。"（《舞台生活四十年》第一集，第37页）《醉酒》本来是一出唱做并重的戏，老派的演法，有许多身段并没有多少生活和内心的根据，只是为了好看。这样，杨贵妃这个人物就很难有鲜明一贯的情绪线索，人物的性格和形象也就有些模糊了。梅先生演这个戏，在多年来加以细细琢磨，作了许多细微但又很重要的改动。结果，杨贵妃的情绪变化鲜明了，人物的形象也突出了。他把《醉酒》中间三个"卧鱼"的身段合理化成为醉后闻花香，这是大家都知道的。对于这个身段的赋予具体内容，就是梅先生在念念不忘中，有一天偶然触机想出来的。从这事可以看出他对于表演必须有内心根据的重视。他这种具有高度技巧，但是不卖弄技巧，却又不忽视技巧运用的作风乃是他的艺术风格大方自然的根本原因。在运用技巧方面，他经常提醒后学，一定要不瘟不火。这也就是要适得其分，使形式和内容比较谐调。

他的舞台形象之所以令人感到美，还因为他并不只是简单地把生活的真实搬到舞台上去，而是处处经过艺术的琢磨，达到了高度的洗练，处处给人以美的感觉。他追述一位专家对于《醉酒》的看法："一个喝醉酒的人实际上是呕吐狼藉、东倒西歪、令人厌恶而不美观的；舞台上的醉人，就不能做得让人讨厌。应该着重姿态的曼妙，歌舞的合拍，使观众能够得到美感。"最后他对这段话加上按语说："这些话说得太对了。"（《舞台生活四十年》第一集，第37页）

梅先生在表演中所给予观众的美感享受，因为是与剧情、与人物密切结合的，所以他虽然运用了高度的技巧，却仍是平易近人。他所创造的人物是多种多样的，不仅有抒情的、柔媚的小姑娘，这一类的人物容易惹人爱，容易给人美感；他也创造了装疯的赵艳容和上面说过的醉酒的杨贵妃，其所以这些人物都能给人以美感，就是在于恰如其分地按人物的身份、年龄、性格而加以美化，一点不做作，一点不勉强，使存在在生活中的性格上、思想上、感情上、体态上那些零星没有系统的美经过了艺术的集中、突出而大大鲜明起来，成了一个统一的美的形象的缘故。因此，他所创造出来的人物所给人的美感既合于人物的身份，又有梅先生艺术所共有的自然大方的风格，而绝无奇特、舛戾的感觉。

到了晚年，梅先生的艺术臻于十分成熟的地步，由壮年的多彩而归于更加平易。虽然平易，却又更加深刻。关于这个，赵桐珊先生说得最好：

> 现在梅大爷在台上的玩意儿，是没法学的。他随便抖一抖袖，整一整髯，走几步，指一下，满都好看。很普通的一个老身段，使在他的身上，那就不一样了。让人瞧了，觉得舒泰。这没有说的，完全是功夫到了的关系。(《舞台生活四十年》第一集，第86页)

凡是真正代表了从一个民族人民中间成长起来的艺术的艺术家也必定会得到世界上广大人民群众的欢迎。梅兰芳的艺术在苏联、日本、美国得到热烈的欢迎绝不是偶然的。美国的人民，尽管他们的统治者对我们进行了许多恶意的宣传，但当我们的京剧团前年到加拿大去演出时，还是要想种种办法去看。从前美国人民对于梅的艺术有着很深的印象。他们曾经说过，过去以为中国的女子全是无能的，看了梅先生的戏之后，才觉得这看法是错了，她们是有道德、有本领又可爱的女子。美国的普通妇女说："连我们看戏的都爱极了她们，恨不得立刻和她们见一面才好。"人民是没有成见的，何况在代表一个民族深厚传统的艺术面前，在这真正的美面前呢！

在梅的晚年，我们还看见他的风格在发展，向着壮美的方面发展。很显然，这种发展还只是一个开头，因为梅生活在新社会中间，思想上、感情上的变化是很巨大的，带着飞跃趋势的。记得姜妙香同志回忆梅在最后一次去日本，当飞机经过台湾上空时，他对他的儿子葆玖说："这是到了台湾的上空，如果蒋匪帮飞机来迫胁我们时，咱们就殉啦！"这是多么明确的立场、多么坚定的意志，对于一个共产党员的称号是毫无愧色的。这种巨大的思想变化，不可能不表现到艺术创作中去。如果他的生命活得更长久些，他的这种新风格，必然将得到充分的展示。我们深深感到他的去世是一个很大的损失。但是个人肉体的死亡原是一种自然规律。梅兰芳同志的艺术，他所代表的这种中国人民美学观点在舞台上的体现，一定会由新的一代继承下来，加以发扬光大的。从这中间，在我们的舞台上将产生许多崭新的、属于最广大人民的、舞台上的最美的形象来，给世界的戏剧艺术增加很大的光彩。这是一个艰巨的任务。到底哪些青年演员能够担负起这个伟大的任务来呢？这就要看他们的努力程度了。

1962 年 8 月 12 日

驾驭传统，创造新的艺术境界——追忆梅兰芳在《穆桂英挂帅》中的艺术创造

◎ 郑亦秋

原载《戏剧报》1963 年 5 期

《穆桂英挂帅》是梅兰芳先生生前最后一个作品。它排演于1959年春天，是梅先生临终前经常演出的主要剧目。尽管这个戏是根据豫剧的再创造，锤炼的时间很短，但由于梅先生以饱满的政治热情和严肃的艺术态度从事创造，将自己几十年精湛的艺术经验熔铸其中，因而作品有着极高的成就，与他的其他得意之作并列毫不逊色，很有独到之处。

但是，梅先生排成此戏后，没有来得及做更广泛的演出，使更

多的人得以耳聆目睹观摩学习，也没有来得及很好地总结创造经验，或用电影等形式将其记录下来流传后世，这实在是一个巨大的损失。

我有幸参加了《穆桂英挂帅》的排演工作，前后工作将近半年，有较多的机会接触和观摩梅先生的表演，因而有可能也有责任将自己所见记述出来，供同志们研究、参考。

一

《穆桂英挂帅》共有七场戏，穆桂英出场的是第二场《乡居》、第五场《接印》和第七场《发兵》。

《乡居》写杨家听到西夏犯境，太君命金花、文广进京探听消息，穆桂英怕奸臣当道，儿女年幼不懂事而惹祸生非，但在太君、宗保的解说和儿女的恳求下，还是让他们去了。这场戏的场子很平常，穆桂英的事儿也不多，可是梅先生却在平淡之中，抓住了两三个细小的表情，把穆桂英退隐林下二十余年的苦闷心情和为儿女远出的忧虑不安，表露得恰到好处，戏淡而有味。

穆桂英出场时，动作、台步都很庄重，眼神凝练，人物的棱角不显著，俨然是一个主持家政的贤德主妇。拜见太君后落座，太君说："……西夏进窥中原来了！"穆桂英听到此话，神情上有个极快的反应：她本来斜向太君而坐，听到敌兵进犯之事，"啊"了一声，精神一振，腰一拧，同时长身，身躯微转向外场，双眼威光四射，脸上一团英气，动作脆得很，好像马上要振衣而起，但是旋一转念，轻轻摇头，"唉"地长叹一声，目光又低垂了下来。这一小小反应，寓有极丰富的内容：虽然穆桂英退隐林下多年，但她并不甘于此，对国家大事仍极为关切，敌兵的进犯触怒了她，不由得激动起来，在激动中显露出当年驰骋沙场的英武气概，这正是人物的本来面目。可是，朝廷不善用人，冷落杨家的事实，又使她愤懑、失意，有力无处可使，她将这种苦闷难言的感情投入一声长叹之中，又恢复了她抑郁不快的神色。梅先生这里的反应并不是很明显的做作，而是短暂的角色感情的自然流露，通过这个小小的反应，把人物在特定环境中的复杂心情点现出来，其意无穷。

穆桂英最后还是允诺了儿女进京，她唱道："太君、老爷主意定，儿女扯衣恳娘亲，低头无语暗思忖——探罢军情早回程。"允诺之后，她对儿女之行是更为关切，更不放心，要反复叮咛嘱托。梅先生将这种感情灌注在末一句腔、词都很平常的唱中，把"早回程"三字轻匀地拉长，神态郑重，是对儿女的嘱咐，又略带长辈的命令口吻，还回头多看了金花一眼，好似说："你是姐姐，我把文广交给你了！"

金花、文广下后，太君、桂英唱上下句后随之下场。作为主角，在没什么戏可做的这场戏中，个别贪求表面效果的演员，恐怕不会放过最后一句"飞尘起处母牵肠"，要好好使个腔，"咬"观众一下。梅先生则不然，他这句唱得仍很平稳，既不拖长，也没拔高，后三字唱成：$\underset{母}{5 \cdot 6 \quad 7 \quad 2} \quad \underset{牵}{6 \cdot 7^{\#} \quad 4 \quad 3} \quad \underset{肠}{3 \; \overset{5}{-} \; 3} \quad 5$。然后在［抽头］锣鼓中背手缓步而下，只是在脸上、腔中带有一层淡淡的愁思，再配上那凝目远眺、不胜依依的神情，轻轻一点，反而使关切儿女平安的感情更为真切动人。

从剧本上看，这三处都很平常，容易被忽略，而梅先生恰恰就在这些地方把"戏"挖了出来，抓住这三处稍加点染，使这场平淡无奇的戏意味很为醇厚、隽永，人物性格也就随之得到了初步的表现。

二

《接印》是戏的重点场子。梅先生在这场戏中的表演精彩绝伦，犹如一块晶莹宝石光华四射，把穆桂英的几个阶段的内心活动剖视给观众。

穆桂英出场时唱四句［西皮慢板］。剧本上原来是两句词儿，梅先生提出多加上几句，并不以自己年高不宜多唱为意。他认为前面比武、夺印的场子很热闹，这里唱几句［慢板］，可以使戏的气氛稍稍沉静一下，有助于突出后面的戏。否则，只有短短两句，文广就上，立即卷入了矛盾的旋涡，戏的节奏没有变化，后面要力气的戏就不好唱了，观众也会觉得单调、没意思。梅先生的四句［慢板］唱得很稳，一点不"咬"人（他认为这里不该"咬"人，虽然这是戏中唯一的一段［慢板］），但是穆桂英此时思子盼归的焦灼心情却在稳慢的唱腔衬托中透露出来，给人一种伫立堂前、焦灼不安的感受，再加上梅先生唱上的功力深厚，这段唱依然很抓人，同时，也给后面穆桂英感情的跌宕变化铺平垫稳，安下伏线。

金花、文广归来，兴冲冲地叙述在京拉弓、比武之事，穆桂英初则以喜，很为儿女少年英雄而欣然自慰，但听到"刀劈王伦"时，她顿然一惊：文广还是在外闯下大祸，有负自己的叮咛，惊怒得脸上颜色有些失常。刀劈王伦、夺取帅印，文广这一切不听教训惹下祸端的行动，深深地激怒了穆桂英，梅先生这时两眼直视着文广，

梅兰芳演出《穆桂英挂帅》

随手放过了文广塞来的帅印，慢慢站起来，强抑着满腔怒火，压低了声音说了声"好!"，向前一步，仍逼视着文广，又一句"你好!"，再一句"近前来!"，声音略略发颤，脸上变形变色，一腔怒火就要喷薄而出，同时用眼扫了一下金花，示意她甭管，俟文广走近，一个耳光打去，跟着四句快速的［摇板］，满腔激怒一泻无余。这里梅先生的表演细致而感情充沛。他紧紧掌握住穆桂英的母亲身份，思、喜、慰、怒，无一不具备关切儿女的母亲感情，而都是在聆听目睹金花、文广所言所行的神情反应中体现的。像对文广的几个"好"字，他那强抑盛怒、怒而失常的神态语气，层次变化非常清楚，生活气息极浓。同时，这压慢、压低了的几声"好"，也是运用反衬之法，用表面上的缓慢，衬托出内心的急遽，此时他越强抑着念，观众越能感受穆桂英内心的激越跳荡。

穆桂英要缚儿请罪送还帅印，佘太君却让她接印挂帅聚将发兵。穆桂英这里有一大段［二六］，向太君诉说苦衷。梅先生的这段唱感情很丰富，有对宋王薄待功臣的愤懑不平，有对杨家遭受冷遇的寒心失意，还有对太君要发兵的劝阻和恳求，但是唱中却没有凄凉哀怨的感情，虽然从唱词表面上很容易产生这样的理解。梅先生认为，穆桂英是有爱国的豪情壮志的，只不过是因遭受冷遇而有些不平，凄凉哀怨的感情不符合穆桂英的身份，而且会有损于人物。所以梅先生在唱中把这点"择"得很干净，强调了愤懑不平的痛心，力求得到太君对自己苦衷的理解。

太君见力劝不成，竟然要自己挂帅出征，这一招使穆桂英很惶恐，迫于情势，只好允诺挂帅领兵。印，她是伸手接了过来，可是心里根本没做好接印打仗的准备；怀中抱着帅印，内心却陷入极度的矛盾之中。她根本不愿再挂帅出征，如今千斤担子硬压在了肩上；她已经二十多年没打仗，这仗如何打法，她不能不有所思忖。所以从勉强接印到闻鼓振奋，中间需要一个思想转变的过程。这时穆桂英一人在场上，在这前后都有大段唱，此处若再用很多唱来表现，就显得重复、拖沓，因而梅先生决定采用强有力的舞蹈身段来表现。这里有四句［摇板］："二十年抛甲胄未临战阵，穆桂英为保国再度出征，一家人闻边报雄心振奋，难道我竟无有为国为民一片忠心。"梅先生把设计的动作安排在第三句后面，用第四句结束这段思想过程。但是"雄心振奋"的唱词与表现思想斗争的动作发生了矛盾，于是梅先生巧妙地把第一、三句位置对调过，这样就强调了穆桂英有爱国的责任感，一家人的雄心振奋更激起了她本能的冲动，而在"二十年……"句后留一段空隙，既是人物做应有的实际考虑，又符合戏曲特点，一下子感情、动作都顺畅了。

唱完第三句，起［九锤半］锣鼓。这种锣鼓多在武戏中配合各种身段时使用，青衣是很罕用的。梅先生考虑到穆桂英虽为青衣打扮实则武将的身份，创造性地采用了这种锣鼓，同时舞蹈身段也加以相适应的夸大、变化。随锣鼓，梅先生挥动水袖，迈开大步，从上场门台口直冲向下场门，做执戈杀敌式，继而双手左右抚眉做揽镜自照动作，表示年事已高，已非昔比，然后朝里转身，走至下场门，回身水袖一翻，冲向上场门台口，左右撩袖两望，再抛袖，暗示三关上将，俱已凋零，战事缺乏臂助，这两个问题她不能不沉思、考虑。节奏强烈、越打越紧的锣鼓，衬托出她在国家安危关头的激昂心情，她走至台中间，猛地一顿，着重地念了一个"唉"字，表示：我怎么竟然让这两件小事绕住了！她的自豪感、责任感赶走了犹疑和顾虑，她斜身一拧，在［凤点头］的锣鼓中，迈向台口甩袖长身亮了个威武挺拔的相，唱末一句"难道我竟无有为国为民一片忠心"，气昂神足，尤其是"忠心"二字，铆足了劲，很好地抒发了穆桂英保国卫民的忠诚豪迈的感情，更由于先用了许多动作做衬垫，把戏压住，一点一点往起提，绷足了劲，到这一亮一唱，好像一个突然的爆炸，使人为之一震，戏剧气氛立时起来了。

突然"咚咚咚"三声战鼓，场面起［急急风］，气氛比刚才更昂扬了。朝里站立的梅先生并不马上回身亮相，而是随锣鼓长身，继续往上场门走，到上场门处回身双抖袖亮住，眼睛略张开一点。

锣鼓在"长锤"（加强节奏），他在锣鼓的催动下，大步走向台口，眼睛逐渐张开；锣鼓越打越紧，他身躯离观众越来越近，眼睛越张越大，光芒从眼中放射出来，越来越明亮，满台都被他那充满兴奋、神采奕奕的眼睛照亮了！尽管人物的青衣扮相一点没变，但走过来的已不是侍母、教子的贤媳、良母，而是当年大破天门的女将军了！每次演到这里都赢得满堂彩，那无言的动作和眼神有着难以估量的艺术效果！

梅先生走半个圆场，至下场门朝里亮住，双唢呐吹起了战马嘶鸣的效果，气氛更增强了，穆桂英的心情也更为激越。在〔望家乡〕的锣鼓中，梅先生背身后退，至台中，转身一个大抖袖，往后一甩的力量之大竟使水袖儿乎飞过了肩膀。穆桂英的兴奋、决心、信念……都投放在这有力的甩袖中了，使我们从水袖中感受到穆桂英身上的一股勇往直前的力量。之后的一大段〔快板〕，是水到渠成，穆桂英此时难以克制的激动心情一冲而出，尤其是末一句"一剑能当百万兵"，好似从嘴中蹦出来的，右手直着用力地向外一指，真有无坚不摧的气概！

接着，紧张之势，稍有松缓，穆桂英回身抱起了帅印，唱"我不挂帅谁挂帅，我不领兵谁领兵"。这两句〔散板〕无甚奇特回旋，但是，腔中充满了乐观自信、豪情壮气，再配上略一晃肩的身段和得意扬扬的神色，此时神气、意味之好简直是难以形容。末二句"叫侍儿快与我把戎装端整，抱帅印到校场指挥三军"唱后，在下场门处梅先生有个非常漂亮的亮相：左手托印，右手甩袖，一个小反圆场归原位，起〔四击头〕，他向台口转身跨步，将帅印交右手，举印过眉，右手腕向外一拧，左手臂向左平伸一张，两手同时发动，脆得好像有"叭"的一声响，昂然亮住，脆、准、稳三者俱备，凝聚成一个美，真是从容镇定、气象万千，把穆桂英挂帅出征前的磅礴气概和必胜信念表现得恰到好处。他告诉观众，穆桂英退隐二十年后，英姿不减当年。之后，他抱着帅印威风凛凛地下场，下场时两眼凝视着帅印，目光中流露出一种对帅印的亲切爱惜的感情，与前面初见帅印时的吃惊缩手互相照应。从厌帅印始，到喜帅印终，针线缜密，层次分明，交代清楚。而在进入下场门前，突然又有一个小回旋，双手一顺，变了个架子，一冲而下，把振奋的心情一直带下去，给观众留下有味的回想。梅先生在几个表演段落的丰富体现，特别是最后那一段如火如荼、精神飞动的表演，有如登梯攀高，层层上升，由浅淡而光华耀眼夺目，无人不叹服其巨大的艺术力量。

三

《发兵》在豫剧中是重点场子，唱很多，也很有风趣。但京剧的风格不同，并且戏剧的高潮已然过去了，再添加较多的唱做，一来没有必要，二来梅先生当时的精力也难以达到。所以梅先生在这一场中，主要突出一下领兵挂帅后的穆桂英的英武气魄和军纪严明，对人物做最后的勾勒，使戏完满地结束。

穆桂英帘内［西皮倒板］后，兵士和靠将出场站斜一字，梅先生出场亮相。一般出场亮相多采用［四击头］，梅先生觉得这是穆桂英戎装后的第一个出场，［慢长锤］后［四击头］亮相显得一般化。他改用［丝边］［长锤］，在中间第二锣声中出场，随锣声昂然一亮，但锣鼓不断，因有行进锣鼓的衬托，人稳住不动，更显得气魄大、身份重。

穆桂英接唱［西皮原板］，叙述军容整齐，但从第三句"全不减少年时勇冠三军"起，突然改唱了三句［南梆子］，称赞宗保、金花和文广。［西皮原板］改［南梆子］本来常见，但此时用在戎装挂帅的穆桂英身上，起初我担心恐怕会损伤人物的身份（［南梆子］比较纤巧华丽），但听了梅先生唱后，却完全出乎我的意料，他以悠扬婉转的［南梆子］，抒发了穆桂英见到丈夫、儿女戎装待命的满腔兴奋，和她脸上的喜悦神情结合得那样好，反而产生了一种豪迈、亲切及老骥伏枥、不把敌人放在眼中的效果。梅先生这里没有被传统程式束缚住，他从人物出发，活用了唱腔。

穆桂英发现文广有轻敌骄傲之意，要借机惩戒，传令问斩。众将求情，起［乱锤］，梅先生掏双翎，但不像传统演法那样抖动双翎左右两望，而是向外亮住后，先用眼偷看一下旁坐的寇準，看寇天官是否了解自己的苦心；见寇準端坐不动，知道他已然懂得此意，再放开手做去，左右两抖，坚拒求情，以让文广受更大的教训。梅先生添加的这个小动作，使戏更为合理、细致。

四

初看之下，梅先生在《穆桂英挂帅》中的唱、做、念等表演，与京剧传统老戏很合槽，没什么区别，但是细细品味一下，就会发现没有一个地方是按着传统生搬硬套下来的，处处在传统的形式中蕴含着一种新意。像剧中穆桂英的六十几句唱腔，好像与老腔无异，规规矩矩，无甚新奇，但是味道与老腔截然不同，体现的感情也迥然有异，听来仍有新鲜之感。同样，各种身段也是如此，并不出奇翻新，但这样的表演又是哪一个老戏中也没有的。这是一方面。另一方面，他的创造力极强，创造意境很高，但是并没有离开戏和人物最初的基本设计，只在一些地方加以适当变动和发挥。凡是经他变动和发挥的地方，无不是画龙点睛的节骨眼所在，无不发出耀眼的光芒。《乡居》一场的闻边报时的反应，《接印》中的［九锤半］锣鼓身段前的改词皆是。此外像《接印》最后的［四击头］亮相，最初我曾为梅先生做了一个设计：穆桂英斜向上场门台口，双手托印向右平伸亮住，目的是突出帅印。梅先生略作修改，地位、角度、含意均不变，只是改斜身为正身，改双手齐伸右方为右手翻腕托印左袖横举，这样亮，劲头脆、形象美、意境高，非我当初设计所能比。这正是由于梅先生真正掌握了传统、驾驭了传统，深知传统的特性和用法，才能使传统发挥最大的威力。他又紧紧掌握住人物在特定环境下的心情特征，清楚哪些地方该做，哪些地方该放，信手拈来，皆达妙处，真正达到了随心所欲不逾矩的净化境地。既有传统形式的制约，又有驰骋自由的无限天地，使传统全部为他所用。

梅先生的艺术渊博，会得多，见得广，更善于吸收融化，丰富自己的创造。梅先生的表演中有豫剧的东西，有河北梆子的东西，还有京剧武生、武净的东西，此外还有他自己多年研究欣赏其他前辈的艺术以及绘画、雕刻、书法的所得，成为他的营养，这些东西都化成梅先生的表演血肉，丝毫不露痕迹。像［九锤半］那些身段，梅先生最先看河北梆子的一次演出时，发现有这么一冲两冲的身段，受到了启发，进而使他想到了京剧中《铁笼山》的观星、《英雄义》的望庄都有这样表现思索的身段，又想到他自己常演的《宇宙锋》的装疯也有两冲，再联系到穆桂英是员武将，用这么两冲很能表现她的勇武精神，于是吸收、借鉴了这些传统表演，加以变化运用。

一般移植兄弟剧种的成功剧目时，在表演上往往也很受影响，像豫剧此戏在《接印》一场的表演成就也很高，尤其是它也有两望门的身段，改变起来很难。可是梅先生采取的方法是：加强两望门的动作，从眼睛、亮相上寻找新意，而到［望家乡］［快板］，路子顿时一变，节奏气氛比豫剧更来得紧，便另有一种意境。梅先生的这些地方，不是简单的形式上的借鉴、套用，而是化旧为新的再创造。因为他掌握的东西多，可以广泛吸收、仔细精选，被使用上的东西大都是经过他精心处理过的典型动作，所以效果就不同了。

　　梅先生在表演上善于合理地使用力量，不该使劲的地方，他绝不滥用力气，很为收敛，但不马虎，人物的行动线不断；他使劲的地方，恰恰是该使劲的关键所在。劲使的是地方，戏也就恰在那个地方出来了。如《接印》中的［望家乡］［快板］，锣鼓把气氛催得很足，梅先生却压住步子慢而稳地向后退着，他这是把劲含着，借快速的锣鼓反衬他的稳慢，动作越慢越显突出，以进一步领着观众的神，注意他下面的表演。到转身亮相时，他的劲放了出来，而且把劲主要用在大抖袖过肩的动作上，因为他要通过这个动作来表现穆桂英的信念、决心和力量。如果这个抖袖没有劲，上述的内容观众就不能领会。又如"叫侍儿快与我把戎装端整，抱帅印到校场指挥三军"二句唱的"戎装端整"和"抱帅印"都是用力的高腔，连着唱很费劲，又容易混同。因此，梅先生在使劲唱出第一个高腔后，并不把劲放尽了，而是稍留下一点，准备下一个，到第二个高腔则全力以赴，唱得足足的。这样，给人的印象就是第一个好，第二个更好，一层高过一层。

梅兰芳是京剧艺术的革新家[*]

◎ 刘厚生

原载《戏剧报》1984 年 10 期

梅兰芳大师如果活着,今年就要为他做九旬大寿的庆祝了,这无疑将是戏剧界的十分热烈的喜庆。可惜他过早地离开了我们,迄今已经二十多年了。现在,我们以无限景仰的心情纪念他的九十岁诞辰,真是令人无限怀念,无限感慨。

一个伟大的历史人物,时间隔得愈久,人们对他的形象看得就愈清楚。他的专业成就,他对祖国和人民的贡献,他的道德文章对后世的影响,也就更能使人得到准确的认识。作为京剧表演艺术的一座高峰的梅兰芳，正是这样一位经得起历史考验的伟人。我们今天纪念他，回顾他的极为丰富多彩的一生，对他在艺术、生活、政治各个方面的活动进行探讨，我们会真诚地感到，我们民族戏曲艺术能够出现这样一位光辉的代表人物，实在是中国文艺界的光荣。当我们有了这样一个梅兰芳之后，简直无法想象如果没有他，中国戏曲会成为什么样子。

梅兰芳大师之所以成为我们民族艺术的骄傲，最重要的一点是，他把中国京剧表演艺术提到前所未有的高度。戏剧是集体艺术，他的个人提高必然带动其他演员的提高，也必然影响综合艺术各方面以至各兄弟剧种的提高。而他在艺术上的提高，又是同艺术上的革新紧密联系在一起的。他永远在继承传统，又永远在革新；他不停地把戏曲向群众普及，又不停地在普及的基础上提高。而这一切，又都是随着时代的前进而前进的。

在表演艺术的实践上是如此，在一般的艺术生活、工作中他也是如此。

他学习并反复演出了数以百计的传统剧目，这是他艺术工作的最主要的内容。他接受前辈的教导，一招一式、一腔一调不离规矩。传统的精华在他身上得到最完美的体现。但是他几乎在每一出戏上都对传统有所修正，有所删增，有所提高。看他的《舞台生活四十年》，谈他自己和别人对传统剧目的整理加工，可以说是举不胜举。他最常演的《玉堂春》《断桥》《奇双会》《宇宙锋》《贵妃醉酒》《霸王别姬》等都改了几十年而不止。有的是一句词一句唱的改进，

＊本文所有引文均见《舞台生活四十年》。

有的是重要情节的变动,有的是同台演出艺术合作的重新处理。但凡有可改之处,无不努力去改。经过无数次的琢磨、改动、试验,他和他的合作者们终于把京剧表演艺术提高到一个新的水平,提高到更加成熟完整的境界,这是他对京剧最伟大的贡献。

在梅兰芳以前,京剧已经演过时装戏,并没有创造出成功的经验。但他在二十岁的青年时期,第一次去上海演出之后,就自觉地接受上海的新的风气,大胆编演了《孽海波澜》《宦海潮》《邓霞姑》《一缕麻》等时装新戏,因为他"深切地了解了戏剧前途的趋势是跟着观众的需要和时代而变化的"。他认为应该"直接采取现代的时事,编成新剧,看的人岂不更亲切有味?收效或许比老戏更大"。从今天对现代戏的要求看,时装戏或许还带着朴素的草创气味,不能算是成熟,但从京剧史的角度看,这些时装新戏的编演是有一定的历史意义的。作为初初成名的青年演员,梅兰芳具有如此勇敢的对传统冲击的创造精神,是十分可贵的。

梅兰芳演出《邓霞姑》

在创演时装戏之后,梅兰芳又编演了《嫦娥奔月》《黛玉葬花》《千金一笑》等古装新戏。这样的戏,在我们今天通称为新编历史剧,不足为奇。但在半个多世纪以前,这些戏以其题材、形式、服饰的新颖和文学语言的优雅，无疑也是对传统老戏老演法的一次革新。

梅兰芳的古装新戏同时装新戏一样，留传至今的不多，主要原因一方面是客观条件不够成熟，另一方面恐怕还是由于缺少高超的剧本，使演员难以发挥，吸引不住观众。正如梅兰芳自己所说的"场子太瘟""冷的可以"。这种情况是许多改革先行者常常遇到的。但是探索新路的胆识，创造新鲜样式的朝气，无论如何也是值得后人尊敬和学习的。

根据自己的艺术见解，运用自己的艺术特长，对于传统剧目在文学上和表演艺术上不断加工、整理、提高，对于时装戏、古装戏积极努力实验，充分证明了梅兰芳所说的："四十年来，哪一天不是想在艺术上有所改进呢？"这种锲而不舍地改进的结果，就是梅派的形成。梅派从来就是革新派，不是保守派。今天学习梅派的后学青年，如果仅仅以模仿梅兰芳的一招一式为满足，死学其表象而忽略根本的革新精神，那实际上是对前辈大师缺乏真正的了解。

为了艺术创造上力求"改得尽善尽美"，当然就会从生活中各方面去追求艺术营养，用以加深自己的艺术理解能力和提高艺术表现水平。梅兰芳养鸽子以锻炼眼神的故事在《舞台生活四十年》中写得非常动人。更重要的是他关于学习绘画的回忆。在梅兰芳之前，戏曲演员能书会画的人恐怕不多，能够理解书画同表演艺术关系的更如凤毛麟角。而梅兰芳则是明确认识到"绘画艺术同戏曲艺术一样，都共同有一个继承传统、发展创造的问题，既要认真向前人学习，又要大胆进行创造革新"。他深切理解绘画同表演在艺术精神上的相通。他说："艺术形式虽不同，但都有一个布局、构图的问题。

中国画里那种虚与实、简与繁、疏与密的关系，和戏曲舞台的构图是有密切联系的。这是我们民族对美的一种艺术趣味和欣赏习惯。正因为这样，我们从事戏曲工作的人，钻研绘画，可以提高自己的艺术修养，变换气质，从画中去吸取养料，运用到戏曲舞台艺术中去。"这是很深刻的见解，尤其是说到"提高自己的艺术修养，变换气质"，不是身历其境有切身体会的人是悟不出来的。从来的学戏都是老师怎么教学生怎么学，梅兰芳不仅对学来的戏直接进行细节的修改，而且从生活各方面来充实、提高自己的艺术素养，以求把戏演得更深更美。这是在艺术方法、艺术学习上的一种新的创造。

解放以前，他于一九一九年、一九二四年两次访问日本演出，一九三〇年访美演出，一九三五年访苏演出，这是他的艺术活动中的一项伟大的新的创举。对于他的出国访问，绝不能认为他不过是演演戏罢了。要看到二十世纪二三十年代那个时代，仅仅凭借私人力量，把完整的、高级的中国民族戏曲远涉重洋，送到日、美，特别是社会主义的苏联等戏剧先进国家去，这是极不容易的开创性的事业。是梅兰芳，首先把这种东方形态的戏剧艺术历史地第一次展现在诸如中村雀右卫门、尾上梅幸、卓别林、范朋克，特别是斯坦尼斯拉夫斯基、梅耶荷德、布莱希特这些戏剧大师面前，不仅使得他们面对这种见所未见的舞台戏剧艺术万分欣喜，而且对他们的戏剧思想、戏剧创造产生了深刻的启示，这也就对世界戏剧的进程发挥了巨大的影响。中国老戏有《双龙会》《七雄聚义》等等。缅想当年斯氏体系的创始人斯坦尼斯拉夫斯基、"史诗戏剧""间离效果"的理想家布莱希特和中国民族戏曲体系的杰出代表梅兰芳在莫斯科的历史性聚会，真可以称为"三星会聚"，实在是现代戏剧史上令人难忘的盛事。

所有这些,都让我们认识到,梅派艺术之所以是革新派艺术,根本原因乃在于梅兰芳本人就是热爱新鲜事物、不断推陈出新的艺术家、革新家。

然而,历史上任何成功的革新家都不可能是孤军奋战、千里独行的。他要有引导者,要有参谋,要有支持和追随之人。在梅兰芳的周围,恰恰是有这样的一群人物。读《舞台生活四十年》,其中提到大量的前辈先生,同辈伙伴,一直到管事、跟包,梅兰芳对他们充满尊敬之情,虚心向他们学习。同时,我们也经常可以看到许多当时的"外行人"的名字,如冯幼伟、吴震修、李释戡、齐如山、许伯明、罗瘿公、王梦白、齐白石、许姬传、许源来等等。或师或友,或兄或弟,或十分密切,或只在一个方面接触。他们为梅兰芳出革新主意,编写新剧本,指导学绘画,整理文章,奔走事务,等等。用今天的话来说,这是他身边的"智囊团""参谋部""艺术委员会"。这些人未必都具有先进思想,他们的意见也未必都是完全正确、十分成功的,但是对青年梅兰芳来说,他们的文化素养和艺术鉴赏能力,显然大有裨益于梅兰芳在艺术上的革新与提高,这是一个当时的高级知识分子集团。一个年纪轻轻就已成大名的演员,能够吸引并团结这么多外行的知识分子,固然有当时的社会原因、客观条件,但在梅兰芳自己,在知识上的虚怀若谷,对革新的刻意追求,无疑是起决定性作用的内因。我们还可以看到,一直到解放之后,在他自己各方面都早已成熟之后,在他与齐燕铭、阿英等同志的接触中,仍然保持了谦虚谨慎、令人可敬的态度。我史料不多,印象中似乎在梅兰芳之前,虽然也有著名艺人同知识分子的交往,但像他这样广泛、深入而且几十年如一日地密切联系这么多的知识分子，恐怕还极少见。我以为，尊重知识、尊重知识分子在当时的梨园界，本身就是极为重要的新鲜事物。是一个戏曲表演艺术家在社会生活、文化生活中革新精神的体现，也是一个艺术学徒终于成为表演艺术大师的重要原因。

梅兰芳大师从来没有以革新家标榜自己，但是他的艺术思想在根本上显然符合辩证法的规律。他从不把京剧表演艺术看成凝固的、不可更改的，而是真正继承并发扬京剧不断革新提高的传统，永远以一分为二的观点、发展的观点、随时代前进和对群众负责的观点来对待京剧艺术和他自己的艺术。我们今天如果说要对梅派艺术树立一分为二的观点，很可能会引起许多人的不满，似乎亵渎了我们尊敬的大师。岂不知正是梅兰芳这位一代宗师一直对自己持有严肃认真的自我批评的态度，而且早就大声宣布："艺术的本身，不会永远站着不动，总是像后浪推前浪似的一个劲儿往前赶的。不过后人的改革和创作，都应该先吸取前辈留给我们的艺术精粹，再配合了自己的功夫和经验，循序进展，这才是改革艺术的一条康庄大道。"

希望所有愿意向梅兰芳大师和梅派艺术学习的青年三复斯言。

1984 年 9 月 16 日于北京

梅兰芳性格——在纪念梅兰芳九十诞辰艺术研究讨论会上的开场白

◎ 赵寻*

原载《戏剧报》1984年12期

今天，我们在这里举行纪念梅兰芳九十诞辰的艺术研究讨论会，许多对梅兰芳艺术有深刻研究、有学术价值的发言，将在会上发表，我先垫个"帽儿戏"，抛砖引玉。

我们现在来纪念梅兰芳同志，不仅是对他的怀念，甚至不仅是为了继承与发展他的艺术成就，我觉得，他走过的这六十多年的人生道路，除了为中国戏曲艺术立下了不朽的功绩，形成了具有自己独特风格的艺术流派之外，我们还可以从他对艺术、对群众、对国家、对党的态度中,看出他作为一个伟大艺术家所表现出来的光辉的思想性格,可以称它为"梅兰芳性格"。这是他留下的可贵的精神财富,值得我们大加发扬。因而,我们的纪念更具有现实意义。

提起梅兰芳的性格,人们自然会想到他的谦虚谨慎,平易近人,严于律己,宽于待人等美德。然而,这仅仅是梅兰芳个性的一个侧面。纵观梅兰芳一生所走的道路,他在艺术创造上的不断追求,他的艺术同人民的利益、祖国的命运、时代的脉搏的息息相关,不难发现,梅兰芳性格有着广博、深邃的内涵。探寻一个伟大艺术家思想发展、性格形成的轨迹,需要掌握系统的材料,作深入的研究,我提出这个课题,是希望"梅学"研究家们,不要忘了把它列入计划。这里,我只能提供点零星的、并不新鲜的看法。

在戏曲演员中,甚至在历代众多流派群星之中,像梅兰芳那样在扮相、表演、唱腔等艺术各个方面都有这样高的成就,达到了这样完美结合的程度,实在是不可多得的。更难得的是,像他这样的全才,在艺术上却始终没有停止过学习与探求,勤学苦练,精益求精,是梅兰芳性格的特征之一。梅兰芳在艺术学习上并不是超人,他八岁学戏,一位老师教他几句很容易学的唱腔,教了多时,他就是唱不会。开始演戏时,他眼睑下垂,目光无神,表演比较呆板。但他并不灰心,坚持不懈地下苦功锻炼。这些缺陷,通过他的刻苦努力,竟朝着相反的方向转化。恰恰是这位小时候连几句容易学的唱腔也唱不好的梅兰芳,创造、演唱了大量流传久远、影响广泛的梅派唱腔,也恰恰是这位小时候表演并不灵活的梅兰芳,把京剧青

---

*赵寻,时任中国戏剧家协会常务副主席,书记处书记。

衣的表演由只重唱功，发展成既重唱功，又重表演、身段、武功的全面、丰富的青衣表演艺术。这种转化，需要多么坚强的毅力，需要付出多么艰巨的劳动呀！他不是超人，但应该说，他做出了超人的努力。其实，这种超人的努力并没有什么奥秘，正如梅兰芳自己所说的："我在舞台生活上的这样一些微小的成就，并不是依靠什么特别的窍门得来的，而只是'劳动的积累'。"不断地劳动，不断地积累，这道理并不难懂，但要做起来，一辈子坚持不懈地做下去，却并不容易。特别是一些有着较好的演剧天赋条件的，或是那些领会较快、学习较有收获的青年演员，往往容易满足于已取得的有限成绩而中途止步不前。我们的时代需要有新时代的梅兰芳，而凡有这种远大志向的青年，想要达到这个目的，一不能靠天赋，二不能靠一时的聪明，要紧的是首先要学习梅兰芳这种刻苦劳动的精神，这种"劳动的积累"。任何一个伟大的艺术家，必然是忠实于自己的艺术事业，把自己毕生的心血献给自己从事的艺术的。

一个忠诚的艺术家要忠实于自己的艺术，必然忠实于自己艺术服务的对象——观众、群众，和自己艺术产生的土壤——时代、社会。梅兰芳在他艺术发展的道路上，愈趋向成熟，愈明确树立了自己的世界观。一九一四年，他第二次去上海演出后，就开始了向既定目标执着地努力。他说：我"上次打上海回去，就更深切了解了戏剧前途的趋势是跟着观众的需要和时代而变化的。我不愿意还是站在这个旧的圈子里不动，再受它的拘束，我要走向新的道路上去寻求发展。我也知道这是一个大胆的尝试，可是我已经下决心放手去做，它的成功与失败，就都不成为那时脑子里所要考虑的问题了"。用今天的话来说，梅兰芳下定决心，不计成败地去追求的目标，一是艺术的群众性，一是艺术的时代感。这就是他的艺术观，这就是梅兰芳性格的又一个特征。

梅兰芳艺术的群众性突出地表现在他时刻把艺术创作同观众的需要联系在一起，用他的话说，就是"借用观众鉴别精、粗、美、恶的言论，来增强自己的鉴别力"。由此出发，梅兰芳在艺术创作上所持的态度是大胆而慎重，从移步到换形。他改一句台词，总要注意新词与老词的统一性，以免新词与老词不协调；他改一段唱腔，总要考虑观众的欣赏习惯，以免把观众向来熟悉的好腔轻易改掉。他认为："积累了许多次的修改，实际上已跟当年的老样子不大相同了。可是观众呢？在我逐步修改的过程中，无形地也就看习惯了。"他就是这样尊重观众的欣赏习惯，尊重前人的艺术积累。我们把梅兰芳的艺术创造放在京剧的历史长河中去考察，就可以发现，他的剧目不断在丰富，他的演唱与老式的演唱风格已有很大的差别，他的化妆、服装、头饰不断在翻新，他的身段、动作、表演在不断地加工，同他的前辈相比，他在不断进取和改革的艺术实践中，对京剧艺术的表演、唱腔、化妆、服装、舞美等各个方面都大大地丰富和发展了，把京剧艺术的美学水平提到了一个新的高度。改革的精神是梅兰芳性格特征的又一个方面。梅兰芳可以当之无愧地被称为艺术革新家。然而，他又是那样严格掌握了京剧艺术规律，在不断总结经验中踏踏实实前进的革新家。

梅兰芳艺术创造中的时代感也是鲜明、突出的。我们可从他一生中不断更新的演出剧目中，感受到跳动着的时代脉搏：《孽海波澜》中解放妓女的呼声，《宦海潮》对清末官场黑暗的无情揭露，掀动着辛亥革命的民主波涛；《生死恨》中韩玉娘的悠悠思怨，《抗金兵》中梁红玉的擂鼓奋进，卷动着国难当头、御侮杀敌的滚滚风云。直到新中国成立以后，梅兰芳以六十五岁的高龄，还演出了新剧目《穆桂英挂帅》，"我不挂帅谁挂帅，我不领兵谁领兵"正是梅兰芳爱国主义炽热心声的倾吐。从这里，我们不是可以清楚地看出，在梅兰芳性格中，有着多么鲜明的是非爱憎观，多么高涨的爱国热忱，这也是梅兰芳得以敏锐地感受到时代脉搏的重要内因。当前，我们的国家正处在历史性的重要变革时期，时代的变化也同样要求我们的戏曲演员拿出同这个时代相适应的新剧目。梅兰芳随着时代的需要，不断更新自己的上演剧目，这种与时代一同前进的精神，不是对我们也很有启发与教育吗？

从这里，我们看到一个忠诚的艺术家，一个不脱离群众、不脱离时代的艺术家，必然走上民主主义、爱国主义的道路。我不想重复大家都提到的在抗日战争时期梅兰芳蓄须明志的故事，那种大义凛然、高风亮节的精神永远是我国艺术工作者学习的榜样。最近，我读到梅绍武写的《梅兰芳在香港》一文中描述的这样一段经历，读来也是颇令人感动的。在日军占领香港时期，梅兰芳深居简出，避免侵略军的纠缠，但终究被日军发现。一天，一个叫黑木的日本便衣突然闯进了梅家，说日军司令要见梅兰芳，问何时有空，他要陪梅兰芳一同去见。在那个年月里，被日军司令召见大多凶多吉少，何况梅兰芳已经决计不为日本侵略者演出，抱定这样的决心去见日军自然要冒很大的风险。但此时梅兰芳毫无惧色，镇定自若，当即去卧室取衣帽，回答："我现在就可以去。"当时，一位住在他家的客人追上去悄悄问他："你怎么能就这样轻率地跟他去，难道一点也不害怕吗？"梅兰芳回答："事到如今，生死早已置之度外了，还怕什么？"这种不惧生死安危的坚定气概，可能是我们这些对梅兰芳平日待人谦恭和蔼的风度有深刻印象的人所想象不到的，然而，这并不矛盾，这两种不同的气质、风度统一在梅兰芳爱祖国爱人民的性格之中。爱国主义不是没有具体内容的，梅兰芳的爱国主义除了同别人有相同的内容而外，更重要地，他心目中的祖国同他的艺术分不开，祖国的生活与艺术培养了他，他由衷地热爱自己的国家和人民，把自己的生命熔铸在艺术之中，奉献给了祖国和人民。因而，在国家遭受危难的时候，他面对侵略者的威胁利诱，表现出了这种毫无惧色、凛然正气是必然的。

一个热爱祖国的传统艺术，同祖国、人民共命运的艺术家，也必然会接受、向往，以至追求能够挽救、掌握这个国家命运的、真正为人民群众幸福而奋斗的先进人物的先进思想。上海解放前夕，梅兰芳听从了地下党组织的劝告，毅然选择了跟随共产党的道路。建国以来，在党的文艺方针、政策的指引下，戏曲事业得到了空前的繁荣、发展。正如梅兰芳自己说的，他感到自己的艺术生命，"找到了真正的归宿"。他说："在党的培养教育下，从我的切身体验中，体会到党的光荣、正确和伟大，体会到没有共产党就没有新中国，没有共产党就不会有中国人民真正的翻身，更不会有共产主义、社会主义的伟大前途。"梅兰芳正是在这种朴质、真诚、坚定的信念鼓舞下，到工厂，到农村，到边疆，到前线去演出，全心全意地把他的艺术为人民服务。热情百倍地努力为人民的戏剧事业做出了自己的贡献，终于成为一名光荣的共产党员。

我们简略地回顾了梅兰芳走过的道路，可以得出这样的认识：梅兰芳是一位有着鲜明性格的艺术家，梅兰芳性格，就是勤奋，执着地学习，锲而不舍地进取，虚怀若谷，爱憎分明，以改革的精神为民族艺术的发展倾注了全部的心血，为祖国、为群众服务的思想，使他的艺术与时代和人民一同前进。因此，我们可以说，梅兰芳性格是在祖国与人民培育下形成的我们民族性格的具体体现。梅兰芳不仅是属于他个人，他个人的成就与他的时代、社会、国家分不开，梅兰芳是属于人民的、属于祖国的。梅兰芳性格是我们今天有志于振兴中国戏剧的戏剧工作者应该努力学习与发扬的性格，我想，这也正是我们今天隆重纪念梅兰芳九十诞辰所具有的现实意义。

梅兰芳同知识分子的结合

◎ 刘厚生

原载《中国戏剧》1989 年 10 期

今年（1989 年）是伟大的京剧演员梅兰芳大师诞辰 95 周年。距他 1961 年逝世，也接近 30 年了。今天的中年演员，看过他的戏的人已经不多，20 来岁的青年，恐怕距离他越来越远了。我们有责任把他的高尚品德、艺术思想、光辉成就和深远影响对今天的戏剧工作者和观众做更深入广泛的介绍。他留给后人的丰富遗产，应该被一代又一代的青年，首先是青年戏剧工作者吸收、消化，成为自己的财富，从而发扬光大之。

梅兰芳大师是京剧演员，但他的成就决不止于表演艺术。在京剧文学、京剧音乐、京剧导演、京剧舞台美术等方面，也就是说，京剧艺术的整体，他都做出了卓越的贡献。而他之所以能够如此继往开来，开一代新风，震响世界，使整个京剧艺术更上了一层楼，其根源所在，当然也是多方面的。我这里不可能做出全面论述，仅就最直接的原因而言，我以为应该看到这样几点：第一，是他几十年如一日的勤修苦练、精益求精的精神和实践。这方面的资料和论述很多，但我仍然希望有人能够集中地写出专著来。特别是，梅兰芳自己在回忆他的学艺历程时说："我是个笨拙的学艺者，没有充分的天才，全凭苦学。"他是以何等巨大的决心和毅力甚至苦行突破自己木拙的外壳，探骊得珠，挖掘出深藏的精蕴内秀。这应是当代青年演员极好的教材。第二，是他几十年如一日地锻炼和保护他的躯体与健康——他艺术创造的工具。对于演员来说，这决不是小事情或技术问题。鲁迅曾说过强盗是如何珍爱枪械的话。现在不少青年演员很不懂得爱护自己唯一的本钱或工具，很应该向前辈学习。第三，梅兰芳的成就还由于他又是几十年如一日地提高自己的文化教养，从一个自幼失学的少年一步一步地成长，不但学中文，中年后还学英文，不但学国画，必要时还学交际舞，不但学京剧，还学各剧种的历史。好学而多思，他之成为博大精深的大艺术家决非幸致。这对于当代青年，是提高艺术极为重要的基础。第四，我想着重指出的是，贯串在以上几个方面之中，还有异常重要的一点：梅兰芳从一个丑小鸭成长为飞翔世界的美天鹅，"几十年来，一贯地倚靠着我那许多师友们，很不客气地提出我的缺点，使我能够及时纠正与改善"(《舞台生活四十年》)。梅诚挚尊重内外行前辈,虚心求教于同辈,不耻下问于后辈:他的朋友曹聚仁先生说他"学无常师,谦谦有容",另一位朋友吴性栽说他"虚怀若谷,谦谦君子",他的学生李玉茹、王熙春都说过他"江海不择细流"。他的广阔胸怀使他成为在艺术上包容最丰富的演员。总结和学习梅兰芳,如果不充分学习这一点,其他方面再好,也不能赶上他的十之一二。

梅兰芳在这方面有无数令人感动的事迹。但参照当前现实情况,我愿在这里更集中地谈谈这样一位大艺术家同知识分子的结合的问题。梅兰芳在他自己的专业中当然是一位处于峰巅的专家、学者,我这里主要是指那些外行的,即非京剧界的受过现代教育的知识分子以及其他文艺专业的尖端人物。他们同京剧艺人,基本上是两个圈子。

梅兰芳从年轻成名时候起,他的生活就没有封闭在古老的京剧同行的圈子之内。青年时期开始,就有一批成为他终身师友的"梅迷"进入他的生活,如冯幼伟、吴震修、李释戡、许伯明、张謇子、许姬传、许源来等等。他们有的是金融界人士,虽不合今天所解释的知识分子,但不能否认他们具有较高的文化修养。也有的如许氏兄弟,后来长期同梅合作,成为他的传记记录者。齐如山同梅的关系更是内外皆知。这一时期,梅兰芳开始师从王梦白学画,陆续认识了吴昌硕、陈师曾、金拱北、姚茫父、江藿士、陈半丁、齐白石等一大批著名画家。他们之间有着许多动人的故事。像在一次宴会上,齐白石被人冷落,只有梅兰芳热情招呼,"而今沦落长安市,幸有梅郎识姓名",白石老人感慨中透露出他们何等深厚的忘年友谊。

梅兰芳在上海与"梅迷"诸君合影

（前排坐左起：梅兰芳、姚玉芙、李释戡；

后排站左起：舒石父、许伯明、吴震修、齐如山、胡伯平）

不止是画家，梅兰芳还诚挚尊重曲艺界的名家。鼓王刘宝全是梅的前辈，在梅刚刚诞生满月时就到过梅家祝贺，从此又是几十年的友谊。（顺带说一句，《梅兰芳文集》中一篇《鼓王刘宝全的艺术创造》我认为是十分精彩的文章，伶王与鼓王"双峰聚会"深谈艺术，实在动人，应该在中国表演艺术史上，特别是曲艺史上占有重要地位。）早在五四运动那一年（1919年），梅兰芳同欧阳予倩就在南通"梅欧阁"见面订交。之后约从20世纪20年代末30年代初起，梅兰芳的友好中又增添了更多话剧、电影界的人物，开拓了一个新的方面。例如1930年参加梅在美演出活动、1935年又一次担任梅的顾问参加访苏的张彭春，1935年陪他访苏的余上沅，为他拍摄电影的费穆、文艺评论家曹聚仁等等。田汉、洪深、熊佛西等也是这一时期建立了友谊的。[1] 解放后,在新的天地中同更多方面的知识界人物相会,切磋机会更多,这是大家所熟知的,不用多费篇幅了。

但是还有一个很重要的方面必须提到,就是梅兰芳同外国文艺界友人的交往。在这方面,他接触之广、影响之大,这些友人艺术地位之高,思想之深,在中国戏剧界甚至整个文艺界,都可以说是光彩辉煌灿烂,史无前例的。不仅空前,到他逝世后近30年的今天,也无人超过。仅在20世纪二三十年代,我们就可以列举出这样一系列响亮的名字:美国的电影大师卓别林,著名演员范朋克、玛丽·璧克馥,大歌唱家保

梅兰芳与卓别林

---

[1] 最近读夏衍同志《懒寻旧梦录》,里面写了一段很有意思的故事,照录如下:(1935年2月19日上午)"我到山海关路去找田汉。谈完了公事之后,他问我晚上有没有事,我说没有,他说那么在这儿吃了饭,一起去看一个朋友。原来梅兰芳不久要到苏联去演出,这个剧团的顾问张彭春是田汉的好友,住在四川路新亚旅店,约他去谈谈在苏联上演的剧目,和苏联戏剧界的情况。田汉说,张是天津南开大学教授,比较开明;梅兰芳去苏联,这是京剧第一次到社会主义国家演出,所以应该让他了解一下苏联的情况。"这一晚,田汉、夏衍同张彭春一直谈到十点钟。谈了些什么,夏公未写。无论如何,我们可以想得到,早在20世纪30年代中期,进步知识界就已间接地同梅兰芳开始接触了。态度当然是尊重的、友好的、积极协助的。

罗·罗伯逊，英国的伟大作家萧伯纳，苏联的斯坦尼斯拉夫斯基、丹钦科、梅耶荷德、爱森斯坦，德国的皮斯卡托、布莱希特，日本的歌舞伎名演员中村雀右卫门、守田勘弥、村田嘉久子，等等。解放后，更多的外国文艺戏剧工作者到中国如仰望北斗似的拜访求教，就更不知凡几了。

梅兰芳一生交游广阔，上自总统、王储，下至贩夫走卒，无不亲切往来。但我想上述这一部分具有高度文化教养的知识分子，对他在艺术上（当然不止于艺术）的开拓、精进、丰富、创新，其作用应该是不在他本界同行的师友之下的。

梅兰芳在同这些高级知识分子交往中，一个共同的突出特点是：无保留地奉献自己的艺术，同时，无保留地虚心求教。

在戏曲界，我们常常看到这样的现象：一些已知名的，甚至刚刚成名的演员也很喜欢结交高人雅士，巨公名流，但他们（当然是少数）或者仅仅以此为荣，以为这是可以提高自己价值的金字招牌；或者口头上十分谦虚，实际上只满足于酬酢张扬；或者虽然虚心请教，心底里还是以"老师怎么教的"作为最高准绳；或者目空四海，总以为必是他们仰慕于我，因而只希望人家为我吹嘘，听到某些微词就怫然而去，等而下之，更有广交朋友只是为了走后门或走上层路线……本质上，是可以把这些（尽管是少数人）现象列入资产阶级思潮影响之内的。但是在梅兰芳身上，无论是青年时期或中年时期，无论是书面材料或口头传闻，谁也没有看到或听到他有一丝一毫虚假的、浮躁的、自私的态度。凡是同梅兰芳有过接触的人都会深切感到，他的思想、性格和作风上一个核心点：真诚。对京剧艺术真诚，对内行师友下属真诚，对外行朋友同样真诚，而其根源则在于对自己真诚。真诚者必定谦虚，必定是真诚的而非虚伪的谦虚。生活在梅兰芳那样的环境里，他不可能不意识到自己的社会地位、群众影响、戏曲界的威望，然而他同样意识到，他无论有多么高的地位，到了舞台上仍然只是一个演员（或演员之一）。别人演《玉堂春》，他也演《玉堂春》，大框子是一样的。他当然知道广大观众是来看他的表演，当然也懂得"是我演《玉堂春》，跟别人不一样"，然而他在台上所能做的全部事情仍然只能是演《玉堂春》。如果他在台上不是全身全心扑在玉堂春这个形象身上，而有一点点在演梅兰芳自己，如果他有哪怕一点点跳出角色，即使是不自觉地向观众暗示"请看我梅兰芳"（这在我们当今舞台上并不少见，甚至也可以说演者并非故意卖弄），那他就不是梅兰芳演《玉堂春》，根本就不是梅兰芳了。

这决不是轻易可以达到的境界，有自我意识，知道自己的分量，但在表演艺术上又只能自自然然地演戏，不能有自我意识。这有演员在艺术上的天分因素，但更多的是长期修养的结晶。必须达到像斯坦尼斯拉夫斯基说的，热爱自己心中的艺术，而不是热爱艺术中的自己。对自己真诚，对自己所从事的艺术真诚，那就必不可免地要广泛听取意见，真诚地听取意见。其中，外行特别是有高度文化修养的外行的意见，更应注意倾听。倾听、思考、消化、实践，这也就是修养。梅兰芳在真诚地虚心求教这方面是一个完美的典范。他的总的目标没有任何个人杂念，就是为了热爱艺术。不断地提高表演艺术，这就是梅兰芳的生命。

投我以桃，报之以李。梅兰芳真诚待人，人以真诚对之。他从这些朋友身上得到了极为宝贵的回报。举例说，如果没有齐如山和吴震修，就不会有梅的主要代表作之一的《霸王别姬》。没有齐如山、李释戡等他的几位终身师友,就没有他青年时代的一系列时装新戏和古装新戏,这些戏现在虽然很少再现舞台,但在梅兰芳的艺术生活和中国京剧史上都占有重要地位。没有他的许多画家朋友,就没有他的又一出名剧《天女散花》和他对京剧服饰的一系列改革。南开大学名教授张彭春对梅兰芳第一次访美时的剧目安排、精练艺术等方面起了十分重要的作用。不仅在艺术上,在上海解放前夕曾在政治上给梅兰芳传递了重要信息的是20世纪20年代就同他相识的话剧名家熊佛西。解放后,许多多年故交和新认识的朋友如欧阳予倩、田汉、洪深、马彦祥、张庚、罗合如、马少波等同他的接触日益密切,某些传统剧目的整理加工提高,一直到《穆桂英挂帅》的编演,都得到这些老年或青年知识分子朋友的支持。

这都是荦荦大者,至于许许多多剧目的表演上的许许多多细节意见,那更是终梅兰芳一生也没有停止过的。可举一例:他1913年第一次到上海演出,第一次唱大轴,演《穆柯寨》,几位老朋友认为他在台上常常把头低下来,减弱了穆桂英的风度,于是决定以后再演时,他们在台下以轻轻拍掌为号提醒梅的注意。后来两次再演时都用这种方法,把毛病改了过来。再举一例:1917年梅兰芳在北京演《天女散花》,自觉得意,但却有朋友皱着眉摇着头说:"今天唱得不好……极容易走上油滑一条路上去,这是要不得的……"后来就接受意见改了。(均见《舞台生活四十年》)一面是知无不言,一面是从善如流。这是何等亲切而又富于文化气的艺坛逸事。我有个感觉,梅兰芳一生走在改进、改良、改革、创新的大路上,其中用在许多剧目表演的局部、细节的推敲功夫很可能比排演新戏还要大。这种推陈出新的积累是了不起的。

梅兰芳同外国著名文艺大师们的交谊又广又深，他的海外演出对于把中国民族传统戏完整地介绍给世界，真是前无古人，历史上的第一次，为中国戏曲立下了不朽的功勋，但是他决不以此为满足。梅绍武同志在《我的父亲梅兰芳》这一本极为重要的书中，引证梅兰芳自己的话说："我一方面是想把中国的戏曲介绍到国外，一方面也是想借此观摩吸收外国戏剧艺术丰富我们的民族艺术。"（第136页）在日本，在美国，他都不断观摩戏剧名家的演出。特别令我震动的是他1935年访苏期间，一个半月中，不仅演了15场戏，竟然还看了16个戏，其中包括大歌剧、话剧、儿童木偶剧等等，此外还参观了戏剧学院、电影学院、戏剧展览等等。这真是叫作"欲穷千里目，更上一层楼"。梅绍武同志说得好："为了丰富知识，扩大眼界，提高自己的艺术修养，他孜孜不倦地吸收别国人民优秀的文化成果，以充实自己艺术创造的基础。"尽管梅兰芳自己没有来得及在他的艺术传记中提到这些外国戏，但我不认为他在国外——特别是苏联的所见所闻对他后来几十年的艺术创造没有影响。我甚至认为，他在抗日战争时期和解放前夕的政治大节的光辉，在其思想感情深处，也应有这方面的因素。

顺便说一下：梅兰芳早年出访时国内外的资料，解放后似乎一直没有汇编结集，实在是遗憾。于此也可看到梅兰芳的谦虚之意。直到近几年，才由绍武同志陆续译介了一些。这是异常重要的关于梅兰芳的史料，也是异常重要的中外戏剧交流的史料，实在是应该抓紧编辑出版才是。

应该指出，这些（包括外国的）知识分子当然各有各的时代局限与阶级局限，他们对梅兰芳的影响有强有弱，有远有近，也不可能百分之百地都是正确的、进步的。如果写梅兰芳传，应该更细致地按每个人自己的样子来描述他们。我这里是从整体来说，他们总是把许多新鲜的、在京剧艺术和京剧艺人圈子里少有的、先进的事物、思想乃至气氛带给了梅兰芳，对于他的艺术创造和他本人的性格风采，对于促进他自己也成为有高度文化教养和政治气节的大知识分子，产生了深远的、不可缺少的作用。必须看到，这决不是梅兰芳一个人的事。应该认为这是京剧艺术发展同时代呼应的一种历史现象。在梅兰芳以前，京剧界不是没有在较小的范围内突破京剧圈子、接受外界影响的人，比如某些演员同清政府贵族和某些达官、文人的交往。但谁也没有像他那样广、那样高、那样深、那样长久。实际上是创造了一项完整的历史经验。这个经验的主要内容是，京剧不仅不是封闭的、凝固的，而且必须是开放的，必须要张开双手打开窗户，呼吸新鲜空气，接受外来影响，变革自己形象。京剧的发展，一定要内行外行（懂得艺术的外行，甚至一般观众）通力合作才行。梅兰芳创造的这个历史经验同中国戏曲界其他剧种、其他艺术家所创造的类似经验汇流到一起，使得解放以后，我们才有可能、有信心开展全国规模的推陈出新运动。20世纪50年代才有根据下决心动员成百上千的新文艺工作者、知识分子、专家学者投身戏曲改革中来，同戏曲艺人相结合，开创了戏曲史上光辉四射的一页。回溯源流，梅兰芳功不可没。

梅兰芳大师一生艺术劳动所创造的这项历史经验，同他的道德品格、艺术成就浑然一体，对现在以至未来的戏曲工作者——包括名家和青年，都是必须学习的榜样。这也就是我写此短文的用意。

补记：此文写成交编辑部后，忽然想起许姬传、许源来贤昆仲所编写的《忆艺术大师梅兰芳》一书。实在抱歉，久未再读，写时就忘了翻检。赶紧找来一看，果然很有几篇文章中都含有梅先生同知识分子关系的重要资料，例如《梅兰芳表演体系的形成和影响——缀玉轩诸老和梅兰芳》《梅兰芳绘画记》等等。但这里来不及引用插入，只有请读者自己去看了。这里只提一点：就在《缀玉轩诸老》文中言及，1935年梅兰芳去苏联访问演出的"剧目的选择是梅兰芳与张彭春、余上沅、谢寿康、欧阳予倩、徐悲鸿、田汉等讨论商榷"决定的。令人感动，梅兰芳竟是如此信任和尊重这些新文艺名家，反映出他们的亲密关系。这一段后有两条注解。一是"徐悲鸿1934年到苏联举行个人画展，回国后，向梅兰芳介绍许多苏联文艺界的情况，他还托梅兰芳带回存在苏联的画件"。这说明梅对苏联的关心。二是"1935年，梅剧团赴苏前，张彭春曾邀田汉在上海新新旅馆研究剧目，数日后，田汉即被国民党逮捕"。这同夏衍在《懒寻旧梦录》中所说正相吻合。但这里的新新旅馆在夏书中为新亚旅店，未知孰是。数日后田汉被捕，夏书中为当夜或次晨被捕。当从夏书。

国际文艺界论京剧和梅兰芳

◎ 梅绍武

原载《中国戏剧》1992年3期

　　梅兰芳是我国向海外传播京剧艺术的先驱者。他曾于1919、1924、1956年三次访日，1930年访美，1935和1952年两次访苏，把京剧艺术推向了世界舞台。通过他坚持不懈的努力，他不仅使京剧艺术跻身于世界戏剧之林，而且也给予不少外国戏剧家以启迪和影响。

　　本文试就国际文艺界（包括西方一些艺术大师）当年对京剧和梅兰芳表演的评论作一概述，以显示京剧艺术在世界剧坛上的声誉和地位。

一、京剧艺术两次东渡的影响（1919、1924）

1919年，梅兰芳25岁，名声已远播海外，几个国家争相聘请他去演出。他决定先去近邻，因为他考虑中国古典戏剧在日本可能更易让人接受，同时他也想趁此机会研究一下日本的歌舞伎和谣曲，遂于该年4月率领剧团离京赴日，先后在东京、大阪和神户演出18场，演出的方式是与歌舞伎同台奏艺，京剧插在中间。

日本评论界写了不少文章，大都认为京剧的规范朴素大方，特有的形式美和象征美要比写实的戏剧更新鲜，更带有本质性。评论家神田鬯盦说："我这回看了梅兰芳的演出，作为象征主义的艺术，没有想到其卓越令我惊讶。中国戏剧不用幕，而且完全不用布景，它跟日本戏剧不一样，不用各种各样的道具，只用简朴的桌椅。这是中国戏剧非常发展的地方。如果有人对此感到不足，那就是说他到底没有欣赏艺术的资格……使用布景和道具绝对不是戏剧的进步，却意味着看戏的观众脑子迟钝。"[1] 另一位评论家落叶庵附和道："我看了梅剧，觉得用不用布景是无所谓的，像都踊那样的舞蹈，用布景比不用好，但要演出让各种人物互相联系互相影响使之都活在舞台上的戏，不用布景却能使观众的注意力集中在人物上，有时效果也挺好。"[2]

---

[1] 神田鬯盦:《看梅兰芳》,载《品梅记》（转引自吉田登志子《梅兰芳1919、1924年来日公演的报告》,细井尚子译,《戏曲艺术》1987年第1—4期,下同）。

[2] 落叶庵:《看梅兰芳剧》,载《品梅记》。

在评论梅氏的表演方面,文艺界人士称赞他"嗓音玲珑透彻,音质和音量都很鲜明……连一点儿凝滞枯涩也没有,而且同音乐配合得相当和谐,有使听众感到悦耳的本领,真令人不胜佩服"[1]。"梅郎舞天女之舞时的步子、腰身、手势都很纤柔细腻,翩跹地走路的场面很自然,人们看到这个地方只觉得天女走在云端,不禁感叹梅郎的技艺真是天斧神工。"[2]

日本汉学家内藤湖南、狩野君山、滨田青陵和戏剧家青木正儿等都纷纷著文介绍中国古典戏剧的源流和梅氏的艺术创造,并由汇文堂书店辑为《品梅记》行世。不少日本演员竞效其舞,谓之"梅舞"。著名歌舞伎演员中村雀右卫门就曾上演过移植成日文的《天女散花》。

1923年9月,日本遭到关东大地震的灾害,死伤达13万余人,东京剧场几乎全部被毁,梅兰芳当即在北京主办几场义演,把全部收益一万余元捐献给日本红十字会。1924年10月,东京帝国剧场修复,再次邀他赴日参加隆重的开幕式演出。梅兰芳二次东渡扶桑,在该剧场演出15场,仍与歌舞伎同台奏艺,不过这次京剧改在大轴上演了。

东京《万朝报》1924年10月29日刊载一篇剧评家中内蝶二写的《帝剧所见,最精彩的是梅兰芳》的文章,其中说道:"作为纪念剧场改建的首场演出,大家都认为梅兰芳的表演是最精彩的。对帝国的专属演员来说,这是个很尖锐的讽刺。从他们的立场看问题,

---

[1] 丰冈圭资:《看中国戏剧》,载《品梅记》。
[2] 洪羊盦:《梅剧一见记》,载《品梅记》。

这可以算作受了侮辱；在旁观者的眼中，则会说他们没有志气。他们实在没有志气。时至今日，这确是一场本领的竞赛，是梅争取到观众还是我们争取到观众的问题。现在正是我们应该发挥本领的时刻，我们要把中国戏曲压倒……现在他们应当有这种气概，可是他们在舞台上一点儿声势也没有。"接下来他评论道，"梅兰芳的中国戏曲第一天的剧目是《麻姑献寿》，虽然这是一出祝贺喜庆的戏，只要文雅与美丽就行，然而一看到梅的那种端庄、优美的姿容和恰到好处的顿挫有节奏的动作，再听到他那纤细尖新的嗓音唱出来的美妙唱腔，人们就像遨游于另一个天地之中，这里有盛开着的美丽的香花，有漂亮的禽鸟彼此和鸣，这里是如此温馨，令人感到无比快乐。"

梅兰芳后来又在大阪和京都演出6场，受到热烈的欢迎。他这次访日共演出了10出戏：《红线盗盒》《贵妃醉酒》《虹霓关》《廉锦枫》《麻姑献寿》《审头刺汤》《奇双会》《御碑亭》《黛玉葬花》和《洛神》，充分发挥了他青衣、花旦、刀马旦等各个行当的本领，使日本剧艺界不得不对他刮目相看。

大阪市小坂电影制片厂为他拍摄了《红线盗盒》《廉锦枫》和《虹霓关》三剧的片段，在各地放映。日本蓄音器商会为他录制了5张唱片在日本出售。

在梅兰芳的影响下，日本剧坛后来以中国故事的剧目演出机会逐渐增多，他的《天女散花》《思凡》《贵妃醉酒》和《虹霓关》都曾被日本演员移植不断上演。他的名字遂在日本家喻户晓。日本老百姓通常对中国人的姓名都用日语念法，就连当年赫赫有名的李鸿章，一般都称他为"Li Gou chlu"，唯独对梅氏一律用北京音"梅兰芳"称之。时至今日，依然如此。这在日本是非常罕见的，可以说是对他的一种特殊尊敬,也是对京剧艺术的一种最高褒奖。

二、京剧艺术风靡美国(1930)

梅兰芳早在20世纪20年代就有意将京剧艺术介绍给美国人民,同时也想借机考察一下西方戏剧情况。两次访日演出成功,增强了他的信心,他便于1929年年末率领剧团远渡重洋,先后在纽约、芝加哥、华盛顿、旧金山、洛杉矶、圣地亚哥、西雅图和檀香山等城市演出了72天戏,历时达半年之久。当时恰逢美国经济大萧条,但绚丽多彩的京剧艺术依然赢得美国人民的热烈欢迎。京剧艺术一时风靡了美国,许多知名文艺评论家著文加以评论。

梅兰芳(后右五)与齐如山(前左三)及梅剧团赴美时成员合影

京剧艺术深邃高远

著名戏剧家斯达克·扬在他一篇题为《梅兰芳和他的剧团的节目》的文章中说："在一个属于古老民族的传统艺术和一个被他们的人民承认为伟大的艺术家面前，我们大多数观众必定会感到谦卑……梅兰芳的表演使我足以见到这是本季度戏剧的最高峰，也是自杜丝[1]的访问和莫斯科艺术剧院上演的契诃夫戏剧以后任何一个戏剧季节里的最高峰。"[2]

知名文艺评论家布鲁克斯·阿特金逊称赞道："梅先生和他的演员所带来的京剧跟我们所熟悉的戏剧几乎毫无相似之处……这种艺术具有独特的风格和规范，犹如青山一般古老，却像中国古瓷瓶和挂毯一样优美。如果你能摆脱仅因它与众不同而就认为它可笑的浅薄错觉，你就能开始欣赏它的哑剧和服装的精美之处，你还会依稀觉得自己不是在与瞬息即逝的感觉相接触，而是与那经过几个世纪千锤百炼而取得的奇特而成熟的经验相接触。你也许会一时痛苦地想到，我们自己的戏剧形式尽管非常鲜明，却显得僵硬刻板，在想象力方面从来没有像京剧那样驰骋自由。"[3]

舞蹈评论家玛丽·瓦特金斯称赞梅氏在《霸王别姬》中的剑舞是"灵巧熟练而优美的艺术杰作，其中形式和象征性紧密结合，而

---

[1] 爱丽奥诺拉·杜丝(1859—1924)，著名意大利演员，以演技简练而不矫揉造作著称。

[2] 《梅兰芳和他的剧团的节目》，《新共和》1930年第1期。

[3] 见《纽约世界报》1930年2月17日。

整个舞蹈又没有受到它们的干扰"[1]。另一位评论家威廉·鲍里索给予梅氏的舞蹈以极高的评价:"对我来说,梅兰芳首先是个舞蹈家,在这方面我毫不犹豫地把他归入最有成就的舞蹈家的行列……在看他表演的《红线盗盒》的剑舞时,我清醒地认识到他的舞蹈已达到最高的境界。"[2] 美国现代舞蹈先驱泰德·萧恩和露丝·圣丹尼斯夫妇曾把《霸王别姬》改编成芭蕾舞剧,在美国和东南亚上演,受到好评。[3] 泰德·萧恩还认为:"在积累艺术经验和从事艺术教育方面,你可以从梅兰芳那里学到一些不可估量的、宝贵而独特的东西。"

京剧酷似希腊古剧和伊丽莎白时代的戏剧

斯达克·扬谈到他看过京剧之后,联想到希腊古剧和伊丽莎白时代的戏剧,使他茅塞顿开,解决了戏剧研究中的一些疑团,加深了对希腊古剧的组织法的理解。他说:"希腊古剧和伊丽莎白时代的戏剧同京剧颇为相似……京剧对希腊古剧作了一种深刻的诠释,因为那些使人联想到的希腊的特征,以一种自然的思考方式,一种深刻的内在精神,体现在中国戏剧里,两者之间不仅有显著的相似之处,诸如男人扮演女性角色,中国演员常常勾画的具有传统风格和定规含义的脸谱,同雅典戏剧中实在的面具几乎没有多大的差别,布景都是很简朴的,而且在思想和精神深处的特征方面也有相似的

---

[1] 见美国《舞蹈》1930年第1期。

[2] 见《纽约世界报》1930年2月20日。

[3] 见简·舍曼《丹尼斯萧恩舞剧》,韦斯利安大学出版社,1979年,第145—148页。

地方。登场、退场和舞台上的动作都有固定的样式，利用真正的舞蹈为艺术手段，音乐伴奏作为戏剧的基础，运用音乐加强气氛，感情需要充分加以表达时即引吭高歌。道白、歌唱、音乐、舞蹈和舞台装置熔为一炉，形成一种综合的艺术。常规的情节基于成熟的样式，诸如相逢、别离、讽喻、论辩等情节场面，尽管都是固定程式的，但由于具有类似我们的许多音乐形式，处理方式极其巧妙，依然使人喜爱赞赏。这里面包含着对样式的探索，个人感情从属于激情的提炼和谨严的原则。它自始至终贯穿着一种独特风格，旨在对美、雅致和崇高意向的探求。"斯达克·扬接着说，"伊丽莎白时代的戏剧和京剧也十分明显地相似，外表或多或少相像。情节场面固定，有一些朴实和不朴实的道具和常规惯例。伊丽莎白时代的戏剧中有矮树丛充当森林，京剧中有马鞍代替一匹马，4个龙套表明千军万马，舞台上任意确定的位置表明不同场所等等，还有定场诗，京剧演员上下场都念两句诗，就像莎士比亚戏剧中常常以类似的两行诗来表明结尾一样……另外还有男人扮演女性角色，散文和韵诗可以交错转换，一出戏随便写多少场都可以。"[1]

京剧艺术具有现实主义成分

京剧常被人误解为非现实主义的艺术，表演程式化、不真实、不自然等等。斯达克·扬则认为京剧中的表演非常真实，不过不是生活的真实，而是艺术的真实，使观众看了觉得比本来的生活还要

---

[1] 斯达克·扬:《梅兰芳》,载美国《戏剧艺术月刊》1930年4月号;中译见拙作《我的父亲梅兰芳》,百花文艺出版社,1984年,第267—283页。

真实。他说:"京剧常被说成非现实主义的艺术,性质上彻底理想化。笼统来说可能是如此,但是我们应当避免由此而导致错误的结论。梅兰芳的戏剧艺术并非完全没有现实主义成分。它并不具有立体派绘画、抽象的阿拉伯装饰或几何舞蹈设计所具有的那种含义。跟它确切相似的是中国绘画和雕刻。遗留在我们记忆里的是它们的抽象化和装饰性的印象。但是那种精确性往往使人感到惊讶,自然界,一片叶子、一束花朵、一只鸟、一只手、一件斗篷,都被观察得极为精确细致,同时我们也对它们那具有特征的细节所呈现的使人眼花缭乱的色彩缤纷标志感到惊奇。这种精确的标志绝妙地镶嵌在整个艺术之中,使这种艺术臻于完美和理想。犹如梦境一般迷人,就拿他们的普通绘画和小型雕塑来判断,中国人对于这种结合着传统、规范和抽象样式的、机敏的现实主义而感到的喜悦,想必是相当强烈的。我们听到有人说梅兰芳的艺术是非现实主义的时候,应该记住上面所说的这一点。我们还应该记住我们要向中国戏剧艺术学习的一点,不是需要非现实主义或其相反的东西,而是要学习京剧在每一部分中运用现实主义的精确度。手势、念白、表演,甚至争论甚多的旦角使用的假嗓,以及动作等等,尽管都跟现实有一定的距离,但这种艺术取得了一种风格上的完整的统一。"[1]

R. D. 斯金南也在 1930 年 3 月号《公益》杂志上说:"中国古典戏剧至少有 700 年未中断的传统作为后盾,某些手势、服装和化妆的细节和某些道具都达到了一种体现某些极易理解的现实的地步,清楚得就像印制的标签。我了解梅先生反对用'象征主义'这个字

---

[1] 见斯达克·扬《梅兰芳》一文。

眼来形容这些常规惯例，而宁可取'典范化'这个字眼，主要因为西方文化中的象征主义具有他认为的一种比较粗俗的东西。他觉得京剧的常规是从某些现实中抽取其主要样式而得出的结果，而西方的象征主义则更侧重于某种迥然不同的客体来体现某个对象或某种感情。这是以使我们承认京剧旨在表达行动或感情中最普遍的成分，使他们同特定的时间、地点或形式不加混淆，这种努力即使在西方人的心目中也是成功的。"

京剧这种风格曾使美国著名剧作家桑顿·怀尔德甚表折服。他后来写成的名剧《小城风光》就采取了京剧艺术的手法，台上无布景，戏剧意境全靠演员的虚拟手势来表达。他的传记作家认为怀尔德后期成熟的作品深受梅兰芳戏剧的影响。[1] 甚至20世纪30年代在美国盛行的工人"活报剧"里，当时主持联邦剧院计划的负责人佛拉纳甘女士明确指出"他的手法是借自希腊阿里斯托芬的喜剧、意大利的即兴喜剧、莎士比亚戏剧的独白和梅兰芳的表意动作"[2]。

此外，关于京剧中男扮女这一问题，剧评家阿瑟·卢尔认为梅兰芳"扮演的不是一般妇女的形象，而是中国概念中的永恒的女性化身。处处象征化，却具有特定和使人易于理解的含义。这些男演员完全融合在他所创造设计的图案中，正如一位萨金特[3]或干斯巴

---

[1] 见里查·享利·戈德斯通《桑顿·怀尔德传》,道顿出版社,1975年,第119页。

[2] 埃森·莫尔顿:《美国戏剧》,牛津大学出版社,1981年,第183页。

[3] 约翰·辛格·萨金特(1856—1925),美国画家,以画精美的肖像著名,也画水彩画,曾为波士顿公共图书馆和美术博物馆作壁画。

罗[1]那样的画家绘制的图像,使他们的男性融合在他们所绘制的女性肖像中去那样,具有异曲同工之妙"[2]。布鲁克斯·阿特金逊也说,"梅兰芳扮演旦角,但是梅先生的表演不是模仿女子,而是在创造本质和意象——柔顺、和谐、秀丽、高雅、栩栩如生的特征"[3]。

美国艺术界也非常重视梅兰芳的访美演出,许多大学校长和教授前往观剧。哥伦比亚大学、芝加哥大学、旧金山大学等校邀请梅氏去做有关京剧艺术的学术报告。南加州大学和波莫纳学院为表彰他介绍东方艺术,联络中美两国人民之间的感情,沟通世界文化所尽的力量,向他颁发了文学博士荣誉学位。

总之,梅兰芳访美演出,使西方人士亲眼目睹了富有高水平的文学艺术价值的京剧,一扫自18世纪以来某些西方作者在评论中国戏曲时所发表的错误观点和带有偏见的谬论,说什么"中国剧场依然停留在它的婴儿时期"啦,"无法在中国戏剧里发现我们对戏剧要求的规则"啦,"中国戏剧内容过于简单,缺乏深度"啦,等等。[4] 斯达克·扬下面一席话恰恰驳斥了他们那些怪论:"梅兰芳这次演出成为一桩大事,并且值得我们重视,主要因为它纯洁而完整,远远超过任何西方戏剧中的东西……这种中国戏剧,就跟任何其他戏剧一样,总是基于相似性,根基于我们所见到的人民生活和我们所观察或所向往的世界的真实情况,甚至它的程式规范也主要是场所或活动的实

---

[1] 干斯巴罗(1728—1788),英国肖像画和风景画家。
[2] 见《纽约先驱论坛报》1930年2月23日。
[3] 见《纽约世界报》1930年2月17日。
[4] 见施叔青《西方人看中国戏剧》,人民文学出版社,1988年,第3—29页。

际情况予以风格化的典型。这是主要之点，而且是须加注意的事。这种中国戏剧的纯洁性在于它所运用的一切手段——动作、面部表情、声音、速度、道白、故事、场所等等——绝对服从于艺术性目的，所以结出来的果实本身便是一个完全合乎理想的统一体，一种艺术品，绝不会让人错当作现实。说这种中国艺术未必包含人类一切经验在内，但作为戏剧艺术却是完整的，意思是说它汲取了这种特殊艺术一切手段——表演、道白、歌唱、音乐、广泛意义上的舞蹈、形象化舞台装置，最后还包括观众在内，因为演员明确而坦率地把观众像其他任何因素一样包括在他的艺技之内。此外，这种戏剧具有一种热情流传下来的严密传统，一种严格的训练和学徒制，还有要求严厉的观众。所以演员表演的好坏，能让人看出是照既定的演法还是故意敷衍了事，以等待接受观众的评判。它还建立在精雕细凿的基础上，因为观众除去不知道临时的插科打诨之外，已经对剧情和剧中人物十分熟悉，只关心表演本身、表演的质量和表演的展开。所以梅兰芳的戏剧是一种具有真正原则性的学派，需要我们认真加以对待。"[1]

三、京剧艺术首次传到苏联（1935）

1935年3月，梅兰芳应苏联对外文化协会的邀请，率领剧团赴莫斯科和列宁格勒进行访问演出。苏联专门成立了一个接待委员会，成员中包括斯坦尼斯拉夫斯基、丹钦科、梅耶荷德和爱森斯坦等人。

苏联艺术大师斯坦尼斯拉夫斯基看过京剧后，称赞它是一种有

---

[1] 见斯达克·扬《梅兰芳》一文。

规则的自由动作，是伟大的艺术，第一流的戏剧，并确信"托尔斯泰生前若知梅兰芳博士，势必也会把中国戏剧增添到他所喜爱的事物名单中去的，尽管他对戏剧艺术持怀疑态度一向是很有名的"。斯氏说，"梅兰芳博士以他那无比优美的姿态开启一扇看不见的门，或者突然转身面对他那看不见的对手，他这时让我们看到的不仅是动作，而且也是行动本身，有目的的行动。我一边欣赏这位中国人的表演，一边再次深信凡是对表演艺术真正感兴趣的人都可以在此取得一致的观点：不在于动作而在于行动，不在于言词而在于表达。所以，梅兰芳博士，这位动作节奏匀称、姿态精雕细凿的大师，在一次同我的交谈中强调心理的真实是表演自始至终的要素时，我并不感到惊奇，反而更加坚信艺术的普遍规律。他说，中国戏剧艺术的高峰只能通过实践和检验才能达到，接着他又阐述一项我们业已达到的原则，尽管所走的道路截然不同，那就是'演员应该觉得自己就是他所扮演的那个女主人公，他应该忘记自己是个演员，而且好像同他那个角色融合在一起了'。我感谢梅兰芳博士在我去世之前给了我一个机会来观赏另一位伟大的现实主义演员——一位堪与萨尔维尼[1]或叶尔莫洛娃[2]那

---

[1] 托马佐·萨尔维尼(1829—1915)，意大利著名悲剧演员，19世纪意大利戏剧现实主义的最卓越的代表人物。

[2] 玛丽亚·尼古拉耶夫娜·叶尔莫洛娃(1853—1928)，俄罗斯伟大的女演员，第一个荣膺共和国人民演员的称号(1920年)，莫斯科有一所剧院以她的名字命名。

样的演员相媲美的艺术家的表演"[1]！据名导演柯米沙日卫斯基说，斯氏在导演最后一出戏时，对演员和学生还常提到梅兰芳的名字，并说，"中国戏剧是充满诗意的、样式化了的现实主义"[2]。

梅兰芳与苏联文化界人士爱森斯坦、铁提可夫、泰伊罗夫等合影

另一位戏剧大师梅耶荷德看过京剧后深受启发，彻底重排了他正在执导的话剧《智慧的痛苦》，特地在说明书上说明"献给梅兰芳"以表敬意。他认为若按梅氏的京剧艺术表演方式排演普希金的

---

[1] [苏联]斯坦尼斯拉夫斯基、梅耶荷德、爱森斯坦，[英]戈登·克雷，[德]布莱希特等艺术大师:《论京剧和梅兰芳表演艺术——在1935年莫斯科举行的一次讨论会上的发言》，瑞典拉尔斯·克莱堡整理，梅绍武译，载《梅兰芳艺术评论集》，中国戏剧出版社，1990年，第717—718页。

[2] 田汉:《梅兰芳记事诗(二十五首)》,《人民日报》1961年9月10日。

《鲍里斯·戈都诺夫》，便不会使全剧陷入自然主义的泥坑。他尤其赞赏梅氏富有意义而变化多端的手势，感慨而夸张地说该把苏联所有演员的手都砍掉。他还注意到京剧艺术节奏严谨，评论道，"任何人看过梅兰芳的戏剧都不得不承认，我们在这方面同这些舞台上的卓越大师相比，真是令人绝望地落后了。在我们的演出中——歌剧也好，话剧也好——没有什么来迫使演员服从舞台时间，我们没有时间感。我们不懂得节约时间是什么意思。在对待时间上，中国人是以十分之一秒来计算的，我们却以分来计算。我们该把我们手表上的秒针干脆去掉算了，因为它完全多余"！梅耶荷德的结论是，"对苏联戏剧来说，中国戏剧具有重大意义。也许再过二三十年，我们就会看出这些不同经验的综合。那时我们就会看到普希金的遗产得以让人充分理解。梅兰芳博士让我们稍稍瞥见了这件事将会怎样发生。未来的戏剧不会是模棱两可的戏剧，而是一种现实主义和理想达到新的结合的戏剧，一种高度的现实主义"[1]。

　　电影艺术大师爱森斯坦一向主张把电影中的各个片段要以稍许夸张而突出的形态来表达，让观众在心理上产生震惊的效果。但在这种夸张而突出的表达形式背后却存在着一定的现实内容，蕴含着高度的哲理。京剧常以夸张方式体现人物的思想感情和动作而又不失其真，因此有些地方颇与爱森斯坦的美学观点相符，从而引起他的极大兴趣。他认为电影注定要成为新型的综合艺术，而"中国戏剧恰恰在这方面给它指出了方向……我们可以从这种古老的中国文

---

[1] 见[苏联]斯坦尼斯拉夫斯基、梅耶荷德、爱森斯坦，[英]戈登·克雷，[德]布莱希特等艺术大师《论京剧和梅兰芳表演艺术——在1935年莫斯科举行的一次讨论会的发言》一文。

化典范中学到许多东西"[1]。爱氏为此拍摄了梅氏的《虹霓关》片段,以便让广大的苏联观众欣赏。他还把他的美学论著《电影造型的原则》赠给梅兰芳,在扉页写道:"谨将我论造型这一问题的文章,赠给最伟大的造型大师梅兰芳博士。"

当时逗留在苏联的德国戏剧家布莱希特发现京剧不是把生活原封不动地搬上舞台,而是把生活加以提炼、集中、典型化之后,艺术地再现于舞台,十分钦佩地赞扬道,"这种演技比较健康,它和人这个有理智的动物更为相称。它要求演员具有更高的修养,更丰富的生活知识,更敏锐的对社会价值的理解力。当然这里仍然要求创造性的工作,但它的质量比迷信幻觉的技巧要高超许多,因为它的创作已被提到理性的高度"[2]。布氏尤其对《打渔杀家》这出戏惊叹不已,认为京剧手段比运用状似真船真水的大块布景道具的西洋戏剧手段,要高明得多,也灵活巧妙得多。他描绘道:

一个年轻女子,渔夫的女儿,在舞台上站立着划动一艘想象中的小船,为了操纵它,她只用一柄长不过膝的木桨,水流湍急时,她极为艰难地保持身体的平衡。接着小船进入一个小湾,她便比较平稳地划着。就是这样的划船,这一情景却仿佛是许多民谣所吟咏过的、众所周知的事。这个女子的每一动作都宛如一幅画那样,令人熟悉了河流的每一转弯处都是一处已知的险境;连下一次的转弯处也在临近前就让观众觉察到了。观众的这种感觉完全是通过演员

---

[1] 见[苏联]斯坦尼斯拉夫斯基、梅耶荷德、爱森斯坦,[英]戈登·克雷,[德]布莱希特等艺术大师《论京剧和梅兰芳表演艺术——在1935年莫斯科举行的一次讨论会的发言》一文。

[2] 约翰·威利特:《布莱希特论戏剧》,希尔和王出版社,1961年,第95页。

的表演而产生的;看来正是演员使这种情景叫人难以忘怀。[1]

布莱希特还在莫斯科的一次座谈会上提到,"对我们这些已经习惯于西方戏剧艺术的人来说,中国戏剧提供了一种有益的清除错觉的作用。它不要求观众自始至终保持那种把戏当成真事的幻觉。舞台布置方面也表现得简便,但也并非像我们在西方某些实验性舞台上可以见到的那样,以自我标榜的含混方式'清除'一切。在演出的过程中,观众席的灯一直亮着,观众相互之间清晰可见。中国观众没有那种自然主义幻觉,而西方观众却好像对那种幻觉就像对鸦片烟那样上了瘾……中国戏剧能教导我们的是,以惊讶的眼光观察寻常的情势:不仅观察那些暴露出来的而非隐蔽的戏剧'奥秘',而且主要观察那些能给揭去那层覆盖着'理所当然'和不可改变的面纱的社会关系……中国戏剧所发展的间离化方式看来在这方面极为有用,它教导我们观察那些我们素来被教导视为自然的现象所展现的令人惊讶的一面,观察那位表演者和给表现出来的人物之间的区别。在这种惊讶和间隔中间留有批判性思考的余地"[2]。布氏后来写了一篇题为《论中国戏曲与间离效果》的论文,兴奋地指出他多年来朦胧追求而尚未达到的,在梅兰芳的京剧艺术里却已发展到极高的艺术境界。因此可以说,以梅兰芳为代表的京剧艺术无疑影响了布氏戏剧学派的形成。

英国戏剧理论家与舞美家戈登·克雷也像布莱希特那样认为演员应该严格自我控制,站在角色之外,通过想象和理智来塑造人物,

---

[1] 见吴祖光、黄佐临、梅绍武《京剧与梅兰芳》(英文版),新世界出版社,1981年,第21—22页。

[2] 见[苏联]斯坦尼斯拉夫斯基、梅耶荷德、爱森斯坦,[英]戈登·克雷,[德]布莱希特等艺术大师《论京剧和梅兰芳表演艺术——在1935年莫斯科举行的一次讨论会的发言》一文。

以达到一种基于想象力的创造性、象征性的表演水平。他尤其不赞成舞台上那种对现实生活直接而笨拙的简单化复制模仿。因此，他在苏联看到京剧的表现手法已经把他梦寐以求的事变成了现实，不由得惊喜万分地说："观赏梅兰芳的戏剧，就如同步入一场我从未相信会变成现实的梦境一般。这是'视觉音乐'的典范，其中每一细节都服从有机结构的要求……梅兰芳扮演白衣娘子时，摒弃一切'模仿'手法，一切陈腐的心理状态，而成为纯正的形态。我们亲眼目睹了那一瞬间，正如尼采所说：'人已不再是一位艺术家，而是自己变成了一件艺术品。'当然，这种独特的艺术只能来自东方。我们的戏剧受到文学性和解说性要求的威胁。我在莫斯科这段逗留期间能够观察到甚至苏联也有类似情况，尽管我很景仰苏联戏剧，而且它已经比西方任何其他戏剧更加成为一种独立而优秀的艺术形式，愿梅兰芳艺术那种超凡的修养成为一种追求的理想，一盏指导我们演员的明灯！请允许一位年老的戏剧梦想家向一位把他的梦想变成生动现实的艺术家鞠躬致敬！"[1]

综上所述，足以看出京剧艺术在国际上的声誉和深远影响。黄佐临先生早在20世纪60年代初即著文提出当今世界上存在着梅兰芳、斯坦尼斯拉夫斯基、布莱希特三大表演体系，并作了精辟的论证和比较，最后指出京剧艺术高超之处绝不逊于任何西方戏剧。梅兰芳体系其实指的就是具有独特民族传统风格的中国戏剧艺术体系。

在当今弘扬民族文化艺术的大好形势下，相信京剧艺术会继续发扬光大，在世界戏剧舞台上焕发出更加灿烂的光辉。

---

[1] 见[苏联]斯坦尼斯拉夫斯基、梅耶荷德、爱森斯坦，[英]戈登·克雷，[德]布莱希特等艺术大师《论京剧和梅兰芳表演艺术——在1935年莫斯科举行的一次讨论会的发言》一文。

以梅兰芳的精神学习梅兰芳的艺术

◎ 孙毓敏

原载《中国戏剧》1995年2期

梅兰芳时代，正是京剧繁荣的时代，也正是京剧艺术深入人心、走向全国、走向世界的年代。京剧艺术之所以称为国剧，之所以享誉海内外，正是因为在京剧舞台上出现了梅兰芳等一批艺术精湛的演员。也就是说，没有梅兰芳这样杰出的演员，也就没有京剧艺术的辉煌，所以，学习梅大师，再造梅兰芳式的一代艺术新生力量正是京剧复兴的需要，也是京剧艺术兴衰的关键。一句话，欲再造京剧的辉煌，就要再造一批梅兰芳式的演员。

应该说，要纪念梅兰芳，就要学习梅兰芳，学习就是最好的纪念。这大概是毫无异议的。然而，当具体到某一个演员、某一个剧目时，要学习梅兰芳就不是那么简单的问题了。因为在我们戏剧界确实有那么一种倾向：借纪念梅大师之机把梅大师抽象化、神秘化。当有人演出梅派剧目时，常听到有这样一种议论："梅先生当初不是这样的。"哪怕改动一个唱腔、一句台词，不管这一改动有没有道理都会招来非议。尤其是京剧艺术流派之间的互相排斥、互相对立的情绪仍比较严重，学梅派的则不能演其他流派的剧目，甚至不能从其他流派中借一腔一调，其他流派演员也不能唱梅派戏。这种宗派主义思想很不利于京剧艺术的发展、进步。与梅兰芳先生的艺术思想更是格格不入的。现在有一些青年人只知道梅兰芳演过《别姬》《醉酒》《宇宙锋》，而不知道梅先生也演过《昭君出塞》《六月雪》《佳期、拷红》《春香闹学》《游龙戏凤》等各种风格的剧目。因此，我们要全面地学习梅先生，要以梅兰芳大师的精神来学习、继承梅大师的艺术。

圣人无常师

在艺术上凡成一流派者无一不是兼学并蓄，转益多师。如汉朝刘向所云："泰山不辞壤石，江海不逆细流，所以成大也。"梅兰芳先生之所以被称为一代宗师或伶界大王，不仅学无常师，更是集百家艺术之大成者。即所谓"唯无不师者，乃复能为天下师"。仅从他自述的《舞台生活四十年》的记载来看，他不仅宗法其祖父梅巧玲和胡喜禄、时小福、余紫云、陈宝云、孙春山、田桂凤等各位前辈，而且悉心地向当年在世的几乎所有的前辈学习过。从骂过他不能吃戏饭的那位朱先生到给他开蒙的吴菱仙开始，他就曾：

向路三宝学过《贵妃醉酒》；

向秦稚芬、胡二庚学过不少花旦戏；

向王瑶卿学过《虹霓关》《十三妹》；

向茹莱卿学过《穆柯寨》《穆天王》和把子功；

向陈德霖学过《游园惊梦》《思凡》；

向乔蕙兰学过《断桥》《金山寺》；

向李寿山学过《风筝误》《出塞》；

向丁兰荪学过昆曲身段；

向伯父梅雨田学过《玉堂春》《武家坡》《大登殿》；

向陈彦衡学过《武昭关》；

向谢昆泉、陈嘉梁学过昆曲；

向钱金福学过《镇潭州》《三江口》；

向陈子芳学过《游龙戏凤》；

向王凤卿学过《群英会》的舞剑和《秦琼卖马》的耍锏；

向王梦白、陈师曾、金拱北、陈半丁、齐白石等学过国画。

而他自认为自己学习最多的，也是他最重要的两位老师，一是谭鑫培，一是杨小楼。

同时，他还不忘向平辈或晚辈的同行请教，或共同研究，如许伯遒、俞振飞和陈伯华等。

以上所列只是他全部师承的很少的一部分。他能戏很多，师承也自然很多。然而，从以上所列的老师来看，不难看出一位集大成、通大路的艺术家哪有一点儿门户之见，哪有一点儿流派的界限。他的艺术视野是多么宽广,他的胸怀是多么博大。古人说:"独学而无友,则孤陋而寡闻。"可是在今天,某些后学者在学习流派艺术上仍然关起门来,从一而终,而不知看一看你的老师吸收了多少方面的艺术营养啊!我们学习梅兰芳,为什么就不能学习他"学无常师"的精神呢?早在宋朝的韩愈就称"圣人无常师",主张"转益多师是汝师",而梅大师不正是在那么多老师的教诲之下才成其为大师的吗?梅先生的艺术历程足以说明,只有像泰山那样"不辞壤石"才能"成其大也",只有"登泰山"才能"小天下"。否则,门户森严,坐井观天,不越雷池半步就想成为艺冠群芳的艺术家岂不是天下奇闻吗!

  从梅大师的师承关系中,我们还应该看到他对艺术传统的态度是何等认真,何等虔诚。早年,他为演好《霸王别姬》的舞剑,不但向王凤卿先生学舞剑和耍铜,而且特意学习武术的太极拳和太极剑,平时即用真剑早晚练功。甚至有人后来讥讽他:"虞姬宝剑舞如叔宝之铜,嫦娥花锄抡如虹霓之枪。"可见他多么注意艺术的积累和借鉴。为演好女扮男装的《花木兰》,他以《辕门射戟》《雅观楼》《镇潭州》《三江口》等武小生戏来奠定基础,更说明他厚积而薄发的功力,试想他在舞台上怎能不游刃有余、运用自如呢?晚年的梅大师在艺术上已经到了炉火纯青的境界。然而,他为演好《穆桂英挂帅》的捧印更是广泛学习,不仅借鉴了山西晋祠的泥塑造型、河南龙门石刻的神韵,更从传统剧目《青石山》中借鉴了关平捧印的亮相、《铁笼山》姜维起霸观星的动作,以及《一箭仇》中史文恭回营后的"揉肚子"。如此千虑之一得,他创造的捧印怎么能不光彩照人呢?不错,赵桐珊(即"芙蓉草")先生曾说,梅兰芳的艺术没法学，可是他又说，之所以没法学，是因为梅先生的功底太厚了。所以说，尽管我们的个人条件各异，艺术修养有限，对梅大师的艺术也许是可学而不可及。但我们学习他转益多师，兼学并纳，厚积薄发的艺术思想，奠定厚实的基础功，确实是我们每一个人努力的方向，也是梅先生在艺术上的成功所给予我们最为有益的启迪。我们应该清醒地认识到，学习梅先生，决不是只学几出梅派的代表作，梅派就是集各家之大成，梅派就是博学，以宗派主义思想去学习梅派只能是对梅派艺术的歪曲。可以说，这是一切成功的艺术家的共识。我的同学李翔是学习尚派的。有一次她演出《穆柯寨》就把【粉蝶儿】的曲牌大字给改了。她的老师尚小云先生就说："改得好，戏只能越改越好，这就是尚派。"我在荀剧团向荀慧生先生学戏5年，可谓耳提面命、倾囊传艺了，后来我调到梅兰芳剧团工作，又演出了按梅派戏路和风格编排的《生死牌》《白蛇传》《蝴蝶杯》等戏。荀老师也是非常高兴地支持我。所以我们在继承传统艺术和学习流派艺术上切不要跟瞎子摸大象那样只识其皮毛就盲目自满，而应该像梅先生那样以开阔的视野、博大的胸怀来学习梅大师的表演艺术。

艺术无止境

梅先生在艺术上不仅广学博纳、兼容并采，同时对自己演出的剧目、取得的成就永远不满足，始终精益求精。常有人说，梅大师的艺术那是到家了，也就是说梅先生的艺术就是顶峰，就是样板了。其实这种说法恰恰不符合梅大师的艺术思想，也不符合艺术的发展规律,更不符合世界上一切事物的根本规律。梅兰芳在安徽合肥对戏曲界的一次讲话中曾说:"大家说我演的戏常常改动,不错,我承认这一点,这次我带来了6个戏,虽然都是常演的节目,假如有一位多年不看我的戏的观众今天再来看看,从剧本到表演都会感到跟以前大有区别了。"他还说,"戏要不怕改,一改再改,甚至有个别地方改掉了,觉得不合适再改回来,也是可以的。"可见他演戏一生,也改戏一生,他的艺术从无止境。

《霸王别姬》是梅先生的代表作,然而这一剧目从梅先生演出此剧的40多年来,却不知经过了多少次的修改和加工。早年此剧由齐如山据《楚汉争》改编成两本《霸王别姬》,原定由两个晚上演出全剧,戏票售出后,吴震修认为此剧在一个晚上演出全本为好。结果梅先生一面退票回戏,一面不惜得罪齐如山,毅然请吴震修将两本合为一体。演出后尽管非常轰动,梅先生又由原来的20场压缩成14场,由14场压缩成8场,由8场到6场……剧中那段"自从我随大王东征西战……"的[慢板],梅先生认为不合于剧情也改为[散板]了。

梅兰芳演出《霸王别姬》

梅先生的另一代表作《宇宙锋》是梅先生"下功夫最大,最喜欢演的"一出戏。他也认为是他的得意之作。然而,当他看到汉剧演员陈伯华演出的《宇宙锋》,认为自己受到很大的启发,对自己的表演进行了一番大幅度的修改，前后共改动48处之多。梅先生说："就拿这出《宇宙锋》来说，我琢磨了有几十年，大家仿佛也认为这在我的戏里是比较成熟的一出，但是唱到今天我还是不断地发现我的缺点。"从梅先生这句话中我们更不难想象他这出戏为什么越演越精、越演越受观众欢迎了。

梅先生的《天女散花》也是屡演不衰的力作。在场次上原为6场，后来改为"云路""散花"两场，而现在只剩下"云路"一场了。在服装上最初的云肩和小腰裙都是用真孔雀翎子做的，但因孔雀毛并不柔软，妨碍了舞蹈动作，便改成了丝绸的孔雀翎，以后又改成了五色珠子串成的云肩和小腰裙。在舞蹈方面，也不是一下子就成为今天的样子的。就在他演出越来越熟练的时候，有一次他临时加了一些身段，风带也舞得比往常花哨熟练。他的一位朋友却告诉他："今天唱得不太好，两段昆曲里的绸子舞，动作太多了，叫人看得眼花缭乱，分不出段落、层次，损伤了艺术性。"面对这样尖锐的批评，这位伟大的艺术家竟能虚怀若谷，从善如流，开始把每一动作、身段、绸子舞都固定起来，形成定型的舞蹈。从这段过程中说明，正是梅大师的博大胸怀，才使这出《散花》在艺术上达到一个如此高深的境界。如果不是他虚怀若谷的胸怀，认真地听取不同意见，而是故步自封，盲目地孤芳自赏，自然也就不会有今天这样一出《天女散花》了。

对《生死恨》这个戏的剧本梅先生也是一改再改的，如程鹏举3次告发妻子，韩玉娘性格的前后矛盾，他始终不满意。直到后来梅葆玖演出时"又大改一次"，他才认为比较合理了，这等于说明他的演出本始终不是理想的范本。梅先生的琴师徐兰沅先生在他们一起创作《洛神》时，对梅先生在艺术上百折不挠的精神也有切身感觉。他说："梅先生的《洛神》里有一段唱词'云鬟罢梳慵对镜……'当初设计时用的是［二黄慢板］，唱腔是悠扬婉转，大家估计演出时效果定会很好，不料事实竟和我们想法相反，梅先生每次唱到这里，台下的观众总是没有反应。为什么呢？经过研究认为是幕后装彩头的声音影响了唱腔。后来把装彩头的时间挪到后面，结果，观众不但仍然没有反应，而且在低声交谈。经过仔细研究后，原来是这里用［慢板］跟剧情发生了矛盾。剧情是在急速发展，可是到了这里就被悠长的唱腔牵住了腿。洛神在梦里与曹子建约会好，在洛川相会，还约了汉嫔女神、湘水女神赴约，观众心情很急，需要知道洛神与曹子建能不能见面？可是音乐却在这里变成了绊脚石。论唱腔是非常动听的，可就是浮在剧情以外去了，反而对剧情是个破坏，后来我们把［慢板］改为［散板］，问题也就解决了。"这个生动的故事清楚地告诉了我们，任何艺术大师的成功都不是轻而易举的，都是经过观众考验的。凡成功者必然是敢于正视自己的错误和不足，善于改正自己的错误和不足。如果没有梅先生那样忠实于观众、忠实于艺术的态度，是做不出这种非凡的举动的。

在《舞台生活四十年》中还有一段这样的记载：1950年除夕，梅先生与葆玖在怀仁堂演出《断桥》《金山寺》，第二天齐燕铭提了一点意见，他说："这两出戏里，青蛇的性格是统一的……昨天我看金山寺前哀求和叫骂的一场，白蛇唱完【出队子】曲内'休得把胡言乱绕，只为俺美郎君把命轻抛'，就要拔剑自刎，青蛇上前拦住她念：'娘娘还是好好地去求他，或者肯放俺官人，也未可知。'……青蛇这三句念白，好像跟她的性格不很统一，是否可以修改一下？"后来梅先生在政协演出就改过来了。在白蛇唱完"把命轻抛"仍要自刎时，青蛇拦住念："娘娘不必如此，待俺结果这秃驴性命，搭救俺官人。"这件事说明梅先生对待别人的批评是多么认真，切实做到闻过则喜，从善如流。同时这件事也告诉我们"圣人千虑必有一失，愚人千虑必有一得"。后来我们再演《金山寺》时，许多同行也跟着梅先生的改动而改正过来，也有些同行可能不知道梅先生修改了这句台词，见别的同行改了，也不考虑台词的改动是否合理，就去指责别人乱改梅先生的戏，以为对梅先生大不尊敬。这种事情在戏班是经常发生的。梅先生生前的一位老观众、老朋友名叫齐崧，在《谈梅兰芳》一书中就曾讲过这样一段往事：在他看梅先生的《廉锦枫》时，他就注意到梅先生唱完"将身跳入海中心"后，一次是面朝前亮相后转身下场，一次是用背面亮住，面朝台里跑下场，还有一次是且唱且跑，跑至进场部位时，随着锣经用一脚蹲下，做一大翻身，然后做一鲤鱼打挺的身段飞步下场。他说："由以上的3种身段，可以知道梅老板在台上的玩意儿不是一成不变的，而是时常改进的。有的人对梅派的做功和身段常因所见不同而会抬起杠来。其实可能两种都对，只是在不同阶段、不同场合而已。我发现梅老板有时在堂会演戏便与演营业戏时有所增减。……所谓艺术，可遇不可求……"凡是演员，对这个道理我想不难理解，如有人说某程门弟子乱改程砚秋先生的唱腔，这位弟子就对我说，程先生的一出《锁麟囊》就有7个版本，其实还是程腔。我追随荀慧生先生多年，他每场演出的唱念做舞可以说都有所区别，即兴的神来之笔往往给观众留下很深刻的印象。可是有的同行因为没有见到，就采取不承认的态度，不允许别人去学，否则就是篡改、糟改。其实，他们的无知在于不懂得艺术家的艺术不是一成不变的。梅先生就非常坦诚地说:"我是一点一滴地摸索出来的。"他在病逝前的一次谈话中还说:"我的戏装照片比较多,但有好有坏,例如早期《穆柯寨》左手持枪的照片就上下身不合,浑身是病。"请看梅先生对自己是何等严格、何等尖锐,这是一般人所能做到的吗?以上的事例也说明梅先生的戏是改出来的,梅先生的艺术成就是战胜落后、错误、不足才取得的。

有人可能认为我以上所举的例子都是梅先生的短处,甚至认为我在诋毁梅大师,而我认为这恰恰是梅兰芳之所以成为梅兰芳、之所以高人一筹的非凡之处。因为错误与落后无所不在,任何真理都是战胜错误的结果,先进总是与落后相对地存在。问题在梅先生敢于并善于发现自己的错误和落后,所以他改正的错误就多,进步得就快。而我们看不到错误,就以为自己没有错误,又怎么能进步呢?怎么能继承好梅派艺术呢?正如一位哲学家所说:"不要把错误引为单纯的一种耻辱,要同时看作是一种财产。"

"欲穷大地三千界,须上高峰八百盘。"事实说明梅先生也和普通演员一样,既非生而知之,也非天生奇才。他是在多少前辈的成就上发展而成为梅派的,他是在多少挫折、奋斗中才成为大师的。所以我们要像他那样转益多师,像他那样不断进取,使我们的京剧艺术日臻完美。

本文由北京市戏曲学校理论研究办公室协助整理

梅兰芳与昆曲

◎ 朱家溍

原载《中国戏剧》1996 年 4 期

京剧演员有本领的都自己要求以"昆乱不挡"为标准，科班学戏要以昆腔打基础。所以梅兰芳 11 岁开始登台第一次演戏就是昆戏《鹊桥·密誓》的织女。到二十多岁已经大红之后，在民国四年开始演《金山寺》《断桥》，以后陆续上演《牡丹亭·闹学、游园、惊梦》《风筝误·惊醒、前亲、逼婚、诧美》《西厢记·佳期、拷红》《玉簪记·琴挑、问病、偷诗》《金雀记·觅花、庵会、乔醋、醉圆》《狮吼记·梳妆、跪池、三怕》《南柯记·瑶台》《渔家乐·藏舟》《铁冠图·刺虎》。还有一出《红线盗盒》，原本昆腔演了十年之后，在承华社期间改成皮黄戏了。据梅先生自己说：民国四年到七年这期间，上演久已无人演的昆戏，以为上座不会好，可是实际和皮黄戏比并不差，并引起了社会上的注意，北大、清华都增加了南北曲的讲授。有顾君义的《又新日报》，邵飘萍、徐凌霄、王小隐的《京报》都常常发表有关昆曲的文章。同时韩世昌、陶显庭、侯益隆诸位的荣庆社也卖座很好，观众还有带着曲谱听戏的。

梅兰芳演出《红线盗盒》

梅先生所说的那个时期我还没看戏呢。我看梅先生戏是民国十年到二十年，也就是崇林社和承华社时期。上述戏码除《鹊桥、密誓》未再演之外，其余戏都经常排在演出剧目之中，我都看过，上座丝毫不次于皮黄戏。演昆戏的乐队最初有陈嘉梁，陈去世以后，有马宝鸣、迟景荣、霍文元，鼓板唐春明。据梅先生说："唐春明本是小荣春唱昆腔花脸的，后来嗓子坏了改行打鼓，一般生旦戏都能打，但稍冷一点的戏可能曲子不太熟，偶然不注意把底板漏过去没打。遇到这种情形时，陈嘉梁先生就看打鼓的一眼，到下一个底板时，把脚轻轻点一下地，就是告诉打鼓的，底板在这里。场面先生们有句术语：打鼓的道行大、打鼓的解着笛子；笛子道行大、笛子也能解着打鼓的。给我打鼓的近年是裴世长，本事好，平时总是严丝合缝的。因为昆戏是后学的，所以偶然也出现过迟景荣解着打鼓的。"这个"解"

字就是"押解"的意思。梅先生演昆腔戏，主要的配角有：姜妙香、姚玉芙、李寿山、郭春山、罗福山、曹二庚、谭春仲等，还有程继先、朱素云。另外，在抗日战争胜利时，梅先生在上海庆祝日本无条件投降，演了两期昆腔戏：《刺虎》《游园》《惊梦》《思凡》《奇双会》，是由仙霓社"传"字辈演员和俞振飞配演的。

梅先生的昆戏，最早就是他伯父梅雨田先生教的。从前的习惯，学一出昆腔，是请吹笛子先生拍曲子，等曲子完全熟透，再由演员先生拉身段、说念做。梅先生在民国初年开始，由他表叔陈嘉梁给拍曲子，后来又请来一位苏州的谢昆泉先生拍曲子。乔蕙兰先生、陈德霖先生、李寿山先生教身段和念做，乔蕙兰是光绪年间著名的昆腔正旦，在升平署当差非常红，是光绪皇帝最赏识的演员。从升平署的日记档、恩赏档可以看出乔蕙兰常常和王桂花合作生旦戏。王楞仙在升平署当差的名字叫桂花，乔蕙兰当差的名字叫阿寿，阿寿每场戏的赏银是二十两。我听一个太监耿进喜（王楞仙的徒弟，也是演戏的太监）说过：光绪皇帝常常喜欢到后台看演员们扮戏，事先传谕一切照常不准行礼，所以皇帝随意在后台散步。有一次阿寿正在描眉，皇上从他身后走过不留神碰了他一下。阿寿立刻问："这是谁呀？"皇上回过头拱一拱手笑着说："是我碰了你一下。"当时后台的人都替阿寿捏一把汗，没想到什么事都没有，那天照样得大赏。太监们说这个故事主要说明光绪非常随和宽容，另一方面也说明乔蕙兰的表演非常有感染力、能征服观众。乔蕙兰演戏我当然没看过。我幼年看梅先生的《黛玉葬花》，当黛玉听见梨香院女孩子们唱牡丹亭曲子的情节，在戏台上是由演员在幕后唱几句【皂罗袍】作为效果，戏曲界的术语叫作"搭架子"。这位唱曲子"搭架子"

的演员据说就是乔先生。在我的印象中他的嗓音还是很清脆娇嫩的。陈德霖先生的戏我看得很多，陈老夫子的青衣戏是人人都知无须拙笔赞颂。他的昆戏我听过《风筝误》及《昭君出塞》《刺虎》这三出戏，尤其后两出在当时看过的人也不多，现在可能知道的更少了。陈老夫子的《出塞》总的说，动作非常少，最末下场有三个加鞭，现在舞台上出现的各种跳跃式的动作，一连串的翻身等武旦身段一概没有，可是并没有呆板的感觉，而且戏非常足。出场时，从袖中取出折扇，慢慢打开，只这一个动作，就使你感到一位仪态万方的贵人照耀着观众。梅先生的昭君完全就是这个路子，我看陈老夫子的戏他已经是二十多岁的人，梅先生当年的容貌当然胜过他的老师，端丽二字，当之无愧。陈老夫子的《刺虎》，在"俺切着点绛唇……"一支曲子中声容并茂地已经把仇恨向观众表达无遗，所以在和一只虎见面时已经完全是"佯娇假媚"，没有在转过脸来时又咬牙切齿的指戳表情，一直到一只虎进帐入睡以后，唱"听房栊寂静悄无声"时，才又显示出杀气，我认为这是最适度的表演。李寿山我只看过他的花脸戏，据梅先生自己说李七先生教贴旦的身段表情是一绝，我从梅先生在台上春香和红娘的表演中，也足以看出李七先生教得好。

下面我再具体谈一点梅先生演的次数最多的两出昆戏：一出《水斗、断桥》，一出《游园、惊梦》。

《水斗》是曲谱上的旧名称，在京戏班一向叫它《金山寺》。梅先生在未南迁以前，长期在北京演出时，向来演《金山寺》，不连着演《断桥》，演《断桥》就单演《断桥》。这两出连着演是在上海开始的。关于《金山寺》在梅先生的《舞台生活四十年》第三集中，有一章"《金山寺》的双剑"。大意是说向陈老夫子学的是，白蛇始终手持双剑,在演的时候,梅先生改为起打开始用双剑,再上场就换了枪。以后凡演《金山寺》的演员都照这样演了。梅先生到中年以后,认为人的鉴别力是与年俱增的,用双剑原是这出戏的特点,而打一套大快枪,则在很多出武旦戏都有。这一改把特点改掉了,成为一般的套子。这种改法,不能说是改得好。这一章从第649页到第652页。原文很长,我在这里不引述了。大家可以看一看这一章。《断桥》在梅先生晚年也有改动。首先是把法海去掉了。还有白蛇、青蛇、许仙的位置,在唱"忒硬心……追思此事……"时,先后用手指着许仙,许仙向后退,碰到青蛇,赶紧转身,又回到下场门的位置。这个变化是过去没有的。《游园、惊梦》在梅先生昆戏中是演出场次

梅兰芳与韩世昌排演昆曲《游园、惊梦》

最多的剧目，每次看都觉得是一项最美的享受，虽是一出老戏，永远也没有陈旧的感觉。多年来至于说有什么变动？无非是曾经去掉过睡魔神，但后来又照旧了。堆花一场不用传统生、旦、净、丑角扮演花神，全用旦角扮花神等，这些办法并不是梅先生本人的想法。单说杜丽娘的表演，多年来看过多次我看不出有什么大改动。我问过梅先生，他自己说是："实际没有什么改动，有也很少，观众也看不出，例如《惊梦》【山坡羊】曲子，唱到'则为俺生小婵娟'时，离开椅子，到桌子外，唱'和春光暗流转……'。我跟陈老夫子学的时候，是从离开椅子转到桌子外边中间，慢慢蹲下去，起来再蹲，共三番，咬着袖子，微露一点牙齿，这是春困幽情比较露骨的表现，我年轻时就是这样演的。中年以后，我改成转到桌子外边，斜倚着桌，做出慵懒的情态，再一投袖，就完成了这一句唱词的表情。整个一出戏，我没增加什么身段，也没减掉什么身段，只有这个身段，我不过冲淡一些就是了。"这是梅先生的话，我认为传统戏不是不能改，如果说什么戏，一开始怎样演就一直怎么演，不能动，戏曲怎么会繁荣昌盛达到高峰。就拿这出《游园、惊梦》来说，从汤显祖编出来，搬上舞台，到今天，该有多少人演过多少次，才把这出戏演得这样让人百看不厌，应该说早就到了饱和点。我们如果有所改动，一定要谨慎再谨慎。凡是改动、突破，都要问为什么，不能为改动而改动，为突破而突破。一定要有目的。还有的戏能改，有的不好改。也有人的不同，有的人有资格改、有的人没有资格改。《游园惊梦》拍电影堆花一场，改成众仙女，最后花团锦簇地把杜丽娘和柳梦梅拥簇出来。后来不止一个剧团在舞台上也照搬这一套，实际是蠢到家的办法。戏曲舞台上，杜柳二人唱第一支【小桃红】，是两人的特写，下去之后，上众花神这相当于花园全景，大环境。众花神下去，杜柳二人上唱前腔，又是二人的特写。可是现在舞台上让众花神二次把杜柳二人拥簇出场，等于把二人的特写取消了。梅先生虽然拍电影听从导演的办法，但他表示过"舞台上不能照搬"。还有传统戏加布景，也是有过经验教训的。梅先生在上海唱《思凡》，剧场经理许少卿特制了一个罗汉堂的大布景，在演唱当中拉一次幕，把罗汉堂的布景换上去，等这支曲唱完要下山的时候又要拉一次幕，色空需要在幕外唱末一支曲子。等于开搅两次。在北京吉祥园，有一次演《思凡》，班主俞振庭派众武行扮成众罗汉。在前一支曲子中要拉上幕，搬上几张桌子，众罗汉摆出姿势，然后拉开幕，色空唱这支数罗汉，唱完又拉幕，幕后一阵骚乱声响，把下山的一支也搅了。梅先生在他的《舞台生活四十年》书中都批判过这些经历。

布莱希特·梅兰芳·斯坦尼斯拉夫斯基

◎ 沈 林

原载《中国戏剧》1998年7期

在广州举行的一次全国戏剧创作讨论会上，黄佐临先生……为促成戏剧界"百花齐放，百家争鸣"，扩大眼界，开阔思路，他援引西方布莱希特的理论以及布莱希特所尊重的梅兰芳的舞台实践，指出幻觉戏剧（即九十年前引入中土的"新戏"）以外还有另一份丰厚的遗产等待我们借鉴和继承。黄佐临先生为打破斯坦尼斯拉夫斯基体系一统天下的局面，为敦促国内戏剧工作者学习民族"旧戏"传统，举出了一东一西两个例证。随着时间的推移，黄佐临先生随手拈出的这两个不同于"新戏"的例子，连同斯坦尼斯拉夫斯基体系渐渐地变为"世界戏剧三大体系"。斯坦尼斯拉夫斯基、布莱希特和梅兰芳三足鼎立，这在我国戏剧理论界、戏剧教育界以及受过正式训练的戏剧从业人员中间，已经成为不容置疑的事实。但是，黄佐临先生并不是这仅仅流行于中国的"世界戏剧三大体系"的始作者。

"体系"之说起于斯坦尼斯拉夫斯基，古往今来的表演艺术家中唯有他这样看待自己的表演理论和实践。精确地说，这在很大程度上是一个表演教学体系。如果以斯坦尼斯拉夫斯基体系作为标准，一个表演教学体系的确立应当具有这样几个条件：系统有效的演员训练方法、严密的教学体制和固定的教学基地，用这一方法在这一体制下培养出来的演员，体现这一方法所追求的美学理想的作品。

梅兰芳与斯坦尼斯拉夫斯基

参照这几条，以梅兰芳为代表的京剧表演艺术确实形成了完整的体系。京剧表演的高度技术性决定京剧演员训练必然严格、严谨、严酷，这通过科班制度得到了保证。京剧的大师辈出、流派纷呈证明了这一方法和制度的有效，不同流派又都有代表人物手中的绝活撑持门面。

但是，用同样的标准衡量中国以外的表演艺术，且不说整个的东方，就是在远东（让我们暂且沿用这一标识西方殖民进程的说法），日本的歌舞伎和能乐、印度的乐舞"卡塔卡利"同样具有跻身世界表演艺术体系之林的资格。它们丰富、完整、严谨，训练方法和众多的作品一直流传到今日。

我们用同一条件衡量布莱希特，发现他并没有创立与著名的"间离效果"说相匹配的演员训练方法。这也是常为他的反对者所诟病的。

应该说，欲与斯坦尼斯拉夫斯基分庭抗礼的梅耶荷德更符合以上标准。在斯坦尼斯拉夫斯基为他提供的演员训练基地"小剧场"里，梅耶荷德将批评矛头直接对准了写实主义戏剧美学："戏剧是艺术，因此一切都应当遵循艺术的规律，艺术规律与生活的规律是不同的。"他为演员制定的1916—1917年训练计划包括意大利即兴喜剧的基本手法和原则，十七八世纪戏剧的有益手法，哑剧、印度乐舞、日本和中国剧场艺术和表演技法。这里所说中国表演技法当指梅兰芳无疑。这个训练计划提醒我们，梅兰芳和斯坦尼斯拉夫斯基之外还存在其他重要"体系"。显然，在这位德裔俄国导演眼中，梅兰芳既不据有独尊的地位，也不拥有三分之一的戏剧天下。

这中间，文艺复兴时期的"即兴喜剧"纯以演员的表演为中心；采用幕表制，故事情节固定；角色类型化，演员专攻其一，颇似戏曲行当。演出时，除了"小姐""小生"，其他角色全戴面具。鼎盛时期诸如"乔洛赛""贡费旦迪""尤聂迪""费戴里"等戏班的足迹遍及欧陆，意、法、德、西、俄、英的观众都曾领略过它的风采。名角如伊萨贝拉·安德利妮之流更是家喻户晓、脍炙人口。它还直接影响了莫里哀、莎士比亚、哥尔多尼和哥兹。今天在法国"白面丑"、英国木偶"潘趣和朱迪"、卓别林、去年诺贝尔文学奖得主达里奥·福身上依然可以窥见它的流风遗韵。

18世纪欧洲的表演艺术遗产中，法兰西的表演风格以具有音乐感的朗诵和雕塑感的形体动作著称。这或可追溯到罗马时代的演说术，可谓源远流长，但到今天已是日薄西山、气息奄奄。

至于哑剧"体系"，则非但不是需要拯救的"活化石"，反倒神完气足，在各个国际戏剧节上活像个得宠的顽童。它的掌门人大师勒考克和马赛·马索桃李满天下。1981年马索曾带着他的"比普"系列轰动京华。今天，我们欣赏王德顺先生表演时亦不当忘记它。法国哑剧"体系"具有强盛的反映现实生活的生命力，这是特别值得注意的。

以上例证说明世界表演艺术体系不止三家。不考虑时代种族地域历史，只按类型进行比较，则13家、30家也是可能的。同时，历史上新的体系、流派、学说又往往是通过提出新的问题或新的答案得以确立的。布莱希特的理论阐述虽然常常流于随感和漫谈，我们随手一翻，就会发现他的谈话都是沿着欧洲美学的脉络展开的。戏剧是娱乐还是教育，幻觉还是表现演戏靠理智还是情感，对这一系列西方美学史上的问题，布莱希特都进行了思考，并提出了自己独到或不太独到的见解。对其中一些问题，斯坦尼斯拉夫斯基也进行了思考并提出了不同的答案。基于这一点，我们理所当然地把布莱希特和斯坦尼斯拉夫斯基看作门户不同的两家人，尽管斯坦尼斯拉夫斯基有皇皇巨帙却缺少布莱希特的宏大眼光。斯坦尼斯拉夫斯基对于戏剧的讨论未能达到方法论和认识论的高度。对于戏剧的目的是什么，戏剧的主题是什么，戏剧何以成为戏剧这样一些要求，对戏剧本质进行反思的问题，他并没有像布莱希特那样认真思索，但对于从剧本到舞台的整个过程中的种种问题他却提出了系统的答案，所以我们应当尊奉他为亚里士多德美学在现当代舞台上的代表。

如果根据对戏剧的本质是什么这个问题的回答作为体系的标准，另一位西方同代人是很具竞争力的。阿尔托对于以上这些问题作出了完全不同于斯坦尼斯拉夫斯基和布莱希特的回答。在他看来，戏剧是开天辟地的神话、是神秘诡谲的仪式，是充满魔力的梦幻和激情。统领它、指导它的不应当是理性。戏剧的目的是释放观众潜意识中蛰伏的原始力量，不是心理探索、社会批判、人物刻画、哲学讨论。戏剧要达到这一目的必须抛弃对话。语言在舞台上出现时应当类似仪式中的吟诵。取代语言的表现手段应当是肢体动作。西方戏剧除了说话，还是说话，所以是苍白无力的。西方演员应当学习巴厘岛的舞人："浑身上下每一条筋骨、每一块肌肉都经过千锤百炼，都能任其调动。"最后，戏剧是艺术不是文学。阿尔托同时既和布莱希特又和斯坦尼斯拉夫斯基唱了反调。他的理论激励了法国的让·路易·巴侯和洛杰·布兰、英国的彼得·布鲁克、波兰的格罗托夫斯基等现当代导演大师，促成了重要戏剧演出作品的诞生和新的演员训练方法的出现。

相比之下，梅兰芳体系并没有关注戏剧是什么、为什么。可是我们戏剧研究者还是将他和布莱希特相提并论。当然这是事出有因的。1935年，梅兰芳率团赴莫斯科演出。在那里，梅兰芳、布莱希特、梅耶荷德、斯坦尼斯拉夫斯基的会合为世界戏剧史贡献了"间离效果"说。这也为日后"三大体系"说的兴起提供了一个契机。

作为戏剧艺术，中国的"旧戏"自有改革家心仪的"新戏"所缺少的魅力。由于历史的阴差阳错，在1935年时的俄国，倒是写实主义戏剧显露了陈旧气象。梅耶荷德倡导的是不同于写实旧戏的非写实新戏，他的艺术造诣表现在恢复为俄国旧戏的"真实感"掩盖了的"剧场感"。梅耶荷德的非写实戏剧观有着它的渊源。它与一战时期兴起的"形式主义"美学有千丝万缕的联系。俄国形式主义理论家什克洛夫斯基作出了"艺术就是技术"的著名论断，强调艺术创作中怎样表述比表述什么更重要，因为人们欣赏艺术时的乐趣来自过程而非结果，这个过程就是艺术家展示技巧的过程。形式主义者认为，技艺能将家常的酸醋点化成醉人的佳酿，让灰蓬尘封见惯不怪的日常物件焕发奕奕光彩，让观众瞠目结舌之后狂热地大声喝彩。这就是俄国形式主义的"陌生化"过程。它的效果是由观众求新猎奇的心理决定的。

是布莱希特独具慧眼，发现了这一美学原则在认识论上的功用。人的社会化过程正是一个"熟悉化"的过程，统治阶级的意识形态：教育、道德、法律、宗教……诱使和逼迫人们对于现行体制中的一切都熟视无睹、对于一切社会不公的怪现象都见惯不怪，继而心安理得，最终逆来顺受。一旦艺术家采用"陌生化"的原则审视社会现象时，他就引导观众对舞台下剧场外习以为常的人情世故重新审视、评判、思索。于是，以往的眼不见心不烦，可以一变而为今日的是可忍孰不可忍。这就是俄国形式主义的"陌生化"和布莱希特叙述体戏剧"间离效果"的本质区别。

今天，国内研究者业已指出，布莱希特的"间离效果"只是对京剧的一种阐释，其间多有误读。布莱希特之所以对京剧误读，是因为他关注的问题超出了京剧艺术家和京剧艺术的视野。布莱希特先有社会革命的思想再有戏剧革新的行动。对于他，戏剧是认识世界的手段、是分析矛盾的工具、是改造社会的利器。传统京剧艺术不具备这些功用，京剧艺术家也没有这样的抱负。布莱希特的误读其实正是他给我们的馈赠。他的戏剧告诉我们，思考是一种激情，而这正是传统戏曲这个体系所缺少的，在这个体系中所谓"间离效果"并不是启迪思维的手段。

　　"三大体系"说在方法论上是不够严谨的，对中外戏剧史的考察是不彻底的，对当代戏剧现状的调查是欠缺的。但是，它的提出是有着积极意义的。因为它促使我们用外国的眼光观察中国的戏剧，用中国的眼光观察外国的戏剧。

解读梅兰芳大师『移步不换形』之慨——梅兰芳诞辰一百二十周年祭

◎齐致翔

原载《中国戏剧年鉴》2015卷

梅兰芳大师诞辰两甲子了，他的音容笑貌却从未离开过这个世界。他为我们的时代、历史、未来留下的太多太多，只因他太美太美！他一生的成就、造诣可归为一个字：美。他造就了中国文化的一个奇迹，征服了所有曾经小看或不懂中国传统文化的外国人。

然而，他最为我们所熟悉的著名观点"移步不换形"，却有时令我们读之既明，解之又惑，总觉意在深山，读之慨然。"移步"真的能"不换形"吗？这问题困扰了我们近一个世纪。从哲学上来说，人只要动,就一定会改变原来的形态。同一条河里没有完全相同的两滴水。人迈左腿,身子自会向右倾,迈右腿,身子自会向左倾,何来"不变形"之说?梅大师未经深思熟虑吗?抑或,真的如他后来为此做的说明"移步必然换形",而自相矛盾吗?

梅大师的美,正在于他一生的矛盾和在深深矛盾中的艰难玉成,还表现于他的天道、仁人和绝顶聪明,把一个世纪之慨抛给我们,又同时给我们于继承、发展京剧最简洁、笃定,最富思辨色彩的教诲,力保其钟爱的京剧改革不走样、走偏。这是梅大师留给我们最重要也最宝贵的遗产。满怀深情,又使人玩味,绽放着不同凡响的理性之光,或许正是梅师生前所料到和期许的。其意义不亚于他留给我们的流派和经典。

大师的论断不是一开始,即使到今天都能被所有人准确理解的。人们知道,梅大师为此曾付出过被批判、作检讨乃至收回论断的代价。其时,百废待兴的新中国正努力医治旧中国留下的累累伤痕。传统戏曲在实行"改戏、改制、改人"的方针,提倡创新,许多反映新生活的现代戏和古为今用的历史戏被推出,但相当多令人不满意,主要问题在内容与形式的不协调。梅大师在一次记者采访中发出戏曲改革要"移步不换形"的忠告。实践证明,这忠告不仅在当时、且在后来、直到今天,对京剧和戏曲改革的创新,一直都起着拨正航船、指明航道的作用。

声势浩大的"改革派"发声,指责梅先生是"反对改革",应作检讨。后来,梅大师在天津一个剧目座谈会上所做的附带说明:"我的'移步不换形'是希望重视和研究京剧的本体规律,避免把路走错、走偏。我现在对这个问题的理解是:形式与内容不可分割,内容决定形式,'移步必然换形'。"

虽然通过大师的口把可能让人误解的命题说清楚了,但,大师毕竟是新中国戏曲界第一个"撞枪口"的人,涉身改革浪潮,何其不幸又何其有幸!内中有多少情与理可以说清?所幸,人们终于认识到,梅大师"不换形"的前提是"移步"!"移步"又"不换形"自然很难,不"移步"自不会"换形",但原地不动,京剧还能发展吗?那不才是不要改革吗?

勿将大师的善解人意看作"无奈"与"违心"。大师的一生就是改革的一生,"移步"的一生,直面改革、与时俱进的一生。否则,何以有梅派?大师的聪明,在于他没有单纯为解释而解释,为自己下台阶,而是发自内心的再谏再净,使之无可挑剔。

纵览大师一生,他无时无刻不在"移步",不在革新,又努力保持京剧的本体规范,使京剧的整体面貌和审美特征"不换形",以此推动京剧艺术的健康发展。

1907年,14岁的梅兰芳正式搭"喜连成"科班,除学戏、演戏,舍不得离开舞台一步。最多的是看谭鑫培、黄润甫、金秀山、杨小楼的戏。一天,黄润甫演出没什么反应,卸装后懊丧到连饭都不想吃。梅兰芳心疼地伺候他,还逗他开心,问他为什么能成为"活曹操"。黄润甫说话了,梅兰芳获得许多演人物的启发。小小梅兰芳就懂得广学博采。他向茹莱卿学武功,向李寿山学昆曲,向钱金福学小生,向路三宝学花旦、刀马。向路学的《金山寺》《贵妃醉酒》,一直唱到老,经不断提炼、加工,成为自己的代表作。他拜陈德霖为师。陈教他时,小福的纯青衣唱法,演出时捂着肚子,梅不愿学又不敢说,便提出向陈学昆曲,因昆曲边唱边舞,可以动起来。此时,他又发现和认识了兼取青衣、花旦、刀马旦、闺门旦、昆旦之长,对唱、念、做、打进行全面综合,创出"花衫"这一崭新行当的王瑶卿,欲拜师,王不肯,以平辈为由,要梅称他大哥。他教梅自己最拿手的《虹霓关》,梅演后大受欢迎,将惯于摇头晃脑"听戏"的戏迷变成瞪大眼睛"看戏"的戏迷,将乐于看老生戏的戏迷变成乐于看旦角儿戏的戏迷。王又教会梅重在表情和做派的《汾河湾》和《樊江关》。这是梅最早的"移步"和因此发生的"变形",不仅自己变,还带动观众改变了他们看戏的形态与情趣。将"捂肚子唱"变为载歌载舞。在梅兰芳看来,这"变形",是根据时代变化理所当然的"革新""发展"和"移步"。梅大师从小生性向新。

慈禧、光绪驾崩,艺人们不得不改行谋生。梅兰芳在家跟本是琴师的大伯学修表。大伯每天给他吊嗓,教他一些没学过的戏。他对《玉堂春》最感兴趣,但怕这么长的戏跪着唱到底,观众不欢迎,提出能否将唱腔改得更优美、更传情?一天,大伯从外面回来,将一位外界朋友编创的《玉堂春》新腔唱给他听。新腔娓娓动听,却不露斧凿痕迹,梅立即请大伯教会他并首演新腔。他还主动去观摩上海来北京演出的改良话剧《禽海石》《爱国血》等新剧,更加有意识地关注社会上对保皇、立宪、革命等国家大事的讨论。

帝制结束,民国诞生。梅不再像他父辈那样局限在狭小的戏曲小天地里,而自觉地向一些朋友学文学,学绘画。银行家冯幼伟给他的书斋起名"缀玉轩"。梅艺术上的"移步"源于他对时代、生活的关注、体察和自愿贴近。政府下令剪辫子。他率先剪掉了自己"脑后这根讨厌的东西",又动员大伯剪掉,他还要为跟包大李和佣人宋顺剪辫子，吓得二人跪地求饶。梅趁夜里他们睡熟，偷偷剪掉他们的辫子，并给他们一人买了一顶毡帽。梅软硬兼施将全家人一同推进新时代。

为传播新思想，提高同行的文化修养，田际云发起成立"正乐育化会"，请谭鑫培任会长，梅积极加入。一次，一个叫齐如山的京师大学堂教授应邀到会演讲，谈他在西欧观剧的体会，赞美外国戏剧的先进，批评中国京剧的落后。许多人摇头反对或不以为然。唯谭鑫培说："听您这些话，我们都该愧死。"梅兰芳深以为然。一天，他收到齐如山一封长信。信里对他在《汾河湾》里的表演详细提出意见，梅回信致谢，邀齐过府一叙。齐囿于周围环境乃至家人对艺人，尤其对男旦艺人的偏见，不敢贸然与梅交往。但他每看一次梅的戏，都给梅写信，肯定成绩，提出意见，后又在信中谈了他对国剧研究的收获与心得，检讨过去对京剧的"无知"与"狂妄"。梅很感动，遂登门拜谢，由此结下梅、齐一生半师半友的情谊。虚心，听得进批评意见，成就了大师不断的"移步"和前进。

1913年，梅随王凤卿第一次去上海演出，期满后老板要求加演。王趁机给傍自己的小老弟挣得一个演"压台戏"的机会，北京人叫"大轴"。梅不满足把那些老腔老调的戏拿来"压台"。《玉堂春》有新腔、头二本《虹霓关》有身段表情，他也认为分量不够，还属老戏范畴。这时，北京的朋友冯幼伟、李释戡专程来上海看他，为他出主意，要他以刀马戏"压台"。梅同意并尽快学会了唱、念、表情、做功并重的刀马戏《穆柯寨》。梅第一次在上海唱大轴；第一次以青衣兼演刀马；第一次扎靠。以勇敢的自我超越在上海一举走红。上海观众热烈欢迎他勇敢的"移步"和"变形"。梅对上海的新布景、新灯光、新舞台感兴趣,便想多看看、了解一些与北京完全不同的上海。他看了《黑籍冤魂》《新茶花》《黑奴吁天录》等时装戏和欧阳予倩的春柳社演出的中国早期话剧《茶花女》,激发了他编演时装戏的念头。

回京后,朋友送他几个时装戏剧本。他选中北京发生过的一件真人真事改编的《孽海波澜》,表现逼人为娼、虐待妓女、人贩子被惩、妓女终与家人团聚的故事。不料,却遭到"缀玉轩"师友的反对。他们以为排这样的新戏有损梅的形象。梅却以他们曾鼓励他排演同是表现妓女生活的新腔《玉堂春》和从未演过的刀马戏《穆柯寨》为由,请他们支持他排演这出有崭新意义的《孽海波澜》。梅的第一出时装戏便表现了他贴近生活乃至大胆干预生活的理念,即使老友反对也不妥协。可见,目光、见识、勇敢、担当,是"移步"者必需的品质。他向诸师友表明他对所有苦难中妇女的同情,说妓女是妇女中苦难最深的人,更需爱护和救助。他是演旦角的,没有理由不去表现她们。众人默许。

剧本需重编。齐如山允编剧本兼做导演,且摒弃传统习见,毅然以京师大学堂教授身份"下海",成为"缀玉轩"重要成员。一天下夜戏后,齐将梅带到前门外八大胡同,要他去一妓院观察体验妓女生活。梅不敢进门,被齐推了进去。梅向接待他的妓女说明来意。妓女仰看这位第一次把她当人看的"嫖客",向他诉说自己的悲凉身世和渴望从良的心愿,指望自己也能像苏三一样,遇到一位多情的王公子。梅爱莫能助,感慨莫名,只以好言相劝,怅然道别。

《孽海波澜》演出后,受到观众的热烈欢迎和社会的格外关注。听惯了梅兰芳老戏的观众,见他时装打扮,声韵别出,耳目为之一新。吴震修、齐如山又为梅编写了时装戏《宦海潮》和《一缕麻》。梅二次去上海，决定不再让戏剧站在旧的圈子里，而要走向新的道路，演出了揭露官场阴谋的《宦海潮》，又排演了反映婚姻自主的《邓霞姑》和《一缕麻》。许多女观众看《一缕麻》时泣不成声。一位姓万的先生带着女儿到后台向梅致谢，决定按梅戏里控诉的那样，解除为女儿包办的婚约，还女儿以自由。梅受到深深的激励。

梅兰芳演新戏，不是领导指派，也不是师友撺掇，更不是为了挣钱，而是出于一个演员的志趣和责任，追求演员的品位和价值。试想，一个有出息的演员，演了多年戏，成了某流派传人、名演员，仍不思改革、创新、移步、排演新戏、做成自己，他这一生，岂不可惜？想想梅大师，该如何珍惜京剧？珍爱自己？为保持"不换形"而不敢"移步"，是对大师教诲的最大曲解。

梅兰芳生性好文。罗瘿公介绍王梦白做他绘画的启蒙老师。梅向王学画翎毛，向姚茫父学画佛像，向齐如山学古文诗词和外国戏剧。梅从中得到艺术的陶冶。他对古代仕女情有独钟，对比自己演过的各类传统女性角色，感到京剧虽是大众文化，也应俗中有雅。他想尝试排一些新的不同于传统老戏的古装戏，赋予京剧旦角儿以宛如诗画般的古典美。

梅兰芳常辗转反侧夜不能寐，悄悄下地画他心目中的美女。缀玉轩里，多幅嫦娥画图并列争艳。梅兰芳画的嫦娥与众不同，且引起争议——明清画里的嫦娥都是短水袖，梅兰芳画的是长水袖；他将嫦娥的扮相改成古装，不贴片子，梳大头，不穿传统的褶子和帔，却保留传统的长水袖，似乎矛盾。齐如山、罗瘿公等表示理解和赞同，认为："化装、服饰已是新的，长水袖是舞蹈的需要，而舞蹈是梅兰芳古装戏的重要特征。明清画里的嫦娥也是人画的，不必拘泥。"即使是绘画，梅兰芳也从未"故步"。他想起儿时对母亲的承诺——他曾立志学武生，尊母命改学旦角儿。他有责任让母亲更美丽、更安详、更纯洁、更典雅。梅兰芳心仪古装戏，是为让他扮演的女人更美！

1915年夏，他演出了他的第一个古装戏《嫦娥奔月》，创造了新的古装头饰和服装，用了追光，载歌载舞，如诗如画，旧式舞台装扮为之一新。继时装戏后，梅又创演古装戏，又一次勇敢"移步"。各报刊盛赞京剧舞台上出现了真正的美女。有评论说：古装戏的美在于它的飘飘欲仙和与生活的距离，建议他以后只演古装戏，不再演时装戏。梅对此又有自己的看法，认为："飘飘欲仙也是生活的反映。嫦娥离家是

梅兰芳演出《嫦娥奔月》

为不美好生活所迫，到了天上又向往人间，想过最现实的生活。想到她，我就想起出走的娜拉，想到小时躲避八国联军的母亲。"他主张古装戏、时装戏、传统戏，都需与大众的情感相通。美，则是任何时代人对生活的必然追求。梅从对生活的观察和对艺术不断移步的实践中日趋加深了对戏剧与生活、戏剧与人，及戏剧与美的关系的认知。他"与时俱进""向新""向美"的"移步"愈加自觉。梅的第二个古装戏是《黛玉葬花》，也是他的第一个红楼戏。他将电

光、布景、道具融合在一起，营造出诗的意境。

梅兰芳已成京沪名角儿，大把包银等着他赚，却突然停止了一段时间的演出，集中精力研习昆曲。他向陈德霖学，拜李寿山、乔蕙兰、孟崇如等为师，还从苏州请来谢昆泉老师为他拍曲。他一口气学了二十多出昆曲，在吉祥戏园演出。梅停演了最叫座的古装戏和时装戏，而集中学演昆曲，为的是抢救已然衰落的昆曲艺术，认为这是他对昆曲，也是对京剧的责任。京剧想歌舞并重、更美、更雅，必须向昆曲学习。梅兰芳为继续"移步"自觉地向昆曲汲取营养。第三次赴沪，梅将他新排的古装戏、时装戏、传统戏、昆曲戏轮流上演。

不重复自己，不断有新玩意儿奉献给观众，不断变化"移步"，是梅兰芳总能吸引观众、创新自己的重要原因。

梅兰芳停演时装戏，是感到那些时装戏，内容、技巧都不够成熟，短时间内难以解决。即使观众感到新鲜，他也要对观众、对艺术负责。这是梅大师对京剧"移步换形"或"移步不换形"最早的感悟和思考。对京剧时装戏不成熟的实践，对大师触动很大。他的退一步，是为将来的进三步做准备。时装戏的实验和它后来的辍演，抒写了梅大师勇于创演现代戏的可贵的历史篇章，证明了梅大师紧跟时代无私无畏的艺术品格和不怕失败、又能正确对待失败的湛湛胸怀。后来，1958年，他任院长的中国京剧院终于率先成功地创演了有口皆碑的京剧现代戏《白毛女》，由他的后来人接力完成了他未竟的事业，并带动了全国创演现代戏的热潮。他担心的许多内容与形式不协调的问题得到初步解决，将他的京剧改革"移步不换形"向前推进了一大步。

与此同时，梅大师对京剧改革的"移步不换形"做了身体力行的示范和表率。解放初第一届全国戏曲会演，大师即以崭新的《贵妃醉酒》奉献于国家和人民，他以深刻的心理刻画揭示了贵为封建宫廷被宠幸后妃的不幸与悲哀，从内容到表演美不胜收，人称："化腐朽为神奇"。

此后，梅兰芳荣任中国戏曲研究院院长和中国京剧院院长，中国文学艺术界联合会和中国戏剧家协会副主席，还担任了全国政协和全国人大常委会委员。公务缠身，演出很少，头上的光环愈来愈耀眼，他的代表作都成为"经典"，任何批评也没有了。梅兰芳成了偶像，并成了领导。他频繁出席各种会议，参加各种活动，会见外宾，接受采访……可他心中乃至梦里经常呼喊："感谢领导的信任，我是个演员，我要排戏，排戏，演戏，演戏！"

1959年春，梅兰芳拿到中国京剧院专门为他编写的《龙女牧羊》剧本。梅感谢剧院对他的关心，但表示他不再适合演小龙女，不仅因年事已高，他心中也已"另有他人"。他要将不久前看过的马金凤主演的豫剧《穆桂英挂帅》移植改编为京剧演出，决心在有生之年演一回他自己，填补他生命的缺憾。他甚至在梦里高呼："我要找回我自己！"他第一次去上海演出了青春靓丽的穆桂英，半生过去了，如今，他是多么眷恋并理解体味年过半百、赋闲在家的穆桂英请缨上阵、杀敌报国的焦渴内心啊！

戏曲移植改编其他戏曲剧种，内容基本不变，但梅大师仍坚持他一贯的创新理念，要求从内容到形式都必须是京剧的和梅派的。一、唱不能太多，要能留得下、传得开；二、要动起来、载歌载舞；三、要开掘人物的内心世界，突出人物的生命质感。他要重新塑造一个崭新的、京剧的、梅派的,将传统意蕴与现代精神融合一道,广大观众既熟悉又新奇的穆桂英。他认为,无论移植还是改编,都要有自己新的创造,以突出本人、本剧种、本行当、本流派的优势、特色,给观众以新的感悟和美的鉴赏。梅提出,豫剧原剧及已有的梅派剧目和大量的京剧传统剧目都可借鉴,但不可照猫画虎、照搬程式、缺少越雷池的创新。

看准《穆桂英挂帅》的核心与精神在"挂帅"。梅决定,京剧《挂帅》的重点,应围绕"挂帅"两句,其余部分尽量简洁。他将他的想法说给剧本的改编者听,征得她们的同意,又请来剧中演重要角色的李少春、袁世海、李和曾、李金泉等,说明他要精心创造"挂帅"一场的身段和舞蹈,要借鉴除旦角以外的武生、花脸等行当的手、眼、身、法、步,请大家帮他出主意、想点子,激发了全院的创作积极性。

马金凤的"捧印"主要靠唱。从"老太君为国要尽忠,她命我挂帅去征东"一直唱到"……我若是不到校场去传令,聚将钟啊!聚将钟催得我两耳轰。……想当年我跨马提刀、威风凛凛、冲锋陷阵,只杀得那韩昌贼他丢盔撂甲、抱头鼠窜、他不敢出营。……如今安王贼子反边境,我怎能袖手旁观不出征?老太君她还有当年的勇,难道说我就无有了那当年的威风?"再接唱"我不挂帅谁挂帅?我不领兵谁领兵?我怀抱帅印我去把衣更,到校场整军我去把贼平"。"挂帅""领兵"两句并未特别突出,整段唱也非全剧核心唱段,而是为后面"扎靠出征"一场更长的主唱做铺垫和引导。豫剧《挂帅》乃至豫剧马派至今最经典、最流行的唱段依然是《挂帅》的最后一场:"辕门外三声炮如同雷震,天波府里走出来我保国臣。"

前后两段都唱〔二八板〕，旋律、节奏大体相同，均靠气势取胜。这符合豫剧观众的审美习惯。考虑到京剧艺术的规律和京剧观众的需求，压缩原剧唱词是必须的。将"我不挂帅谁挂帅？我不领兵谁领兵？"作为梅派《挂帅》意蕴的核心与灵魂，既突出了思想，也加强了艺术，并使其愈具观赏性。梅兰芳决心让穆桂英不仅要唱起来，还要舞起来，人要动起来，心也要扬起来。遂有了穆桂英手捧帅印的满场飞舞。

歌舞并重是梅派艺术的重要特征。歌舞并重使京剧在当年的花雅之争中风头独劲，大大增强了京剧艺术的表现力与观赏性，将表演引向细腻、婉约、婀娜、雅致。"捧印"以夺人眼球、美不胜收的水袖、台步、圆场、转身、抬头、颔首、指法、眼神，刻画穆桂英内心世界的剧烈矛盾和心路历程，将震撼写优美，融体验于程式，将豫剧原来的大段唱腔浓缩为只有八句的短小精干、华彩玲珑的〔快板〕，前后各以四句〔散板〕尽起承转合之功。"一家人闻边报雄心振奋，穆桂英为保国再度出征。二十年抛甲胄未临战阵，哎，难道说我无有为国为民一片忠心？"前三句半十分平和，到"一片忠心"陡然峭立，将观众感情推向峰峦。霎时金鼓齐鸣，人嘶马吼。穆桂英双目炯炯，如临战阵，〔望家乡〕〔快板〕冲出："猛听得金鼓响画角声震，唤起我破天门壮志凌云。想当年桃花马上威风凛凛，敌血飞溅石榴裙。有生之日责当尽，寸土怎能够属于他人！番王小丑何足论，我一剑能挡百万兵。"唱完，激情四溢地捧起帅印转身亮相，英气逼人。此时，铿锵齐鸣的〔九锤半〕和〔走马锣鼓〕间不容发地将穆桂英连人带心催上不可抑制的感情之巅，而后再毅然决然地用〔散板〕唱出穆桂英——一个伟大爱国者，也是一个最美女人美到极致的生命呐喊:"我不挂帅谁挂帅,我不领兵谁领兵!叫侍儿快与我把戎装端整——"穆心如潮涌、由慢而快的"圆场"带领全场观众与她一起奔向杀敌报国的战场,最后唱出她掷地有声的坚定信念:"抱帅印到校场指挥三军!"穆桂英最美的捧印亮相于此时定格。至此,梅派《挂帅》的立意与核心表演精彩完成。

光提炼、加强原作的思想意蕴不够,还必须想到移植改编为京剧后的可看性和能否发挥京剧艺术特长、绽放京剧自身的艺术魅力,为传统京剧的固有优长注入新的活水。梅大师的实践是将京剧艺术全面推向新时代的光辉范例,也将他的戏剧人生和人生戏剧演绎到极致。他的壮心与童心在刹那间重合,他的缺憾与憧憬在刹那间互补,他富有创造力的生命在刹那间得到永恒。他的"移步不换形"从内容到形式均演绎到极致。我们愈加读懂了他:什么叫"我要找回我自己"。

如今,我们看到、想到穆桂英,就如同看到、想到梅兰芳,他就是巾帼;看到、想到杨玉环,就如同看到、想到梅兰芳,他就是美人。这一切离不开他一生对美的不舍和对"移步不换形"及"与时俱进"的践行与追求。他永不停步,当《贵妃醉酒》已风靡华夏、醉倒国人时,他毅然再演长达四本的《太真外传》,用最华丽的灯光布景、最新的唱腔和最新的舞蹈,将杨玉环对爱情的沉湎发展为对爱情的献身,更升华为对爱情和生命的永臻。那里有他新编的、传统京剧从未有人唱过的"反二黄四平调导板、原板、散板"——他创造的新板式、新调式、新腔、新韵,更有人们耳熟能详却又新意盎然的"二黄碰板·杨玉环"和"西皮二六·挽翠袖",被做成"一唱天下知""人人皆太真"的流行唱段,至今仍到处回响。梅派的魅力可见一斑。

梅大师一生创演的新戏多达数百出，每年有新戏问世。他为何能创立流派、成为大师，对我们今天的青年演员，包括培养他们的院校、剧团，当有很大的启发。时代进步了，今天会有不同于昨天的做法，但若无新戏可排的实践，演员是断不能进步的。其实，梅大师的每个新戏、新人物、新舞蹈、新唱腔，都镌刻着他新的"移步"、新的"换形"、新的"不换形"和新的成熟。我们天天喊"移步不换形"，可扪心自问：我们今天或明天、今年或明年可曾真的"移步"了吗？倘不肯或不得"移步"，如何去实践和体验我们的"换形"或"不换形"？

提起梅兰芳抗战，令人肃然起敬。梅兰芳蓄须和瞒着家人注射伤寒针，造成自己高烧，以骗过日寇，达到不给敌人演戏的目的，实是将生活变成戏剧，在人生的大舞台上演出了他作为一个中国人、一个有气节的中国艺术家最威武豪壮的一幕，实现了他儿时想演武生、征战沙场的梦想。梅大师在国破家亡山河碎的战场上，演绎了他最伟大、最智慧、最满怀报国豪情的一幕！实现了人生最涉险，也最风流的"换形不换胆"的"移步"！

华北沦陷，梅大师举家南迁，创排新戏《梁红玉》，擂出誓死抗击敌酋的震天鼓响，继而又唱出战争中人民流离失所、渴望家人团聚的《生死恨》，并拍成电影。想想那时的梅大师，我们今天排新戏的困难能与他同日而语吗？梅大师战时的排戏，与平时相比不也是在特别困难的环境下坚持"移步"、坚持"创新"吗？《生死恨》"夜织"的［二黄导板］［摇板］［回龙］［慢板］［原板］［垛板］，由沉重到激昂到奋起，在板式的衔接上新意多多，"夫妻见面"的

［反四平碰板］唱出离乱亲人感人肺腑的挚爱深情，"撒手人寰"时的最后一句［散板］："留下这清白体还我爹娘。"将至死也要清白做人和对爹娘不舍的恩情熔为一炉。梅大师战时的创造、新意，丝毫不逊于平时。《生死恨》一经问世便成为大师最负盛名的代表作，蔚成大众感时伤怀的自慰心曲。

梅兰芳访美，是体现梅兰芳"移步不换形"的又一重要例证。

1930年，梅兰芳访美前得知美正遭遇经济危机，美方劝梅取消行程，缀玉轩诸友也希望他暂时放弃。梅以"一切已准备好"为由坚持要去，纵使破产也不后悔。其真实原因在于他内心的不平、纠结与愤然。行前，为促进梅访美做了许多准备和宣传的美国华美协进社社长孟治来访。他敬佩梅为访美所激发出的巨大热情，但仍不动声色地拿出美国戏剧家雪顿·切尼刚出的一本书给他看。书名是《戏剧三千年》。他已译成中文。切尼说中国戏剧"虽有儿童似的神仙故事的清新，却又是种四不像的戏剧。中国戏剧内容过于简单，缺乏深度，表现了中国人无知的天真"。他告诉梅兰芳，对于大多数美国人来说，对中国，只是从华人手工操作的洗衣坊和经营"杂碎"的小餐馆里了解一些，他们还常常传播着关于鸦片烟馆和赌窟的传说，有位到过中国的伦伯先生到处跟人说中国人缺乏艺术美感，京剧吐字是单音节的，是一种刺耳的假嗓音，加上喧嚣的打击乐，简直不可忍受。梅兰芳压抑着内心的愤怒，握着孟治的手，感谢他的提醒和激励。梅为此要为京剧、为他的国家悠久而灿烂的文化去征战，困难再大，也绝不后退。他要把最传统、最具中国特色的原汁原味的京剧呈献给世界，他的决心源于他的自信。他访美首演的剧目是《汾河湾》和《刺虎》这样两出地道传统的京剧和昆曲小戏。

他虽多次演出，却完全是"移步不换形"的中国观众最熟悉的演出。现在他要拿给美国人看。

与在国内演出唯一不同的是在演出前用英文介绍简要的剧情："第一出戏是梅兰芳先生主演的由《汾河湾》改编的《可疑的鞋子》，是从军的薛仁贵十多年后还窑，看见妻子柳迎春床下有一只男人的鞋子而疑窦丛生的故事。"很多美国人笑了。丝织的绣幕开启了，光逐渐暗下来，随之而起的是一阵不算喧闹的中国管弦乐。乐声一停，帘内蓦地闪出一个腰肢纤细的东方女子。她身穿蓝色丝织长裙，目光蕴藉含情，脸蛋儿细嫩动人。在细微的小锣乐声里，她轻移足下彩鞋，在台上缓缓地兜了个圈子……又兜了个圈子，到了台口。那一出场就不停顿地飘飘走动的她，忽地随着乐声的变化，来了个"亮相"——刹那间的停顿——如雕塑般造型，接着是一个"反身指"——那如兰花花瓣一样的手指不知何时从她那拂动着的水袖里露了出来……这一指非同小可，台下人竟像触了电似的逐渐紧张起来。他们在心里说："那是什么？""是手指吗？""不是，是一朵绽放的花！"

剧场外十分寒冷，大西洋的海风吹拂着，爵士乐的旋律荡漾着，华尔街的眼睛闪烁着。唯有在号称"五洋杂处"的世界第一大都会的闹市中心，静静地矗立着一座来自中国的艺术之宫，在无边的冬夜中，射出暖意融融的光。空气中飘洒着悠悠的歌声："儿的父，去从军……"大街上，许多行人——白皮肤、黑皮肤、棕皮肤、黄皮肤……驻足倾听。他们没买到票。

《可疑的鞋子》演完了，又有人介绍："梅兰芳先生的第二出戏是《刺虎》。与刚才的情形完全不同，他扮演一位东方的新娘，却为着心中的情仇刺杀了她的新郎。她的名字叫费贞娥。"一个一头珠翠、一身红妆、貌若天仙的美少女出现了。她衣饰之华丽、容妆之美艳、身段之婀娜，与第一出戏的"青衣"判若两人。娇小的新娘向贪婪的新郎敬酒，嫣然与张狂共笑。数千观众的心与费贞娥的心共跳，如静夜中的钟摆，"突突"作响。新郎醉意沉沉，新娘搀扶他步入罗帐。突然，新娘抽出怀里的剪刀向他刺去——一个强悍的庞然大物哀号着倒下去了！"啊！……"观众惊叫着，有人跳起来叫好。他们不懂，此刻不是叫好的地方。但，他们不管。男观众使劲跺地板，女观众擦眼泪，唏嘘之声不绝于耳。

剧院内灯光大亮。全体观众站起拼命地鼓掌。"费贞娥"不断地谢幕，下去又上来，反复多次。她热情地向观众道"万福"致谢，观众仍无一人肯离去。这一次"费贞娥"进到幕后，较长时间没出来。观众还是"赖"着不走。突然，一位神态儒雅、风度翩翩、身着长袍马褂的男子走上台来，微笑着向观众颔首致意。一女士介绍："这就是和大家共度美好夜晚的中国艺术家梅兰芳先生。"

"哇！这就是刚才的柳迎春和费贞娥吗？""那柔声细语、婀娜多姿的美女果真是这位男人扮的吗？""天哪，他是上帝造的吗？"

次日黎明，纽约各大报纸盛赞文章铺天盖地而来……

罗伯特·里特尔："这是我看戏生活中最美妙也最兴奋的一个夜晚。梅兰芳在舞台上出现三分钟，你就会承认他是你所见到的世界上最杰出的表演艺术家之一。他集演员、歌唱家和舞蹈家于一身而又水乳交融，而在西方，这需要三类艺术家分别去体现……"

吉尔伯特·赛尔迪斯："美国观众欣赏到的是梅兰芳的特殊体质，他对身体绝对有把握的掌握和控制，他那异常敏锐的眼睛和一双灵巧的手,他那完整的表演特色和他那一直深入角色的情绪……"

约翰·梅逊·布朗:"你不需要花多大工夫就能认识到梅兰芳是一位多么罕见的风格大师。他以变化多端的表演方式揭示他那炉火纯青的艺术,这表现在他所完成的各种手势上,表现在他用极其优美的手势摆弄行头而出现在每个新位置时手指的纤细的姿势上,表现在他运用身躯的准确性上,表现在他的一切动作都流露出的美丽的图案上。"

尤金·奥尼尔:"我在两年前的话剧《奇妙的插曲》里运用的'旁白',在京剧里竟已存在几百年!""相比之下,我们的表演似乎没有传统。我们的戏剧形式显得僵硬刻板,在想象力方面远没有像京剧那样驰骋自由。"

纽约四十九街剧院门前,排队买票的观众数以千计。

梅兰芳接连演出了扮相不同、神采各异的虞姬、杨玉环、天女、花木兰、萧桂英、春香、廉锦枫……都是地道的京剧传统戏。

在纽约最后一场演出结束后,为答谢观众的盛情,梅兰芳同意与在场的每一位观众握手。卸了妆的梅兰芳坐在舞台上。观众排起长队,依次由右边上台,一边走一边与梅兰芳握手,然后由左边下。队伍走得很慢,握手时都要仔细地看看梅兰芳的手和脸,有的还要交谈几句,特别是美国老太太们,她们似乎爱上了他,握着手不肯走。她们说:"《可疑的鞋子》让我心酸。你生得这样好看,薛仁贵一定非常爱你,他赔礼的时候,你最好不要轻易就回心转意答应了他,非难难他不可!"

"《贵妃醉酒》让我好气。跟皇帝约好一处饮酒,等人家把地方也打扫干净了,酒菜也预备齐了,可他找别人去了,杨贵妃怎么能不难过?"

"我看了几回戏,总没看见你的手,看了《打渔杀家》,才见到了!我简直没见过这么美的手!我盼望你以后演戏务必穿短袖,好让你那美丽的手永远露在外面。"

"以前听说:'中国女子不做什么事,整天只是在家里伺候她丈夫。'一看梅先生的戏,才知中国女子有本领、有道德的极多!比如:柳迎春是那样的能吃苦,却又那样的能宽容别人;费贞娥是那样的忠烈、有机谋;花木兰小小年纪,竟能大战沙场;廉锦枫又是那样的孝,竟敢潜入深海,为母亲摸参。我们看戏的人都爱死了她们!"

梅兰芳激动地站起:"谢谢亲爱的美国观众,谢谢你们的爱护和理解,你们看懂了我的戏,看懂了中国妇女的美丽、智慧和善良,这是对我最大的奖赏!"

美国两所大学——波莫纳学院和南加州大学决定授予梅兰芳文学博士。起初,梅想谢绝,认为自己没有那么多"文学",获"文学博士"是浪得虚名。齐如山等却坚定地认为:"你的表演就是文学!不仅代表中国,而且代表东方!"并告诫他,"你的荣誉不仅是你个人的,而且是民族的和京剧的!"

在南加利福尼亚大学礼堂,梅兰芳的答谢词变成演讲:"很多朋友问:京剧的精神是什么?我理解:京剧的精神和中国传统文化的精神、中华民族做人的精神一样,可以概括为四个字——'忠、孝、节、义',提倡的首先是忠于国家,孝敬父母,也可以概括为五个字——'仁、义、礼、智、信',仁字当先,仁者爱人,提倡天下人的友爱。作为一门艺术,也可以用四个字来说明——'博、大、精、深'，具有很深的艺术境界。中国大画家张彦远在他的《历代名画记》里有一段话，可借用来形容京剧的境界：'顾恺之之迹，紧劲连绵，循环超忽，调格逸易，风趋电疾，意在笔先，画尽意在。'在中国，达到这一境界的，是我的前辈谭鑫培和杨小楼先生。他们的表演显示着完美的中国戏曲表演体系……"梅兰芳将接受博士荣衔的讲台变成阐释中华文化、解析京剧本质、推崇前辈师长的讲坛。

六年后梅兰芳访苏，愈加体现了他为京剧和中国戏曲寻求理论支撑、谋求京剧和中国戏曲在戏剧理论层面和世界范围内更加科学的、合乎艺术规律的发现与认知。

一天夜里，梅兰芳接待了一个青年人来访。他彬彬有礼道："梅兰芳先生，我有幸参加了上午的座谈会，本想发言，可觉得我是个晚辈，又是从德国来避难的。他们都是声名显赫的大戏剧家，他们围绕您已争得不亦乐乎，我插不进去。"梅兰芳知道，那一串响亮的名字是：斯坦尼斯拉夫斯基、戈登·克雷、梅耶荷德、泰伊罗夫、皮斯卡托、爱森斯坦、丹钦科……大师们的发言仍在梅耳畔作响——

丹钦科沉稳而潇洒："梅兰芳以一种完美的、在精确性与鲜明性上无与伦比的形式体现了自己的民族艺术……"

泰伊罗夫严谨而细致："这种综合性戏剧具有极不寻常的有机性。它是一种遵循原则与创造性相统一的艺术……"

梅耶荷德激情而刚健："我惊奇，是因为我的思想被一种如此古老深厚的戏剧传统证实，从而使我更加坚定地走向戏剧的假定性和表现派。我决定：把我正在排演的新戏《聪明悟》全部推倒重来。啊，我亲爱的老师，请您原谅您的学生没有遵循您的原则。"

满头银发、精神矍铄的斯坦尼斯拉夫斯基显出异样的执着："我欣赏并尊重梅兰芳博士的非写实主义的艺术手法及其所代表的艺术思想，正如同我相信并坚持我的艺术理想一样。自然，对于任何一种不同的艺术实践和艺术追求，即使与我迥异，即使是我的学生，也毫无芥蒂。我认为，梅兰芳最动人之处在于他塑造的各种不同的人物，尽管手段不同，但在表演时'进入角色'这一点，和我主张的'第四堵墙'是一致的。"

爱森斯坦睿智而超然："我赞同斯坦尼斯拉夫斯基老师的执着，更欣赏梅耶荷德敢于反叛老师的勇气，他们不同，但都从梅兰芳那里获得自己所需要的理论印证。这足以说明问题。梅兰芳非常细致又非常概括的性格刻画方式，是由他所代表的深厚的文化传统所形成的。这一概括达到了象征和符号的地步，而具体的表演又体现着表演者的个性特征。他的表演奇妙而又精练，却在高声呼唤着具有高度诗意的'形象文化'，其强烈的审美震撼力丝毫不亚于我们磅礴的电影和忘我的话剧……"

梅兰芳回到眼前，鼓励青年布莱希特："我要听您说。"

布莱希特语出惊人："我主张推翻斯坦尼斯拉夫斯基大师为演员建立的'第四堵墙'！打破舞台与观众的隔阂，摆脱表演的限制和束缚，演员和角色、演员和观众、观众和角色都要有一定的距离，让观众始终保持清醒的头脑，欣赏艺术，思考生活——这就是我要达到的'间离效果'，就是我要建立的与'戏剧性戏剧'完全不同的'史诗戏剧'。感谢您，是您的戏，使我找到了我要建立的新的表演体系的佐证。"

梅兰芳诚挚地说："不敢当。我的表演，好像和您、和斯坦尼都不一样。我表演时,既要'清醒',又要'进入';既要'有我',又要'无我',而追求'似我''非我'。"

布莱希特:"我愿倾听您的讲授。"他像学生一样打开笔记本……

高水平的理论研讨、各国戏剧家对中国戏曲价值的肯定,使梅兰芳眼界大开。他本想去探询西方现代戏剧的真谛,不料却成为世界级理论大师们的研究对象和借以说明他们自身价值的佐证。他聆听了当代两大戏剧体系创始者的阐释和交锋,领略了大师们的人格和风采,却都依然坚持"自我"——从人格到风采,从理论到实践。新中国成立后,黄佐临大师在他的专著《我与写意戏剧观》里,将斯坦尼、梅兰芳和布莱希特的演剧理论阐发为世界戏剧理论三大体系。

对苏联的访问,弥补了梅兰芳在戏曲理论研究和学术思想方面的欠缺,使中国戏曲受益极大。梅兰芳表演体系从此跻身世界戏剧理论殿堂。

此刻,我们惊异地发现,梅兰芳的"似与不似"与他毕生的"变与不变"何其相似乃尔?不停地"移步""求变","变"即在其中。坚持变中的"不变""移步不换形",方有京剧的健康发展、不断出新、自成体系和被世界认知、总结和研习。这是中国京剧,不,是梅兰芳先生为我国传统文化做出的最令国人骄傲的世界性贡献。

回到梅大师的"移步不换形"和他阐释的"移步换形",我们究竟该怎样解读他"移步"时的"换与不换"和"变与不变"呢?

大师认为:京剧源于生活、高于生活,生活是艺术的源泉,艺术家灵感靠生活赐予,表现人民生活是艺术家的责任。不仅《抗金兵》《生死恨》《穆桂英挂帅》和他的诸多的时装戏来源于生活的变化和赐予，《天女散花》《黛玉葬花》《贵妃醉酒》《霸王别姬》《宇宙锋》《玉堂春》《游园惊梦》及他所有的古装戏同样来源于他对传统戏女人形象雷同、陈旧的不满和质疑，从而力图将其美化、雅化，赋予她们美好的感情、智慧和力量。梅大师美的核心是真、是善、是艺术高于生活的最具象、最人道的价值取向。梅大师的艺术方法秉持中国戏曲写意的原则：虚拟、夸张、假定、变形，既有程式规范，又有变在其中；既有源于生活的体验，又有高于生活的表现；既有感人至深的真情传递，又有令人激赏的技艺发挥。梅兰芳可以塑造出各式各样的人物而毫不雷同，又表现了深厚的植根于中国传统文化的风标和技艺。这是梅大师独有的，也是中国京剧和中国戏曲独有的。

我仍认为，梅大师说"移步换形"和"移步不换形"同样出自胸臆，只是场合不同，正可相互印证大师对"变与不变"的倡导与践行。

一百多年前，为京剧开基创业的谭鑫培大师，也是提携少年梅兰芳成长的谭爷爷，同是京剧发展"变与不变"的身体力行者。其密友陈彦衡先生评价他说："谭大师演各类人物皆可'神似'。由其平日对各色人等无不细心体察，刻意揣摩，故其扮演登场能随时变态，移步换形。"请注意：谭大师遵行的是"随时变态"和"移步换形"。梅兰芳说"移步不换形"，是在特定情况下对改革走错路的匡正，他未尝不知谭鑫培的"移步换形"。发出与前辈不同的声音，证明了梅兰芳的胆识，也正与谭大师的精神形成互补。陈彦衡与梅师也是相知甚深的挚友。民国初年，梅先生便常与这位造诣深广的京剧音乐家切磋京剧唱腔，其对梅派艺术的发展尤为关注。他说：

"唱腔要注意避免几个字：怪，乱，俗。戏是唱给别人听的，要让他们听得舒服，乐在其中，就要懂得'和为贵'的道理。"梅先生深表赞同地说："陈彦衡说的'和为贵'，是'精辟高妙之论''提纲挈领的经验之谈''值得深思的经验之谈'。"并认为凡违反这一道理的唱腔，"终归是站不住脚的，风格是不高的"。这里所说的"和"，就是中国古典美学极力倡导的中和之美。梅兰芳在其几十年舞台艺术生涯中始终遵奉的正是这个"以和为美""以和为贵"，以"和"为最高艺术境界的准则。正因梅兰芳在其艺术启蒙时期接受了中国传统美学的感染与熏陶，加上他一生不断的实践和钻研，才逐渐形成了他雍容华贵、和美大方的梅派艺术风格。这风格、传统，自是无论怎样改革也是不能变的。

陈彦衡不愧是著名的京剧评论家和理论家。他从谭鑫培那里总结出京剧演人物要"移步换形"，对梅兰芳的艺术风格却提出要坚守"以和为美""以和为贵"的不变法则。梅大师的变与不变，紧扣时代脉搏、关注人民生活、尊重艺术规律，勇于实践探索。他的"不换形"，在于他坚守的"写意""唯美""人道""中和"，在于他坚守的核心价值，与他伟大的人格一样，将永远润泽和炼冶我们的艺术和身心。

古典与现代碰撞中的中国戏曲——梅兰芳与李渔、布莱希特

◎ 季国平

原载《中国戏剧》2018年3期

20世纪初的中国舞台，外来戏剧如话剧、歌剧等进入中国，特别是经日本传入中国的话剧，被称为新剧、文明戏，视为现代且进步，成为助力中国社会变革的舞台艺术。而历史悠久、深受百姓喜爱的中国本土传统戏曲，失去了昔日的辉煌，新文化运动中的革新派称之为旧剧，视为封建且落后，甚至将戏曲批得体无完肤，而崇尚西方戏剧的人，对旧式戏曲自然也不入法眼，甚至弃之如敝屣。

令人欣慰的是，恰恰是这样一个大变革时代，成为梅兰芳及中

国戏曲更大地影响世界的时代。古典与现代、东方与西方、旧剧与新剧、传承与革新,既相互碰撞,又相互关联,梅兰芳自觉地站在了古典与现代的时代节点上,成就为极具代表性、创造性和影响力的世界级大师。

梅兰芳是中国古典戏曲的集大成者。他出身京剧世家,博采众长,在他的身上,传承着关汉卿、汤显祖、李渔等历代戏曲家和前辈京剧艺术家的戏曲传统和精华。

梅兰芳又是从古典戏曲走向现代的开创者。他成名北京,红遍上海,开宗立派,唱响全国。他最早创作过京剧现代戏——时装戏,最早引领中国京剧走向现代舞台。

梅兰芳还是中国戏曲走向世界的先行者。1919年和1924年的日本之行,1930年的美国之行,1935年的莫斯科之行,当时世界上最具影响的戏剧家们都观看过梅兰芳的演出,为之倾倒,叹为奇观。梅兰芳让世界认识了中国戏曲,戏曲艺术也因梅兰芳而在世界舞台大放异彩。

梅兰芳访日演出是他走出国门的第一步,可以说也是中国戏曲走向国际的第一步。应日本帝国剧场董事长大仓喜八郎的邀请,梅兰芳于1919年和1924年先后两次访日演出,东京、大阪、神户都留下过他的足迹,所演《天女散花》《贵妃醉酒》等大受欢迎。日本剧评家神田喜一郎认为:"作为象征主义的艺术,没有想到其卓越令我惊讶。它跟日本戏剧不一样,不用各种各样的道具,只用简朴的桌椅。"中日两国文化背景相近,日本观众中多有梅兰芳的知音。

梅兰芳的艺术也引来了欧美人的关注。1930年1月,梅兰芳一行二十余人乘"加拿大皇后号"轮船由上海赴美国,足迹遍及华盛顿、纽约、芝加哥、旧金山、洛杉矶、檀香山，时间长达半年之久。梅兰芳之子梅绍武在《我的父亲梅兰芳》一书中，记叙了美国著名文艺评论家布鲁克斯·阿特金逊（J. Brooks Atkinson）对梅兰芳访美演出的评论："梅兰芳和他的演员所带来的京剧，几乎跟我们所熟悉的戏剧毫无相似之处。""你也许甚至还会有片刻痛苦的沉思：我们自己的戏剧形式尽管非常鲜明，却显得僵硬刻板，在想象力方面从来没有像京剧那样驰骋自由。"这位评论家的话，反映的是当时美国戏剧评论界带有普遍性的看法，他们比照京剧而产生的对欧美写实主义戏剧的反思，正是从梅兰芳出神入化的神奇表演中引发的。

梅兰芳得到世界更大关注的，是应苏联对外文化协会的盛情邀请，1935年3月至4月的莫斯科之行。三周内，梅兰芳在莫斯科和列宁格勒共演出14场，每场演出结束时，都要在观众的欢呼声中数次谢幕。苏联戏剧大师斯坦尼斯拉夫斯基、丹钦科、梅耶荷德，著名电影导演爱森斯坦，德国戏剧家布莱希特，都前往观看。4月14日，作为莫斯科艺术剧院院长的丹钦科还主持了梅兰芳与苏联戏剧界名家的座谈会。

梅兰芳是20世纪中国戏曲的一面旗帜，是影响过世界的京剧艺术大师。对于梅兰芳的研究是一项长久的重要课题，而将梅兰芳与李渔、布莱希特联系起来，这个题目是菱沼彬晁先生出给我的。他在翻译我的论文时，因文章中有涉及李渔和布莱希特的内容，于是有了这一建议。我以为是一个好题目，从梅兰芳的时代出发，通过探讨梅兰芳艺术的深厚渊源和走向世界的成功经验，对于中国戏曲在当今的传承发展和走向更为广阔的世界舞台，是有着积极的意义的。

梅兰芳是古典的，是属于中国传统戏剧的一代宗师。他出身于梨园世家，祖父梅巧玲是京剧名旦，"同光十三绝"之一，父亲梅竹芬也是旦角演员，伯父梅雨田是谭鑫培的琴师。他8岁学戏，拜师朱霞芬、吴菱仙学青衣，14岁在喜连成科班搭班演戏。有"通天教主"之称的京剧大家王瑶卿，与梅兰芳亦师亦友，给他以重要影响。梅兰芳家学渊源，传承有序，开宗立派，终成一代宗师。梅兰芳的《舞台生活四十年》，细腻地记载了他艺术人生的成长经历和创造经历。

梅兰芳也是现代的，是京剧艺术的革新家和创造者。他早年就创作过一批时装现代戏。在王瑶卿的影响和帮助下，梅兰芳对于京剧旦行艺术进行了重要改革，于是一种介于青衣和花旦之间的新行当"花衫"应运而生，突破了单一的行当，丰富了表现人物的手段。当然，梅兰芳的革新，是在深厚的戏曲传统基础上的创新发展，离不开历代戏曲家艺术精神对他的滋养。

在这里，我们简略谈一下梅兰芳与李渔。

有一件很值得记述的事情。开馆于1985年的天津戏剧博物馆，2001年10月1日正式建成了中国第一家"中国戏剧拜师堂"：中间供奉了关汉卿、汤显祖、李渔、梅兰芳四位戏曲大家的画像，两侧摆放着八仙桌椅，各列其位，以备拜师仪式之用。从关汉卿、汤显祖、李渔到梅兰芳，他们是元、明、清及现代四个历史时期最杰出的戏曲家代表，戏曲传统，一脉相承。

纵观中国戏曲史，戏曲艺术经过宋、元、明三代的繁荣发展，到清代初年已经取得了辉煌的成就，李渔正是集编剧、导演、戏曲理论于一身的戏曲大家。李渔，号笠翁，他一生中创作的戏曲剧本以《笠翁十种曲》刊行于世，很早就传到日本、欧洲。他的理论著作《闲情偶寄》，更是中国第一部系统论述戏曲艺术的著作，包括了剧本创作、表演艺术、导演学等理论，涵盖了对于历代戏曲艺术和关汉卿、汤显祖等戏曲家创作实践的总结，堪称中国戏曲理论之集大成者。

梅兰芳对李渔是有过学习和研究的。在梅兰芳的藏书中，就有李渔的《闲情偶寄》。梅兰芳对于《闲情偶寄》等历代戏曲著作的研究十分重视，1961年他在《漫谈运用戏曲资料与培养下一代》的演讲稿中说："前年中国戏剧出版社出版的《中国古典戏曲论著集成》里面，包括了很多名家著作和罕见的秘本。"《中国古典戏曲论著集成》是一部中国历代戏曲论著的汇总，共十集，1959年由中国戏剧家协会主办的中国戏剧出版社出版。该书内容涉及古典戏曲的编剧、制曲、歌唱和表演等方面，李渔的《闲情偶寄》正收录在该丛书的第七集。李渔的剧本对梅兰芳也有过影响，梅派名剧《凤还巢》的情节和人物，即脱胎于李渔的《风筝误》。梅兰芳的艺术无疑传承了包括李渔的编剧、表演和戏曲理论在内的中国传统戏剧的精华。

李渔的戏曲理论是十分丰富的，在此，仅就有关传承与创新的论说，我们试举"古本新词""变旧成新"的例子。

李渔认为，演戏首先要选择好的剧本，正确对待"古本"（旧剧）和"新词"（新剧）。包括戏曲教学课徒，"当自古本始；古本既熟，然后间以新词"。他认为，旧剧经过几代名师的加工提高，精益求精，一丝不苟，成为最好的学习典范。"开手学戏，必宗古本，而古本又必从《琵琶记》《荆钗记》等唱起。盖腔板之正，未有正于此者；此曲善唱，则以后所唱之曲，腔板不谬矣。"李渔重视古本，正是因为古本的规范性和传承性。古本即经典，南戏《琵琶记》《荆钗记》等剧目经过元明清三代的传唱，正是戏曲的典范之作。同时，李渔又重视革新。他说："旧曲（旧剧）既熟，必须间以新词。切勿听拘腐儒之言，谓新剧不如旧剧，一概弃之不用。"他强调，艺术"无不随时更变。变则新，不变则腐；变则活，不变则板"，要善于"变古调为新调"。他说，戏曲"妙在入情，即使作者至今未死，当亦与世迁移，自啭其舌，必不为胶柱鼓瑟之谈，以拂听者之耳"；"我能易以新词，透入世情三昧，虽观旧剧，如同阅新篇"。

我们再看梅兰芳的理论。梅兰芳积几十年舞台经验，清醒地认识到处理好传承与创新关系的重要性，提出过"渐变"论，而在如何"变"的问题上，又提出过"移步不换形"的原则，在中国戏曲界影响很大。收录在日语版《季国平戏剧评论集》中的论文如《方言、声腔与戏曲新剧目创作》的第四部分、《永远的梅兰芳》四题之三等，就有一些具体的阐述，可参看。

梅兰芳说："艺术的本身，不会站着不动，总是像后浪推前浪似的一个劲儿往前赶的。""一句话归总，都得变，变才有进步。""我这四十年来，哪一天不是在艺术上有所改进呢？"这与李渔所说艺术"无不随时更变"如出一辙。当然，梅大师采用的是逐步修改加工的方法，并提出了"移步不换形"的重要思想。

梅兰芳提出"移步不换形"的思想，主要是考虑到剧目的内容需要随着时代发展而更变，而戏曲的表演形式（技术）则相对稳定，在"变"什么、"不变"什么，即如何"变"的问题上，是有讲究的。

"移步不换形"的提出，是梅兰芳艺术生涯中一件十分重要的事情。早在 1935 年 9 月，梅兰芳接受《中央日报》记者有关京剧改革问题的采访时就说，"若取消其原有形式，而换以西洋形式，则将不成为京剧矣"。到 1949 年 11 月，梅兰芳接受天津《进步日报》记者"京剧如何改革，以适应新社会的需要"的提问时，说："我以为，京剧艺术的思想改造和技术改革，最好不要混为一谈。后者（技术）在原则上应该让它保留下来，而前者（思想）也要经过充分的准备和慎重的考虑，再行修改，才不会发生错误。因为京剧是一种古典艺术，它有几千年的传统，近二百年的历史。因此，我们修改起来也就更得慎重。"他接着说，"俗话说，'移步换形'。今天的戏剧改革工作，却要做到'移步而不换形'。"他列举苏联著名作家西蒙诺夫的话来加以印证："西蒙诺夫对我说过，中国的京剧是一种综合艺术，唱和舞合一，这在外国很少见的。京剧既是古装剧，它的形式就不要改得太多，尤其在技术上更是万万改不得的。"当然，"移步不换形"是一种形象比喻，"变"和"不变"是相对而言的。对于新剧目的创作，梅兰芳就说过："运用、继承和发展戏曲艺术的传统形式和技巧"，并"根据技巧的表现原则来创造适合于现代人物的新唱腔、新格式、新手段和新程式来"。

要之，梅兰芳的思想是对李渔等前辈戏曲家思想的继承和发展。在谈及梅兰芳与李渔时，我想到了中国戏曲理论体系的构建问题。早在 300 多年前的李渔，从戏曲艺术的舞台实践出发，已经建立起一套系统化、中国式的戏曲理论，对后来中国戏曲的发展起到了重要的推动作用。然而，西方戏剧及其理论自 20 世纪初进入中国，直接影响了现代中国戏曲理论体系的建立。在此，我们重新审视李渔和梅兰芳的理论成果，对于总是以西方戏剧理论为基调、渐次失去了中国式风范的现代戏曲理论，应该有着重要的纠偏意义。

梅兰芳对于世界戏剧的意义是划时代的，他让戏曲惊艳了世界，也让世界认知了中国。

在众多外国戏剧家对于梅兰芳和中国戏曲的认知和评价中，最为中国戏剧界所津津乐道的，无疑是德国戏剧家布莱希特（Bertolt Brecht）。在中国，有关布莱希特与梅兰芳及中国戏曲关系的研究是大量的，在此，我只简略谈一点最基本的认识。

大师相聚，互为知音。1935年的莫斯科，因戏结缘，梅兰芳不仅与苏联斯坦尼斯拉夫斯基等著名戏剧家相结识，而且机缘巧合，德国戏剧家布莱希特也在那里。这一堪称世界演剧史上奇迹般的事件，虽然已经过去了80多年，但在中国还仍然被传为剧坛佳话，甚至是"神话"。

之所以说是"神话"，例如，在中国戏剧界就流行着"世界戏剧三大体系"之说。所谓"世界戏剧三大体系"，是指有不少学者将梅兰芳与斯坦尼斯拉夫斯基、布莱希特并称为"世界三大表演体系"代表人物。此说颇有争议，也不一定准确，但在中国却非常流行。世界戏剧是丰富多彩的，"世界戏剧三大体系"未必能代表整个的世界戏剧。不过，布莱希特、斯坦尼斯拉夫斯基无疑是欧洲戏剧体系中重要学派的杰出代表，梅兰芳更是中华戏曲表演体系的杰出代表。显然，"世界戏剧三大体系"说自然有某些合理之处，由此也可见梅兰芳、布莱希特、斯坦尼斯拉夫斯基三位戏剧大师在中国戏剧界的影响。

惊艳世界，认知中国。梅兰芳的世界巡演对于世界戏剧的发展是有着重大的意义的。王文章主编的《梅兰芳访美京剧图谱》序言中有一段精彩论述："1930年，梅兰芳访问美国演出，无论在东方还是在西方都是引起很大反响的事件。当时，不仅是欧美的戏剧界，包括中国思想文化界的革新派，都把欧美写实主义的戏剧奉为正宗的、完美无缺的戏剧形式。当美国的观众和戏剧家看到从东方来的中国京剧演员梅兰芳的表演后，惊呆了。他们简直不敢相信，梅兰芳在有限的舞台上，通过载歌载舞的表演，给观众以无限灵活的时空认同和美的感受。舞台上的巾帼英雄、美貌仙子，脱去戏装竟是须眉丈夫。"显然，这段论述同样适用于阐明梅兰芳访问苏联演出的重大意义。

梅兰芳在20世纪二三十年代先后在日本、美国、苏联演出，以东方文明古国写意戏曲的独特审美，给以写实戏剧为主体的欧美戏剧打开了一扇别开生面、别具魅力的审美之窗，让世界看到了与西方戏剧迥然不同却无比迷人的东方戏剧。当时的西方，写实戏剧已经发展到极致，再往前走已经比较艰辛，对东方戏剧特别是中国戏曲又知之甚少，突然见到梅兰芳诗情画意、美不胜收的精彩表演，感受了中国写意戏曲的超越时空、灵动自由、载歌载舞、唱念做打的美丽呈现，大开眼界，也深受启发，从中看到了未来戏剧的发展方向。

戏曲风范，影响深远。布莱希特对梅兰芳和中国戏曲是由衷敬佩的。布莱希特的一生有着十分浓厚的中国情结，喜爱中国文化，总在自己书房悬挂中国轴画或中国书法，这在欧洲文化人中是极为罕见的。他对中国文艺情有独钟，翻译过白居易、苏东坡等的诗词。他的好友德国著名汉学家阿尔弗雷德·亨施克（Alfred Henschke）

翻译过中国元代杂剧《包待制智赚灰阑记》，布莱希特借用这个素材，写成了剧本《高加索灰阑记》。布莱希特的剧本创作喜欢把背景放在中国，如《四川好人》。他的戏剧创作还喜爱采用中国戏曲的编剧技巧，如"自报家门""题目正名""背躬"等，剧中演员时而在角色里，时而又跳出角色，以艺人身份发表评说或感想。他的剧本《灰阑记》《四川好人》在中国很有影响，川剧、越剧等剧种都改编演出过。

布莱希特是剧作家、理论家和导演，创立了包括戏剧理论、剧本创作和演剧方法三位一体的戏剧学派。1935年他在莫斯科观看了梅兰芳的演出，认为是他"1935年在莫斯科逗留时最值得记载的两件事"之一，久久不能忘怀。第二年，他撰文《中国戏剧表演艺术中的陌生化效果》和《论中国人的戏剧传统》，高度评价梅兰芳和中国戏曲，正式提出了辩证处理演员、角色、观众三

布莱希特

者关系的舞台原则"陌生化效果"（verfremdungseffekt）（亦称"间离效果"）。为了研究戏曲艺术，他后来流亡美国时，有一段时间每天晚上都在一位华人陪伴下，去纽约唐人街一家广东剧院观看演出。布莱希特是梅兰芳和中国戏曲真正的知音，梅兰芳和中国戏曲无疑对布莱希特和他的戏剧理论产生过重要的影响。

中国学者对布莱希特与梅兰芳的研究，以著名导演黄佐临和他1981年发表在《人民日报》的文章《梅兰芳、斯坦尼斯拉夫斯基、

布莱希特戏剧观比较》影响最大。该文引述过布莱希特对梅兰芳的尽情赞美："西方有哪个演员比得上梅兰芳，穿着日常西装，在一间挤满专家和评论家的普通客厅里，不用化妆，不用灯光，当众示范表演能如此引人入胜？"布莱希特曾经兴奋地表示过，他多年来所朦胧追求尚未达到的，即长期探索的"陌生化效果"理论已经深藏于中国戏曲之中，在梅兰芳那里已经发展到极高的艺术境界。黄佐临在文章中通过梅兰芳与布莱希特等的比较研究，揭示了中国戏曲以写意为特征，西方话剧以写实为基调，并对布莱希特受中国戏曲的影响，以及他的创作中所采用的一些中国戏曲编剧技巧等，都进行了具体的分析，还对中国传统戏剧内在的特征，做了简明的概括，是一篇有关梅兰芳与布莱希特研究颇具分量的论文。

梅兰芳的欧美之行已经过去了80多年，世界戏剧总是在不断发展前进的，写意的中国戏曲也在从写实的西方戏剧汲取营养，为我所用。不过，黄佐临在上述文章中还说过："中国传统戏曲具有一种远比现代话剧技巧更加灵活而巧妙的技巧。举一个浅显的例子来说：一段'自报家门'常常比整整一幕话剧交代得还要简明有力；一个'背躬'就可以同观众分享一个秘密，角色就可以暴露出多少内心活动啊！"这段文字似乎是作者40年前对当今西方戏剧发展的一个预言：在当下的西方戏剧舞台上，我们已经越来越多地看到这种中国戏曲擅长的"自报家门"和打"背躬"式的演剧方法了，西方戏剧正在不断突破写实的戏剧理念，向写意戏剧取真经、谋发展。

"梅兰芳表演艺术体系"说的是与非

◎ 郑传寅

原载《中国戏剧》2020年9、10、11期

编者按：梅兰芳是具有世界影响的京剧表演艺术家，其成就能否称作"体系"？"梅兰芳体系"到底是谁最先提出来的，能否成立？如果说"梅兰芳体系"可以成立，那么，它由哪几部分构成，它能否与世界上的其他戏剧体系"并称"，能否代表中国戏曲？"世界三大戏剧体系"说是谁最先提出来的，是否科学？

日前，郑传寅先生在《贵州大学学报（艺术版）》2020年第4期发表的《"梅兰芳表演艺术体系"说的是与非》一文，对以上问

题进行了认真梳理和考辨。文章认为"梅兰芳表演艺术体系"完全可以成立;"梅兰芳表演艺术体系"由梅兰芳的表演艺术实践及蕴含其中的美学观念、梅兰芳自己的理论总结、国内外学人对梅兰芳的研究所构成,它承载了中国戏曲的优良传统,能代表"中国戏曲体系"。[1]

诗歌史上的"李杜",散文史上的"唐宋八大家",书法史上的"二王",绘画史上的"六朝三杰",元代戏曲史上的"元曲四大家""元人四大传奇",清传奇史上的"南洪北孔",京剧史上的"前三杰""后三杰"[2]"四大名旦"等都是中国文学或艺术史上的"并称",这类众口相传的"并称"凸显了一个时代文学、艺术的代表或高峰,也是中国文学、艺术经典化的重要方式和途径。不过,上述"并称"都是以本民族的文学、艺术为考察范围的产物。

戏剧是一种世界性现象,除伊斯兰教文化圈戏剧相对贫困之外[3],在基督教文化圈、佛教文化圈(或曰印汉、佛汉、儒佛文化圈)中都有戏剧的繁荣,而且,不同文化圈、不同民族、不同国家的戏剧各有风姿。我国古代的戏曲理论与批评一直是以本土戏剧为对象的,对域外戏剧所知甚少,近代以前的曲论缺乏"世界眼光"。

近代以来,特别是进入改革开放的新时期以来,我国戏曲研究的视域不断拓展,方法也不时更新,有多位学者将中华民族的传统戏

---

[1] 本书编者对此部分略作删减。

[2] 前三杰、后三杰,一作前三鼎甲、后三鼎甲。

[3] 伊斯兰教反对以塑像、画像等宣传教义,以刻画艺术形象为目标的戏剧活动在伊斯兰文化圈受到抑制。

剧纳入世界戏剧的"版图"之中去概括其特点，衡定其价值，寻找其历史坐标。例如，近代以来，西方戏剧的译介以及中外戏剧比较研究的开展，以西方戏剧为参照的戏曲改良，戏曲中有无悲剧的几次大论争，20世纪60年代关于戏剧观的讨论，改革开放以来对西方现代派戏剧的引进，对"探索戏剧"、戏曲跨文化传播的探讨等都是例证。

斯坦尼斯拉夫斯基、布莱希特、梅兰芳"三个体系"或"三大戏剧体系"的"并称"是将梅兰芳纳入世界剧坛之中所获得的"认证"，虽然这一"认证"并未获得学界的一致认同，但它标志着我国戏剧表演艺术家的经典化有了更宏阔的视野，是我国学界用"世界之眼"考察中国戏曲的民族特色和历史地位的尝试。

学界关于"梅兰芳表演艺术体系"的称谓并不统一，现有"梅氏体系""梅兰芳体系""梅兰芳戏剧体系""梅兰芳表演体系""梅兰芳演剧体系""梅兰芳导演体系""梅兰芳表演理论体系""梅兰芳表演美学体系""梅兰芳表演艺术体系"等多个不同名称，除"梅兰芳表演理论体系"一般是单指梅兰芳的理论建构、"梅兰芳导演体系"单指其导演艺术成就之外，其他名称所指大体相同——通常是指梅兰芳的表演艺术及蕴含的美学观念，这些美学观念既由梅兰芳本人做过阐发，也有他人的概括和研究。笔者在既有名称中选择"梅兰芳表演艺术体系"这一命题，首先是基于这一命题既比较全面，又凸显了梅兰芳体系以表演艺术成就为主的特色，比较符合"梅体系"的实际，还与笔者承担刘祯先生所主持的国家社科基金艺术学重大项目"梅兰芳表演艺术体系及相关文献收集整理与研究"的部分工作有关。

一、"梅兰芳体系"说考源

梅兰芳从未自称"体系",那么,"梅兰芳体系"说是谁最先提出来的呢?有学者认为是孙惠柱,其实不然。"梅兰芳体系"说的提出、认同经历了较长的过程。

(一)"斯坦尼体系"说的输入

"斯坦尼斯拉夫斯基体系"说的输入可以说是"梅兰芳表演艺术体系"说最初的源头。此前,我国文艺研究的"词典"中没有"体系"这个术语,或者说没有人从"体系"这个视角去研究某位文艺名家。中国共产党所领导的中国革命受到苏联十月革命的巨大影响,苏联被中国共产党人尊为"老大哥",中华人民共和国成立之初,中国全面向苏联学习,苏联文学艺术界奉行的"现实主义"被视为"政治正确"的文艺批评标准,戴上"现实主义"桂冠的"斯坦尼斯拉夫斯基体系"成为中国戏剧界顶礼膜拜的对象。也正是习惯于使用"体系"一词的苏联人最先确认梅兰芳创造了"戏剧体系",这个体系是"中国戏剧表演体系"的代表。

1935年3—4月,梅兰芳应苏联对外文化交流协会邀请,赴莫斯科、列宁格勒等地演出,引起巨大反响,梅兰芳的表演艺术对苏联开展戏剧改革有促进作用,对有志于创建现代戏剧的戏剧人——例如梅耶荷德影响很大。梅兰芳与斯坦尼斯拉夫斯基多次接触,建立了深厚的友谊,而且他们都从对方那里汲取艺术滋养。《真理报》《红旗报》等报刊发表了40余篇梅兰芳访苏的报道或文章,记录了这次载入史册的戏剧交流活动。习惯于使用"体系"一词的苏联媒体和艺术家也用"体系"一词指称梅兰芳的表演艺术及其所代表的中国戏曲。

1935年3月1日苏联《红旗报》在报道梅兰芳已启程访苏时说:"梅兰芳在大量的文化活动中运用了古典戏剧的优秀传统。他在中国创造了自己的戏剧体系和戏剧学校。"[1] 1935年4月14日,苏联对外文化交流协会在莫斯科召开座谈会,梅耶荷德等多位艺术家在发言中以"体系"称中国戏曲。例如,音乐理论家、作曲家米·格涅辛说:"要是把梅兰芳博士的中国戏剧表演体系说成象征主义体系,那是最正确的。"[2] 在米·格涅辛看来,中国戏剧表演是一个"体系",梅兰芳代表了这个"体系"。可以说,这个提法是"梅兰芳表演艺术体系"说之端倪。尽管梅兰芳、张彭春等多位演员、学者参加了这次座谈会,但他们回国后好像并没有马上使用"体系"这一术语来指称中国戏曲或梅兰芳的表演艺术。

20世纪50年代,中国戏剧界掀起学习"斯坦尼斯拉夫斯基体系"的热潮,"体系"一词为中国戏剧理论界、演艺圈所熟知,但当时只是对"斯坦尼斯拉夫斯基体系"顶礼膜拜,关注的重心是戏曲如何学习"斯坦尼斯拉夫斯基体系",似乎没有人想到要将中国戏曲或某位有名的中国戏剧理论家、表演艺术家的艺术创造和理论建

---

[1] 陈世雄:《著名中国演员梅兰芳在符拉迪沃斯克》,苏联《红旗报》1935年3月1日。此报道俄文版由梅兰芳纪念馆收藏。"符拉迪沃斯克"即海参崴,1935年春,梅兰芳访苏曾经停于此。

[2] 陈世雄:《梅兰芳等中苏艺术家讨论会记录(未删节版)及其价值》,《文化遗产》2019年第1期。作者在此文中还介绍:梅兰芳访苏演出结束两个月后,梅耶荷德在一封信中有"斯坦尼斯拉夫斯基、梅耶荷德、梅兰芳导演体系"的提法。

构也称作"体系"。不过,有研究者将中国戏曲与"斯坦尼斯拉夫斯基体系"进行比较研究,但目的不是为自称"体系"造舆论,而是用"斯坦尼体系"来解读戏曲。例如,1955—1957年应邀来我国中央戏剧学院执教的苏联著名导演格·尼·古里叶夫就著有《中国戏曲与斯坦尼斯拉夫斯基体系》一文,认为"在中国戏曲中就有斯坦尼斯拉夫斯基体系,而且这种存在是不依赖于斯坦尼斯拉夫斯基本人的"。"在中国戏曲里完全运用了'体系'的一些根本的原则,就是说,它有精美的形式,同时又有很充分的体验"[1],尽管文章多次提及梅兰芳的表演,但没有称之为"体系"。这一辑《戏剧论丛》还刊载有京剧老生演员、导演李紫贵的《试谈斯坦尼斯拉夫斯基体系与戏曲表演艺术的关系》一文,文中认为"所有的斯坦尼斯拉夫斯基体系元素,戏曲中都有",诸如"体验""注意力集中""内心视象""肌肉松弛""潜台词""内心独白"等,说明斯坦尼斯拉夫斯基体系与戏曲"存在着共同的现实主义表演创造的一般规律"。[2] 作者也没有称戏曲为"体系"。这类研究把"斯坦尼斯拉夫斯基体系"说成对全世界戏剧的理论概括,用这一"体系"来"解读"戏曲,将戏曲强行纳入这一"体系"之中,把戏曲也说成

---

[1] [苏联]格·尼·古里叶夫:《中国戏曲与斯坦尼斯拉夫斯基体系》,张守慎译,载田汉主编《戏剧论丛》1958年第一辑(总第五辑),中国戏剧出版社,1958年,第103—119页。此文是根据古里叶夫1958年1月在中国戏剧协会主办的"中国戏曲如何借鉴斯坦尼斯拉夫斯基体系及中国话剧艺术如何向传统学习讨论会"上的发言整理而成的。

[2] 见李紫贵《试谈斯坦尼斯拉夫斯基体系与戏曲表演艺术的关系》,载田汉主编《戏剧论丛》1958年第一辑(总第五辑),中国戏剧出版社,1958年,第127页。

"现实主义"的戏剧样式,削足适履之弊一望而知。这种以己从人的"研究",实际上取消了戏曲另称"体系"的资格和可能。尽管梅兰芳的表演艺术得到包括斯坦尼斯拉夫斯基在内的苏联众多戏剧家的高度肯定,但20世纪50年代中期的中国戏曲学界和梅兰芳本人都未曾想到要自称"体系"。然而,中国戏剧界对"斯坦尼斯拉夫斯基体系"的仰望与膜拜也为后来"梅兰芳体系"的提出埋下了伏笔。在人们的心目中,"体系"就是一个"高大上"的存在。这种情况大约在1958年,特别是1959年国庆节之后中苏交恶渐趋严重时,开始有了一些变化。

大约在20世纪50年代末或60年代初,梅兰芳曾以"体系"称中国戏曲表演,他说,对他影响最深最大的谭鑫培、杨小楼两位大师可以代表"中国戏曲表演体系":"我认为谭、杨的表演显示着中国戏曲表演体系,谭鑫培、杨小楼的名字就代表着中国戏曲。"[1]

1962年6月,张庚《在戏曲舞台美术座谈会上的发言》中说:

---

[1] 梅兰芳:《舞台生活四十年》,载傅谨主编《梅兰芳全集(第五卷)》,中国戏剧出版社,2016年,第364—365页。据《梅兰芳全集》第五卷《舞台生活四十年》第三集第七章《霸王别姬的编演》注释③介绍,原文题目为《我与杨小楼的合作》下,初刊于《戏剧艺术论丛》1980年第3辑。梅兰芳向许姬传口述此事肯定在去世之前,准确时间已难确考。据许姬传《〈舞台生活四十年〉出版前后》(刊于《戏曲艺术》1982年第1期)记载,《舞台生活四十年》第一、二集出版后,反响很好,1954年启动第三集的述录工作,但因太忙,时断时续。1958年,《戏剧报》约稿,要连载《舞台生活四十年》的第三集,这一集的述记工作才又提上议事日程,1961年春完成初稿。据此,这篇谈话在第三集的倒数第二章,而且梅兰芳去世前并未发表,其口述的具体时间可能在1958年或之后一两年。梅兰芳以"体系"称中国戏曲比张庚早则是可以肯定的。

"中国戏曲和话剧是两种不同的艺术,从演剧的体系来说,这是两个完全不相同的体系……我们对于中国戏曲的体系承认不承认?"[1]

尽管早在20世纪30年代俄罗斯文艺界就有梅兰芳"戏剧体系""表演体系""导演体系"等提法,但一直到50年代末,我国学界仍没有"梅兰芳体系"的提法。

(二)黄佐临与"梅兰芳体系"说的首创

"梅兰芳表演艺术体系"的提法与学界的"世界眼光"——将梅兰芳的表演艺术置于世界剧坛的宏阔背景下加以审视有关,其中,影响最大的是黄佐临将梅兰芳与斯坦尼斯拉夫斯基、布莱希特进行比较研究的相关成果。20世纪80年代"世界三大戏剧体系"说的创立与传播使"梅体系"这一命题为学界所瞩目。

1962年3月,中华人民共和国文化部和中国戏剧家协会在广州召开为期20多天的"全国话剧、歌剧、儿童剧创作座谈会",160多位剧作家、导演、理论家与会,周恩来、陈毅、陶铸、沈雁冰、林默涵、田汉等不同层级的领导人出席会议,上海人民艺术剧院院长、导演黄佐临在会上做了《漫谈"戏剧观"》的演讲。黄佐临认为,斯坦尼斯拉夫斯基、布莱希特和梅兰芳分别代表了三种存在根本区别的戏剧观:"斯坦尼斯拉夫斯基相信第四堵墙,布莱希特要推翻这第四堵墙,而对于梅兰芳,这堵墙根本不存在,用不着推翻;因为我国戏剧传统从来就是程式化的,不主张在观众面前造成幻

---

[1] 张庚:《不能抹杀不同的戏剧体系——在戏曲舞台美术座谈会上的发言》,载《张庚文录(第三卷)》,湖南文艺出版社,2003年,第279—282页。

觉。"[1] 这一演讲整理成文章刊发在1962年4月25日的《人民日报》上。1981年8月12日的《人民日报》又刊载了黄佐临的文章《梅兰芳、斯坦尼斯拉夫斯基、布莱希特戏剧观比较》，此文仍然论述"三种不同戏剧观"。"三种不同戏剧观"、梅兰芳代表中国传统戏剧"写意戏剧观"的提法对改革开放以来的戏剧研究产生了较大影响，开拓了梅兰芳研究的视野，而且孕育了"梅兰芳体系"说。

在戏剧表导演领域有较大影响的黄佐临有留学欧洲的经历，见多识广，故能把梅兰芳纳入世界戏剧的"版图"之中，在与域外有代表性的戏剧家的比较中凸显其表演艺术的特点，他选择梅兰芳作为中国戏曲艺术的代表，应该说是有见地的。

什么是"戏剧观"？黄佐临说："它不仅指舞台演出手法，而是对整个戏剧艺术的看法，包括编剧法在内。"[2] 何谓"写意戏剧观"？"写意"主要是指贵无轻有、神主形从，亦即重视内在精神（意，意绪、意兴、情怀、思想感情、精神风采等）之表现，不求外在形迹之逼真再现的美学观念。"写意戏剧观"主要体现在梅兰芳的表演艺术中，在梅兰芳的理论著述中亦有所阐发。黄佐临之所以把梅兰芳作为中国戏曲艺术的代表，一是由于梅兰芳的表演艺术承载了中国戏剧传统，二是梅兰芳的表演艺术最为成熟、成就很高。也就是说，"写意戏剧观"不仅是对梅兰芳表演艺术美学思想的总结，也是对中国戏曲艺术传统的一种概括。不过，"写意"这一术语并非

---

[1] 黄佐临:《漫谈"戏剧观"》,《人民日报》1962年4月25日。

[2] 黄佐临:《漫谈"戏剧观"》,载上海文艺出版社编《戏剧美学论集》,上海文艺出版社,1983年,第28页。

黄佐临所创，它源于中国古代诗学。

"写意"作为词汇，很早就有，作为文艺理论术语，宋代以来已频繁使用，起先是用来论诗、论画。例如，南宋诗人陈造"酒可消闲时得醉，诗凭写意不求工"[1]的诗句，表达了诗重"写意"的审美理想。元末明初画家夏文彦以之论画，推崇"意足不求颜色似"[2]的文人画的美学追求；"僧仲仁，会稽人，住衡州花光山，以墨晕作梅，如花影然，别成一家，所谓写意者也。"[3]

"写意"概括了中国传统文学、艺术所共有的审美追求和艺术特色，在我国古代文艺理论中能找到许多类似的表述，例如，"写神""传神""写情""写志""写怀""写心"等。"写意"经常与"传神"连用，"传神写意"是我国古代文艺理论的重要范畴和批评尺度，不仅用来论诗、论文、论画，也用来论戏曲。"风神""神似""气韵""风韵""神韵""气骨""风骨"等范畴的内涵虽略有差别，但与"写意"一样，它们通常是指创作主体的思想感情和表现对象的精神风貌。

"写意"理论认为，艺术创作应以"意""神"等内在精神特质为表现的着力点，不应过分追求表现对象外在形貌的逼真性，故又

---

[1]（宋）陈造：《自适三首》，载北京大学古文献研究所编《全宋诗(45)》，北京大学出版社，1998年，第28153页。"消"，原文作"销"。

[2]（宋）陈与义：《和张规臣水墨梅五绝》，载北京大学古文献研究所编《全宋诗(31)》，北京大学出版社，1998年，第19473页。"意足"，一作"意得"。

[3]（元）夏文彦：《图绘宝鉴》，载徐娟主编《中国历代书画艺术论著丛编》（第一册），中国大百科全书出版社，1997年，第505页。《图绘宝鉴》所据版本为《四库全书》影印版，无句读，标点符号为笔者所加。"图绘"，一作"图画"。

有"以神君形""神主形从""变形传神""忘形得意"等命题。讲述故事、塑造人物的戏剧固然离不开对"形"的描摹,"装龙像龙,装虎像虎"的戏谚强调的就是拟"形"应力求逼真,但在表现向度上,戏曲文本创作和舞台表演都要求"以意为主",这使得"写意"的戏曲与主张演员"当众孤独"的"写实"的"斯坦尼戏剧"迥然有别。

尽管黄佐临的这一比较、认定主要是在"写实""写意""写实写意混合"三种戏剧观之比较的范围内进行的,由于时代语境的限制,只涉及了20世纪社会主义阵营中的部分戏剧家,而且并未冠以"世界"之名,更没有明确提出"三大戏剧体系"说,但黄佐临所说的"三种戏剧观"实际上是建立在"三个戏剧体系"的基础之上的,他明确指出,"戏剧观"与"戏剧体系"是相对应的,因此可以说,"三种不同戏剧观"对应的是"三个戏剧体系",也就是说,黄佐临在提出"三种戏剧观"的同时,也创立了"梅兰芳戏剧体系"说,这一点我们将在下文展开讨论。

(三) 孙惠柱:"三大戏剧体系"说的创立

1982年年初,上海戏剧学院教师孙惠柱发表《三大戏剧体系审美理想新探》一文,提出"斯坦尼斯拉夫斯基、布莱希特、梅兰芳三大戏剧体系"之说:"斯坦尼斯拉夫斯基、布莱希特、梅兰芳三大戏剧体系在20世纪剧坛产生了巨大的、超越国界的影响,得到了东西方广大观众的喜爱。"[1] 尽管黄佐临的《漫谈"戏剧观"》一文

---

[1] 孙惠柱:《三大戏剧体系审美理想新探》,《戏剧艺术》1982年第1期。

已暗含"三个体系"的命题,但并未明确形诸文字,孙惠柱的"三大戏剧体系"说的提出应并非承袭黄佐临之说而来。在孙惠柱看来,"三大戏剧体系"不但是客观存在的,而且产生了巨大的超越国界的影响,因而不需要对其是否存在再进行论证,故他致力于论述"三大戏剧体系"审美理想之异同。孙惠柱所说的"梅兰芳体系"包含了戏剧形态、创造原则和方法以及审美理想等多方面内容,而且,他也把这个"体系"视为中国戏曲的代表,故在概括这一"体系"的特点时,不仅引用梅兰芳的论述,也不仅仅是引用程砚秋、盖叫天等京剧表演艺术家的论述,而且以越剧《梁山伯与祝英台》为例,又引用张庚对戏曲特征的概括来论证自己的观点。孙惠柱与黄佐临一样,将梅兰芳视为中国戏曲表演体系的代表,但孙惠柱将"三种不同戏剧观"明确改成"三大戏剧体系",不过并未在"三大戏剧体系"之前冠以"世界"之名。

那么,"世界三大戏剧体系"说是谁最先提出来的呢?

据笔者所见未广的查考,[1] 在孙惠柱发表此文之前,就有"世界三大戏剧体系"的提法,例如,1981年尹丕杰发表《江山代有才人出》一文,其中有言:

"梅兰芳未满三十就成了京剧'泰斗',三十六岁赴美后,轰动国际剧坛,使得中国戏曲得到国际戏剧界的确认,从而'梅兰芳体

---

[1] 笔者主要借助知网检索,但知网只收录1979年之后的论文,此前是否有人提出过"世界三大戏剧体系"的命题,未能查考。

系'成为世界三大戏剧体系之一。"[1] 这是我看到的最早提出"世界三大戏剧体系"说的文献,此文没有指明"世界三大戏剧体系"除了"梅兰芳体系"之外还有哪"两大戏剧体系",也没有说明这一命题的根据何在。1982年5月出版的《戏剧论丛》刊有李春熹《漫谈戏曲的时空自由》一文,其中也有"中国戏曲作为世界三大戏剧体系之一"[2]的表述,该文也没有指明另"两大戏剧体系"是什么。

值得注意的是,孙惠柱《三大戏剧体系审美理想新探》发表后,使用"世界三大戏剧体系"这一命题的越来越多。例如,李旭东《戏班管理体制初探》一文说:"我国的戏曲艺术,以其独特的表现形式,被公认为是世界三大戏剧体系之一。"[3] "公认"云云或许与作者读过孙惠柱等人的论文有关? 还有一个显著的现象是,孙惠柱的论文发表后,"世界三大戏剧体系"何所指更加明确了。例如:

> 作为世界三大戏剧体系之一的中国戏曲,在戏剧性的表现上有它自己的特点,它既不像斯坦尼斯拉夫斯基体系

---

[1] 尹丕杰:《江山代有才人出》,《河北戏剧》1981年第10期。《人民戏剧》1981年第12期摘录了此文,扩大了"梅兰芳体系为世界三大戏剧体系之一"说的影响。1981年戏曲不景气的现象已开始显现,《人民戏剧》摘录转发此文,提振"戏曲圈"士气的用意明显,这也是"世界三大戏剧体系"说在"戏曲圈"广为传播的重要原因。

[2] 李春熹:《漫谈戏曲的时空自由》,《戏剧论丛》1982年第1辑。该辑出版时间为1982年5月。据作者附注,此文写于1981年。

[3] 李旭东:《戏班管理体制初探》,载陕西省艺术研究所编辑《艺术研究荟录》1983年第1集,1983年10月内部印行。

那样，强调生活化，把戏剧性深掩在抒情性中，也不像布莱希特体系那样，强调"间离效果"。[1]

孙惠柱"三大戏剧体系"的命题虽然没有冠以"世界"之名，但"三大体系"超越国界，而且孙惠柱不是以"个"而是以"大"来指称这三个"体系"，加之其论文发表在广有影响的刊物上，故使本来就已在传播的"世界三大戏剧体系"说"威名"大振。把"三个体系"换成"三大体系"就给人以其他"体系"似乎不足以与之比并的印象，再在"大"字之前冠以"世界"二字，借"梅兰芳体系"壮"国威"的色彩也就更浓了，但这一命题的合理性反而降低了。几年后，"世界三大戏剧体系"的命题遭到多位学者的质疑。

（四）黄佐临：对"三个体系"的确认

有多位学者指出，黄佐临只是以斯坦尼斯拉夫斯基、布莱希特、梅兰芳为例，概括三种不同的戏剧观，但从来没有"三大戏剧体系"的提法[2]，其实，这一判断并不完全符合实际，"三个戏剧体系"说实际上是黄佐临最先提出来的。

在20世纪60年代初发表的《漫谈"戏剧观"》一文中，黄佐临确实没有明确提出"三种戏剧体系"之说，但他是将"戏剧观"

---

[1] 周靖波：《论抗战时期国统区历史剧》，《重庆师范学院学报(哲学社会科学版)》1985年第4期。

[2] 例如：廖奔《三大戏剧体系说的误区》，《中国戏剧》1998年第7期；谢柏梁《我看"世界三大戏剧体系"》，《中国戏剧》1998年第9期；叶长海《寓园私语》，河北教育出版社，2003年，第168—171页；傅谨《"三大戏剧体系"的政治与文化隐喻》，《艺术百家》2010年第1期。

与"戏剧体系"视为统一体的,而且,在他看来,"戏剧体系"是"戏剧观"的载体,"戏剧观"是对"戏剧体系"的理论概括,或者说"三种戏剧观"也都是各自成"体系"的。

> 派而不流也好,流而不派也好,久而久之,好的、被肯定的经验积累得越来越丰富,成为珍贵遗产,流传后代。这份遗产,当它系统化了,变成体系了,就形成戏剧观。[1]

斯坦尼斯拉夫斯基、布莱希特、梅兰芳既代表"三种不同的戏剧观",也代表"三个不同的戏剧体系"。这一看法在黄佐临后来的著述中得到了更清晰的表达。1988年,黄佐临在联邦德国"国际东西戏剧交流研究会"发表题为《〈中国梦〉——东西文化交溶之成果》的演讲,基于一贯的认识,他明确提出了"三个体系"之说:"以上就是我多年以来所梦寐以求的:斯坦尼斯拉夫斯基——布莱希特——梅兰芳三个体系结合起来的戏剧观,而《中国梦》即是这个追求之具体实例。"[2] 黄佐临的演讲强调的仍然是"三个不同的戏剧观",但他明确提出,斯坦尼斯拉夫斯基、布莱希特、梅兰芳所代表的戏剧观是潜藏在"三个体系"之中的,也就是说,在他看来"不同戏剧体系"与"不同戏剧观"是统一体。诚然,黄佐临仍没有在"三个体系"之前冠以"世界"之名,也没有用"大"来修饰。黄佐临"三个体系"的提法与20世纪60年代初发表的《漫谈"戏剧观"》中对

---

[1] 黄佐临:《漫谈"戏剧观"》,《人民日报》1962年4月25日。
[2] 黄佐临:《我与写意戏剧观——佐临从艺六十年文选》,中国戏剧出版社,1990年,第543页。

"戏剧观"与"戏剧体系"之关系的论述是完全一致的。

《我与写意戏剧观——佐临从艺六十年文选》一书虽然是江流所编,但收录的是黄佐临的文章,而且编辑和出版之时黄佐临尚健在,黄佐临还专门为此书撰写了《我的"写意戏剧观"诞生前前后后》一文,可见,《〈中国梦〉——东西文化交溶之成果》一文收录到其文选之中是得到黄佐临首肯的。由此可见,尽管早在1986年就有人对"世界三大戏剧体系"说提出了质疑,但黄佐临仍认同斯坦尼斯拉夫斯基、布莱希特、梅兰芳代表"三个戏剧体系"的说法,这是值得我们注意的。

黄佐临将斯坦尼斯拉夫斯基、布莱希特、梅兰芳视为"三个戏剧体系"的判断见诸文字是在1988年,孙惠柱论"三大戏剧体系"的论文发表于1982年年初。黄佐临的"三个体系"说是否源于孙惠柱呢?有两个事实证明并非如此:其一,在1962年发表的《漫谈"戏剧观"》一文中,黄佐临就将戏剧体系看作戏剧观的前提和载体;其二,1988年黄佐临在演讲中说,把"三个体系结合起来的戏剧观"是他"多年以来所梦寐以求的"。由此可见,"所谓'三大戏剧体系'说,实源于孙惠柱而非黄佐临"[1]的论断并不准确。

诚然,黄佐临涉及戏剧观的文字,包括明确提出"三个体系"的那篇演讲稿,均未论及"三个体系"何以成为"体系","三个体系"各自的基本构架是什么,也就是说,他承认"三个体系",但这并不是他所关注的重点,他关注的主要是"三种戏剧观"的相同

---

[1] 傅谨:《"三大戏剧体系"的政治与文化隐喻》,《艺术百家》2010年第1期。

点和根本差别,探索三者之间的相互影响、相互借鉴的可能,"以便打开我们目前话剧创作只认定一种戏剧观的狭隘局面"[1],实际上就是要纠正我国话剧界长期以来将斯坦尼斯拉夫斯基的"写实"戏剧观奉若神明的偏颇。黄佐临并没有在"三个体系"之前冠以"世界"之名,这就避免了"三个体系"缺乏"世界性"的偏颇。

在我看来,就戏剧观层面,将"梅兰芳体系"与"斯坦尼斯拉夫斯基体系""布莱希特体系"进行比较,并无不妥,这一研究在拓展学术视野、指导戏剧创作实践两个方面都是有价值的。总之,就国内而言,"梅兰芳体系"是由黄佐临最先提出来的。

二、对"世界三大戏剧体系"说的质疑

多年以来,学界对"世界三大戏剧体系"能否成立进行反复探讨,廖奔、叶长海、沈林、谢柏樑、孙玫、邹元江、傅谨等学者发表了多篇文章,比较一致的意见是"世界三大戏剧体系"说不能成立,但对于何以不能成立,则意见又不尽相同。在质疑"世界三大戏剧体系"说之时,也有学者对"梅兰芳体系"说提出了质疑,对于这个问题我们将稍后进行讨论。

(一)"世界三大戏剧体系"缺乏"世界性"

"三个戏剧体系"是将中国戏剧家与域外戏剧家进行比较所做出的判断,故这一命题很快演变成了"世界三大戏剧体系",但即使是

---

[1] 黄佐临:《漫谈"戏剧观"》,《人民日报》1962年4月25日。

20世纪的世界戏剧，影响力较大的也并非只有斯坦尼斯拉夫斯基、布莱希特和梅兰芳"三个体系"，如果放眼自戏剧创生以来的世界戏剧史，那就更是如此，故不少学者认为，"世界三大戏剧体系"其实缺乏"世界性"。

> 纵观世界戏剧历史，就会发现本世纪产生重大影响的并不只有上述三种戏剧体系……阿尔托对世界当代戏剧的影响力绝不在布莱希特之下。[1]
>
> 20世纪60年代，在中国学者的眼里，伟大的戏剧家只有在共产主义阵营里才有可能出现，于是，苏联、东欧加上中国，基本上就相当于整个世界，至少是就相当于整个光明与健康的世界，所以黄佐临在讨论不同的戏剧观时，眼里就只有梅兰芳、斯坦尼和布莱希特……以斯坦尼、布莱希特的不同戏剧理论体系与梅兰芳的表演理论相并列作为"世界三大戏剧表演体系"，既经不起理论层面的质疑，也缺乏真正的"世界"性。[2]

"世界三大戏剧体系"不仅未能涵盖"世界戏剧"，而且，斯坦尼斯拉夫斯基和布莱希特可以说创造了"戏剧理论体系"，梅兰芳有"表演理论"，但能否称"体系"，能否与斯坦尼斯拉夫斯基和布莱希特的"体系"并列，也是一个问题，故有的学者不认同这种提法。

---

[1] 孙玫:《"三大戏剧体系"说和"三种古老戏剧文化"说辨析》,《艺术百家》1994年第2期。

[2] 傅谨:《"三大戏剧体系"的政治与文化隐喻》,《艺术百家》2010年第1期。

有学者认为，放眼世界戏剧史，依时空类型来划分，古希腊戏剧、印度梵剧和中国戏曲才可称为"世界三大戏剧体系"：

> 如果依时空类型等方面来划分，我认为张庚先生多次申述的世界三大古老戏剧文化说，完全可以称之为世界三大戏剧体系。它们分别指希腊悲剧和喜剧、印度梵剧和中国戏曲。[1]

无论是用"资格"是否够"老"来衡量，还是从影响力是否够"大"着眼，或者是着眼于戏剧形态之差异，将古希腊戏剧、印度梵剧和中国戏曲并称为"世界三大戏剧体系"似乎都是令人信服的。但是，古希腊戏剧只有数十个剧本传世，作为舞台艺术样式的古希腊戏剧早在公元前2世纪就已消亡，印度梵剧也只有数十个剧本传世，作为舞台艺术样式的梵剧早在11世纪就已消亡，现在仍有演出的"梵剧的变种"毕竟不是真正的梵剧舞台艺术样式。关于古希腊戏剧和印度梵剧舞台艺术的资料不是完全没有，但很少，而且有的还存在争议，例如，亚里士多德的《诗学》就是。因此，恐怕也不便将三者进行"比并"，要想"拎"出某位戏剧家来分别代表这三大"体系"，更是无法办到。戏剧是舞台艺术，另两大体系既然只剩文学，其"体系"与中国戏曲相比，显然也是不够完整的，"体量"上更是无法匹配，也就是说，从内部构成和体量两方面衡量，它们与中国戏曲似乎也不可"比并"，将它们"并称"是否也存在"逻辑前提"不一致的问题呢？

---

[1] 谢柏梁:《我看"世界三大戏剧体系"》,《中国戏剧》1998年第9期。

还有学者认为,"三种古老戏剧文化"的提法也是不科学的,理由如下:

> 日本的舞乐中也保存了7世纪的唐歌舞。所以,如果说日本的戏剧也是世界上现存的相当古老的戏剧文化,那是毫不过分、毫不夸张的。[1]

日本的传统戏剧能乐无疑属于世界上现存的古老戏剧之一,但这并不影响将古希腊戏剧、印度梵剧和中国戏曲称为"世界三大古老戏剧",因为这一"并称"并非着眼于"体系",而仅从"古老"着眼,日本能乐并不比它们更"古老"。

日本舞乐含有7世纪的唐歌舞,并不等于日本能乐创生于7世纪,而且,日本舞乐中的唐歌舞是从中国传播到日本去的,可见其并不影响中国戏曲作为"世界古老戏剧"之一的"资格"。日本戏剧理论家河竹繁俊指出:

> 散乐与伎乐、舞乐相继从大陆传来。舞乐属于贵族,散乐则是庶民艺能,很早就与我国固有的民俗演艺结合,成为孕育后代能乐、能狂言、木偶净琉璃、歌舞伎的母胎,因此在艺能史上具有重要意义。[2]

这里所说的从"大陆"传播到日本的散乐、伎乐、舞乐主要是

---

[1] 孙玫:《"三大戏剧体系"说和"三种古老戏剧文化"说辨析》,《艺术百家》1994年第2期。

[2] [日]河竹繁俊:《日本演剧史概论》,郭连友等译,文化艺术出版社,2002年,第47—48页。

指中国汉唐时期民间和宫廷的表演艺术，它们既是中国戏曲的"母胎"，也是日本传统戏剧的"母胎"，但散乐与伎乐、舞乐均非成熟的戏剧样式。

日本最古老的传统戏剧——能乐萌芽于14世纪初，成熟则在14世纪后期，比元杂剧晚出约百来年。关于能乐的成熟是否与元杂剧传入日本有关，能乐是否是对元杂剧的模仿，这是至今仍未得到可靠材料证实的一个问题，对此，日本学界存在不同看法。江户时代（1600—1870）[1]前期的日本学者新井白石和荻生徂徕均坚持认为，元杂剧对能乐的创生有直接影响："能是模仿元杂剧而作的""元杂剧是入日元僧带来并传授的"。[2] 日本当代学者田边尚雄也认为，能乐表现形式的形成受到过元杂剧的"暗示"[3]。不过，因元杂剧传入日本的具体情况缺乏文献记载，故日本学界也有人持不同意见，清水茂就指出："有人说'能乐'受元杂剧的影响而成立，可是这说法没有文献可征，只能备一说而已。"[4]

日本学界在关于能乐是否源于元杂剧的问题上尽管存在争议，但对于能乐成熟于元杂剧之后则并无异议，能乐创生于室町幕府第三代将军足利义满（1358—1408）时期，日本学界以1374年为"能

---

[1] 江户时代的跨越年代又作1603—1868年。此类歧见不只是表现在对江户时代跨越年代的划分上。

[2] 张杰:《明清之际我国戏曲在日本》，载中国艺术研究院戏曲研究所《戏曲研究》编辑部编《戏曲研究》第12辑，文化艺术出版社，1984年，第173页。

[3] 王勇、上原昭一:《中日文化交流史大系·艺术卷》，浙江人民出版社，1996年，第291页。

[4] ［日］清水茂:《中国文学在日本》，载蔡毅编译《中国传统文化在日本》，中华书局，2002年，第7页。

乐元年",这一年是我国明代的洪武七年,此时离元杂剧的成熟已有百余年。由此可见,将古希腊戏剧、印度梵剧和中国戏曲并称为"世界三大古老戏剧"并无不妥。

以古希腊戏剧、印度梵剧和中国戏曲为"世界三大戏剧体系",不同于黄佐临拈出一位戏剧家作代表的做法,黄佐临的"三个体系"之所以以著名戏剧家为代表,主要是从戏剧是舞台艺术这一理念出发的,目的是纠正我国话剧界将斯坦尼斯拉夫斯基的"写实"戏剧奉为圭臬的倾向,指导戏剧舞台实践的目的性非常明确,这与以某一国家的古老戏剧为代表的视角和目的是不一样的。

(二)"世界三大戏剧体系"不可比并

"并称"应由具有可比性而且地位、影响力基本相当者所构成,将没有可比性或地位与影响力相差悬殊者列为"并称",不可能获得广泛认同。例如,将某个杰出的工匠与某个杰出的诗人列为"并称",将某个伟大的哲学家与某个哲学爱好者列为"并称",显然都是不科学的。

有学者认为,斯坦尼斯拉夫斯基、布莱希特主要是戏剧理论家,在理论建构上"一开始就处于比较自觉的状态",但梅兰芳是演员,他虽然也有理论表述,但无法与斯坦尼斯拉夫斯基、布莱希特比肩,梅兰芳所代表的中国戏曲体系的理论总结也是不充分的,因而三者"不可比并"。

"三大戏剧体系"的提法在概念上是含混不清、缺乏逻辑前提与科学性的,所谓三种体系的理论界定,并没有立足于同一的概念基点,这导致它们之间的不可比并性。[1]

斯坦尼斯拉夫斯基主要是一位导演,布莱希特主要是一位剧作家(近有材料披露,他的一些剧本是其情妇及朋友捉刀代笔的),而梅兰芳主要是一位演员……用不同国家的编、导、演代表三大平行的戏剧体系,这未免太有些滑稽味道了。[2]

将中国戏曲体系同斯坦尼体系和布莱希特体系并列比较,多少有些牵强。这并不在于用梅兰芳个人的名字指代整个中国戏曲是否妥当。问题在于,中国戏曲体系中的艺术特征和原则是在一种非常深厚广阔的文化中长期地、自发地生长出来的,直到近几十年,才由一些理论家对其进行理论上的归纳和总结,而这些形诸文字的总结则未必能充分涵盖极其丰富、庞杂的实践活动。与中国戏曲体系不同,斯坦尼体系和布莱希特体系从一开始就处于比较自觉的状态,它们的创造者是在有意识地进行某种探索和追求,特别是布莱希特更是如此。对这两种体系而言,在理论上已被明确表述出来的东西,在他们的实践中未必能充分地达到与实现。简言之,这三种戏剧体系并不是处于对等的层次上的。[3]

---

[1] 廖奔:《三大戏剧体系说的误区》,《中国戏剧》1998年第7期。

[2] 谢柏梁:《我看"世界三大戏剧体系"》,《中国戏剧》1998年第9期。

[3] 孙玫:《"三大戏剧体系"说和"三种古老戏剧文化"说辨析》,《艺术百家》1994年第2期。

"戏剧体系"与"戏剧理论体系"有联系，但并非相同的概念。"戏剧体系"似比"戏剧理论体系"的包容性更大一些，它既包含戏剧剧目体系和舞台表现方法"体系"，也包含戏剧理论"体系"，即使某种戏剧样式的理论概括还不成"体系"，或"体系"还不够完备、不够"大"，但并不妨碍其作为"戏剧体系"之一种。但不同的"体系"是否具有可比性却是另一回事。有学者认为，把梅兰芳作为中国戏曲乃至东方戏剧的代表，似乎是可以的，但斯坦尼斯拉夫斯基、布莱希特在西方"戏剧体系"里却并不占有对应的位置，故"三大戏剧体系"说是缺乏合理的逻辑前提的，是不科学的。

有的学者虽然不认同"三大体系"的提法，但却肯定提出此说的积极意义：

> "三大体系"说在方法论上是不够严谨的，对中外戏剧史的考察是不彻底的，对当代戏剧现状的调查是欠缺的。但是，它的提出是有着积极意义的。因为它促使我们用外国的眼光观察中国的戏剧，用中国的眼光观察外国的戏剧。[1]

上面列举的这些见解具有较强的学理性，比较实事求是，故得到了学界比较普遍的认同，我们可以将"梅兰芳体系"与其他"戏剧体系"进行比较研究，但"世界三大戏剧体系"的提法确实是不太科学的，它不但缺乏世界性，也缺乏统一合理的逻辑前提，黄佐临的"三

---

[1] 沈林：《斯坦尼斯拉夫斯基·布莱希特·梅兰芳》，《中国戏剧》1998年第7期。

个体系"说和孙惠柱的"三大戏剧体系"说或许还合理一点。

综上所述,将斯坦尼斯拉夫斯基、布莱希特和梅兰芳并称为"世界三大戏剧体系"是不太科学的,将古希腊戏剧、印度梵剧和中国戏曲称作"世界三大古老戏剧"是可以的,但将其改称"世界三大戏剧体系"恐怕也未必合适。

三、"梅兰芳表演艺术体系"是否成立

如前所述,"梅兰芳体系"这个命题是黄佐临首创的,但"梅兰芳表演艺术体系"这一名称则是吴晓铃1984年年初在为梅绍武的著作《我的父亲梅兰芳》所写的序言中首先提出来的:

> 我们是多么期盼着能够出现一部《梅兰芳传》,一部《梅兰芳论》,一部《梅兰芳表演艺术体系》,一部或多部这类的专著呀![1]

吴晓铃只是表达了自己的愿望,并未就这一命题展开论证。不过,他显然是赞同把梅兰芳的表演艺术称作"体系",期盼能有人从"体系"的角度来研究梅兰芳的。

随着"世界三大戏剧体系"说能否成立之争的展开,"梅兰芳表演艺术体系"能否成立也成为学界争论的一个焦点,这一争论至今仍在进行。争论既与论者对梅兰芳艺术成就,特别是对其理论建

---

[1] 吴晓铃:《我的父亲梅兰芳·序》,载梅绍武《我的父亲梅兰芳》,百花文艺出版社,1984年,第3页。

树的看法不同有关,也与对何为"体系"的理解不一样有关。

(一)"梅兰芳表演艺术体系"可以成立

中国戏曲是一个独立自存的"戏剧体系",对此,学界似乎不存争议。如果要选择一个戏剧家来代表这个体系,有人认为,梅兰芳是合适的,这主要是基于他所取得的成就和影响力。

> 梅兰芳是中国传统戏剧最具代表性最成熟的代表。[1]

既然中国戏曲可以称"体系",那么,其"最成熟的代表"梅兰芳的表演艺术当然也可以称"体系"。前文已经论及黄佐临在《〈中国梦〉——东西文化交溶之成果》一文中将梅兰芳列为与斯坦尼斯拉夫斯基、布莱希特并列的"三个戏剧体系"中的一个,这种看法得到戏曲学界和业界大部分人的认同。

> 问:那么,如果用梅兰芳代表中国戏曲体系,来与西方戏剧体系进行比较可以吗?
> 答:理论前提好像是成立的。就梅兰芳这方面说是可以的,因为他所达到的艺术成就,使他足以成为中国戏曲表演体系的代表。[2]
> 梅兰芳是最具世界影响的中国戏剧表演艺术家,用他

---

[1] 佐临:《梅兰芳、斯坦尼斯拉夫斯基、布莱希特戏剧观比较》,《人民日报》1981年8月12日。

[2] 廖奔:《三大戏剧体系说的误区》,《中国戏剧》1998年第7期。文中有梅兰芳建立了流派,但没有建立"体系"的论断。

的艺术成就作为中国戏剧的代表并无不可。[1]

戏曲史上有不少名家。例如,戏曲剧作家关汉卿、汤显祖,戏曲理论家兼剧作家李渔,他们也都具有代表性。不过,如果从戏剧是舞台艺术出发,他们的代表性显然不及梅兰芳。梅兰芳是演员,但又不仅仅是演员,他既参与编剧,也进行理论研究,还担任戏曲教师,在声腔创造、导演领域也有不俗的贡献。梅兰芳的影响力,特别是在中国普通民众之中以及国际上的影响力,少有其匹。梅兰芳是将中国戏曲舞台艺术推向世界的第一人,他的精彩表演不仅获得广大外国观众的喝彩,也对某些国家现代戏剧的创生发展有重大影响,这种影响至今无人超迈,而且,这种影响是在中国积贫积弱的情势下主要经由"民间路线"产生的。

有学者认为,梅兰芳建构了自己的"体系","梅兰芳表演体系"能够代表"京剧表演体系":

> 梅兰芳正是在学习继承前人和借鉴同代人艺术创造经验的基础上吸收创新而发展出完整的表演体系,实际上梅兰芳的表演体系代表了京剧的表演体系。[2]

梅兰芳之所以能建构"体系",在于他"没有偏废"——不仅在表演实践上成就卓著,在理论上也有贡献,这正是梅兰芳的独特

---

[1] 傅谨:《百年中国戏剧的变与不变》,《解放日报》2011年11月13日。
[2] 王文章:《在梅兰芳表演体系国际学术研讨会上的致辞》,载中国艺术研究院戏曲研究所《戏曲研究》编辑部编《戏曲研究》第92辑,文化艺术出版社,2014年。

之处和过人之处。这就说明"梅兰芳表演体系"不仅指梅兰芳的表演艺术,也包含了梅兰芳对表演艺术的理论观照。

> 所谓梅兰芳表演体系,是他舞台实践和理论认识双向趋一的结果,没有偏废,缺一不可。这也是梅兰芳在20世纪的独到之处,造就了梅兰芳表演体系。人们更多地也把梅兰芳表演体系与中国戏曲表演体系相提并论,并作为中国戏曲表演体系的代表。[1]

"梅兰芳表演艺术体系"不仅是梅兰芳个人创造的,中外学者对梅兰芳表演艺术的研究也是这个"体系"得以构建的重要力量。

> 梅兰芳在民国年间四次出国演出,中方与外方通过总结、对比,发现了以梅氏为代表的中国演剧体系的独特性,纷纷发表了理性思考与概括总结,逐渐确立了梅兰芳表演体系。[2]

"梅兰芳表演艺术体系"不仅包含表演艺术以及其表演所蕴含的美学思想、梅兰芳本人对其表演艺术的理论概括,其他人——包括海外学人对梅兰芳表演艺术的理论研究,也是这个"体系"的重要构成,海外对梅兰芳表演艺术的研究与对其地位的确认也是这个"体系"得以成立的理由。

---

[1] 刘祯:《论梅兰芳表演理论及体系——〈舞台生活四十年〉个案研究》,《民族艺术研究》2015年第1期。

[2] 秦华生:《梅兰芳表演体系初探——写在梅兰芳逝世50周年之际》,《艺术评论》2011年第12期。

梅兰芳获得过不少文学家、理论家、画家、书法家、琴师、鼓师、表演艺术家的提携、指点、帮助，域外有些戏剧理论家、表演艺术家也给了梅兰芳很大的启发和帮助，没有他们，梅兰芳不可能获得如此巨大的成就，这一点梅兰芳是深有体会的，他说：

> 我排新戏的步骤，向来先由几位爱好戏剧的外界朋友，随时留意把比较有点意义、可以编制剧本的材料收集好了，再由一位担任起草，分场打提纲，先大略地写了出来，然后大家再来共同商讨。有的对于掌握剧本的内容意识方面是素有心得的，有的对于音韵方面是擅长的，有的熟悉戏里的关子和穿插，能在新戏里善于采择运用老戏的优点的，有的对于服装的设计、颜色的配合、道具的式样这几方面，都能够推陈出新、长于变化的；我们是用集体编制的方法来完成这一个试探性的工作的。我们那时在一个新剧本起草以后，讨论的情形，倒有点像现在的座谈会。在座的都可以发表意见，而且常常会很不客气地激辩起来，有时还会争论得面红耳赤。可是他们没有丝毫成见，都是为了想要找出一个最后的真理来搞好这出新的剧本。经过这样几次的修改，应该加的也添上了，应该减的也勾掉了，这才算是在我初次演出以前的一个暂时的定本。演出以后，陆续还要修改。同时我们也约请许多位本界有经验的老前辈来参加讨论，得着他们不少宝贵的意见。[1]

---

[1] 梅兰芳：《舞台生活四十年》，载傅谨主编《梅兰芳全集（第四卷）》，中国戏剧出版社，2016年，第277—278页。

参与者众，但核心始终是梅兰芳，这不仅体现在梅兰芳的全程参与上，更体现在所有参与者都围绕如何让梅兰芳的表演更出彩，更能吸引观众上，这实际上就是把分散的、不同的力量都聚集在"梅兰芳表演艺术体系"的建构上了。没有这些人的参与，"梅兰芳表演艺术体系"是不可能建构起来的。

"梅兰芳表演艺术体系"建立在对一代又一代表演艺术家艺术经验的继承之上，中国哲学和戏曲美学是其重要的理论基础。梅兰芳一直把京剧视为古典艺术，认为它有几千年的传统，这当然不是说京剧已经走过了几千年的历程，而是说，京剧是中国古典哲学美学的结晶，是建立在悠久的民族文化传统的基础之上的。可见，中国古典哲学美学等也是"梅兰芳表演艺术体系"建构的重要力量。正如有学者所指出的，梅兰芳所代表的"中国戏曲体系"和"中国戏曲理论体系"具有历史积淀的长期性和建构者的集体性，远不是以简短的个人实践为基础所建立起来的"斯坦尼体系""布莱希特体系"所能"比并"的。

> 梅兰芳作为一代京剧表演艺术大家，是中国传统戏曲艺术的代表和符号，将斯坦尼斯拉夫斯基与布莱希特戏剧理论与中国戏曲相提并论，是他们所消受不起的，是不对等的，也是不能成立的。斯坦尼斯拉夫斯基与布莱希特戏剧理论是西方戏剧历史长河的两朵浪花，在20世纪激荡而耀眼。中国戏曲的历史性与现实性是紧密结合的，其理论体系有丰厚的历史积淀而颇具实践性，它对应着西方戏剧而跨越西方戏剧的古与今。也决定了中国戏曲理论体系建

设的长久性和集体性质。[1]

还有学者认为,"梅兰芳体系"不仅是可以成立的,而且比"斯坦尼体系""布莱希特体系"更完整,因为它涵盖了从编剧到导演再到表演的全部创作过程。

在斯坦尼、布莱希特和梅兰芳代表的三个体系中,严格地说,只有梅兰芳的才是完整的"戏剧体系",因为只有他才主导了从最初的构思编剧一直到最终的舞台呈现的全部创作过程。相比之下,斯坦尼代表的是一个伟大的导演、表演体系——对之前的剧本创作产生不了影响,而布莱希特的则主要是一个编剧、导演的体系——他的表演理念更多的是呈现在纸上而不是舞台上,并没能在他主导剧团排戏的最后两年里全面付诸实践。只有梅兰芳的体系才是涵盖了编剧、导演、表演整个创作过程的全面的"戏剧体系"。纵览创作所涵盖的方方面面,甚至可以说梅兰芳超过了与他同时代的那两位欧洲戏剧大师,因为他们分别只专注于导演、表演和编剧、导演。

他据此认为:

> 我们完全没有必要因为梅兰芳的理论著作过于朴实、略显单薄,就觉得要在两位西方大师的"导表演体系"和"编导体系"面前自惭形秽,以致都不敢将梅兰芳的全套遗

---

[1] 刘祯:《论张庚与中国戏曲理论体系》,载中国艺术研究院戏曲研究所《戏曲研究》编辑部编《戏曲研究》第84辑,文化艺术出版社,2012年,第35—36页。

产称为"体系"。[1]

完整的"戏剧体系"不应只是理论"体系",也不应只是表导演"体系",而应该是对戏剧创作过程的全面掌控,"梅兰芳表演艺术体系"并非只是表演理论"体系",而是由梅兰芳从编剧到演出再到理论研究的"全套遗产"所构成的,这套遗产的过人之处,正在于对戏剧文本创作、舞台表演、理论研究全过程的参与和掌控上,这一点确实是其他戏剧家难以媲美的。

持这种看法的学者较多,例如,早在1987年,徐城北就曾在《中国文化报》发表《有感于"梅氏体系"受冲击》一文,他将梅兰芳与斯坦尼和布莱希特进行比较,得出了这样的结论"梅兰芳体系"比"斯坦尼斯拉夫斯基体系""布莱希特体系"要庞大深厚得多。[2]

当然,也有学者认为,"梅兰芳表演艺术体系"不能成立。

(二)"梅兰芳表演艺术体系"不能成立

梅兰芳居"四大名旦"之首,这一定位似乎没有争议,因此,由他代表京剧旦行不会有太大异议,但京剧还有生、净、丑等行当,每个行当还有多个分支,他们的技能、特色各有不同,如果从影响力、知名度来看,京剧创生期和成熟期的代表人物均为老生,故有

---

[1] 孙惠柱:《从创作模式看梅兰芳与斯坦尼、布莱希特的"戏剧体系"》,《戏剧艺术》2019年第1期。

[2] 见张颂甲《四十年前的一桩戏剧公案——梅兰芳发表"移步不换形"主张之始末》,《戏剧报》1988年第5期。

"前三杰""后三杰"之说。那么,梅兰芳能代表京剧吗?如果他连京剧都不能代表,怎么能成为"中国戏曲体系"的代表呢?

> 最能代表京剧表演美学风格的,是老生的谭鑫培,而不是旦行。[1]

谭鑫培所取得的成就确实是很高的,他改变了京剧初创期的老生一味追求雄壮豪迈、声震屋瓦的平直唱法,创造了长于揭示人物内心世界、彰显人物性格的"花腔""巧腔",形成婉转细腻、哀婉柔靡的独特风格,又创造武戏文唱的表演形式,还完成了京剧声韵系统的建构,确立了京剧湖广音、中州韵的音韵系统,制定了咬字吐音的具体规范,这一规范至今仍为京剧多个行当所遵循。"天下无腔不学谭"并非虚美,京剧演艺圈尊其为"伶界大王""一代宗师"并非无因。

梅兰芳饰演了巾帼英雄、贵妃天女、大家闺秀、小家碧玉、风尘妓女等多种类型的人物,这与谭鑫培所擅演的任侠武勇的英雄、正气凛然的义士在美学风格上显然不具可比性。京剧的整体风格可以概括为雅正而不绝俚俗、大气而兼具诙谐、峭拔而不失婉折、豪壮而不废深沉,在代表京剧的美学风格上,很难说谭鑫培所代表的老生行就一定胜过梅兰芳所代表的旦行。单说号召力很强的"谭腔",它长于表达封建末世国人悲苦哀伤的情怀,尽管唱出了当时人们的心声,映照出封建末世迷惘、失望、哀伤的时代风貌,有鲜明的时代特征,但毋庸讳言,"谭腔"——特别是早期"谭腔"对时

---

[1] 傅谨:《百年中国戏剧的变与不变》,《解放日报》2011年11月13日。

代精神的反映是不够深刻的,这主要表现在唱腔缺少催人奋起的豪情壮志上。其实,当时反封建、反帝国主义入侵的斗争堪称壮烈,故谭鑫培的师父程长庚将初创期的"谭腔"说成过于柔靡的亡国之音。

梅兰芳的表演吸纳了多个行当的技艺,甚至超越京、昆,广采博纳,摄取地方戏的滋养,有集大成的恢宏气象。梅兰芳所打造的雅正庄严、平和淡远、精致圆润、不瘟不火的风格既具有鲜明的时代性,也具有很强的包容性和超越性,富有历久弥新的艺术魅力,这种审美风格似更能代表博大精深的京剧和中国戏曲。

就成就与对京剧事业的贡献而论,谭与梅各有所长,但得天时之利又能转益多师、博采众长的梅兰芳或许还略胜一筹。"梅兰芳之所以能够在继承谭鑫培创新精神的前提下又能超越他的最根本原因,就在于他更善于接受新事物,更明确意识到自己作为'一个极笨拙的人'只能一步一个脚印在票友族群的簇拥下'成好角',而不像才高八斗的谭鑫培那样很自负地'自为领袖''当好角'。"[1] 梅兰芳的成就不仅反映在表演艺术上,在文本创作、理论建构和京剧国际传播上,梅兰芳都卓有建树,在这几个方面,谭鑫培显然是无法比拟的,其他京剧演员也无法比拟。

老生领衔京剧的时段主要在京剧形成期和成熟期,亦即清代道光至民国初年,20世纪20年代以后,"四大名旦"——特别是梅兰芳的声名远播,使生、净、丑大体上成了映衬旦行的"绿叶",这种情形至今仍无根本变化。

---

[1] 邹元江:《梅兰芳表演美学体系研究》,人民出版社,2018年,第2页。

认同"梅兰芳表演艺术体系"这一命题的学者，大多把梅兰芳当作中国戏曲乃至中国传统文化的一个符号，认为他不但可以代表京剧，而且可以代表整个戏曲，甚至可以代表中国传统文化，但有学者认为这个看法并不符合实际，就剧种而言，更具代表性的应该是昆曲。

中国戏曲表演美学高峰的代表是昆曲，不是京剧。[1]

昆曲是古老剧种，即使是从明代梁辰鱼写第一部昆腔传奇算起，昆曲也已有400多年的历史，堪称戏曲园地的"老资格"，京剧的"年资"大约只有昆曲的半数。昆曲的文化积淀丰厚，尤其是其文学创作，造就了中国戏曲史继元杂剧之后的第二个高峰，在这一点上京剧至今未能超迈。昆曲的舞台艺术堪称精美，无论是行当、声腔、身段、台步、演唱、说白、化妆、服饰都达到了很高的水平。昆曲对包括京剧在内的诸多剧种的创生发展、艺术面貌有很大影响，故有"百戏之祖"的美誉。我国古代曲论在明代后期和清代前期形成高峰，这一时段的理论著述除了徐渭的《南词叙录》、沈宠绥的《弦索辨讹》等少数专著之外，大多是以昆曲为主要研究对象的，可以说，古代戏曲美学的主体部分主要是昆曲美学，但这并不等于说昆曲的代表性就一定强于京剧。

昆曲虽然也面向普通民众演出，但其服务主体是文人士大夫，给达官贵人唱堂会是昆曲传播的主要途径和方式。昆曲主要是在士大夫——特别是南方士大夫的支持下发展起来的。从整体上看，昆

---

[1] 傅谨:《百年中国戏剧的变与不变》,《解放日报》2011年11月13日。

曲不同于正统诗文，大体属于俗文学、俗文化的范围，但它是俗中之雅，典雅或曰"书卷气"是昆曲的主导风格。昆曲的语言属于古代汉语中的白话，与正统诗文的语言有区别，但与实际口语仍有较大距离，真正能让不读书的"愚夫愚妇"一听就懂的虽然也有，但为数不多。有相当多的剧作喜欢用典，艰涩难懂的词汇触目即是，有的剧本的宾白也追求骈偶化，不要说不读书之妇人小儿看不懂、听不懂，即使是饱学之士也要颇费脑力。这里仅举一例：白先勇领衔制作的青春版《牡丹亭》[1]到某著名大学演出，舞台两侧有电子屏幕显示宾白和唱词并配有英译，学生反映说：看了英译才大体了解文辞的含义，如果不看英译，则不知所云。

京剧虽然也追求雅正，但其语言与现代汉语中的口语基本一致，它虽然也走进宫廷，去官员、富豪家里唱堂会，但追求雅俗共赏，在茶楼戏庄面向广大观众演出是主要的传播方式。与昆曲相比，京剧近俗，近代许多文人称之为"俗讴"，可见它是真正的大众戏剧，其群众性和普及程度远胜昆曲。京剧虽然没有像《浣纱记》《牡丹亭》《邯郸记》《玉簪记》《娇红记》《清忠谱》《雷峰塔》《十五贯》《长生殿》《桃花扇》那样的戏剧文学经典，但其颇具号召力的舞台经典比较多，有许多昆曲剧目搬上了京剧舞台，元杂剧中的名作大多也经改编搬上了京剧舞台，京剧所拥有的剧目数量远超昆曲。京剧的传播范围比昆曲更广，而且早在晚清之时就取代昆曲主导剧坛的地位成为戏曲舞台之雄，故在中华人民共和国成立之前京剧就有

---

[1] 青春版《牡丹亭》的整理秉持只删不改的原则，宾白、曲词均采自汤公原著。

了"国剧"之美誉。自近代以来，地方戏学习的主要对象是京剧，京剧对近代以来剧坛格局的影响远大于昆曲。京剧的国际影响亦非昆曲所能比拟。昆曲是以文学家为主导的，虽然也有像旦行中的"秦淮八艳"、余紫云、乔复生、王桂林、陈金雀、周凤林、朱传茗、张继青、梁谷音等，生行中的王百寿、沈月泉、汪双全、顾传玠、周传瑛、俞振飞、计镇华等，净行中的马锦（马伶）、范松年、乔国瑞等，丑行中的刘淮、陆寿卿、王传淞等，但如果要推选一个在艺术成就、国内国际影响均超过梅兰芳，不仅能代表昆曲，而且可以代表中国戏曲的人来，还是不太容易的，昆曲由文人主导，能够代表昆曲的是剧作家而不是演员。

京剧以徽调、汉调为基础，又吸纳了昆、高（弋）、梆（秦腔）等多个剧种的滋养，行当、声腔、演唱、身段、服饰、化妆、舞美、乐队伴奏等均获得全面发展和提高。京剧还产生了众多流派，许多流派的代表人物的表演达到了炉火纯青的地步，至今传承不绝，这也是昆曲所不能比的。近代以来，戏曲理论与批评对京剧的关注远超昆曲，京剧研究涵盖了京剧的文学和舞台呈现的各个方面，已经形成京剧文献学、京剧目录学、京剧史学、京剧美学、京剧批评学、京剧音乐学、京剧教育学、京剧表演学（含演员研究、流派研究、脸谱研究、服装研究等）、京剧传播学等多个分支，有许多专题取得了丰硕的成果，例如，京剧文献的收集与整理，京剧目录及京剧百科全书的编纂，京剧史研究、京剧文学史研究、京剧美学研究、京剧音乐研究、京剧戏班研究、梅兰芳研究、程长庚研究、谭鑫培研究、徽班进京研究、样板戏研究等，初步构建了京剧学的框架体系。王骥德、李渔等曲论大家的理论概括除了音律部分之外，大多适用于京剧，而且他们的理论已经融汇在新兴的京剧学之中。京剧由艺人主导，能够代表京剧的是演员，不是剧作家。

有学者认为，"体系"就是指理论"体系"，尤其是将梅兰芳与斯坦尼斯拉夫斯基并列，就更应该是如此，因为斯坦尼斯拉夫斯基就是理论家，他确实建构了自己的"体系"，而梅兰芳从来没有自称"体系"，而且他基本上没有什么理论建树，当然也就不应该称之为"体系"，如果硬要给他戴上这顶"桂冠"，只会使旨在隆地位、美声誉的"体系"庸俗化、贬值。

> 梅兰芳也从来没有自称为体系……梅兰芳基本上没有自己的理论建树……如果梅兰芳是体系，那么"四大名旦"中的其他三旦和周信芳的"麒派"同样可以称之为体系……但是"体系"一多，便不值钱，剧坛上各种美妙的头衔，都将会急剧贬值。[1]

梅兰芳确乎未曾自称"体系"，但"体系"成不成立，并不以其是否自称为前提，布莱希特似乎也没有自称"体系"。梅兰芳"基本上没有自己的理论建树"的判断，并不太符合实际。梅兰芳有口述史著作《舞台生活四十年》，此外，还有大量的文章。例如，梅兰芳1961年去世后，中国戏剧家协会于次年编辑了《梅兰芳文集》以寄托哀思，文集收录了散见于报刊、专册中的梅兰芳的报告、论文、回忆、观感等文章53篇。《舞台生活四十年》和这些文章包含着梅兰芳对戏剧艺术——特别是对自己表演艺术的解读和认识，是

---

[1] 谢柏梁：《我看"世界三大戏剧体系"》，《中国戏剧》1998年第9期。

梅兰芳体系的重要构成。当然，与斯坦尼斯拉夫斯基、布莱希特相比，梅兰芳的著作大多是对自己艺术实践的描述和经验总结，其中不乏真知灼见，这些成果同样值得我们珍视，而且艺术理论与艺术经验是无法截然分开的，经验离不开理论的指引，理论则是对经验的概括、提升与反思。

> 中国文论并非如"失语症"患者所说的那么绝望，我们还不至于忘记戏剧表演中的"梅兰芳体系"吧？有这样的艺术经验，当然就有自己的理论体系。[1]

"梅兰芳表演艺术体系"并非只是单纯的理论体系，梅兰芳精湛的表演艺术以及蕴含在其表演艺术中的戏曲美学思想是"梅兰芳表演艺术体系"的主体。

"四大名旦"均建立了自己的流派，在艺术上成就都很高，其中有的人还有较多的理论成果。上海的老生演员周信芳创立了"麒派"，他是海派京剧的重要代表，地位和影响不容小觑。对演员成就高低、影响大小的估量只能通过比较来做判断，如果从国内外的影响力来看，"四大名旦"中的其他三旦不足以与梅兰芳相比，即使是从"倒梅"者的意见中我们也能得出这一结论。

1919年，梅兰芳首次访日归来之后，在民众中的号召力大增，声誉益隆。一批持启蒙立场的新文化先驱却把京剧看作腐朽的旧文化，他们尤其不能容忍男扮女，认为这种"变态"的"艺术"与冲决罗网、追求自由民主、崇尚自然的启蒙立场尖锐冲突。不久，这

---

[1] 蒋寅:《学术的年轮》,中国文联出版社,2000年,第29页。

些学者听说梅兰芳竟然要去美国演出,十分恼怒,认定梅兰芳出国演出不是弘扬国粹,而是宣扬国丑。于是,他们要选择一个代表对"旧戏"进行猛烈讨伐,这个代表就是有可能去欧美演出的梅兰芳。请看戏曲史家郑振铎《打倒旦角的代表人物梅兰芳》一文的论述:

> 梅兰芳居然成了中国的一个代表人物,在国际上的声誉竟可与李鸿章、孙中山相比肩,这种奇耻大辱,我们将怎样洗刷才好呢?然而竟还有人以此为荣的,以为我们也产生了一位"艺术家"了。呜呼,像这样的一个妖孽的有类于"变态人",被旧社会所牺牲的一个可怜虫,举国却欲狂的去表彰他,去赞颂他,是否大家都饮了狂药,都有了变态性欲病?……打倒男扮女装的非人的不合理的旦角!打倒旦角的代表者梅兰芳![1]

20世纪20年代至50年代,举国追捧梅兰芳,梅兰芳的戏迷遍布社会的各个阶层、各个年龄段,那时的"梅迷"追梅比今天的粉丝追星要狂热得多。在当时人们的心目中,梅兰芳是国民偶像,不仅是京剧旦角的代表,而且是中国人的代表,其影响与地位可与孙中山比肩。通过声言"打倒"梅兰芳的郑振铎的眼睛,我们也可以看出,梅兰芳作为中国京剧旦角的代表,作为中国京剧的代表,作为中国戏曲的代表,乃至作为中国传统文化的代表,百年前就已是大多数国人的共识。百年之后,这一地位也无人可以取代。

---

[1] 郑振铎(西谛):《打倒旦角的代表人物梅兰芳》,《文学周报》第八卷"梅兰芳专号",上海书店,1929年,第64—65页。

由此也可以看出，梅兰芳在塑造国家形象方面具有极其重要的作用。梅兰芳难以置换、无法动摇的代表性和典范意义是斯坦尼斯拉夫斯基和布莱希特所无法比拟的。斯坦尼和布莱希特在他们各自的国家当然是有影响的，特别是斯坦尼，但他们恐怕都不能说是各自国家的偶像，他们的"体系"恐怕还不能说是他们各自国家传统文化的代表。

"梅兰芳表演艺术体系"这一命题，无论是代表人物的选定，还是"体系"一词的安放，都不是主观随意的"胡为"，不会导致"体系"泛滥，更不会使剧坛上各种美妙的头衔"急剧贬值"。"体系"并非"头衔"，称梅兰芳的表演艺术为"体系"并非给梅兰芳"加冕"，也不是给梅兰芳贴标签，这是学界对梅兰芳艺术遗产的一次全面清理，是通过研究梅兰芳弘扬戏曲文化的一种尝试。

有学者认为，"梅体系"不能成立的原因主要在于梅兰芳周围有一批有留学背景和西学功底的人，梅兰芳的戏剧观被他们"完全扭曲了"，这主要表现在梅兰芳对"合理性""求真""体验"等西方戏剧学观念的接受与言说上，正是因为戏曲观被人扭曲，所以梅兰芳的理念驳杂含混、自相抵牾；其次，梅兰芳受文化底蕴限制，理论表述受一些有西学背景的人操控，其理论著述中哪些是属于他的，难以认定。

> 对"梅兰芳表演体系"的预设是难以成立的。梅兰芳的表演特征不能构成一个独立自足的审美"体系"。梅兰芳的表演所依凭的理念是驳杂含混、自相抵牾的。他的文化底蕴限制了他的判断力和理解力。他似乎在向我们说着什

么,通过他的回忆录、文章等,但他其实在说着并不属于他的两种话语,他有时甚至像傀儡一样由"他人"决定他该如何说。所以,任何对"梅兰芳表演体系"的论证都是理据不足,因而也是无效的。[1]

恐怕没有人认为,"梅兰芳表演艺术体系"是由"梅兰芳的表演特征"构成的,笔者也没有见到"梅兰芳表演特征体系"的提法。

为了证明梅兰芳"戏曲艺术审美观已被当时包围着他的一批具有西学背景的文人学士的戏剧观所完全扭曲了"[2],这位学者引用了梅兰芳的一段话来加以证明:

> 像昆曲那么典丽藻饰的曲文,就是一位文学家,也得细细推敲一下,才能彻底领会它的用意。何况我们戏剧界的工作者,文字根底都有限,只凭口传面授,是不会明了全部曲文的意义的。要他从面部表情上传达出剧中人的各种内心的情感,岂不是十分困难!我看出这一个重要的关键,是先要懂得曲文的意思。但是凭我在文字上这一点浅薄的基础,是不够了解它的。这个地方我又要感谢我的几位老朋友了。我那时朝夕相共的有罗瘿公、李释戡……几位先生,他们都是旧学湛深的学人,对诗歌、词曲都有研究。当我拍会了几套昆曲,预备排练身段之前,我就请教他们把曲子里的每一字每一句仔细讲解给我听,然后做的

---

[1] 邹元江:《对"梅兰芳表演体系"的质疑》,《艺术百家》2009年第2期。
[2] 邹元江:《对"梅兰芳表演体系"的质疑》,《艺术百家》2009年第2期。

表情身段，或者可能跟曲文、剧情一致地配合起来。有的身段，前辈已经把词意安进去了，可是还不够深刻。有的要从另一种角度上来看，倒比较更为合理。这就在乎自己下功夫去找了。"我在这一段读曲过程当中，是下了一番决心去做的。讲的人固然要不厌其详地来分析譬喻，听的人也要有很耐烦的心情去心领神会……今天我能够大致了解一点曲文，都是这几位老朋友对我循循善诱的结果。这里面我尤其要感谢的是李先生，他给我讲的曲文最多，也最细致。"[1]

这位学者对梅兰芳的这段话做了如下分析：

李释戡等人虽然"旧学湛深"，但是他们的留洋经历和西学功底却使他们自觉不自觉地用西方的戏剧观来解读中国的戏曲作品。他们的讲解给梅兰芳最大的影响就是西方戏剧的基本原则"合（情）理"。只有西方话剧式的理解戏曲（昆曲）的曲词，才能合情理、对应性的"从面部表情上传达出剧中人的各种内心的情感"，所"做的表情身段，或者可能跟曲文、剧情一致地配合起来"。——可这却是对戏曲曲词的根本性的误读……对于戏曲表演艺术而言，关键的是如何美目、美听的问题，而是否用身段、表情传达"词意"，尤其是传达得是否"深刻"却不是戏曲艺术

---

[1] 梅兰芳:《舞台生活四十年》,载傅谨主编《梅兰芳全集（第四卷）》,中国戏剧出版社,2016年,第191—192页。

> 应当思考的问题……"做来好看"是戏曲艺术审美创造的根本出发点,但"做来好看"一旦设定了"合乎剧情""合乎情理"的前提,这个"好看"就会大打折扣。[1]

梅兰芳的表演以及艺术理念受到西方戏剧美学思想的影响应该说是符合实际的。梅兰芳生活在外来文化大量涌入中国的年代,他周围确有一些曾在海外——包括在西欧待过、对欧洲戏剧有所了解的人。近代日本曾是中国引进西方文化的"中转站",话剧的引进就与日本关系密切。"梅党"中的李释戡等多人就曾留学日本。梅兰芳曾几次去日本演出,并与日本的多位名流有过交往。上海是近代中国接纳西方文化的前沿,梅兰芳多次去上海演出,目睹了上海戏剧界以西方戏剧为参照对戏曲进行改良的情形并曾心向往之。近代的北京和上海是中国启蒙思潮的"大本营",梅兰芳生于斯、长于斯,启蒙思潮对他的影响显而易见。梅兰芳还曾出访苏联和美国,而且在国外观看过话剧、歌剧、舞剧的演出、排练,与斯坦尼斯拉夫斯基等有过多次交流,多次表示要向斯坦尼斯拉夫斯基学习。总之,梅兰芳的表演艺术和戏剧观念受到西方某些观念的影响是不容否认的。例如,《贵妃醉酒》一剧对封建宫廷中女性的命运和用情不专的"帝王之性"进行了反思,重视揭示人物的内心世界,具有一定的批判精神,这与启蒙思潮和西方戏剧的美学思想的影响有一定关系。[2] 又如,熟悉

---

[1] 邹元江:《对"梅兰芳表演体系"的质疑》,《艺术百家》2009年第2期。
[2] 《贵妃醉酒》据《醉杨妃》改编,梅兰芳在搭班喜连成时期向前辈花旦演员路三宝习得,几十年间一直坚持打磨修改,剔除原剧中的糟粕,精益求精,终成其代表作。

西方戏剧的齐如山对梅兰芳的帮助和指导，对梅兰芳的表演有很大影响。

问题是，接受了外来影响就一定不能自成"体系"吗？布莱希特接受过梅兰芳的影响是众所周知的，他对梅兰芳的表演有误读，但他的"间离"学说却是受梅兰芳表演艺术的影响而创立的，这一理论可谓布氏"体系"的核心。斯坦尼斯拉夫斯基也接受过梅兰芳表演艺术和戏剧观念的影响，梅兰芳的表演艺术甚至改变了斯坦尼斯拉夫斯基长期使用的训练演员的方法，使其对"体系"的核心观念——"体验"在演员训练中的地位做了适度调整。

在歌剧—戏剧学校里，歌唱和表演技艺的传授同时进行，通常这些专门的技能在西方戏剧中单独存在。斯坦尼斯拉夫斯基在其戏剧体系中尝试，重点关注身段动作和外在特征，最主要是对体系做了些修改。他认为，演员表演的推动力是通过身体动作的轨迹，而不是通过体验来实现的，过度地将自己封闭于心理领域的探索，会导致表演失去其在空间的表现力，因此，梅兰芳巡演结束几个月以后，在歌剧—戏剧学校的一次排练中，斯坦尼斯拉夫斯基把梅兰芳作为运用音乐和姿态动作富于节奏的榜样，建议学生们"要学习梅兰芳表演技艺的精确性"[1]，这不是偶然的。

法国戏剧理论家阿尔托创立了"残酷戏剧"理论，有学者认为这一理论对西方现代戏剧的影响很大，堪称可与"斯坦尼体系"比肩的"体系"。然而"残酷戏剧"理论却是在借鉴东方戏剧的前提

---

[1] [法]欧唐·玛铁:《"梨园魔法师"遇〈樱桃园〉导演——梅兰芳与康斯坦丁·斯坦尼斯拉夫斯基在莫斯科的会见》,周丽娟译,《中国文艺评论》2019年第1期。

下创立的,其颠覆文学的霸主地位、重视肢体动作以及声响等舞台语汇的作用的主张均源于东方戏剧——特别是巴厘岛哑剧对他的启发。

据我所见未广的粗浅知识,世界上好像还没有绝对不受外来影响、纯而又纯的"戏剧体系"或"戏剧理论体系"。有学者认为古希腊戏剧的源头——酒神祭祀是古埃及俄赛里斯神话的翻版,古埃及的这一神话所衍生的祭祀仪典是古希腊戏剧最初的源头。有学者认为,古印度的梵剧源于古希腊戏剧。日本能乐的源头是中国汉唐时期的歌舞杂戏,日本有学者甚至认为,能乐是对元杂剧的模仿,日本能乐中不仅有大量的中国题材剧目,还保留不少中国乐曲。越南的嘥剧是被俘的中国元代戏曲艺人李元吉创造的。越南的嘲剧和朝鲜的唱剧受中国戏曲的影响相当大。

中国戏曲从孕育期起就一直受外来文化的影响。王国维认为,元杂剧的音乐有相当一部分来自外国,当然,他所说的"外国"包含了我国边疆地区的某些少数民族,但其中确有一部分是真正的外国乐曲。"南北曲之声,皆来自外国。而曲亦有自外国来者。"[1]

戏曲的伴奏乐器胡琴、唢呐、琵琶等,或来自我国周边的少数民族,或是在少数民族乐器的基础上进行了改造,或直接从外国引进。例如,唢呐就是波斯乐器。戏曲的身段、舞蹈也接受了外来乐舞的影响。近代以来的戏曲受包括西方戏剧观念在内的西学的影响有目共睹。

---

[1] 王国维:《宋元戏曲考》,载姚淦铭、王燕编《王国维文集(第一卷)》,中国文史出版社,1997年,第416页。

然而，上面所列举的戏剧，大多可以自成"体系"，并没有因为接受了外来影响而致使"体系"崩塌。当然，如果某种"理论体系"或某种"演剧体系"大面积抄袭他人，不能将"异己"成分消化，变成自己的营养，那么，这种"体系"确实是无法得到认可的。"梅兰芳表演艺术体系"是否如此呢？熟悉梅兰芳的人都有一个强烈的印象，梅兰芳对戏曲传统技艺很熟悉，基本功很扎实，他虽然赞同并践行戏曲改革，但在戏曲改革浪潮中他不是激进派，而是属于固守传统的一派，他曾进行过戏曲现代化探索，例如，编演时装新戏，但坚持古典化道路是其最主要、最鲜明的特征。

> 梅兰芳在艺术上最引以为自豪的就是熟稔传统剧目，丰厚的传统积淀是他的艺术成就的首要标志。[1]

正是由于这个原因，梅兰芳才针对"戏改"中偏离戏曲传统的倾向提出"'移步'而不'换形'"[2]的主张，所谓"不换形"，也就是不背离戏曲传统，不改变戏曲的本质特征，对此，梅绍武这样说：

---

[1] 王国维：《宋元戏曲考》，载姚淦铭、王燕编《王国维文集（第一卷）》，中国文史出版社，1997年，第416页。

[2] 张颂甲《"移步"而不"换形"——梅兰芳谈旧剧改革》在1949年11月3日的《进步日报》发表后，有人认为梅兰芳反对戏曲改革，写文章批判他，梅兰芳压力很大，1949年11月27日，天津市剧协召开座谈会，实际上给梅兰芳用做检讨的方式平息风波提供一个机会，梅兰芳迫于压力，在会上说："我来天津之初，曾发表过'移步而不换形'的意见。后来，和田汉、阿英、阿甲、马少波诸先生研究的结果，觉得我那意见是不对的。"见张颂甲《四十年前的一桩戏剧公案——梅兰芳发表"移步不换形"主张之始末》，《戏剧报》1988年第5期。

> "移步不换形"这一原则,也就是说京剧改革应该按照京剧艺术基本规律来发扬、创新、完善而向前推进。他(指梅兰芳——引者注)强调首先必须考虑到戏曲的传统风格,二是尊重戏曲自身的规律,三是适应观众的审美习惯,因此他主张戏曲革新应当吸取前辈的艺术精华,反对没有根据的凭空臆造,主张采取逐步修改的方法,循序进展,让观众在"无形"中接受改革。[1]

梅绍武的阐释与1949年11月3日《进步日报》所刊载的报道《"移步"而不"换形"——梅兰芳谈旧剧改革》对梅兰芳谈话的报道是大体一致的。

这充分说明,接受了西方戏剧观念影响的梅兰芳,在戏曲审美理念上以及表演实践中均以固本守正为是,其理念"体系"和表演"体系"并不驳杂,而是独立自存的。

如前面那则引文所示,梅兰芳确实强调过表情身段要尽可能地跟曲文、剧情一致地配合起来,使其更为"合理",但这未必只是西方戏剧的理念。请看李渔的论述:

> 唱曲宜有曲情。曲情者,曲中之情节也。解明情节,知其意之所在,则唱出口时,俨然此种神情。问者是问,答者是答,悲者黯然魂消而不致有喜色,欢者怡然自得而不见稍有瘁容……有终日唱此曲,终年唱此曲,甚至一生

---

[1] 梅绍武:《移步不换形·后记》,载梅兰芳著《移步不换形》,百花文艺出版社,2000年,第374页。

> 唱此曲而不知此曲所言何事、所指何人，口唱而心不唱，口中有曲而面上、身上无曲，此所谓无情之曲……欲唱好曲者，必先求明师讲明曲义。师或不解，不妨转询文人。得其义而后唱，唱时以精神贯穿其中，务求酷肖。[1]

这里强调的是演员的面上、身上（也就是表情、身段）应与曲文（所表达的内容）、剧情（故事情节、人物的喜怒哀乐等）一致，这与梅兰芳所强调的"合理"是一致的。梅兰芳还曾说过这样的话：

> 为什么表情在这出戏里占着最重要的地位呢？你想想看，我们在台上扮演剧中人，已经是假装的。这个剧中人又在戏里假装一个疯子。我们要处处顾到她是假疯，不是真疯。那就全靠在她的神情上来表现了。同时给她出主意的，偏偏又是一个不会说话的哑巴丫鬟，也要靠表情来跟她会意的。所以从赵女装疯以后，同时要做出三种表情：（一）对哑奴是接受她的暗示的真面目；（二）对赵高是装疯的假面具；（三）自己是在沉吟思索当中，透露出进退两难的神气。这都是要在极短促的时间内变化出来的。这种地方是需要演员自己设身处地来体会了。首先要忘记了自己是个演员，再跟剧中人融化成一体，才能够做得深刻而细致。[2]

---

[1] （清）李渔：《闲情偶寄（第五卷）》，载中国戏曲研究院编《中国古典戏曲论著集成（七）》，中国戏剧出版社，1959年，第98页。

[2] 梅兰芳：《舞台生活四十年》，载傅谨主编《梅兰芳全集（第四卷）》，中国戏剧出版社，2016年，第169页。

有学者认为：

> 我们很难相信这些话是出自梅兰芳之口，因为像"要忘记了自己是个演员"，"跟剧中人融化成一体"这类话，分明是斯坦尼斯拉夫斯基体验论的论调。[1]

其实不尽然。中国戏曲确实是重表现的，但并不是不要体验，恰恰相反，许多理论家、表演艺术家都认为，重视体验，处理好体验与表现的关系，是戏曲表演能否获得成功的关键所在。

> 凡男女角色，既妆何等人，即当作何等人自居。喜、怒、哀、乐、离、合、悲、欢，皆须出于己衷。[2]

> 凡做各种状态，必须用眼先引。故昔人有曰："眼灵睛用力，面状心中生。"[3] 为旦者常自作女想，为男者常欲如其人。[4]

> 喜怒哀乐、恩怨爱憎，一一设身处地，不以为戏而以为真，人视之竟如真矣。[5]

---

[1] 邹元江：《梅兰芳表演美学体系研究》，人民出版社，2018年，第282页。

[2] （清）黄旛绰：《梨园原·王大梁详论角色》，载中国戏曲研究院编《中国古典戏曲论著集成（九）》，中国戏剧出版社，1959年，第11页。

[3] （清）黄旛绰：《梨园原·身段八要》，载中国戏曲研究院编《中国古典戏曲论著集成（九）》，中国戏剧出版社，1959年，第21页。

[4] （明）汤显祖：《宜黄县戏神清源师庙记》，载俞为民、孙蓉蓉编《历代曲话汇编（明代卷第一集）》，黄山书社，2009年，第609页。

[5] （清）纪昀：《阅微草堂笔记（卷十二）》，浙江古籍出版社，2010年，第183页。

妆何人即以何人自居，为男者常欲如其人，设身处地，不以为戏而以为真，说的都是戏曲演员要重视体验，要"忘记"自己是在做戏，这与梅兰芳所说的"忘记了自己是个演员，再跟剧中人融化为一体"是大体一致的。古代曲家认为，将角色的感情化为自己的表演动作，方能让观众"视之竟如真矣"，可见，重传神写意的戏曲并不排斥对"真"的追求。

有学者认为：

> 梅兰芳在不同的历史时期对"京剧精神"，广而言之，对中国戏曲艺术的美学精神的表述，或者只是替影响他的人在表述，或者是影响他的人在借他之口来表述。而这里边究竟有多少想法是梅兰芳自己真切意识到的，这真是不能妄下断语，或不加深入分析就能完全认定的。也就是说，我们学界缺的恰恰就是对梅兰芳留下的文献加以细致甄别的功夫，甚至在对其随意征引中全盘视其是梅兰芳的独立见解。显然，这样论证出来的"梅兰芳表演体系"是不能成立的。[1]

从以上被指为西方戏剧观念之阐发的两段论述来看，梅兰芳的戏剧观并没有被扭曲，他的理论表述立足于自己的艺术实践，而且并没有偏离中国戏曲美学，类似的表述在古代曲论中并不难觅踪迹。梅兰芳虽然受到外来文化的影响，但值得注意的是他极少运用西方

---

[1] 邹元江：《"梅兰芳表演体系"为何不能成立？》，《中国文化报》2009年2月13日。

戏剧美学的术语，即使偶有运用，也并不等于就"驳杂含混、自相抵牾"。西方戏剧与中国戏曲有明显区别，西方戏剧美学与中国戏曲美学也颇不相同，但它们并非相反的两极，中西戏剧及其美学也有不少相似或相通之处。

> 1935年，梅兰芳剧团在俄罗斯巡演，让我们看到了无论是现实主义的拥护者，还是程式化戏剧的捍卫者，都存在着可能接近的那些共同点。[1]

这位法国学者的看法是符合实际的，"写实"戏剧的倡导者与"写意"戏剧的守卫者会有明显不同，但他们也是有共同点的。

被指为用西方戏剧理念扭曲梅兰芳的戏剧观的李释戡其实也并非崇尚西学之人，当时一批深受西学影响的新文化人对李释戡等人影响梅兰芳进行过猛烈抨击，值得注意的是，他们不是抨击李释戡等用西方戏剧观扭曲梅兰芳，而是攻击他们把梅兰芳引上了古典化、雅化的"歧路"：

> 原来前几年，有一班捧梅的文人学士，如李释戡之流，颇觉得皮黄剧中的旧本，文句类多不通，很生了"不雅"之感。于是纷纷的为梅兰芳编制《太真外传》《天女散花》一类的剧本。文字的典雅有过于昆剧。继之，则为程砚秋、尚小云诸伶编剧本者，也蹈上了这条路去。于是听众便又到

---

[1] [法]欧唐·玛铁:《"梨园魔法师"遇〈樱桃园〉导演——梅兰芳与康斯坦丁·斯坦尼斯拉夫斯基在莫斯科的会见》，周丽娟译，《中国文艺评论》2019年第1期。

> 了半懂半不懂的境地。在演剧技术和一切内容、题材、结构都没有改革之前,而独将剧本古典化了,当然是要失败,要没落的。将最典雅、最堆砌的美句雅文,附于最原始的剧本之上,我们不知道怎会附得上去。皮黄剧的没落,当然更有别的原因,而这样的一帖催命符却是梅兰芳送了去的。[1]

这些攻击当然不值得肯定,但这里对李释戡到底在哪些方面影响了梅兰芳和京剧的判断则是大体准确的。鲁迅也对梅兰芳周围的文人将梅兰芳引上雅化的"歧路"进行过尖锐的批评,他没有点明这些人是谁,但指向包括李释戡在内的"梅党"则是不言自明的。

> 士大夫是常要夺取民间的东西的,将竹枝词改成文言,将"小家碧玉"作为姨太太,但一沾着他们的手,这东西也就跟着他们灭亡。他们将他从俗众中提出,罩上玻璃罩,做起紫檀架子来。教他用多数人听不懂的话,缓缓的《天女散花》,扭扭的《黛玉葬花》,先前是他做戏的,这时却成了戏为他而做,凡有新编的剧本,都只为了梅兰芳,而且是士大夫心目中的梅兰芳。雅是雅了,但多数人看不懂,不要看,还觉得自己不配看了。[2]

可见,真正有西学功底的新文化人是将"李释戡之流"视为旧

---

[1] 郑振铎(西源):《没落中的皮黄剧》,《文学周报》第八卷"梅兰芳专号",上海书店,1929年,第86页。"李释戡",原文为"李释堪"。

[2] 鲁迅:《鲁迅全集(第5卷)》,人民文学出版社,2005年,第609页。此文初刊《中华日报·动向》,署名张沛。

文人的，在他们眼里，李释戡不是用西学影响梅兰芳，而是用旧学毒害、误导梅兰芳，把他引上了复古的歧路。

当然，郑振铎、鲁迅等人的批评未必很准确，梅兰芳周围的文人未必都是不接受新文化的旧文人，他们有的对西方文化——特别是西方的戏剧比较了解，例如，对梅兰芳影响很大的齐如山就是如此，与梅兰芳关系密切的欧阳予倩就更是如此。

梅兰芳自幼学戏，没有进学堂读书，[1] 正如他所说，其"文字根底有限"，但文字根底与"文化底蕴"并不相同。梅兰芳的《舞台生活四十年》第一、二集由梅兰芳的秘书许姬传记录，许姬传的弟弟许源来协助打磨加工，自1950年10月15日起，在上海《文汇报》分197天连载，1952年结集出版第一集，1954年结集出版第二集。梅兰芳的艺术顾问、史学家朱家溍参与了第三集的整理。李释戡并未涉足此事，中华人民共和国成立前夕去了台湾的齐如山更不可能对此著施加影响。三集的口述者均为梅兰芳本人，内容是梅兰芳对其演艺生涯的回忆，发表前语言表述除经过记录整理者必要的加工，所涉史实、例证承蒙许姬传等查核，这些都是事实，但著作权属于梅兰芳并无争议，至少一直到现在还没有人因为《舞台生活四十年》等著作的著作权打官司。

---

[1] 梅兰芳5岁时曾入私塾，但7岁时即开始拜师学艺。不过,梅兰芳成名后曾聘请国文教师住在他家里教他学习国文。

四、结语

在向"苏联老大哥"学习的语境中,苏联所推崇的"现实主义"成为我国文艺界"君临天下"的标尺。戴上"现实主义"桂冠的"斯坦尼斯拉夫斯基体系"于20世纪上半叶传入我国,为我国文艺界——特别是戏剧界所膜拜,我国文艺批评"词典"中增加了"体系"这个新术语,这为后来以"体系"称梅兰芳的表演艺术埋下了伏笔。30年代,有苏联艺术家以"体系"指称中国戏曲表演艺术并把梅兰芳视为这个"体系"的代表,60年代我国已经有人以"体系"指称中国戏曲。

20世纪60年代初,黄佐临的《漫谈"戏剧观"》一文对斯坦尼斯拉夫斯基、布莱希特、梅兰芳所代表的"不同戏剧观"进行比较,认为戏剧观是建立在"体系"的基础之上的,可谓以"体系"称梅兰芳之先声。80年代末,黄佐临在《〈中国梦〉——东西文化交溶之成果》一文中对此进行了再次确认,他明确地将斯坦尼斯拉夫斯基、布莱希特、梅兰芳称作"三个体系"。80年代初,孙惠柱发表《三大戏剧体系审美理想新探》一文,对"梅兰芳戏剧体系"做了进一步论述,孙惠柱的"梅兰芳戏剧体系"说包含"梅兰芳的全套遗产",与"梅兰芳表演艺术体系"说是大体相同的命题。由于"三个戏剧体系"是超越国界的,在孙惠柱的论文发表之前就有人将其推衍为"世界三大戏剧体系",这一命题很快引起学界的质疑,"梅兰芳表演艺术体系"能否成立,也成为讨论的热点。20世纪80年代至今的这场争论是"梅兰芳表演艺术体系"说经受检验的一个重要阶段。

"梅兰芳体系""梅兰芳戏剧体系""梅兰芳演剧体系"与"梅兰芳表演艺术体系"是大体相同的命题，不同于"梅兰芳表演理论体系"，是对梅兰芳表演艺术"全套遗产"的指称，包含以下四方面的内容：第一，梅兰芳的表演艺术实践；第二，蕴含在梅兰芳表演艺术实践中的审美观念；第三，梅兰芳本人对其表演艺术实践的理论总结；第四，国内外学者对梅兰芳表演艺术的研究。从这一"全套遗产"局部与整体结构关系的合理性与复杂性来看，从其卓然特出、不与人同的独立个性和不俗贡献来看，从其国内外的巨大影响来看，从其对戏剧创作、表演、教育、理论研究全过程的全面掌控来看，从其与公认的已有"体系"之比较来看，"梅兰芳表演艺术体系"这一命题不但是可以成立的，而且是其他"戏剧体系"难以"比并"的。"梅兰芳表演艺术体系"的构建，除了梅兰芳本人的杰出贡献之外，还有赖于众多文学家、戏曲音乐家、表演艺术家、画家、理论家的合力打造。具有集体建构特点的"梅兰芳表演艺术体系"与由个人所建构的其他"戏剧体系"相比，并不逊色。

"梅兰芳表演艺术体系"是"中国戏曲体系"的代表，这主要表现在梅兰芳既坚持审慎的创新，更强调固本守正的艺术追求上，具体表现在以下几方面：对传神写意等传统审美价值理想的追慕和践行；对戏曲程式化表现方法的继承与运用；对"古典化"道路和"戏曲化"原则的坚守。用梅兰芳的一句名言来概括，就是"'移步'而不'换形'"[1]。

可见，这个体系是以 800 来年的戏曲史乃至数千年中国传统文化为基础的，其历史积淀的丰厚性非其他"戏剧体系"所能比并。

从"体系"的角度研究梅兰芳，无论是从戏曲研究视野和空间的拓展看，还是从国家形象塑造、民族文化的国际传播、民族传统文化的价值认同来看，都是有重要价值和意义的。

---

[1] 张颂甲:《"移步"而不"换形"——梅兰芳谈旧剧改革》，《进步日报》1949 年 11 月 3 日。

"三大体系"与梅兰芳表演艺术体系的地位意义

◎ 刘祯

原载《中国戏剧》2024年第6期

习近平总书记于2016年在哲学社会科学工作座谈会上指出："要按照立足中国、借鉴国外，挖掘历史、把握当代，关怀人类、面向未来的思路，着力构建中国特色哲学社会科学，在指导思想、学科体系、学术体系、话语体系等方面充分体现中国特色、中国风格、中国气派。"所以要着力构建这"三大体系"是因为"哲学社会科学的特色、风格、气派，是发展到一定阶段的产物，是成熟的标志，是实力的象征，也是自信的体现"。而我们面临的现状却是"我国是哲学社会科学大国，研究队伍、论文数量、政府投入等在世界上都是排在前面的，但目前在学术命题、学术思想、学术观点、学术标准、学术话语上的能力和水平同我国综合国力和国际地位还不太相称"。"三大体系"的提出，是哲学社会科学领域最高的目标任务。党的二十大报告中进一步指出，"深入实施马克思主义理论研究和建设工程，加快构建中国特色哲学社会科学学科体系、学术体系、话语体系，培育壮大哲学社会科学人才队伍"。"马克思主义与中华优秀传统文化相结合"的提出是马克思主义中国化时代化的体现，对戏曲发展和理论研究具有重要意义，将成为继中华人民共和国成立后运用辩证唯物主义与历史唯物主义研究问题、解决问题后，又一次世界观和方法论的提升，给人们思想注入新的活力，坚定对本土优秀传统文化的自信自强，坚定对戏曲人民性和大众化的认识，是充分认识戏曲价值与提质戏曲理论、戏曲表演艺术体系建设和发展的动力，开辟戏曲研究和理论认识新的天地和新的境界。

  在传统文化艺术中，戏曲应该是最为民间、最为形象可感，也拥有最广大的受众群体的门类，戏曲体系性的"本土"特色最强、最鲜明，作为"他者"的鉴别性也最强，也正因此，戏曲研究、戏曲创新应当走在"三大体系"构建的前列。习近平总书记指出"创新是一个民族进步的灵魂，是一个国家兴旺发达的不竭动力，也是中华民族最深沉的民族禀赋"。戏曲研究队伍人数不算少，目前已达到历史上的最高点，其中包括许多高学历人才，但对戏曲发展的推动不显著，在艺术学领域甚至感觉有点"掉队"。究其原因，重要的一点在于研究成果数量虽颇为"丰硕"，却缺乏创新性研究理论和成果。许多学者成果连篇累牍，甚至可谓"著作等身"，却对戏曲理论建设和实践发展产生影响较少。因此，提高效能和研究质量是戏曲研究及管理部门应该加以考核和审查的内容。20世纪初，王国维戏曲研究合计五六年，虽然将《宋元戏曲史》等著作文字加起来，成果也很有限，却奠定了现代戏曲史学基础，其观点之所以能够禁得住历史检验，是因为其开阔的学术视野及科学的治学方法。陈寅恪为《王国维遗书》刊行写的序中概括为：一曰取地下之实物与纸上之遗文互相释证，二曰取异族之故书与吾国之旧籍互相补证，三曰取外来之观念与固有之材料互相参证。扎实的国学根底与对外来先进思想观念的掌握使王国维真正成为学贯中西的学者，故其研究及研究结论逾时而弥新。

想要真正认识中国戏曲、构建中国戏曲表演艺术体系，梅兰芳是最具代表性的人物，也是最好的切入点。作为20世纪伟大的京剧表演艺术家，梅兰芳有"四大名旦之首"美誉，其访日、访美、访苏（俄）演出及欧洲考察，使他在全世界享有盛誉。在马克思主义中国化时代化，加快构建中国特色哲学社会科学学科体系、学术体系、话语体系进程中，梅兰芳表演艺术体系最具中国思维、文化和民族特点，同时也是最具世界意义和影响的话语体系。而且，从一开始，梅兰芳的表演艺术体系就具有一个很好的"他者"的艺术参照，构建出宏阔而具有世界性的视野。"三大戏剧体系"之说见仁见智，却也从一个层面反映了梅兰芳的世界影响和作为体系的完备及特色，中国文化艺术传统源远流长，但各领域的学科建设与体系培育意识不够强劲，亦缺乏国际的视野，造成了目前"在学术命题、学术思想、学术观点、学术标准、学术话语上的能力和水平同我国综合国力和国际地位还不太相称"的现状，梅兰芳表演艺术体系从一开始就具有超越时空的国际语境，这为梅兰芳表演艺术体系培育和构建奠定了坚实的基础。

在我们的理论研究中，梅兰芳表演艺术与国外戏剧理论并峙而有"三大体系"之称，亦可见中国戏曲作为体系的民族性、原创性、系统性和专业性。戏曲的体系，它的一整套程式、虚拟和写意的表现方式自成体系，从术语、一招一式，到行当、表演乃至整个舞台的唱念做打都与西方的戏剧体制完全不同。从近代西学东渐到改革开放历次的西潮中，传统思想文化确实受到严重冲击，很多领域都变得"洋腔洋调"，有的甚至渐浸肌肤、一改其旧。但戏曲的自成体系使其具备牵一发而动全身的特性，所以改革开放的开放与包容确实带来了戏曲舞台面貌上的许多新变化，在某些时期甚至使得创作本体流失严重，但仍然难以撼动戏曲的根基，戏曲的自成体系也形成一种天然壁垒，成为戏曲传统保护的屏障，它很难被西方戏剧同化和消解，当然这也是中国戏曲"走出去"的难点，戏曲的这种传统和体制机制为我们总结和构建这一属于民族戏剧的体系奠定了扎实的基础，形成了自己独有的学术和话语表达。梅兰芳表演艺术体系不仅是一个代表中国民族戏剧的体系，也是代表中国民族文化的一个标志和体系，在构建中国特色哲学社会科学"三大体系"过程中，梅兰芳表演艺术体系是最为成熟和最具民族特色的。

中国共产党历来重视戏曲的大众化和教育功能，无论早期艰难岁月还是延安抗战时期，1949年7月中央人民政府文化部成立戏曲改进委员会，作为戏曲改革工作的最高顾问性质的机关，工作的主要任务是：（一）审定戏曲改进局所提出的修改与编写的剧本；（二）对戏曲改进工作的计划、政策及有关事项向文化部提出建议。

中华人民共和国成立之后，中国共产党把戏曲提到一个极为重要的地位，遂有"戏改"开展和中国戏曲研究院的成立。根据田汉的介绍，我们知道党很早就提出了"怎样建立中国的戏剧学派"的问题。田汉在1962年撰写《追忆他，学习他，发扬他!》的文章中讲道："多少年来，我们在努力回答党所提出的一个问题：怎样建立中国的戏剧学派。应该承认中国戏剧艺术是早有它自己学派的，千百年来无数戏剧艺术家的劳动和智慧创造了表现自己的生活和斗争的独特形式。我们戏剧的民族形式达到了高度发展，不只是为中国广大劳动人民所喜闻乐见，也受到一些外国人民的欢迎和尊敬。兰芳同志30年代以来几次出国，到日本，到美国，到苏联，替中国民族戏剧扩大了影响，宣扬了戏剧艺术的中国学派，他实际是中国戏剧学派的代表人。有些外国农民晓得的中国人，一个是孔夫子，一个是梅兰芳。一些外国戏剧家又把梅兰芳当成戏剧界的孔夫子。"

田汉是20世纪著名的剧作家、戏曲作家、电影编剧、小说家、词作家、诗人、文艺批评家、文艺活动家，他1898年生，出身于湖南省长沙县农民家庭。1930年3月中国左翼作家联盟成立大会，他是发起人之一；1932年加入中国共产党，参与了党对文艺的领导工作。1949年后田汉担任文化部戏曲改进局、艺术局局长、中华全国文学艺术界联合会副主席、中国戏剧家协会主席等职。他是中国革命戏剧运动的奠基人和戏曲改革事业的先驱者，是党在文艺界的代表人物。田汉1962年在纪念梅兰芳逝世一周年之际的这番话，是今天我们所能知道的党对于"怎样建立中国的戏剧学派"最早的记载，在田汉的表述中"中国戏剧学派"与"中国戏剧体系"是一个概念。田汉认为是千百年来无数的戏剧艺术家创造了戏曲这一独特的形式,中国戏剧艺术早有它自己的学派。他认为梅兰芳几次出国,宣扬了戏剧艺术的中国学派,"他(梅兰芳)实际是中国戏剧学派的代表人",国外甚至有将梅兰芳的名字与孔夫子并列的。田汉认为"戏剧艺术的中国学派是和整个中国文学艺术的表现方法分不开的",它"代表了中国人民的创造精神"。田汉总结了近百年来中国文艺思潮变迁,认为"五四以来全盘欧化的思想曾经以不同程度侵蚀过整个中国文艺界,使我们差不多忘记了自己,幸而社会主义共产主义挽救了我们,党和毛主席教育我们开始注意自己民族的东西,注意社会主义的内容与民族形式的结合,注意社会主义新文艺的中国学派,其中包括戏剧艺术的中国学派"。对梅兰芳的纪念评价,对梅兰芳表演艺术体系的评价,是在百年文艺发展演进和思潮嬗变背景下,是在党对民族文化的关注,重视"社会主义的内容与民族形式的结合,注意社会主义新文艺的中国学派,其中包括戏剧艺术的中国学派"背景下,来看待和定义梅兰芳作为"中国戏剧学派的代表人"。田汉对党提出"怎样建立中国的戏剧学派"的论述与对梅兰芳作为"中国戏剧学派的代表人"的评价认识,既是田汉作为一位戏剧家个人的,某种程度上也是代表党组织的,是一种被官方认可的梅兰芳作为"体系"(学派)代表的表态和评价。也是在这篇文章里,田汉还进一步论述道"梅兰芳同志不只是一位卓越的表演艺术家,他也是一位戏剧理论家,他对于建立中国戏剧学派有很高的兴趣",可惜梅兰芳的突然辞世使得他的这一进一步系统、深入探讨的愿望未能实现。

  从更为开放和宏观的视野来看,作为体系,梅兰芳表演艺术也是中国文化、中国艺术身份识别的标志。其意义不限于一个剧目的经典示范，不限于表演上某项革新创造，不限于行当花衫的兼收并蓄，不限于梅派艺术唯美中和的风格呈示，而是一个整体、一个系统、一个生态链、一个体系，其内部有完整的层次链接结构，以"体系"构造区别于他事物、他体系。如叶秀山所指出的："斯坦尼斯拉夫斯基体系和布莱希特体系尽管各有千秋而极不相同，但他们似乎都希望观众到剧场看到了'谁'——无论是角色也好，演员也好，导演也好，剧作家也好，总要'看到'一个'谁'。而只有以梅兰芳为代表的中国戏曲体系，要观众到剧场去'看'一件'事'，一件艺术性的'事''戏''表演'，去'看''艺术'。"在梅兰芳20世纪访日、访美、访苏演出时，他是那个时代中国娱乐文化的巨星，也集中国舞台艺术之大成，而京剧是戏曲最盛行的剧种，国外专业戏剧家、艺术家、评论家们有迥异于中国的审美习惯、趣味和艺术观，以他们的视角和专业性品评、定位中国戏曲，在世界戏剧史的历史坐标上标点作为中国戏剧的"梅兰芳表演艺术体系"，成为中国戏剧的身份和品牌。与"他者"对照后的内省，也特别值得我们借鉴，这种借鉴可以使我们对自身艺术的认识超越，所谓"横看成岭侧成峰"，而这种"岭"和"峰"，不是吉祥戏院、天蟾舞台观众的视角，而是异域"他者"的，"他者"眼光在专业性上会存在一定的局限，但无疑代表了另一种戏剧观、审美观，会给已属朝气蓬勃的京剧带来更多思考和启发，这也是梅兰芳、程砚秋等出国演出后的另一份"收入"。也因为这一体系具有的大众和综合属性，所以其意义不仅是戏剧的、艺术的，也是中国文化和思想的，这也是梅兰芳表演艺术体系特别之处。

党的二十大报告对"增强中华文明传播力影响力"做出重要部

署,强调"坚守中华文化立场,提炼展示中华文明的精神标识和文化精髓,加快构建中国话语和中国叙事体系,讲好中国故事、传播好中国声音,展现可信、可爱、可敬的中国形象"。梅兰芳的舞台实践和"走出去",梅兰芳表演艺术体系的构建,真正建立起中国戏曲与世界戏剧交流对话的格局,不仅对20世纪国际舞台产生重要影响,也对欧美当代艺术影响深刻。当代艺术策展人、意大利米兰NABA新美术学院马可·斯科蒂尼认为,布莱希特"在观看了梅兰芳表演不久之后便写出了《中国的第四堵墙:论中国戏剧中的幻灭效果》,这本书是布莱希特对20世纪国际戏剧史做出的最为深远、最为不凡的贡献之一。同样,布莱希特在这篇关于梅兰芳的论文中首次使用了术语'间离效果',这意味着这位中国演员为布莱希特的研究提供了理论界定,并通过应用马克思主义辩证法,间接地帮助他找到了一种与建立在自然主义幻想基础上的欧洲资产阶级戏剧完全不同的表演手法。看看梅兰芳是如何帮助欧洲的先锋派戏剧传统填补空白的,这确实不可思议。显然,演员艺术中心体系——这一直是所有先锋派研究项目的重要议题——在这位中国传奇演员身上发挥了最大的优势"。不仅是布莱希特,梅兰芳对西方当代艺术都产生深刻的影响。梅兰芳的出访演出和交流,讲述了最好、最生动的中国故事,传播了最美的中国声音,展现了意蕴丰富的中国艺术,在深化文明交流互鉴,增强中华文化传播力和影响力方面,时至今日对我们仍然具有重要的启示和现实意义。

后记

在纪念京剧大师梅兰芳诞辰130周年之际，中国戏剧家协会分党组高度重视，责成中国戏剧家协会理论研究处组织编辑小组，并邀请从事梅兰芳研究、戏剧研究经验丰富的专家组成编委会，认真选编本书。

因为年代久远，本书涉及的作者大部分已离世，少部分未能找到联系方式，我们只联络到少数作者，在此对本书所涉作者及其家属一并表示最衷心的感谢！

在本书编纂中，因原载文章所配插图大多已不可考，我们根据文章内容重新选配了插图。插图大部分来源于梅兰芳纪念馆的馆藏，小部分为中国戏剧家协会所藏，因篇幅所限未能一一标注，在此向梅兰芳纪念馆对本书的大力支持表示诚挚感谢！

20世纪50年代，我国启动汉字简化的文字改革工作，逐步废除异体字，推动简化字的使用规范。由于本书收录的部分作品正发表于20世纪50年代，为统一相关文字的使用，我们适当做了符合现今文字使用规范和习惯的处理。

在编纂过程中，编委会专家从编辑小组整理的大量文章中进行遴选，囿于篇幅所限，不少有价值的文章只能被舍弃。专家们对本书收录的标准、分类、排序、插图等方面提出了许多好的意见和建议，编辑小组认真听取、集思广益，但受时间、精力所限，恐未能完全如愿，在此向专家们由衷致谢！在编校过程中，中国剧协青年理论学习小组成员们积极参与了本书的校对工作，在此一并表示感谢。

感谢中国文学艺术基金会及中国文联出版业改革领导小组办公室对本书出版的资助及支持。感谢中国文联出版社在时间紧、任务重的前提下承担了本书的编辑出版工作，让本书得以顺利面世。

由于时间仓促，本书难免有所疏漏，不妥之处敬请读者指正。

本书编辑小组

2024 年 10 月